그들이 나를 살렸네

Copyright © 2001 by SCCT
Originally published in English under the title: *Soul Survivor*
by Doubleday, New York, NY, U.S.A.
All rights reserved.

This Korean Edition Copyright © 2013 by Poiema, an imprint of Gimm-Young Publishers, Inc., Seoul, Republic of Korea.
Published in association with the literary agencies of rMaeng2, of Seoul, Republic of Korea, and Alive Communications, Inc., of Colorado Springs, CO, U.S.A.

그들이 나를 살렸네

필립 얀시 | 최종훈·홍종락 옮김

Soul Survivor

포이에마
POIEMA

그들이 나를 살렸네

필립 얀시 지음 | 최종훈 · 홍종락 옮김

1판 1쇄 발행 2013. 10. 11. | 1판 2쇄 발행 2014. 8. 11. | **발행처** 포이에마 | **발행인** 김도완 | **등록번호** 제300-2006-190호 | **등록일자** 2006. 10. 16. | 서울특별시 종로구 북촌로 63-3 우편번호 110-260 | 마케팅부 02)3668-3246, 편집부 02)730-8648, 팩시밀리 02)745-4827

이 한국어판의 저작권은 Alive Communications, Inc.와 알맹2 에이전시를 통하여 Philip Yancey와 독점 계약한 포이에마에 있습니다. 신 저작권법에 의하여 한국 내에서 보호받는 저작물이므로 무단 전재와 무단 복제를 금합니다.

값은 뒤표지에 있습니다. ISBN 978-89-97760-54-1 03230 | 독자의견 전화 02)730-8648
이메일 masterpiece@poiema.co.kr | 좋은 독자가 좋은 책을 만듭니다. | 포이에마는 독자 여러분의 의견에 항상 귀를 기울이고 있습니다.

이 도서의 국립중앙도서관 출판시도서목록(CIP)은 서지정보유통지원시스템 홈페이지(http://seoji.nl.go.kr)와 국가자료공동목록시스템(http://www.nl.go.kr/kolisnet)에서 이용하실 수 있습니다. (CIP제어번호: CIP2013019134)

"하나님의 영광은 생생하게 살아 있는
한 사람을 통해 나타난다."
이레네우스

차례

프롤로그 | 살아남다   008

1 교회가 준 상처를 싸매며   023

2 여정, 긴 밤에서 한낮을 향하여   041
   마틴 루터 킹 주니어

3 해안을 따라가는 유적지 순례   095
   G. K. 체스터턴

4 행복으로 통하는 우회로   127
   폴 브랜드

5 허약한 인간들, 그리고 우주의 공격   173
   로버트 콜스

6 은혜의 빛을 좇아서   229
   레프 톨스토이와 표도르 도스토옙스키

7 낯선 땅에 울린 메아리   279
   마하트마 간디

Soul Survivor

8	뱀처럼 지혜롭고 비둘기처럼 순결한 그리스도인	335
	C. 에버릿 쿠프	
9	누워서 죽음을 기다리며	375
	존 던	
10	평범한 것의 광채	409
	애니 딜라드	
11	무대 옆에서 들려오는 속삭임	443
	프레드릭 뷰크너	
12	배교자를 위한 자리	483
	엔도 슈사쿠	
13	상처받은 치유자	515
	헨리 나우웬	

에필로그	557
감사의 말	559
옮긴이의 말	561
독서그룹 토론 가이드	574

프롤로그

살아남다

앞으로도 이 책을 생각하면 내 머리에는 늘 2001년 9월 11일의 사건이 떠오를 것이다. 당시 출판사는 이 책의 출간일을 그해 9월 20일로 잡고 워싱턴, 뉴욕, 중서부 지역에서 언론 홍보 계획을 세워놓고 있었다. 언론 순회 일정을 잡는 데 진작부터 공을 들여왔던 홍보 담당자들은 테러 공격의 여파로 여행사들은 말할 것도 없고 언론사들까지 완전한 혼란 상태에 빠져 있음을 알게 되었다. 많은 텔레비전과 라디오 프로그램이 일시적으로 방송을 중단했고, 방송을 진행하는 프로그램들도 책의 내용과 상관없이 한 가지 이야기만 하고 싶어 했다.

어느 평일 아침, 형이 내게 전화를 했다.

"미국이 공격받고 있어. 텔레비전을 켜봐."

그렇게 나는 세계무역센터의 비극을 알게 되었다. 거의 모든 사람이 그랬겠지만, 나도 하던 일을 멈추고 도무지 현실 같지 않은 사건들이 펼쳐지는 텔레비전 화면에서 눈을 떼지 못했다.

석 대의 비행기가 실종 상태였다. 아니 실종 비행기는 넉 대, 어쩌면 여섯 대일 수도 있었다. 그 비행기들이 국방부 건물을 들이받았다. 미국 대통령을 노린 테러였다. 그다음, 누구도 상상하지 못한 일이 텔레비전 화면에서 생방송으로 벌어졌다. 세계에서 가장 웅장한 인공 기념물 두 채가 우리 눈앞에서 검은 구름을 피워 올리며 무너져 내렸다.

열흘 후, 나는 맨해튼 남쪽 지역인 로어맨해튼 상공을 지나 라과디아 공항으로 가는 비행기에 올랐다. 그 지역 상공의 비행 허가를 받은 첫 비행기 중 하나였다. 조종사는 베개와 담요를 사용해 위험 인물을 제압하는 법을 확성기를 통해 승객들에게 전달했다. 평소와 달리 착 가라앉은 승무원들은 넉 대의 부서진 비행기를 형상화한 이미지와 '우리 마음에 영원히'라는 문구가 찍힌 배지를 달고 있었다.

비행기에서 내려다본 로어맨해튼은 처참하게 망가져 있었다. 세계에서 가장 높은 두 건물이 있던 자리에는 거대한 구덩이가 보였고 그곳에서 8백 미터 높이의 연기 기둥이 피어오르고 있었다. 바람이 불어 연기가 한쪽으로 흩어지자 작은 장난감처럼 보이는 노란색 불도저들이 잔해 더미를 오르내리는 광경이 보였다. 한 시간 후면 나는 현장에 도착하게 되어 있었다. 구세군에 있는 친구가 내게 언론 약속을 잡기 전에 그라운드 제로를 방문해보라고 강력히 권했기 때문이다.

나는 라과디아 공항에서 에디라는 택시 운전사를 만났다. 그라운드 제로 근처의 구세군 센터로 가달라고 했더니 그곳을 잘 안다고 했다. 그는 머리를 삭발한 푸에르토리코 출신의 젊은이였고 풀 먹인

하얀 셔츠와 넥타이 차림에 금팔찌에다 다이아몬드가 박힌 반지를 끼고 있었다. 그리고 완벽한 브루클린 억양을 구사했다.

"9월 11일에 어디 계셨습니까? 일하고 있었나요?"

나는 에디와 대화를 시도했다. 그는 10초쯤 침묵하다가 입을 열었다. 처음 보는 이에게 이야기를 해도 될지 가늠하는 듯 보였다.

"실은 말이죠. 그때 저는 세계무역센터 근처에 차를 세워놓고 있었습니다."

"말도 안 돼! 그 이야기 좀 해주세요."

"공항에서 파이어스톤이라는 분을 태우고 밀레니엄 호텔에 내려드렸어요. 그 이름을 기억하는 건 이유가 있습니다. 제가 타이어 회사 소유주 되시느냐고 물었거든요. 웃으면서 아니라고 하더군요. 그분은 세계무역센터에서 모임이 있다고 했고 저는 차에 남아서 그분을 기다리기로 했습니다. 바로 이 차에 앉아 신문을 읽고 있었지요. 그런데 비행기가 엔진을 예열할 때 제트엔진에서 나는 굉음이 들렸어요. 라과디아 공항 근처에 살아서 그 소리를 날마다 듣거든요. 그 다음 땅과 차가 흔들리더니 엄청난 폭발음이 울렸어요. '대체 이게 무슨…?' 하면서 차 밖으로 나가보니 온통 사람들이 뛰어다니고 있었어요.

그렇게 차 밖에 몇 분쯤 서 있었을까요? 두 번째 비행기가 세계무역센터 건물을 들이받았어요. 하나님 맙소사! 제 평생 그런 불덩이는 처음 봤어요. 당장 그 자리를 떠나야 한다고 생각하면서도 뭔가에 붙잡힌 듯 꼼짝할 수가 없었어요. 교통사고 현장을 그냥 지나치지 못하는 것처럼 말이에요.

그 자리에서 들려온 소음은, 직접 듣기 전에는 믿을 수 없을 거예요. 사방에서 자동차 경적이 울렸어요. 경찰차, 구급차, 소방차들의 사이렌 소리가 점점 가까워졌어요. 나는 브루클린에 있는 아내에게 곧장 전화를 걸었죠. '여보, 지금 여기에 큰일이 벌어졌어. 텔레비전을 틀어봐. 지금 쌍둥이 빌딩 앞에 있어. 하지만 난 괜찮아.'

건물에서 사람들이 쏟아져 나오기 시작했어요. 수천 명의 사람들이. 비명을 지르는 사람들, 손수건으로 얼굴을 가린 사람들, 피범벅이 된 사람들도 있었어요. 저는 그들이 뛰어서 지나가는 동안 차 옆에 그대로 서 있었어요. 그러다 하늘을 쳐다봤는데, 하나님 맙소사, 작은 점들이 보였어요. 건물에서 뛰어내리는 사람들이었어요. 하얀 셔츠 차림의 남자, 치마가 들려 올라간 여자, 손을 잡은 커플, 스포츠 재킷을 낙하산으로 쓰려는 남자도 있었어요. 사람들은 위를 쳐다보며 떨어져 내리는 몸뚱이들의 낙하 지점을 피하려 하고 있었어요. 그 장면은 제가 살아 있는 동안 절대 잊지 못할 거예요.

종이며 잔해, 물건들, 심지어 가구까지 우박처럼 사방으로 날아다녔어요. 열네 살쯤 되어 보이는 한 소년이 인도에 웅크린 채 기침을 하고 있었어요. 가까이 가보니 손짓으로 자기 주머니를 가리켰어요. 말을 못하더군요. 주머니에 손을 넣어 천식 스프레이를 꺼내줬더니 그걸 뿌리고 호흡을 되찾았어요.

첫 번째 빌딩이 무너지기 전까지 저는 그곳에 45분 정도 있었을 거예요. 당시에는 몰랐는데 나중에 그 정도 된다는 말을 들었어요. 한 여성이 인도에 쓰러져 있었어요. 노부인이었어요. 다들 그녀 곁을 서둘러 지나갔어요. 그분을 밟지는 않았지만 그냥 지나쳤어요.

저는 사람들 사이로 틈이 나기를 기다렸다가 노부인에게 갔어요. 그리고 물었지요. '괜찮으세요, 할머니? 제 차에 물이 있는데요. 좀 갖다드릴까요?' 그분은 58층에서 내려왔다고 했어요. 저는 이제 안전하다고 말씀드렸지요.

그분이 너무 당황한 것 같고 불안해 보여서 제가 기도를 해줘도 되겠느냐고 물었어요. 저는 가톨릭 신자거든요. 기도해야 할 때인 것 같더라고요. 그분은 안도하는 것 같았어요. 그런데 그곳 인도에서 그분의 손을 잡고 무릎을 꿇고 있는데, 세상의 것 같지 않은 엄청난 소리가 들렸어요. 110층짜리 거대한 건물이 통째로 무너진 거예요. 그리고 이건 하나님께 맹세코 사실인데요, 제가 그 부인의 손을 잡고 무릎을 꿇고 기도하는데 뭔가가 하늘에서 떨어지더니 부인을 쳤어요. 컴퓨터 비슷한 물건의 조각이었어요. 노부인은 그 자리에서 돌아가셨어요. 상상해보세요. 58층에서 뛰어내려와 간신히 목숨을 건졌는데 그렇게 죽음을 맞이하다니.

뒤를 돌아보니 한밤중처럼 새까만 먼지 구름이 제 쪽으로 다가오고 있었어요. 저는 노부인의 손을 놓고 달리기 시작했어요. 경찰과 도둑이 쫓고 쫓기는 만화영화를 찍는 것 같았어요. 제가 빨리 달릴수록 먼지 구름은 더 가까이 다가왔죠. 저는 이래서는 가망이 없다는 걸 깨닫고 두 건물 사이의 자그마한 공간으로 몸을 피했어요. 자욱한 먼지가 밀려들자 어쩌면 그럴 수 있을까 싶을 만큼 캄캄하더군요. 설령 짙은 구름이 낀 밤이라 해도 주위에 공간은 있고 숨 쉴 공기도 있잖아요. 그런데 그곳에는 틈이 없었어요. 아무것도 볼 수 없고 숨도 쉴 수 없었어요. 손에 잡힐 것 같은 암흑으로 둘러싸여 있었어요."

결국 에디는 차로 돌아가는 길을 찾았다고 했다. 경찰은 그 지역을 이미 봉쇄했지만 그는 리무진을 빼 오고 싶었다. 차는 화산재 같은 먼지로 뒤덮여 있었고 그는 하얀 셔츠를 벗어 차량 앞 유리를 닦아 시야를 확보했다. 그는 차 문을 열면서 소리를 질렀다.

"여기서 나갈 차편을 원하시는 분?"

처음 보는 8명의 사람이 끼여 앉았다. 그는 맨해튼을 빠져나가는 가장 가까운 다리로 향했고 그들이 다리를 통과한 직후, 시장이 모든 다리와 터널을 폐쇄하라고 지시했다.

에디는 사고 발생 후 네 시간 만에 집에 도착했다. 아내는 제정신이 아니었고 두 아이는 구석에 웅크리고 앉아 엄마가 흐느끼는 모습을 지켜보고 있었다. 남편의 전화를 받은 아내는 브루클린에 있는 집 창가에 서서 세계무역센터가 무너져 내리는 광경을 지켜보았고 남편이 폭발과 화재 가운데 죽었다고 생각했다. 전화는 불통이었고 그녀는 네 시간 동안 남편의 소식을 듣지 못했다.

그날의 충격이 너무나 컸던 에디는 다음 날 누군가를 디트로이트까지 데려다주기로 했다. 비행기가 뜨지 못하자 사람들은 집으로 돌아가려고 발을 동동 굴렀고, 에디는 뉴욕에서 최대한 멀리 벗어나고 싶었다. 그는 쉬지 않고 디트로이트까지 내리 차를 달렸고 차 안에서 두 시간을 잔 뒤 다시 꼬박 열네 시간 동안 차를 몰아 브루클린으로 돌아왔다.

에디가 말했다.

"이제 모든 것이 달라졌어요. 저는 매일 저녁 형 집으로 가서 같이 둘러앉아 텔레비전을 보고 아이들과 놀아주고, 함께 게임을 해요. 예전에는 절대 안 하던 일들이죠. 가족과 어울리는 것 말이에요. 그날 이후로는 미사를 빠지지도 않았어요. 저는 결코 이전과 같지 않을 겁니다."

구세군 센터 바깥에는 대형 트럭이 주차되어 있었다. 그 안에는 워싱턴 주에서 장거리를 달려 뉴욕에 도착한 담요, 음식, 옷가지 등의 물자가 가득 들어 있었다. 구세군 요원들이 짐을 내리려고 트럭 문을 열자, 그 안에서 워싱턴 주 사람들이 둘둘 말아서 넣어둔 12미터 길이의 현수막이 나왔다. 유성 색연필과 유성 마커로 쓴 수천 개의 메시지가 깨알같이 적혀 있었는데, 나는 그 자리에 10분 가까이 서서 메시지의 내용을 읽었다. 대부분 한 문장이었다. "우린 여러분을 기억하고 있어요." "여러분은 혼자가 아니에요." "사랑합니다." "여러분은 우리의 영웅이에요." "여러분은 우리의 형제자매입니다." 하트나 천사를 그린 사람도 있었고, 우정과 희망의 상징들도 보였다. 초등학교 3학년생들은 손으로 장식한 봉지에다 수제 쿠키를 넣어 보냈다.

주 방위군 병력이 배치된 검문소로 가면서 보니 도로에 뉴욕 주민들이 늘어서 있었다. 그들은 앞서 본 것과 비슷한 메시지가 담긴 현수막들을 흔들고 있었다. "사랑합니다." "여러분은 우리의 영웅." "여러분에게 하나님의 축복을!" "고맙습니다." 한 목사님은 사건이 있은 후 처음 며칠 동안은 자정에도 이 거리에 사람들이 열 줄로 늘어서서 구호 차량이 지나갈 때마다 환호를 보냈다고 했다. 그 후 열

홀이 지났지만 지금도 여전히 일부 사람들이 와서 환호성을 보냈다.

나와 동행한 구세군 사관은 뉴욕 시 사고 대응 책임자였다. 그가 그 일을 맡은 지 한 달 만에 쌍둥이 빌딩이 무너졌다. 그는 서른여섯 시간을 꼬박 일하고 네 시간을 자고, 마흔 시간 일하고 여섯 시간을 자고, 다시 마흔 시간을 일하고 여섯 시간을 잤다. 그다음에 하루를 쉬었다. 그의 부관은 상황 초기에 우리가 탔던 밴에서 신경쇠약 증세를 보여 일을 중단했는데 다시는 회복되지 못할 수도 있다고 했다.

며칠 후 구세군은 현금만 받는다는 원칙을 정했다. 이제는 수천 명의 뉴욕 사람들과 다른 주 사람들이 가져온 음식, 옷가지, 물자를 둘 곳이 없었다. 그 구역에는 자원 봉사자로 지원한 사람들의 줄이 하루 종일 이어졌다. 작가 크리스 드 빙크는 홈데포(가정용 건축 자재 제조 및 판매 업체—옮긴이)로 차를 몰고 가서 7백 달러어치의 삽을 사서 뉴욕 시에 직접 전달한 한 부부의 이야기를 들려주었다. 그런가 하면 내 친구 중 한 사람은 시속 173킬로미터의 속도로 동쪽으로 달리다 인디애나 주에서 경찰의 단속에 걸린 시카고 소방관들 이야기를 들려주었다. 그들의 목적지를 들은 주 경찰관은 "좋습니다, 시속 145킬로미터 이하로 갑시다"라고 말하고 오하이오 주 경계까지 에스코트를 해주었다고 했다.

위기 상황에서 미국의 대처 능력은 놀랍다. 비극이 벌어진 지 2주도 안 되었는데, 구조를 위한 도시 하나가 만들어졌다. 이동식 부엌과 화장실, 텐트, 목재 받침대 위에 가득 쌓인 합판, 25층 높이의 크레인, 냉장 트럭, 불도저 등이 그라운드 제로로 들어가는 도로 위에 죽 늘어서 있었다. 현장이 가까워지자 우리는 밴에서 내려 대형 골프카트로 옮겨 탔다. 방독면을 쓴 군인들이 타이어에다 물과 소독제를 뿌렸는데, 물은 석면이 달라붙지 않게 하려는 용도였고 소독제는 죽음의 현장에 창궐하는 세균을 잡기 위해서였다. 그들은 각 사람의 신분증을 면밀히 검토하고 손을 흔들어 우리를 통과시켰다.

그라운드 제로에 다가가자 풍경이 완전히 달라졌다. 고층 건물들이 사라진 자리에 태양빛이 쏟아져 내려 옅은 연기를 뚫고 보도를 비추었다. 두 건물의 잔해 건너편에 있는 광장에는 곰 인형들이 놓여 있었다. 출입이 통제되기 전에 다녀간 애도자들이 두고 간 것들이었다. 수백 개, 어쩌면 수천 개나 될 것 같은 곰 인형과 함께 이제는 말라 먼지로 뒤덮인 꽃들이 놓여 있었다. 벽을 지나다 보면 실종자들의 사진이 애절한 쪽지들과 함께 붙어 있는 것이 보였다. "마르시아, 언니에게 꼭 전화해다오. 사랑한다!" "션, 우린 희망을 버리지 않았다. 넌 언제나 우리 마음속에 있을 거야."

신문에서 현장 지도를 꼼꼼히 살펴보고 방문했지만, 2차원의 그림으로는 그 엄청난 규모의 파괴를 담아낼 수 없었다. 여덟 블록을 지나는 동안 눈에 들어온 광경은 텅 비어 황량해진 건물과 모조리 깨져버린 창문들, 도로 위로 삐죽삐죽 솟아 있는 강철 조각들뿐이었다. 팩스, 전화, 컴퓨터를 갖춘 수천 개의 사무실이 잔해를 뒤집어쓴 채 비어 있었다. 9월 11일, 사람들은 자리에 앉아 컴퓨터 자판을 두드리고 전화를 하고 커피 한 잔으로 하루를 시작하고 있었다. 그런데… 갑자기 요한계시록이 펼쳐졌다.

내가 현장을 찾은 그날 아침, 시장은 생존자가 추가 발견될 가능성을 접고 구조 작업을 중단시켰다. 사람들이 죽 늘어서서 잔해 더미를 하나씩 치워나가던 수작업은 사라졌다. 잔해 더미는 10에서 12층 높이에 이르렀다. 나는 로키 산맥에서 눈사태가 일어나 산비탈에 쌓인 눈이 쏟아져 내리면서 아래쪽이 콘크리트처럼 단단해지는 광경을 본 적이 있다. 그러나 총 220층의 거대한 건물이 10층 높이로 압축되었다는 사실은 내 눈으로 직접 보면서도 믿어지지가 않았다. 불도저들이 그 산더미 같은 흉물 위로 기어다녔다. 용접공들이 철제들보 절단 작업을 벌이느라 불꽃이 튀었다.

그라운드 제로를 바라보면서 나는 카이로와 마닐라 외곽의 쓰레기 산을 생각했다. 그곳에서는 큰 무리의 가난한 사람들이 비닐봉지, 연필, 전화기 부품 등 버려진 보물을 찾아 쓰레기를 뒤져서 생계를 유지한다. 세계에서 가장 기술이 발달한 이 도시에서는 다른 무리의 사람들이 최고의 장비를 사용해 잔해 더미를 뒤지며 보물을 찾고 있다. 그 보물은 머리카락, 살, 신체의 일부 등 인간의 흔적이다. 조사관들이 잔해 더미를 샅샅이 뒤진 다음 덤프트럭에 실으면 법의학 전문가들이 트럭에 담긴 내용물을 살피고, 트럭이 브롱크스에 도착하면 다른 이들이 다시 한 번 점검했다.

나는 그곳에서 일하는 사람들의 하나같이 엄숙한 얼굴을 살폈다. 그라운드 제로에서는 미소 짓는 사람이 단 하나도 없었다. 그런 장소에서 어떻게 미소를 지을 수 있겠는가? 그곳에 존재하는 것은 죽음과 파괴뿐이었다. 그곳은 인간이 서로에게 가할 수 있는 최악의 범죄에 대한 기념비였다.

그날의 충격이 더욱 크게 다가온 이유는 평범한 시민들이 야구 경기 결과를 챙기고 주식 시장을 지켜보고 정치에 대한 농담을 주고받는 평범한 일상에서, 우리가 디즈니월드를 방문할 때 이용하는 평범한 비행기가 가공할 악의 도구로 돌변했기 때문이다. 선전 포고도, 사전 경고도 없었다. 삶의 일상성이 공격을 받았다.

택시 운전사 에디는 "모든 것이 달라졌다"고 말했다. 뉴욕은 내가 9월 11일 이전에 알던 곳이 아니었다. 이전의 뉴욕을 아는 사람에게 그 엄청난 변화를 설명해야 한다면 이 말 한마디로 충분할 것이다. 맨해튼에서 하루 종일 지내는 동안 나는 자동차 경적을 딱 한 번 들었다. 에디는 이렇게 말했다.

"이제 운전을 어떻게 해야 할지 모르겠어요. 저는 사람들이 제게 경적을 울려대고 끼어들고 가운뎃손가락을 날리는 데 익숙합니다. 그런데 지금은 다들 어찌나 예의 바른지, 도로에서 어떻게 행동해야 할지 모르겠어요."

당시 나는 뉴욕과 미국 전체, 그리고 내게 찾아온 이 변화가 얼마나 갈까 싶었다. 우리는 대부분의 사람들이 평생 무시하는 현실과 맞닥뜨렸다. 우리 모두 반드시 죽을 거라는 사실, 그리고 많은 사람들이 그 사실을 보란 듯이 외면하고 사소한 것들로 삶을 채운다는 사실을 직시하게 된 것이다. 에디처럼 우리도 자녀들과 노는 일이 돈을 더 벌겠다고 늦게까지 일하는 것보다 더 중요함을 배웠다. 신경질적인 냉소로 유명한 도시에서도 영웅들이 나타날 수 있음을 배웠다. 코미디 프로와 메이저리그 스포츠가 평소에는 재미있을지 몰라도 경우에 따라서는 불쾌할 정도로 부적절하다는 것을 알게 되었다. 나라 사랑, 낯선 사람들에 대한 사랑이 예고 없이 불쑥 솟아날 수 있음을 배웠다. 미국은 많은 결함을 갖고 있지만 그래도 보존할 가치가 충분하며 지킬 만한 곳임을 배웠다. 위기가 닥칠 때 우리는 영적 뿌리로 돌아가게 된다는 것을 배웠다. 대통령은 시편 23편을 인용했고, 경찰관과 소방관들은 임시로 만든 예배당에 들렀고, 구세군 사관들은 슬픔에 빠진 유족들을 위로하며 은혜를 나누었다.

나는 애국심에 불타본 적이 없었다. 외국을 많이 다니는 터라 해외에서 벌어지는 미국의 오만함과 무례함을 보았다. 때로는 미국 여권이 아니라 캐나다 여권을 가지고 다니는 친구들이 부럽기도 했다. 미국인은 군인들, 올림픽 출전 선수들, 심지어 여행객들조차도 뽐내며 걷는다. 시드니 올림픽(2000년) 당시 나는 필리핀에 있었는데, 내가 묵었던 집 주인에게 필리핀이 올림픽 금메달을 딴 적이 있느냐고 물었다. 그는 고개를 숙였다.

"한 번 딸 뻔했지요. 이번에는 권투에서 동메달 하나의 가능성이 있습니다."

인구 9천만 명의 나라가 올림픽 금메달을 하나도 따지 못했다. 반면, 미국인들은 수영과 육상에서 적어도 절반의 금메달을 따지 못하면 분개하고, 미국의 우승자들은 오스트레일리아 취주악단이 미국 국가를 연주할 때 연단에서 무례한 태도로 으스댄다.

9월 11일 이후 나의 태도는 달라졌다. 미 의회가 〈신이여 미국을 축복하소서God Bless America〉를 부를 때, 버킹엄궁 근위대가 〈별이 빛나는 깃발The Star-Spangled Banner〉을 연주할 때, 소방관들이 쓰러진 동료들에 대한 진부한 이야기를 할 때, 한 군인이 맨해튼 공원 유니언 스퀘어에서 〈나 같은 죄인 살리신Amazing Grace〉을 백파이프로 연주할 때, 수백 명의 뉴욕 사람들이 실종된 가족들의 사진을 들고 두 손으로 촛불을 가리며 멍하게 걸어갈 때, 다른 사람도 아니고 데이비드 레터맨이 방송 중에 뉴스앵커 댄 래더를 위로하는 장면을 보았을 때, 나는 목이 메었다.

나는 새로운 애국심과 나라와의 일체감이 솟구치는 것을 느꼈다. 스콧 사이먼은 세계무역센터 테러 이후 미국 공영 라디오의 사설에서 그것을 이렇게 표현했다. 그는 미국이 완벽한 나라라는 맹목적인 믿음이 애국심의 근거는 아니라고 했다. 하나님도 아시거니와, 미국은 여러 면에서 바뀌어야 한다. 우리가 미국을 사랑하는 이유는 세계의 다른 어떤 곳보다 바로 이곳에서 변화가 일어날 가능성이 높다고 믿기 때문이다.

내 인생을 생각해본다. 나는 법률적으로 인종차별을 인정하던 남부의 근본주의 환경에서 세상과 격리된 채 자라났다. 이제 나는 그곳에서 3천 킬로미터 넘게 떨어진 몹시 아름다운 지역에서 내게 가장 중요한 문제에 대해 생각하고 글을 쓰는 일로 생계를 유지한다. 정직과 성장의 대가로 벌을 받기는커녕 상을 받는다. 이런 진보와 자유로운 이동이 가능한 나라는 세상에 그리 많지 않다. 미국은 여전히 약속과 잠재력의 땅이다.

아내와 나는 원래 9월 11일 직후에 일리노이 주에서 올 예정이던 세 부부와 함께 파월 호수의 선상 가옥에서 휴가를 보내리라 계획하고 있었다. 그러나 그 가족들의 비행기 편이 취소되면서 계획 자체가 무산되었다. 대신 우리는 콜로라도 주 텔류라이드로 3일 동안 여행을 떠났다. 그곳에서 보낸 3일은 끊임없이 사고 소식을 쏟아내는 텔레비전 곁을 떠나 추함과 악과 나란히 이 세상에 존재하는 선함과 은혜를 생각하게 한 중요한 시간이었다. 사시나무가 그렇게 아름답기는 처음이었다. 사시나무들은 상록수들이 빼곡히 들어찬 산비탈에 줄지어 서서 빛의 강물처럼 금빛으로 반짝였다. 우리는 그 사이를 거닐며 금빛 카펫을 밟았고, 잔잔한 바람에 이파리들이 바스락대는 소리에 귀를 기울였다. 이른 가을에 내린 순백의 눈이 산을 덮고 있었다. 사흘간 고립되어 자연이 주는 치유를 맛본 후, 우리는 큰 충격과 애도에 빠져 있는 사회로 돌아왔다.

9월 11일, 이날 미국의 시각에 엄청난 변화가 일어났다. 에디가 말한 대로 "이제는 모든 것이 달라졌다." 그 일로 적어도 한동안, 우리는 우리 땅, 우리 사회, 우리 자신을 새롭게 보게 되었다. 프로 스포츠는 모든 경기를 취소했고, 코미디 프로그램은 방송이 중단되었다. 우리는 스스로를 더 이상 세계의 꼭대기에 있는 운 좋은 소수가 아닌, 증오와 테러에 노출된 사람들로 보게 되었다. 3천 명의 사람이 매일 하던 대로 출근을 했다가 집으로 돌아가지 못했다는 사실 앞에서 우리가 죽을 수밖에 없는 나약한 존재임을 인식하게 되었다. 〈뉴욕 타임스〉는 이후 몇 달에 걸쳐 그날 죽은 모든 사람의 부고를 실었다. 우리는 지금까지와는 달리, 역사상 모든 사람들이 그랬듯 죽음을 의식하고 살아가기 시작했다.

9월 11일의 사건은 늘 내 머릿속을 맴돌던 두 가지 질문을 되새기게 해주었다. '나는 누구인가? 나는 어떤 존재가 되고 싶은가?' 둘 다 전형적인 질문이다. 세계의 많은 이들과 달리, 우리는 넘쳐나는 선택의 기회가 부담으로 작용할 수 있음을 알고 있다. 미국인이라면 남녀를 막론하고 생각 없이 부모의 발자취를 따라가는 이가 드물다. 우리는 자신을 규정해야 하고, 정체성을 만들어내야 한다. 9월 11일 같은 사건은 고민의 시간을 줄여준다. 마음을 어지럽히는 것들을 쫓아버리고, 가장 중요한 것에 초점을 맞추게 해준다.

이 두 질문에 답하기 위해 나는 치열하게 영혼의 탐색을 해야 했다. 내 과거를 오랫동안 돌아보고 내 미래를 오랫동안 내다봐야 했다. 이런 이유로 나는 이 책을 생각하면 늘 9월 11일이 떠오를 것이다. 나는 그 과정, 내 영적 순례의 탐색을 글로 옮기는 작업을 방금 마쳤다. 내게 가장 많은 영향을 끼친 열세 사람을 안경 삼아 '나는 누구인가?' 하는 질문을 바라보며 느긋하게 답할 수 있는 특권을 누렸다. 그들을 통해 내가 바라는 나의 모습도 볼 수 있었다.

내가 이 책을 쓰면서 했던 경험을 누구나 했으면 좋겠다. 이 책이 출간된 이래, 많은 독자들이 자신의 모색과 몸과 영혼의 생존기를 편지로 보내왔다. 이 두 질문으로 고민하는 사람들이 우리만이 아니라는 것도 2001년 9월 11일에 드러난 진실이다.

SOUL SURVIVOR

교회가 준
상처를
싸매며

1

공항 대합실이나 기내에서 우연찮게 낯선 사람들과 이런저런 이야기를 나누다 보면, 내가 영적인 문제들에 관해 글을 쓴다는 사실이 드러나는 경우가 종종 있다. 갑자기 상대방이 눈썹을 추어올리고 없던 장애물이 튀어나오는가 하면, 심지어 교회에 대해 끔찍한 이야기를 새로 듣게 되는 일도 심심찮게 일어난다. 옆자리에 앉아 가던 그 승객은 십중팔구 내가 교회의 입장을 옹호하리라고 생각했을 것이다. "훨씬 더 나쁜 이야기도 있어요. 제 말 좀 들어보세요"라고 대꾸할 때마다 화들짝 놀라는 걸 보면 말이다. 사실, 나는 교회에서 입은 상처를 치료하느라 삶의 대부분을 소모했다.

나의 인격 형성기에 해당하는 1960년대, 조지아 주에서 다니던 교회는 아주 폐쇄적인 세계관을 가지고 있었다. 교회당 정면에 붙여둔 간판에는 교회 정체성을 당당하게 밝혀두었는데, 꼭짓점이 많은 별에서 글씨가 퍼져나오는 디자인으로 다음과 같은 표어들이 적혀 있었다. "새로운 언약, 피로 산 백성, 거듭남, 재림하신 주님과 함께

하는 천년왕국, 하나님의 섭리, 근본적인…." 2백 명 남짓한 소그룹에 지나지 않는 교인들은 진리, 즉 하나님의 진리 위에 서 있다고 믿었다. 누구든 우리와 의견을 달리하는 이가 있다면, 당연히 지옥의 가장자리에 서서 마음을 정하지 못한 채 흔들거리는 사람이었다. 당시 우리 식구는 교회가 소유한 이동식 주택에 살았던 탓에, 나로서는 시야를 가리고 나의 세계를 제한하고 있는 먹구름에서 도저히 도망칠 수가 없었다.

나중에서야 그 교회가 진리에 거짓을 섞고 있다는 것을 깨달았다. 예를 들어, 목회자는 강단에서 노골적으로 인종차별적 설교를 했다. 뜻이 모호한 창세기의 구절들을 인용하면서, 흑인은 하나님의 저주를 받았다고 주장했다. '식당에서 피부가 검은 종업원들이 엉덩이를 흔들며 식탁 사이를 누비면서 접시를 나르는 모습만 보더라도' 알 수 있듯, 그들은 종노릇은 잘할 수 있지만, 지도자 역할은 절대로 감당하지 못한다는 것이다. 나는 이런 교리로 무장하고 첫 직장인 애틀랜타 근처 전염병 센터에서 여름 방학 동안 견습 직원으로 일하다가, 거기서 흑인 생화학 박사 제임스 체리 씨를 상사로 만났다. 그 후 무슨 일이 일어났을지는 상상에 맡기겠다.

고등학교를 마친 뒤, 나는 인접한 주에 있는 성경대학에 들어갔다. 고향 교회에 비해 다소 진보적인 이 학교에서는 단 한 명이기는 했지만 흑인 학생의 입학을 허용하는 한편, 푸에르토리코 출신 학생과 같은 방을 쓰도록 함으로써 '안전지대'에서 살도록 배려(?)하고 있었다. 학교 측은 학생들이 수많은(구체적으로 말하자면 66쪽 분량에 해당하는) 교칙을 공부하고 묵묵히 준수해야 한다고 생각했다. 교수

진과 직원들은 교칙 하나하나를 뒷받침할 성경적 원리들을 찾아내느라 무척 애를 썼는데, 남학생들의 머리카락 길이라든가 여학생들의 스커트 길이 따위의 규정들은 매년 개정되었으므로 일정 수준 이상의 창의력이 필요했다. 상급생인 데다가 약혼한 상태였음에도 불구하고, (이제는 내 아내가 된) 연인과 함께 저녁 식사를 할 시간이라곤 5시 40분부터 7시까지가 고작이었다. 한번은 손을 잡고 가다가 적발돼서 서로 쳐다보거나 대화하는 것을 2주 동안 '엄금하는' 벌을 받은 적도 있다.

 학교 울타리 너머, 넓고 넓은 바깥세상 곳곳에서는 다른 학생들이 베트남 전쟁에 반대하는 시위를 벌이고, 시민의 권리를 외치며 셀마와 앨라배마 근처 다리 위를 행진했으며, 사랑과 평화의 축전을 벌이기 위해 뉴욕 주 우드스톡으로 몰려들었다. 그동안 우리 학교 학생들은 예정론을 마스터하고 스커트와 머리카락의 길이를 재는 일에 몰두하고 있었던 것이다.

 새로운 밀레니엄이 시작된 지 채 얼마 되지 않은 2000년 봄, 나는 지금껏 살아온 삶이 빠른 화면처럼 눈앞을 스쳐 지나가는 경험을 했다. 사우스캐롤라이나 주에서 열린 집회에 패널로 참석해서 첫째 날 '신앙과 물리적 현상'을 주제로 이야기하던 중이었다. 물리학에 대한 전문 지식이 없었는데도, 공개적으로 신앙의 문제들에 대해 글을 쓴다는 이유로 어느 하버드 신학교 출신과 함께 패널로 선발되었다. 노벨상을 수상한 물리학자 두 명과 시카고 근처에서 핵 가속 장치를 연구하는 페르미 연구소의 책임자가 포함되는 등 패널은 이미 과학 쪽에 편향되어 있었다. 노벨상 수상자 가운데 한 사람이 먼저 나서서 자신은 신앙이 무익하며 실제로는 유해하고 미신적이라고 생각한다는 말로 발언을 시작했다. "미국인 가운데 10퍼센트가 외계인에게 납치당했었다고 주장하고, 절반은 창조론자이며, 50퍼센트는 매일 별점 치는 책을 읽습니다. 다수가 신을 믿는다는 게 뭐 특별한 사실이랄 수 있을까요?" 지금은 완고한 무신론자가 돼버린 어느 정통파 유대교인 하나가 일어나서 나가버렸다.

다른 과학자들은 신앙에 대해 좀 더 완곡한 표현들을 쓰기는 했지만, '신앙적 영역은 거의 다 빼버린 채, 관찰하고 증명할 수 있는 사실'로만 시야를 제한하고 있었다. 드디어 발언권이 돌아왔다. 나는 교회가 저지른 실수들을 인정하고, 이제는 세상이 바뀌어서 크리스천들을 말뚝에 묶어놓고 화형에 처하지 않게 된 것에 감사했다. 또 유신론에 반하는 관점을 대단히 솔직하게 드러내준 것에 관해서도 고마움을 전했다. 그리고 천문학자이자, 흔히들 믿는 것처럼 정말로 우연히 우주가 생성될 확률을 계산해낸 작가인 체트 레이모의 글 가운데 일부를 읽어주었다.

만일, 빅뱅 1초 후에 우주의 팽창률 대비 우주의 밀도가 추정 수치보다 10^{15}(1 다음에 0이 15개 오는 수치다)분의 1만 달라져도 우주는 급속하게 붕괴되거나 눈 깜짝할 사이에 부풀어올라서 원(原)물질이 별들이나 은하계로 응축될 수 없었을 것이다. 동전을 공중에 10^{15}번 던졌을 때, 그것이 모서리로 떨어져 서는 경우는 단 한 번뿐이다. 세상 모든 해변의 모래 알갱이 하나하나가 모두 우주이며, 그것들이 현재 우리가 알고 있는 과학적 원리들에 전혀 어긋나지 않게 움직인다고 가정할 때, 모래 알갱이 가운데 단 하나만이 지능을 가진 생명체가 존재할 수 있는 우주이고, 바로 그 모래 알갱이 하나만이 우리가 살고 있는 우주인 것이다.

패널 토의가 끝난 뒤에, 노벨상 수상자 두 명(한 사람은 물리학상을 받았고, 다른 한 사람은 화학상을 받았다)이 사려 깊은 크리스천 몇몇과 더불어 토론에 가세했다. 물리학자는 레이모의 인용문을 보여달라고 요청했는데, 레이모와는 개인적으로 친구로 서로 알고 지내는 사이였다. 그는 얼마 동안 생각하고 또 생각을 거듭한 뒤에 입을 열었다. "10의 15제곱, 10의 15제곱이라…. 우주에는 별이 10^{22}개쯤 있는데, 내가 그걸 몽땅 사버리겠소. 그쪽 확률이 더 높겠어."

이야기는 신앙에 대한 비판으로 이어졌다.

"그래요. 신앙이 해로운 방향으로 작용하기도 했지요. 하지만 신앙이 이뤄놓은 좋은 면들에 대해서도 생각해봅시다. 과학적 방법론 자체가 유대교와 기독교를 모태로 성장해왔습니다. 유대교와 기독교는 이성적 창조주가 세상을 만들었다고 소개함으로써, 사람들이 스스로 이해하고 검증할 수 있는 길을 열어놓았습니다. 교육 분야에서도 그랬고, 의약, 민주 정치, 자선 사업, 노예제 폐지 같은 정의의 문제들에 대해서도 그랬습니다."

무신론자인 과학자들도 자신들에게 진정한 윤리적 토대가 없으며 적지 않은 동료 과학자들이 아무런 양심의 가책 없이 나치 정권이나 공산 정권을 위해 일했다는 사실을 순순히 인정했다. 우리는 허심탄회하게 의견을 나누었다. 서로 다른 우주관을 가지고 있으면서도 솔직하게 대화하는 아주 드문 경험을 했던 것이다.

며칠 뒤, 나는 아내와 함께 일찍 일어나서 차를 몰고 2백 킬로미터 남짓을 달려 성경학교 동창회에 참석했다. 거기서 동창들이 지난 30년을 어떻게 지냈는지 들을 수 있었다. 어느 여자 동창은 평생 고백하지 못했던 죄를 마침내 해결해버리자 관절염이 사라졌다는 이야기를 들려주었다. 어떤 동창은 자석 요를 깔고 자면 얼마나 좋은지 모른다며 침이 마르도록 칭찬을 늘어놓았다. 몇몇 친구들은 만성 피로 증후군에 시달리고 있었고 또 몇몇은 심각한 우울증에 빠져 있었다. 얼마 전에 10대 딸을 정신 요양원에 들여보내고 참석한 부부도 있었다. 이들 가운데 건강해 보이는 사람은 아무도 없었다. 이야기를 듣고 있노라니 그들이 가엾고 불쌍하다는 생각이 들었다.

아이러니하게도 동창들은 자기들이 살아온 이야기를 털어놓으면서, 성경학교에서 배웠던 구절을 계속 되뇌고 있었다. "하나님께서 승리하게 하셨어…. 그리스도로 말미암아 무슨 일이든 할 수 있어…. 모든 일이 합력하여 선을 이룬 거지…. 승리의 행진을 하는 중이야." 나는 분주하게 머리를 굴리며 동창회에서 빠져나왔다. 회의적인 과학자들이 동창회 자리에 앉아 있었더라면 어떤 반응을 보였을까 궁금했다. 상상해보건대, 친구들이 영위하고 있는 눈에 보이는 삶과 그들이 덮어쓰고 있는 영적 허울 사이에 아무 연관성이 없다고 지적하지 않았을까 싶다.

바로 다음 날(그날은 주일이었다), 우리 부부는 아침 일찍 일어나서, 내가 성장했던 근본주의 교회의 '장례식'에 참석하기 위해 차를 몰고 2백 킬로미터쯤 달려 애틀랜타로 갔다. '꼭짓점이 많은 별'을 그려놓았던 바로 그곳이다. 그동안 교회는 하루가 다르게 바뀌는 이웃들을 피해 이사를 다녔지만, 얼마 지나지 않아 다시 흑인들로 둘러싸이고 말았고, 출석 교인의 숫자도 점점 줄어들었다. 역설적인 일이지만, 지금은 교회당 건물마저 어느 흑인 교회에 넘길 수밖에 없는 형편이 되었다. 나는 그 교회에서 드리는 마지막 예배에 슬쩍 끼어들어가 앉았다. 교회에서는 마치 동창회처럼, 한 번이라도 다닌 적이 있는 사람이면 누구나 예배에 참석할 수 있다고 광고하고 있었다.

흘러간 세월로부터 아는 얼굴들이 살아 나오기 시작했다. 덜커덕거리며 멈춘 시간 속에서 이제는 툭 튀어나온 배에 머리가 훤하게 벗어진 중년이 되어버린 10대 시절의 친구를 찾을 수 있었다. 40년 동안이나 똑같은 교인들을 섬겨온 목사님은 "믿음을 위해 싸우자!"라는 교회의 모토를 거듭 강조하며 말씀하셨다. "저는 지금까지 바로 그 싸움을 벌여왔습니다. 이제 그 모든 과정이 끝났습니다." 목사님은 내가 기억하는 것보다 훨씬 작아 보였다. 꼿꼿하던 자세도 많이 구부정해졌고, 타는 듯 붉던 머리도 백발이 됐다. 적지 않은 시간을 할애해서, 목사님은 교인들이 올즈모빌 자동차를 사랑의 선물로 사준 데 대해 감사의 말을 했다. "이 못나고 보잘것없는 목사에게는 과분한 선물입니다." 평소보다 길어진 예배에는 몇몇 교인들이 일어나서 어떻게 이 교회를 통해 하나님을 만나게 되었는지 간증하는 순서도 있었다. 그들의 이야기를 들으면서, 내 동생처럼 교회에 질려버린 게 주된 원인이 되어 하나님으로부터 멀어져간 사람들, 그래서 그 자리에 함께하지 못한 교인들이 간증하는 모습을 머릿속에 그려

보았다. 교회가 요구하던 말썽 많은 정강들이 10대 시절에는 내 삶과 신앙을 짓눌렀지만, 지금은 그저 연민의 눈으로 바라볼 수 있게 되었다. 독물이 다 떨어져버린 독침이라고나 할까. 어린 시절 다니던 교회는 더 이상 어떤 영향도 미치지 못한다. 하지만 교회에 대한 거부감 때문에 신앙을 거의 포기할 뻔했던 기억만큼은 떨쳐버릴 수 없었고, 실제로 그렇게 떠나버린 사람들을 마음 깊이 불쌍하게 여기고 있다.

그 한 주간은 내 삶의 여러 장면들을 다시 돌아볼 수 있게 해주었다. 나는 지금 어디에 와 있는가? 이상한 느낌이 들었다. 내가 다니던 교회의 정강을 받아들이지 않게 된 것은 진작의 일이고 아예 땅속에 묻어버리는 일을 거들어왔다. 그렇다고 패널로 나왔던 과학자들의 유물론적 회의주의를 공유할 수도 없었다. 세상이 우연히 만들어졌다는 증거를 그들이 바닷가의 모래처럼 헤아릴 수 없이 많이 내놓는다 해도 같은 편이 될 수는 없었다. 신학적으로라면 다들 하나님을 향한 갈망을 품고 있었으며, 성경 말씀을 경외하고, 예수님을 향한 사랑을 가지고 있던 복음주의 성경학교와 가장 잘 들어맞을지도 모른다. 그럼에도 불구하고 거기서는 균형과 건강을 찾을 수 없었다. 보수적인 사람들 틈에 있을 때는 내가 가장 진보적인 듯한 느낌이 들 때가 적지 않았고, 진보적인 사람들과 어울리면 가장 보수적인 것 같은 생각이 드는 경우가 많았다. 종교적인 과거와 영적인 현재를 어떻게 조화시켜갈 것인가?

잊혀진 하나님의 보물을 되찾다

나는 수많은 사람들을 만나서 여러 이야기를 들었다. 신부나 수녀를 보기만 해도 움찔 놀라는 가톨릭 신자에서부터, 한때 제칠일안식일교회에 몸담아 커피 한 잔을 마실 때마다 찌르는 듯한 양심의 가책을 받는 신자나 결혼반지가 세속적임을 나타내는 증거가 되는 게 아닌가 걱정하는 메노나이트Mennonite에 이르기까지, 종교적인 과거에서 진리를 캐내는 과정을 비슷하게 밟아온 사람들이었다. 그들 가운데는 출신 교회를 전면 부정하는 것은 물론, 위협이 될 만한 교인들을 찾아 쫓아내기까지 하는 이들도 있었다.

워커 퍼시(미국의 소설가—옮긴이)의 작품 《재림 The Second Coming》에 등장하는 인물들은 이런 태도를 잘 그려내고 있다.

나는 크리스천들에 둘러싸여 있다. 크리스천들은 대체로 유쾌하고 사근사근하게 이야기하는 편이므로 다른 사람들에 비해 뚜렷하게 다르다고 할 만한 점은 없다. 남부의 여러 주를 비롯한 미국 전역과 서방 세계에서 그들이 빼앗은 목숨의 숫자가 예수를 믿지 않는 사람들이 살해한 인명을 모두 합친 것보다 더 많음에도 말이다. 그래도 아직까지는 기독교 안에 진리가 없다고 장담할 수는 없다. 하지만 크리스천들 속에 진리가 있다면, 그걸 받아들이고 전파하는 것까지 혐오감을 불러일으키는 사태는 어디에서 비롯됐는가? 주변에 크리스천이 거의 없다면, 더 쉽게 예수를 믿게 될지도 모른다. 1천 5백만 명이나 되는 남침례교도들 틈바구니에서 살아본 적이 있는가? 복음이 진리라면, 왜 기꺼이 들으려 하는 사람이 없는가? 이건 미스터리가 아닐 수 없다.

워커 퍼시의 마지막 질문이 커다란 울림으로 다가왔다. "정말 좋은 일은 정말 나쁜 사람에게 일어난다"는 J. R. R. 톨킨의 말도 있거니와, 복음이 참으로 선한 해결책이라면 왜 복음을 좋은 소식으로 받아들이는 사람이 거의 없을까?

이제 나는 글을 쓰는 사람이 되었다. 생각해보면, 젊은 시절 다니던 교회에서 사용했던, 아니 오용했던 말들을 가려내기 위해 작가가 된 게 아닌가 싶다. "하나님은 사랑이시라"는 말을 듣더라도 설교에서 받는 하나님의 이미지는 '성난 압제자'나 복수심에 불타는 폭군에 가까웠다. "빨간 애나 노란 애, 까만 애나 하얀 애 모두 모두 사랑하네, 예수님"이라고 노래를 불렀지만, 홍인종이나 황인종, 흑인 아이들 가운데 단 한 명이라도 교회 문턱을 넘어볼 엄두나마 낼 수 있었던가? 성경대학 교수님은 우리가 "더 이상 율법 아래 있지 않고 은혜 가운데 있다"고 강조했지만, 실생활에서는 그 두 가지 신분의 차이점에 대해서 할 말이 그다지 많지 않았다. 그 이후로 나는 지금까지 복음의 참뜻을 찾아가는 여정을 밟아왔다. 말하자면, 복음서에 등장하는 본래의 어휘들을 갈고닦아서, 하나님께서 그분의 성품을 묘사하기 위해 사랑이니, 은혜니, 긍휼이니 하는 단어들을 사용하셨을 때 의도하셨던 원의原義를 찾아내는 일을 해왔던 것이다. 그런 어휘들 가운데서 나는 진리를 감지했다. 마치 오래된 성당의 덧칠한 회반죽을 걷어내 프레스코 벽화를 복원하는 것처럼 공을 들여가며 솜씨 좋게 탐색해야 하는 진리가 거기에 있었다.

　나는 빨려들듯 글쓰기에 빠져들었다. 글쓰기는 한 줄기 빛이 새어 들어오는 틈을 열어주었다. 이 틈새야말로 다른 세계와 통하는 창문이 되었다. 《앵무새 죽이기 *To Kill a Mockingbird*》 같은 잔잔한 책을 읽으면서 받았던 감동을 잊을 수가 없다. 이 책을 통해서 친구와 이웃들이 보편적으로 품고 있던 인종차별적 생각에 대해 회의를 갖게 되었다. 《맬컴 엑스 자서전 *The Autobiography of Malcolm X*》,《블랙 라이크 미 *Black Like Me*》, 마틴 루터 킹 목사의 《버밍햄 감옥에서 온 편지 *Letter from Birmingham City Jail*》를 계속해서 읽어나가는 동안 나의 세계는 산산조각 나버렸다. 한 인간의 영혼이 얇은 종잇조각을 통해 다른 사람들의 마음을 꿰뚫고 지나가게 만드는 어떤 힘 같은 것을 감지할 수 있었다. 글쓰기는 좁은 틈새로 스며들어서 밀폐된 공간에 갇힌 영혼들에게 영적 산소를 공급해줄 수 있다는 사실을 알게 된 것이다.

　특히 기록된 어휘들이 자유로움을 북돋워주는 특성이 있음을 높이 평가하게 되었다. 젊은 시절 드나들던 교회의 설교자들은 마치 악기를 연주할 때처럼 음량을 크게 높임으로써 청중의 감정을 자극했다. 하지만 나는 방 안에 홀로 앉아 조심스럽게 책장을 한 장씩 넘겨가며 C. S. 루이스나 G. K. 체스터턴, 존 던 같은 또 다른 유類의 대표적인 신앙 인물들을 만났다. 그들은 시공을 초월하는 낮은 음성으로 세상 어딘가에 율법뿐만 아니라 은혜를 알고 있는, 공의뿐만 아니라 사랑도 알고 있는, 열정뿐만 아니라 합리적 이성도 알고 있는 크리스천들이 살고 있음을 확신시켜주었다. 나는 개인적으로 글이 가진 힘과 만나면서 작가가 되었고, 망가진 어휘들, 다시 말해서 본래의 의미가 왜곡돼버린 단어들이 다시 교정될 수 있다는 소망을 갖게 되었다.

그 뒤로는 줄곧 나그네의 자세를 단단히 견지하고 있다. 나라는 존재는 나그네 외에 아무것도 아니기 때문이다. 종교적으로 인가받은 것이라곤 하나도 없다. 목사도 아니고 교사도 아니며, 그저 평범한 나그네인 동시에 영적 탐색을 계속하고 있는 수많은 범부 가운데 하나일 뿐이다. 필연적으로, 그리고 본능적으로 나는 자신의 믿음에 대해 회의하고 재평가하기를 내내 반복하고 있다. 물리학자들과 성경대학 동창생들, 그리고 남부의 근본주의자들 틈바구니에서 머리가 핑핑 도는 주말을 보내고 돌아와서 스스로에게 질문을 던졌다.

"왜 나는 여전히 크리스천으로 남아 있는가? 엄청난 왜곡과 정체의 한복판, 그래서 복음이 '좋은 소식good news'이기보다는 나쁜 소식으로 들리는 일이 더 잦던 시기에 내게 다가온 복음의 진리를 끊임없이 추구하고 있는 까닭은 무엇인가?"

모든 작가들은 저마다 킁킁거리며 코를 여기저기 대보고 흔적을 찾으며 그 근원을 찾아 따라가는 주제를 한 가지씩 가지고 있게 마련이다. 나더러 주제 하나를 결정하라고 한다면, "교회가 줄 수 있는 가장 나쁜 영향을 받았지만 여전히 사랑의 하나님 품 안에 있는 사람들"이 될 것이다. 그렇다. 나 역시 교회와 하나님을 거부하고, 회심 아닌 회심으로 해방감을 느끼던 시절이 있었다. 하지만 결국에는 무신론자나 교회에서 도망쳐 나온 난민으로 전락하지 않고, 교회를 변호하는 옹호자 가운데 한 사람이 되었다. 나는 어떻게 종교가 주는 부정적 영향에서 벗어나 개인적 신앙을 되찾을 수 있었을까?

이 책에서 만나게 되는 사람들은 모두 그 질문에 대한 대답을 찾아가는 긴 여정을 함께해주었다. 30년에 걸쳐 저널리스트로 일하는 동안 나는 각양각색의 인간상을 자유롭게 연구할 수 있었다. 플래너리 오코너의 소설에나 나올 법한 인물들을 만난 적도 있다. 텔레비전 복음전도자 짐 베커와는, 자체 제작한 콘도미니엄과 에어컨 내장형 개집들이 호사스러운 PTL 텔레비전 방송국 스튜디오와 기독교 테마파크에서 불티나게 팔려나가는 등 그의 이상한 왕국이 전성기를 구가하던 시절에 만나 인터뷰를 했는데, 불과 얼마 지나지 않아 자신이 발언했고 녹음까지 해둔 내용을 공개적으로 부정하는 모습을 볼 수 있었다. 라스베이거스에서 일하는 어느 쇼걸에게서는 '가슴을 크게 하려고' 수술대에 올라가 있는 동안 어떻게 하나님을 만났는지에 관한 이야기와, 아직 마취 상태에서 '흙받기에 이르기까지 모든 부품이 사람 살로 만들어진 트레일러'가 미국의 10대 아이들을 한 짐 불못에 쏟아넣는 꿈을 꾼 이야기를 들었다.

그럼에도 불구하고 '그럴 수도 있겠다' 정도로 상대해주면서 대체로 그들을 회피하고 싶었다. 지금도 여전히 도망치고만 싶은 지난날들을 너무 자주 떠올리게 만들었기 때문이다. 대신 햇병아리 기자 시절부터 무언가를 배울 수 있는 인물, 닮고 싶은 인물들을 찾아내야겠다고 마음먹었다. 부정적 인물과 만나는 일이 점점 더 늘어갈수록, 긍정적인 모델을 더욱 갈구하게 되었다. 그리고 마침내 몇몇 사람을 찾아냈다.

밀러드 풀러라는 백만장자 사업가는 치열하고 무의미한 경쟁을 벌이는 기업들에 차츰 환멸을 느끼게 되었다. 급진적 성향을 가진 목회자 클래런스 조던으로부터 도전을 받은 밀러드는 호사스러운 삶을 포기하고 방 한 칸 장만할 여유가 없는 사람들을 위해 집을 지어주는 단체를 만들었다. 이렇게 시작된 해비타트 운동Habitat for Humanity은 최근 10만 번째 주택 건축을 기념하는 잔치를 열었다. 잭 매코널이라는 신앙 깊은 장로교인은 결핵 환자들을 위한 흉부 검사를 창안해냈으며, 타이레놀과 자기 공명 영상법MRI를 개발해내는 데 도움을 주었고, 현직에서 물러난 뒤에도 편안한 생활을 마다하고 은퇴한 의사들을 모아 빈민을 위한 무료 의료 센터에서 일하도록 주선했다. 시슬리 손더스 부인은 중년에 접어든 나이에 의대에 입학했다. 전문가들에게서 "이 분야에서는 사람들이 의사의 말만 잘 듣습니다"라는 이야기를 들었기 때문이다. 손더스 부인이 직접 임상 치료에 임했던 적은 한 번도 없지만, 그 대신 죽어가는 환자들을 보살피는 새로운 방법을 이끌어냄으로써 현대 호스피스 운동의 불씨를 지폈다. 뉴욕 식물원과 영국 큐Kew 왕립 식물원의 책임자로 일했던 질리언 프랜스는 선택적으로 임산물을 거둬들인 다음 그 자리에 다시 식물을 심는 경우, 싹쓸이하듯 거둬들이는 방식에 비해 얼마나 많은 소득을 더 올릴 수 있는지를 세계 각처의 열대 다우림多雨林 소유자들에게 보여주기 위해 이른바 '실용 식물학'이라는 반어적 이름이 붙은 연구소를 열었다.

  이런 인물들과 충분한 시간을 들여 인터뷰를 하면서, 나는 신앙을 통해 지속적으로 힘을 공급받는 이름 없는 시민들이 한 차원 더 진보된 공의와 사랑을 실현하기 위하여 자신의 역할을 감당하는 것을 보고 깊은 감명을 받았다.

2세기경에 활동했던 신학자 이레네우스는 "하나님의 영광은 생생하게 살아 있는 한 사람을 통해 나타난다"고 말한 바 있다. 애석한 일이지만, 이레네우스의 이 말은 대다수 현대 크리스천들의 모습을 정확하게 반영하지 못한다. 사실 여부를 떠나서, 현대인들은 크리스천들을 무언가에 눌려 있으며, 형식적이고, 생동감 있는 생활을 즐기기보다는 불만에 차서 고개를 젓기 일쑤인 억압된 존재쯤으로 파악하고 있다. 하지만 기자 생활을 하는 동안 신앙을 통해서 훨씬 차원 높은 삶을 사는 사람들을 여럿 만났다. 그들은 모두 풍성한 삶을 누리고 있었다. 그렇게 사는 사람들과 함께 시간을 보내노라면, 어떻게 해서든지 뚜껑을 열고 그들의 생명력의 근원을 온 천하에 알리고 싶어졌다.

 이 책에는 내게 가르침을 주고 도전을 준 인물들 가운데 대표적인 이들을 가려내 수록했다. 북미 출신뿐만 아니라 일본인도 있고, 네덜란드, 러시아, 인도, 영국 사람도 있다. 모두가 전통적인 기독교 신앙을 가지고 있는 것은 아니며, 마하트마 간디의 경우에는 기독교 신앙을 갖지 않기로 결정한 바 있다. 그러나 누구 하나 예외 없이, 그들은 예수님과의 만남을 통해 영구적으로 삶이 변화되었다. 절반은 직접 만나서 인터뷰를 했으며, 개중에는 평생 교제하는 관계로 발전한 경우도 있다. 나머지 절반은 그들이 생전에 남긴 저작물들을 통해 간접적으로만 알고 있을 뿐이다. 이상하게도 내가 가진 신앙을 이해하는 데에는 전통적 기독교 신앙에서 가장 거리가 먼 간디라든가, 톨스토이, 도스토옙스키, 엔도 슈사쿠 같은 인물들이 더 큰 도움을 주었다. 생각지도 못했던 천사들이 빛을 비춰준 것이다.

작가는 다른 사람의 삶을 빨아먹는 기생충이다. 이렇게 특별한 사람들의 삶을 얼마간 나눌 수 있어서 얼마나 감사한지 모른다. 몇몇 작가들은 역사를, 아니 지구 전체를 바꾸는 데 기여했다. 공중 앞에서 내적 부르심에 성실하게 응답한 작가들도 있었다. 어떤 작가들은 집 안에 틀어박힌 채 원고지 한 묶음을 끼고 앉아 다음 세대를 위하여 자기 삶과 생각을 반성하고, 분석하며, 기록했다. 이제 초상화가 걸린 화랑에 들어선 것처럼, 내 멘토들의 유산을 다른 사람들에게 전해주고자 하는 소망을 품고 그들을 소개하면서 여느 작가와 다름없는 작업을 하려고 한다.

앞으로 만나게 될 열세 명에게는 한 가지 공통점이 있다. 내가 깊은 영향을 받은 인물들이라는 점이다. 그런 까닭에 한 장, 한 장 넘어갈 때마다 그들이 내 삶을 어떻게 바꿔놓았는지 자문해보았다. 열세 명의 인물들과 직간접적으로 만남으로써 나는 얼마나 달라졌는가? 여기서 다루고 있는 인물들은 시간을 뛰어넘어 내 신앙의 뼈대를 잡아주었다. 개인적으로는 '구름처럼 허다한 증인'에 해당하는 이들이다. 무신론자들이나 다른 종교의 대표자들로 가득 찬 행사장에 초대되어 나의 신앙에 대해 설명해달라는 부탁을 받는다면, 여기에 소개한 열세 명이야말로 함께 가고 싶은 동반자들이다. 그저 그들을 가리키면서 "크리스천은 절대로 완전한 사람이 아닙니다. 하지만 크리스천은 누구나 생생하게 살아 있는 존재가 될 수 있습니다. 이것이 바로 크리스천의 모습입니다"라고 이야기하기만 하면 되니까 말이다. 이 책에서 다룬 인물들 하나하나가 모두 자기 분야에서 정점에 서 있으며, 그들을 그 자리에 있게 만들어준 나름의 신념을 창출해낸 사람들이다.

    그들에게 바치는 글을 써가는 작업이 내게는 건강과 기쁨을 다지는 훈련이 되었음을 고백하지 않을 수 없다. 누군가를 회심시킨다든지 교회를 방어하거나 비평할 목적을 가지고 계획을 세워둔 채 글을 쓰지는 않았다. 다만 잊어버리고 싶지 않고 잊을 수도 없는 특별한 사람들을 한 방 가득히 앉혀놓고 이들을 소개하고 싶을 뿐이다.

    미국에서 어린이 텔레비전 프로그램 〈미스터 로저스의 이웃들〉이란 프로그램을 진행하는 프레드 로저스에게는 대중 앞에서 이야기할 기회가 있을 때마다 빠뜨리지 않는 전통적인 일이 있다. 청중에게 1분 동안만 조용히 앉아서 오늘날 자신을 있게 만든 인물들에 대해 생각해보라고 주문하는 것이다. 언젠가 백악관에서 열린 명사들의 모임에 참석했을 때는 아동 문제에 관해 연설하는 시간 8분 중 1분을 할애해 침묵 시간을 주었다. 그는 "사람들은 그 침묵 시간에 떠올린 인물을 항상 기억하게 된다"고 말한다. 보통은 할아버지 할머니라든가 초등학교 선생님, 별난 행동을 했던 아저씨 아줌마 등 마음속을 떠돌던 인물들을 과거로부터 끄집어내게 마련이다.

    나는 몇 분씩이나 미스터 로저스의 질문을 곰곰이 생각해보았다. 이 책은 내 대답을 보여주는 책이다. 내가 하나님의 보물들을 어디 두었는지 잊어버리고 살던 무렵, 여기 실린 열세 명이 기억을 회복할 수 있도록 도와주었던 것이다.

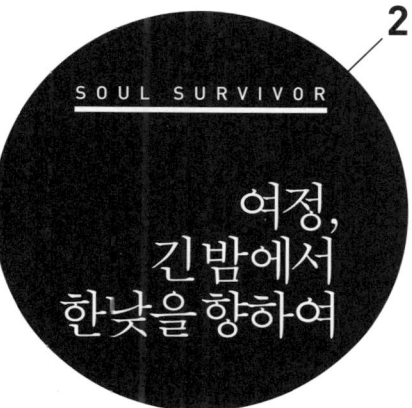

SOUL SURVIVOR

2

여정,
긴 밤에서
한낮을 향하여

마틴 루터 킹 주니어
MARTIN LUTHER KING JR.

MARTIN
LUTHER
KING JR.

    애틀랜타 근처에 있는 고등학교를 졸업하던 바로 그날부터 나는 대학 등록금을 모으기 위해 여름 동안 한시적으로 도랑 파는 일을 시작했다. 일꾼은 근육질의 흑인 어른 네 명과 피골이 상접한 백인 애송이가 전부였다. 백인 십장은 우리를 현장에 떨어뜨려준 다음, 트럭을 근처 나무 그늘에 주차시키고 담배를 피워 물면서 신문의 스포츠 면을 읽기 시작했다. 해 뜨자마자 곧바로 일을 시작했지만, 대기는 이미 후끈거렸고 날씨는 무더웠다.

    나는 신나게 땅을 파들어 갔다. 날카로운 삽날을 흙에 푹 쑤셔 박고서 쇠로 된 삽날 머리 부분을 발로 꾹 눌러서 흙을 떠낸 뒤에 몇 발짝 떨어진 토사 더미로 던져버렸다. 푹… 쉭… 푹… 쉭… 주위에는 흑인 인부 넷이 둘러서서 마치 질풍이 몰아치듯 움직이는 내 모습을 놀라움에 가득 찬 눈길로 지켜보고 있었다. 마치 내가 색다른 스포츠를 발명해내기라도 했다는 듯이 말이다.

    마침내 한 인부가 말을 걸었다. "여보게 젊은이, 그렇게 하다간 죽어. 다음 쉬는 시간까지도 버텨내지 못할 거야. 내가 하는 걸 잘 봐." 그는 삽날을 땅에 박고 발로 밀어넣은 다음 꼼짝 않고 삽자루에 기대서서 담배 한 모금을 들이마셨다. 1, 2분쯤 지난 뒤에 설렁설렁 흙을 퍼올려서 내가 만들어놓은 토사 더미에 던져버렸다. 그러곤 다시 삽을 내려놓고 담배를 몇 모금 빨았다. 나머지 세 사람도 똑같이 따라 했다.

첫날부터 십장에게 잘 보이고 싶었던지라, 나는 흑인 인부들의 작업 속도와 나의 처음 작업 속도 사이에서 적절한 절충점을 찾았다. 그러나 오전 10시, 쉬는 시간에 이를 무렵엔 멘토의 말이 옳았다는 사실을 한 점 의심 없이 받아들이게 됐다. 티셔츠는 땀에 옴팡 젖었고 조지아 주의 시뻘건 진흙으로 범벅이 됐다. 발목에도 탈이 났다. 마치 프로 레슬러들이 공중으로 솟구쳐 올랐다가 내 팔 위로 떨어져 내린 것만 같았다. 노인네처럼 등줄기가 아파서 몸을 잔뜩 웅크리고 트럭으로 물을 마시러 갔다.

우리는 트럭 뒤편에 늘어서서 차례를 기다렸다. 급수차에 실린 쇠로 된 물탱크에서 물을 받아 마시려는 것이다. 급수차가 아침 내내 뙤약볕 아래 서 있었던 까닭에 물은 대기 온도보다 더 뜨거웠다. 대충 두들겨 만든 양철 컵 하나가 쇠사슬에 묶여 물통에 매달려 있을 뿐이어서 인부들은 물 마실 차례를 기다려야 했다. 차 안에서 거울로 내 모습을 훔쳐보던 십장이 갑자기 나를 불렀다.

"어이, 애송이! 거기서 뭐하고 있는 거야. 이리 좀 와봐!"

나는 당장 운전석으로 달려갔다. "타!" 십장이 느끼한 목소리로 말했다. "다시는 저렇게 더러운 물은 마실 생각하지 마. 저건 검둥이들이 처먹는 물이라고." 십장은 유리 테두리를 한 보온병 뚜껑을 열고 종이컵에 차가운 얼음물을 따라주었다.

인종차별의 현장에서

나는 조지아 주 애틀랜타에서 1949년에 태어났다. 1949년이라면, 연방 대법원이 학교에서 인종에 따라 취학을 제한하지 못하도록 판결하기 5년 전이고, 식당과 여관에서 모든 인종에게 출입을 허용하도록 민권법을 통해 강제하기 15년 전이며, 미국 의회가 소수 민족들의 투표권을 인정하기 16년 전이다. 그 시절 주유소에는 세 종류의 화장실이 있었다. 백인 여성용, 백인 남성용, 유색 인종용. 백화점에는 백인용 식수대와 유색인용 식수대가 따로 있었다. 대다수의 박물관은 일주일에 하루를 유색 인종들이 관람할 수 있는 날로 떼어놓았다. 다른 날에는 유색인들의 출입을 제한했다. 애틀랜타에서 버스를 타는 경우, 남녀 흑인 노동자들은 차량 뒤편에 공손히 앉았다가, 백인 승객이 요구하면 자리를 내줘야 했다. 그것이 법이었다. 이웃한 앨라배마 주에 사는 흑인들은 앞문으로 들어와 기사에게 요금을 지불하고 다시 차에서 내려 버스 바깥쪽으로 뒷문까지 걸어가서 승차해야 했다. 가끔 악의를 품은 기사들이 있어서 흑인 승객이 미처 타기도 전에 뒷문을 걸어 잠그고 출발하기도 했다. 그럴 때 이미 차비를 치른 흑인 승객은 그야말로 망연자실이었다.

할아버지는 노예들이 득실거리는 광활한 농장을 소유하셨던 당신조부의 얘기를 들려주곤 하셨다. 농장에서 일하던 노예들은 해방된 뒤에 '얀시'라는 성을 쓰게 되었다고 한다. 어떨 때는 전화번호부를 펼쳐놓고 얀시 성을 가진 흑인을 골라내 보기도 했다. 인종 폭동이 일어났던 1906년, 10대였던 할아버지는 흑인의 몸뚱이가 가로등 기둥에 매달려 있는 걸 보았노라고 했다. 당시 성적 모욕을 당했다는 소문에 흥분한 백인들이 근 50명에 달하는 흑인들에게 린치를 가했다. 할아버지는 아버지와 삼촌들을 '참전 용사의 집'에 데려가서 '북군 침략 전쟁(남북전쟁을 지칭하는 그들만의 용어)'에 관한 노병들의 회고담을 들려주곤 하셨다.

삼촌들 가운데 하나는 법원이 학교에서 인종 간 통합 교육을 하도록 규정하자 가족과 함께 짐을 꾸려 오스트레일리아로 이민을 가버렸다. 매년 크리스마스가 되면 할머니 댁에 가서 온갖 채소와 으깬 감자, 비스킷, 햄과 칠면조 요리로 가득 찬 잔칫상을 받았는데, 그때마다 할머니가 운영하는 자동차 용품 가게의 흑인 종업원이 뒷문 밖에서 노크를 했다. 거기 그렇게 쭈뼛쭈뼛 서 있다가 동전 몇 푼을 크리스마스 보너스로 손바닥에 떨어트려주면 그제야 돌아갔다.

우리는 인종차별 정책 아래서 살았다. 애틀랜타에는 백인 못지않게 많은 흑인이 살고 있었지만, 서로 다른 식당에서 밥을 먹었고 서로 다른 학교와 교회에 다녔다. '개와 유색 인종은 출입을 금함'이라고 적힌 표지판을 드물지 않게 볼 수 있었다. 법률에 의해서 흑인은 배심원이 될 수 없었고, 아이를 공립학교에 보내서도 안 되며, 백인 전용 화장실을 쓰지도 못하고, 백인용 호텔에 유숙할 수도 없으며, 극장에서 좋은 좌석에 앉을 수도 없고, 백인이 수영하는 풀에서 헤

엄칠 수도 없었다(앨라배마 주의 리조트에서 흑인을 받아주지 않았던 탓에, 마틴 루터 킹 주니어 목사는 가족 가운데 한 사람이 알고 지내던 친구 소유 장례식장의 공공 합숙소 한 칸을 얻어 신혼 첫날밤을 보냈다).

1955년, 조지아 주지사는 조지아 공대 풋볼 팀에게 슈거 볼(Sugar Bowl, 뉴올리언스에서 매년 1월 1일 열리는 대학팀 초청 미식축구 경기―옮긴이) 초청에 응하지 말라고 요구했다. 상대팀인 피츠버그 대학의 후보 선수 가운데 흑인이 있다는 사실을 알고 내린 조치였다. 어느 대학 교수가 흑인 최초로 미시시피 대학에 자리를 얻기 위해 지원서를 제출하자, 대학 당국은 '미친 검둥이'가 감히 미시시피 대학을 넘본다는 이유만으로 그 자리에서 주립 정신병원에 감금해버렸다.

어린아이 때에는 우리가 살고 있는 사회 구조에 대해 아무 의문도 품지 않았다. 주변 사람 가운데 누구도 문제를 제기하지 않았기 때문이다. 우리 교회에서 가장 유명한 인사는 레스터 매덕스라는 인물로, 그는 가끔씩 찾아와서 남전도회 모임에서 연설을 했다. 고등학교를 다니다 만 학력이 전부인 그는 닭튀김을 파는 '피크릭Pickrick'이란 식당을 경영하고 있었는데, 매주 애틀랜타의 신문들에 연방 정부가 자신의 재산권을 빼앗아가려 한다는 비난 광고를 게재했다. 정부에서는 매덕스에게 유색 인종 손님도 받으라고 강력하게 요구했고, 일단의 흑인들이 새로 갖게 된 권리를 시험해보기 위해 식당에 나타났다.

그러자 그의 단골들이 도끼 자루를 들고 흑인들을 식당에서 내몰았다. 매덕스는 32구경 권총을 휘둘러댔다. 이어서 저항의 표시로 가게 문을 닫아거는 한편, 더욱 신랄하게 작성한 신문 광고를 실었으며, 자유 기업의 사망을 알리는 높다란 기념탑을 세웠다. 나도 거기에 가본 적이 있는데, 우리 같은 조객들이 열을 지어 검은색 천을 덮어씌운 관을 지나쳐 가는 동안 배경 음악으로 장송곡이 부드럽게 연주됐다. 관 속에는 미국 권리장전이 뉘어져 있었다.

매덕스가 세운 기념관에서는 경찰관들이 시민권 투쟁 시위대를 폭행할 때 사용된 곡괭이 자루를 복제한 기념품을 팔았다. 아빠용, 엄마용, 어린이용 등 세 종류를 사이즈별로 팔고 있었는데, 나는 신문 배달을 해서 모은 돈을 털어 어린이용 곡괭이 자루를 샀다. 꼭 경찰관들이 야경을 돌 때 들고 다니는 방망이처럼 생긴 물건이었다. 나는 그걸 옷장 속에 보관했다(남부 백인들 사이에서 영웅 대접을 받던 매덕스는 1967년 조지아 주지사에 당선되었고, 다음 선거에서는 연임에 실패하고 부지사가 되었으며, 1972년에는 미국 독립당의 대통령 후보가 되어 유세를 벌였다).

백인에게 흑인은 깔보고 조롱해도 괜찮은 존재였으며 상대적 우월감을 느끼게 해주는 대상이었다. 우리 가족은 임대 기간이 만료되는 대로 1, 2년마다 한 번씩 이사를 다녔다. 어떤 때는 정부 시책으로 세워진 주택에서 살았고 어떤 때는 이동 주택에서 살았다. 사회학적으로 '남부 백인 빈민poor white trash'의 요건을 충분히 구비했던 셈이다. 하지만 우리는 최소한 백인이었다.

1950년대부터 1960년대 사이의 남부를 연구한 현대 역사학자들은 당시를 사회 변혁의 기운이 무르익던 시기로 규정한다. 하지만 그건 그들의 시각일 뿐이다. 나의 가족과 친구들, 이웃이나 교인들에게는 변혁의 기운이 가장 미성숙한 시기였다. 다들 자신이 포위 공격을 당하고 있다고 생각했다. 외부 정치 선동가들이 삶의 모든 통로를 압박해 들어오는 중이라고 믿었던 것이다.

케네디 대통령이 피격된 직후, 내가 다니던 고등학교의 교장 선생님이 학내 방송으로 그 사실을 공표하자 학생 몇몇은 벌떡 일어서 환성을 질렀다. 민권법을 발의했으며 연방 보안관을 보내서 미시시피 대학이 최초의 흑인 학생인 제임스 메러디스를 받아들이도록 뒷받침했던 케네디 대통령이야말로 안온한 인종주의 공동체를 위협하는 묵과 못할 공적公敵의 대표 격이었다. 당시까지는 아이젠하워나 닉슨 같은 공화당원들은 민권법에 반대하는 입장이었고, 민주당은 의석의 4분의 3을 점유한 데다가 의사 진행 방해 전술을 써서 상원을 좌지우지하고 있던 남부 '탈당파Dixiecrat'의 도움을 받고 있는 상황이었다. 그럼에도 불구하고 케네디는 백악관에 사는 남부의 적이 되기를 자처했던 것이다.

내가 다니던 고등학교는 남부 동맹의 장군이었던 존 B. 고든의 이름을 따서 학교 이름을 지었다. 그러니만큼 졸업하던 해인 1966년까지 단 한 명의 흑인 학생도 학교에 발을 들여놓지 못했다. 흑인 가족이 이웃으로 이사 오면, 사방의 백인들이 스톤 마운틴을 향해 동쪽으로 도망치듯 이주해버렸지만, 어떤 흑인 부모도 감히 자녀들을 우리 학교에 입학시킬 엄두를 내지 못했다. 그 무렵 학생들은 맬컴 엑스가 땅딸막한 키에 상고머리를 하고 금속 징을 박은 신발을 신고 다니면서 싸움질하기를 좋아해서 한 손으로 상대를 날려버릴 정도일 거라고 생각했다. 나라고 달리 생각할 이유가 없었다. KKK단 최고위층의 사생아로 알려진 맬컴 엑스 덕분에 "우리 학교에 입학하는 첫 번째 검둥이는 영구차에 실려서 집에 돌아가게 될 것"이라는 얘기 따위는 쏙 들어가버렸다. 그러나 KKK단은 우리의 상상 세계 속에서 거의 신앙에 가까운 지배력을 지니고 있었다. 나는 학교 신문에 KKK단에 대한 글을 쓰기도 했다. 어른들은 아이들에게 KKK단이 눈에 보이지 않는 군대로서 남부에서 크리스천의 순전함을 지키는 마지막 보루라고 가르쳤다.

어린 시절, KKK단의 '용'이나 '마법사', 또는 그와 비슷한 우두머리들의 장례식이 진행되는 걸 지켜보던 기억이 난다. 대열이 길을 가로질러 왼쪽으로 돌아가고 있었던 까닭에 우리는 자동차 행렬이 완전히 빠져나갈 때까지 기다릴 수밖에 없었다. 열 대, 스무 대, 수백 대…. 자동차들이 미끄러지듯 빠져나갔다. 운전자들은 모두 새하얗거나 새빨간 천으로 된 부드러운 옷을 걸치고 눈 부분만 가늘게 찢은 두건을 덮어쓰고 있었다. 날이 무척 무더웠기 때문에, 다들 햇볕에 그을린 팔꿈치들을 열린 차창 턱에 걸치고 있었다. 마치 다시 살아난 고대 드루이드교 사제들처럼 보이는 이들은 누구였을까? 길모퉁이 주유소의 종업원일 수도 있고, 교회 집사일 수도 있으며, 내 삼촌일 수도 있고, 그 밖의 누구일 수도 있지만, 누구라고 분명히 꼬집어 말하기는 어렵다. 그다음 날 〈애틀랜타 저널〉은 장례 행렬이 무려 8킬로미터에 달했다고 보도했다.

독립기념일에 장터 경주장에서 열렸던 집회도 생생하게 기억난다. 레스터 매덕스는 물론이고 조지 월리스, 극단적 보수주의 집단인 존 버치 협회John Birch Society 전국 대표 등의 유명 인사를 한자리에 불러 모은 집회였다. 우리는 조그맣게 만든 남군의 깃발을 흔들면서, 연사들이 각 주의 자주권을 짓밟는 연방 정부를 비난할 때마다 갈채를 보냈다. 용감하게도 24명 남짓 되는 일단의 흑인들이 그 집회에 참석했다. 전례가 없는 일이었다. 한눈에 확 들어오는 검은 피부의 사람들이 참여자가 아니라 그저 관찰자로 지붕 없는 관람석에 앉아 있었다.

아무도 무슨 신호를 보내거나 하지는 않았다. 하지만 선동적인 〈딕시Dixie〉 연주가 끝나자마자 두건을 둘러쓴 KKK 단원들이 군중들 틈에서 일어나 관중석 아래로 몰려 내려가기 시작해서 삽시간에 거기 있던 흑인들을 둘러싸는 장면이 보였다. 흑인들은 황급히 자리에서 일어나 서로 껴안으며 절박한 눈길로 사방을 둘러보았지만, 이미 도망칠 길은 없었다. 마침내 극도로 흥분한 흑인 몇 사람이 관중들과 달리는 자동차를 떼어놓기 위해 쳐놓은 약 9미터짜리 쇠줄 펜스를 기어오르기 시작했다. 그들을 잡기 위해 KKK 단원들도 다투어 펜스에 매달렸다. 연사의 확성기에선 아무 소리도 흘러나오지 않았고, 관중들은 몸을 돌려 KKK 단원들이 마치 덫에 걸린 짐승을 풀어내듯, 떨어지지 않으려고 안간힘을 쓰는 흑인들을 떼어놓는 장면을 지켜보았다. KKK 단원들은 맨주먹으로, 또는 레스터 매덕스가 팔던 것과 비슷한 도끼 자루로 흑인들을 두들겨 패기 시작했다. 한참이 지난 뒤에 조지아 주 경찰관들이 어슬렁거리며 나타나 흑인들이 빠져나갈 길을 내주었고, 그제야 KKK 단원들도 손길을 거뒀다.

거의 40년이란 세월이 흘렀지만, 관중들이 쉰 목으로 내지르던 그 찢어지는 듯한 고함 소리와 달아나던 희생자들, 그들의 몸뚱이 위로 난무하던 KKK 단원들의 주먹질 등이 여전히 들리고 보이는 것만 같다. 대단히 부끄러운 일이지만, 아직도 10대 시절 처음 맛본 그 패거리 심리를 떠올릴 때면 당시의 현장을 그대로 지켜보기라도 하는 것처럼 스릴과 공포가 뒤섞인 느낌이 살아난다.

지금은 부끄럽게 생각하고, 양심의 가책을 느끼며, 깊이 뉘우치고 있다. 하나님께서 내 발목을 잡고 있던 노골적 인종차별주의의 족쇄를 깨트리시기까지는 짧지 않은 시간이 걸렸다. 한층 더 교묘해진 형태의 인종차별주의에서 완전히 벗어났다고 누가 장담할 수 있겠는가? 하지만 이제는 인종차별이 대단히 치명적인 죄 가운데 하나이며 가장 유해한 영향을 미치고 있다는 사실을 분명하게 인식하고 있다. 미국의 도시 변두리에 사는 최하층 빈민들에 대해 토론할 때면, 전문가들은 돌아가면서 마약이라든가, 왜곡된 가치관, 구조적 빈곤, 핵가족의 붕괴 따위를 탓한다. 하지만 나는 이 모든 문제를 야기하는 더 깊은 밑바닥에 깔린 근본적 원인이 있는 게 아닌가 생각한다. 바로 수백 년 묵은 죄, 인종차별이 그것이다.

시련 앞에서

최근 애틀랜타 시민들이 레스터 매덕스가 규정한 대로 '국가의 적'으로 여기고 있는 마틴 루터 킹 주니어 목사의 전기를 읽는 동안, 인종차별과 관계된 이 모든 기억들이 어린 시절로부터 물밀 듯 밀려들었다. 최근 몇 년간, 예리한 시각으로 킹 목사를 다룬 장문의 기사들이 잇달아 퓰리처상을 수상했다. 1987년에 《십자가를 지고*Bearing* the Cross》를 발표한 데이비드 가로와, 1989년에 《바다를 가르며Parting the Waters》를 쓴 테일러 브랜치가 그 주인공들이다. 오랜 시간을 들여 723쪽에 달하는 가로의 책과 무려 1,004쪽이나 되는 브랜치의 작품을 읽으면서, 기시감까지는 아니더라도 나의 경험과 묘하게 꼭 닮았다는 느낌을 받았다.

셀마, 몽고메리, 올버니, 애틀랜타, 버밍햄, 세인트 오거스틴, 잭슨…. 이런 곳들의 풍경은 예나 지금이나 마찬가지지만, 역사가들은 이곳들을 용기 있는 사람들이 도덕적 싸움을 벌였던 전장이라고 표현한다. 이제는 나 역시 똑같은 눈으로 보게 되었다. 그러나 내가 남부에서 자라던 1960년대만 하더라도 이곳들은 포위 공격이 벌어지던 대표적 지역들이었다. 여행 가방 하나 달랑 든 학생, 랍비, 목회자 등 북부 출신 말썽꾸러기들이 연방 공무원들의 보호를 받아가며 줄줄이 우리의 영토를 침공했다. 앞서 얘기한 여러 도시들에서 이런 행렬을 선도했던 인물이 바로 우리의 공공의 적 1호이며, 이곳 애틀랜타 출신으로서 〈애틀랜타 저널〉이 잊을 만하면 한 번씩 '정의의 이름으로 폭동을 선동하는 자'라고 비난했던 킹 목사였다. 우리 교회 사람들에게는 마틴 루터 킹 목사를 지칭하는 '마틴 루시퍼 쿤Martin Lucifer Coon'이란 그들만의 이름이 따로 있었다.

우리를 가장 화나게 만든 것은 킹 목사가 기독교의 복음을 내세우고 있다는 사실이었다. 무엇보다도 그는 안수 받은 목사였다. 그의 아버지 대디 킹Daddy King은 에벤에셀 침례교회의 존경받는 담임 목사로서, 근본주의적인 우리 교회로서도 그의 순수성을 인정하지 않을 수 없었다. 물론 이런 딜레마를 해소할 나름의 방법이 없는 것은 아니었다. 우리는 킹 목사가 어린 시절 당원증을 가진 정식 공산당원이었으며, 지금은 목회자인 척하고 있지만 마르크스의 앞잡이라고 선전했다. 흐루쇼프도 어린 시절 4복음서를 모두 외웠으며, 스탈린도 신학교에 다녔다고 하지 않는가? 조지 윌리스는 FBI 자료를 인용해가며 킹 목사는 그 어떤 미국인보다 더 깊숙이 공산주의 전위 조직에 가담하고 있다고 헐뜯었다.

사람들은 대디 킹이 자식을 바르게 키웠지만, 북부의 자유주의적 성향의 크로저 신학교Crozer Seminary가 어린 마틴을 망쳐놓았다고도 이야기했다. 그는 다름 아닌 사회 복음을 좇았던 것이다(그 이전에 과연 어느 보수적 신학교에서 마틴의 지원서를 받아주었을까에 대해서는 전혀 생각해보지 않았다). 킹 목사가 성희롱을 저질렀다는 소문이 나돌면서 그의 실상은 완전히 가려졌다. 마틴 루터 킹은 진정한 크리스천이 아니고 협잡꾼이며 위선자일 뿐이었다.

최근 발간된 킹 목사의 전기는 이러한 혐의들에 대해 상세하게 다루고 있다. 소문들을 거슬러 올라가 보면 대부분 FBI 요원들이 유출시킨 것으로 나타났다. 에드거 후버가 로버트 케네디의 승인 아래 마틴 루터 킹 목사에 대해 개인적 복수를 가하고 싶어 했던 까닭이다. 그는 킹 목사와 그의 동료들의 집에 도청 장치를 설치했다. 존 F. 케네디 대통령은 개인적으로 킹 목사에게 가까운 조력자 2명과의 접촉을 끊으라고 주문했다. 그들이 공산당원과 연루됐다는 설이 떠돌았기 때문이다. 민주적 자본주의 아래서 벌어지는 정의롭지 못한 일들에 때때로 지겨워하기는 했지만, 킹 목사 자신은 공산주의에 대해 전혀 호감을 가지고 있지 않았다. 그가 신뢰하는 조력자들 가운데 일부가 과거 공산당에 적을 두었던 것은 사실이다. 하지만 킹 목사는 정치적 성향을 떠나 다양한 친구들이 있었다. 킹 목사는 민권에 대한 헌신도를 토대로 사람을 판단하는 경향이 있었다. 그리고 같은 기준으로 남부의 목사들보다는 좌익 인사들이 훨씬 더 손을 잡을 만하다고 평가했다.

킹 목사가 활동하던 시절, FBI는 다양한 인종이나 경제 집단 출신 친구들과 쉽게 어울리는 백인들을 의혹에 찬 눈길로 주시했다. 이들이야말로 잠재적 공산주의자였던 것이다. 공산주의자가 아닌, 오직 순수한 크리스천만이 FBI가 요구하는 인간상에 들어맞았다. 이제 와서 생각하면 통탄할 노릇이 아닐 수 없다. 우리 남부 크리스천들은 대체로 정의의 적이었으며, 전 세계 공산주의 신문들은 크리스천이 지배하는 미국 사회에서 벌어지고 있는 인종차별 이야기를 가감 없이 대서특필했다.

성적 부도덕성에 대한 또 다른 비난은 단순한 소문이 아니라 역사적 사실이다. FBI는 킹 목사가 머무는 호텔 방에서 벌어지는 헤아릴 수 없이 많은 에피소드들을 녹취했으며, 정보 자유법(Freedom of Information Act, 1967년 시행된 미국의 정보 관련 법령—옮긴이) 덕분에 역사학자들은 실사본을 가지고 연구할 수 있게 되었다. 랠프 애버너티(마틴 루터 킹 목사와 함께 활동했던 미국의 민권 운동가—옮긴이)는 피격되기 바로 전날 밤까지 킹 목사가 혼외정사를 벌였다고 폭로했다. 어느 FBI 요원(윌리엄 설리번, 훗날 FBI 부국장에 올랐다)은 스스로 목숨을 끊으라고 요구하는 편지와 함께 도청 테이프 몇 개를 킹 목사에게 보내기도 했다. "네가 저지른 짓이야. 빠져나갈 길은 단

하나뿐이지. 너의 더러운 변태 행위가 온 천하에 낱낱이 드러나기 전에, 그 길을 가는 게 좋을 거야."

성적 부도덕성 외에도 킹 목사는 표절 시비에 시달렸다. 그는 자신의 대학원 논문과 각종 원고들, 경우에 따라서는 연설문에도, 다른 사람이 작성한 자료 가운데 상당 분량을 원작자 표기 없이 끼워 넣었다. 솔직히 말해서 나는 표절 시비 쪽보다는 성적 타락 쪽을 이해하기가 더 쉽다. 그에게는 알고 지내는 사람이 많았으니까. 하지만, 황홀한 문장을 구사하는 방면의 대가인 그가 어쩌자고 다른 사람의 것을 훔쳐올 마음을 먹었을까.

온갖 압력이 사방에서 킹 목사를 몰아세웠다. FBI는 물론 인종차별주의자들에게서 들어오는 죽음의 위협과도 맞서야 했다. 남부에서는 연일 흑인 교회들이 불탔다. 그를 돕는 손길들은 협박당하고, 두들겨 맞고, 감옥에 갔다. 몇몇은 목숨을 잃었다. 그의 남부기독교지도자회의Southern Christian Leadership Conference는 임금을 체불할 수밖에 없었다. 그의 가장 유능한 자금책은 케네디 대통령이 해고하라고 요구했던 두 조력자 가운데 하나였다. 〈애틀랜타 저널〉에서 〈뉴욕 타임스〉에 이르기까지 모든 신문들이 그의 방법론을 비난했다. 어떤 기독교 단체는 그가 너무 급진적이라고 힐난했고, 또 어떤 단체는 너무 우유부단하다고 야유했다. 12개 도시에서 몰려온 학생 시위대는 그와 함께 감옥에 가게 해달라고 간청했다. 미시시피에서 온 어떤 자원 봉사자는 그와 함께 자기 목숨을 내놓겠다고 기염을 토했다. 이제 킹 목사는 어디에 집중해야 하는가? 투표권을 획득하는 일에? 아니면 유색 인종의 출입을 금하는 식당에? 어떤 불공정한 법부터 불복종 운동을 펴야 하는가? 법정의 명령을 무시하는 운동에 대해서는 또 어떻게 해야 하는가? 민권 운동을 고수해야 하는가, 아니면 빈민 운동으로 영역을 확대해야 하는가? 베트남 전쟁에 대해서는 어떻게 대처해야 하는가?

이제는 킹 목사가 어른이 된 이후 죽을 때까지 마주해야 했던, 그래서 그가 실족하는 데 한몫했음이 분명한 압박감을 더 잘 이해할 수 있게 되었다. 킹 목사의 도덕적 약점은 그의 메시지를 거부하고 싶어 하는 사람들에게 아주 딱 들어맞는 구실을 주었고, 일부 크리스천들 역시 바로 그 약점 때문에 여전히 킹 목사의 신앙이 가진 진정성을 폄하한다(이러한 크리스천들은 히브리서 11장에 등장하는 신앙의 위인들의 명단을 들먹이고 싶어 할지 모르지만, 거기엔 노아나 아브라함, 야곱, 라합, 삼손, 다윗 등 사회의 도덕적 통념에서 벗어났던 인물들이 포함되어 있음을 잊지 말아야 할 것이다). 분명히 말하지만, 나 역시 한때 마틴 루터 킹이라는 인물을 제쳐뒀었다. 하지만 이제는 킹 목사의 삶을 한 장 한 장 읽어나갈 때마다, 또는 연설 한 자락을 들을 때마다, 크리스천다운 신념으로 가득 찬 그의 중심을 느낄 수 있다. 나는 킹 목사의 설교 테이프 소장본을 가지고 있는데, 그걸 들을 때면 언제나 복음에 근거한 데다가 유례를 찾을 수 없을 만큼 탁월한 호소력까지 갖춘 메시지가 주는 순수한 파괴력에 휩쓸려 들어가곤 한다.

데이비드 가로는 킹 목사가 초년병 시절 하나님의 초자연적 부르심을 받는 장면으로부터 자신의 책을 시작하고 있다. 그는 이렇게 썼다. "킹 목사의 일생에서 가장 중요한 밤이었다. 훗날 밀려오는 압박감이 너무 커 보이면, 그는 항상 그날 밤을 생각했다." 로자 파크스가 버스 뒤로 돌아가 승차하지 않겠다는 용감한 결단을 내린 이후, 킹 목사는 몽고메리와 앨라배마 등지에서 등을 떼밀리다시피 민권 운동 지도자로 나서게 되었다. 흑인 사회는 버스 보이콧 운동을 이끌어갈 새로운 조직을 구성하고, '어른이라기보다 아이 같아 보이는' 읍내 교회의 스물여섯 살짜리 신임 목회자 마틴 루터 킹을 정작 본인은 참석하지도 않은 모임에서 신설 기구의 협상 대표로 선출했다. 중산층 가정 환경에서, 목회자였던 부친으로부터 일종의 유산처럼 물려받은 신앙을 가지고 성장했던 그는 자신이 이처럼 거대한 도덕의 십자군을 이끌어갈 자격이 있다고는 전혀 생각지 않았다.

킹 목사를 중심으로 한 운동의 지도부가 공표되자마자 KKK단의 협박이 시작됐다. KKK단뿐이 아니었다. 며칠 지나지도 않아서 킹 목사는 제한 속도 40킬로미터인 구역에서 시속 48킬로미터로 달렸다는 이유로 체포되어 몽고메리 시 교도소에 수감되었다. 다음 날 밤, 난생처음 감옥을 체험했던 킹 목사는 부엌에 앉아 과연 앞으로도 운동을 이끌 수 있을지 고민했다. 그만두어야 하는 게 아닐까? 아직 깜깜한 밤중이었다. 마음은 산란하고 두려움이 밀려왔다. 불과 몇 분 전만 해도 전화벨이 울렸다. "어이, 검둥이. 이젠 너랑 네 떼거리들이 지겨워졌어. 그러니까 사흘 안에 이 동네에서 꺼지지 않으면 머리통을 날려버릴 거야. 너희 집도 날려버리그!"

킹 목사는 손도 대지 않은 커피 잔을 뚫어져라 바라보면서 어떻게든 출구를 찾아야겠다고 생각했다. 조용히 리더 자리를 내려놓고 계획했던 공부나 계속하면서 평온한 삶을 다시 시작할 길을 찾아야 했다. 옆방에서는 아내 코레타가 갓 태어난 딸 욜란다와 함께 깊은 잠에 빠져 누워 있었다. 킹 목사의 설교 가운데 이때를 반추하는 대목이 있다.

> 식탁에 앉아서 어린 딸아이를 생각했습니다. 언제라도 그 아이가 내 곁에서 사라질 수 있다는 사실을 곰곰이 생각했습니다. 다음은 옆방에서 자고 있는 헌신적이고 사랑이 깊은 아내, 소중한 내 아내를 생각하기 시작했습니다. 그리고 곧바로 더 이상 지도자 자리에 있을 수 없겠다고 결론을 내렸습니다. 나는 너무나도 약했습니다.
> … 다음 순간, 신앙이 나에게 현실이 되어야 한다는 사실을 깨달았습니다. 하나님이 내게 어떤 분이신가를 알아야 했던 것입니다. 나는 커피 잔 위로 머리를 숙였습니다. 그 순간을 잊을 수가 없습니다. 그리고 기도하기 시작했습니다. 큰 소리로 외치며 기도했습니다. '주여, 의로운 일을 해보고자 주님 앞에 엎드렸습니다. 저는 제가 옳다고 생각합니다. 우리가 내세우는 주장의 동기가 옳다고 생각합니다. 그러나 주님, 지금 제가 너무나도 약한 존재임을 고백할 수밖에 없습니다. 제자리에 서서 주저하고 있습니다. 용기가 꺾이고 말았습니다.
> … 바로 그 순간, 마음속에서 내게 말씀하시는 음성이 들려오는 것 같았습니다. '마틴 루터, 의를 위해 일어서거라. 공의를 위해 일어나라. 진리를 위해 일어서라. 보라, 내가 너와 세상 끝 날까지 함께할 것이다.' 나가 싸우라고 말씀하시는 예수님의 음성을 들었습니다. 결코 떠나지 않으시겠다, 절대로 혼자 버려두지 않으시겠다

고 약속하셨습니다. 절대로 혼자 버려두지 않겠다. 절대로 혼자 버려두지 않겠다.

_ 설교 테이프 중에서

사흘 밤이 지나자 약속했던 대로 킹 목사가 살던 집 베란다에서 폭탄이 터졌다. 집 안이 온통 연기와 부서진 유리 조각으로 범벅이 됐지만, 다친 사람은 아무도 없었다. 킹 목사는 평온한 마음으로 사태를 받아들였다.

"며칠 전 밤중에 있었던 신앙 체험이 사태어 대처할 힘을 주었습니다."

가로는 부엌 식탁에 임하신 하나님에 관한 기록을 자꾸자꾸 되풀이하면서 이야기를 풀어가고 있다. 킹 목사가 인생의 고비를 넘어갈 때마다 당시의 기억에서 힘을 얻곤 했기 때문이다. 킹 목사에게 그 날의 체험은 하나님께서 특별한 사명을 맡기시기 위해 기름 부으신 믿음의 돌베개가 되었다. 킹 목사의 삶에 대한 기사와 그날 밤에 관한 많은 언급들을 읽어나가는 동안, 그가 받은 메시지의 단순함에 충격을 받았다. "내가 너와 함께하리라." 이 말에는 '임마누엘(하나님이 우리와 함께 계시다)의 하나님'이라는 성경의 근원적 주제를 담고 있다. 그후로 13년 정도 활동하는 가운데, 킹 목사는 그 밖의 다른 신앙 체험을 했으며 무수하게 많은 위기를 겪었지만, 어느 것도 그 날 밤 부엌 식탁의 체험에 견줄 수 없었다. "내가 너와 함께하리라." 그 한마디로 충분했다.

비폭력 저항 운동에 투신하다

한편, 남부 내륙 지방 사람들은 또 다른 렌즈를 통해 마틴 루터 킹 목사를 바라봤다. 10대 시절, 나는 두 개의 교회에 출석했다. 하나는 신도 수가 1천 명이 넘는 침례교회였는데, 그 교회는 스스로 '성경을 사랑하고 서로를 아껴주는 교회'로 자부했으며, 105명의 해외 선교사들을 후원했다. 교회 뒷벽에는 벽 전체를 채울 만한 크기의 세계 지도를 붙여놓고, 그 위에 선교사들을 위한 기도 제목들을 핀으로 꽂아두었다. 그곳은 유명한 복음주의 설교자들이 모이는 곳이기도 했다. 나는 거기서 성경을 배웠다. 이 교회는 남침례교연합SBC, Southern Baptist Convention과 느슨한 제휴 관계를 유지했는데, SBC는 북부의 노예제도 폐지론자들이 노예 소유주는 선교사가 되기에 부적격하다고 결의하자 이에 반발한 남부 출신들이 갈라져 나와 1845년에 결성한 교단이다. 남침례교파 사람들조차 우리에겐 너무 자유주의적이었다. 그것 때문에 그저 느슨한 연대 정도만 유지하고 있었던 것이다. 개중에는 담배를 피우는 사람도 있었다. 그러나 그 모든 것을 뛰어넘는 가장 큰 결함은 최근 SBC 측이 민권법 제정 청원에 서명했다는 사실이었다.

흑인 학생들이 애틀랜타 교회들의 인종차별을 없애려고 애쓰던 1960년대, 우리 교회 제직회에서는 순번을 정해 돌아가면서 혹시 '검둥이 말썽꾼들'이 교회 문 앞에 얼씬거리지 않나 순찰하는 감시단을 가동했다. 나는 당시 제직들이 혹시 나타날지도 모르는 민권 시위대원들에게 나눠주기 위해 인쇄해둔 카드 가운데 하나를 아직도 보관하고 있다.

> 여러분들의 동기가 불순하며 하나님의 가르침에 적합하지 않다고 보이므로 반갑게 맞아줄 수 없으며, 교회 구내에서 조용히 물러나줄 것을 정중하게 요청하는 바이다. 성경은 '므든 인간이 형제이며, 하나님이 모든 인간의 아버지 되신다'고 가르치지 않는다. 그분은 만물의 창조자요, 거듭난 이들의 아버지일 뿐이다. 만일 여러분 가운데 누구라도 예수 그리스도를 구원자요 주님으로 알고자 하는 진심을 가지고 이곳에 왔다면, 개인적으로 하나님 말씀을 가지고 기꺼이 맞아줄 것이다.
>
> _ 1960년 8월, 목회자와 제직 일동

지역 공립학교에서 흑인 학생들과 백인 학생들을 분리 교육하지 말 것을 규정한 판례Brown v. Board of Education가 나오자, 우리 교회는 사립학교를 설립했다. 흑인의 출입을 공개적으로 금지하는 백인들의 천국을 만들 심산이었다. 교회 유치원에서 어느 흑인 성경 교수의 딸을 받아들이지 않기로 결정했을 때, 반기를 든 교인은 몇몇에 불과했고 대부분 그 결정에 동조했다. 1년 뒤에는, 카버 성경학교Carver Bible Institute 출신 학생 하나가 교인으로 등록하겠다는 것을 거부했다. 토니 에반스라는 학생이었는데, 훗날 그는 텍사스 주 댈러스에 뿌리를 내리고 탁월한 목회자요 설교자가 되었다.

내가 다녔던 두 번째 교회(최근에 그 마지막 예배에 다녀왔던)는 규모는 더 작았지만, 더욱 근본주의적이었으며, 인종차별주의적 성향이 훨씬 더 뚜렷했다. 거기서 나는 인종차별주의의 신학적 근거를 배웠다. 담임 목회자는 히브리어로 '함'은 '숯검정'이라는 뜻으로 노아의 아들 함이 흑인의 조상이 된 데서 나온 말이라고 가르쳤다. 또 노아가 함에게 저주 가운데서 평생 천한 종으로 살게 될 것이라고 했다고 이야기했다.

목사님의 설명에 따르자면, 그게 바로 흑인들이 식당 종업원이나 가정부 노릇을 잘해내는 까닭이라는 것이다. 그는 강단 위에서 엉덩이를 돌려가며 식탁을 건드리지 않으려는 시늉을 하고, 머리 위로 음식 접시를 치켜들고 균형을 잡는 흉내를 내보였다. 모두들 그의 몸짓에 웃음을 터트렸다. 목사님은 "하나님께서 함에게 내리신 저주 가운데서 그들에게 부여하신 일이기 때문에, 흑인 종업원들은 시중드는 일을 그렇게 잘할 수 있는 것입니다"라고 했다. 실은 노아의 저주가 손자인 가나안을 향한 것이지 함을 향한 것이 아니라고 성가시게 지적하는 사람은 아무도 없었다.

그 어간에 미시시피 주에서 발간되는 〈뱁티스트 레코드Baptist Record〉는 하나님께서 백인들로 하여금 흑인들을 통치하게 하셨다고 주장하는 기사를 실었다. '정신 상태가 백치에 가까운 인종은 하나님의 축복을 모두 빼앗긴 상태'임이 분명하다는 것이다. 누군가가 인종차별적 교리에 이의를 제기하기라도 하면, 목회자들은 흑백 간의 혼교混交나 다른 인종 간의 혼합이라는 카드를 꺼내들었다. 개중에는 인종 간의 혼교가 노아 당시 하나님께서 세상을 멸하시는 결정적 동기가 되었다고 어림짐작하는 사람들도 있었다.

"당신 딸이 검둥이 남자 친구를 데려오길 바라세요?"라는 질문

하나면, 인종 문제에 대한 모든 논쟁이 뚝 그쳤다. 백인 우월주의자들이 후원하는 인터넷 사이트에 들어가 보면, 요즈음도 여전히 그렇게 왜곡된 신학을 토대로 쓰인 글들을 읽을 수 있다. 지금은 그런 신학을 받아들이는 사람들이 훨씬 줄어들었는데, 주된 이유 가운데 하나가 바로 마틴 루터 킹 목사가 선지자적 역할을 감당했기 때문이다. 특히 내 경우에는 더욱 그렇다. 라인홀드 니부어가 '가벼움의 죄the sin of triviality'라고 불렀던 죄에서 교회를 일깨워서 더 광범위한 복음의 요구에 대처하게 하자면 윤리적 힘을 가진 어떤 사람이 필요했다.

킹 목사는 구약의 선지자들과 마찬가지로 거리낌 없는 도덕적 호소를 통해 나라 전체를 변화시키려 했기에, '선지자'라는 말을 들으면 그가 마음에 떠오른다. 성경에 나타난 선지자들의 열정과 강렬함은 예전부터 지금까지 줄곧 나를 매료시켰다. 십중팔구 선지자들은, 10대 시절 내가 그랬던 것처럼, 어느 모로 보나 완고하고 편견에 사로잡혀 있는 데다가 심술궂기까지 한 청중들을 대상으로 삼았기 때문이다. 어떤 도덕적 수단으로 그들은 온 나라를 변화시킬 수 있었는가? 선지자들을 연구하면서, 그들 모두가 사실상 양면적인 접근 방식을 따랐음을 알게 됐다.

우선, 선지자들은 하나님께서 지금 당장 무엇을 요구하시는가에 초점을 맞춘 단기적 비전을 제시했다. 구약에서 오직 신실하게 행동할 것을 요구하는 훈계들은 일반적으로 이런 단기적 비전들로 구성되어 있다. 성전을 재건하라, 결혼생활을 정결하게 유지하라, 가난한 사람들을 돌보라, 우상을 때려 부수라, 하나님을 으뜸으로 삼아라, 같은 것들이다. 하지만 선지자들은 거기서 그치지 않았다. 백성들의 가장 심원한 문제들에 대해서는 장기적 전망을 가지고 답을 주었다. 이렇게 많은 고통들 앞에서 어떻게 하나님의 사랑을 믿을 수 있는가? 사악한 음모가 지배하는 이 세상에서 어떻게 유일하신 하나님을 믿을 수 있는가? 선지자들은 청중들에게 하나님이 어떤 분인지를 상기시키고 장차 다가올 정의로운 하나님나라의 빛나는 모습들을 그려냄으로써 이런 질문들에 답했다.

참된 선지자들의 전통에 따라, 마틴 루터 킹 목사도 똑같이 양면적 접근 방식을 사용했다. 킹 목사의 단기적 비전은 무엇보다도 비폭력을 요구하는 것으로 집약된다. 그는 마하트마 간디가 죽던 바로 그해에 신학교에 입학했다. 킹 목사는 미국에 사는 크리스천들에게서가 아니라 바로 그 간디에게서 세상을 변화시키는 방법에 대한 비전을 얻었다. 킹 목사는 이렇게 말했다. "간디는 역사상 최초로 개인의 이해를 초월하여 예수님의 사랑 윤리를 몸으로 실천한 사람이다." 아무튼 간디는 예수님께서 세우신 사랑과 소망, 비폭력이라는 숭고한 원리들에 입각하여 운동을 일으키는 방법을 찾아냈다.

간디도 그랬지만, 킹 목사 역시 예수님의 산상 설교를 행동 원리를 규정하는 교범으로 보았다.

> 목회자 신분으로 몽고메리에 갔을 당시만 하더라도, 내가 비폭력 저항 운동을 적용해야 할 만한 중대 국면에 휩쓸리게 되리라고는 조금도 생각하지 않았다. 저항 운동을 시작한 적도 없고, 주장한 일도 없다. 민중의 대변자로서 그들의 부름에 그저 응했을 뿐이다. 막

상 저항 운동이 시작되자, 의식적이든 그렇지 않든 간에, 마음이 산상수훈으로 모아졌다. 사랑에 대한 예수님의 숭고한 가르침과 간디의 비폭력 저항 노선에 생각이 미쳤던 것이다.

_《자유를 향한 전진 Stride Toward Freedom》에서

1959년, 킹 목사는 아내와 함께 인도를 여행했다. 비폭력 혁명의 영향을 직접 보고 싶었던 것이다. 기록에 따르면, 그는 "비폭력 저항 운동이야말로 억압받는 민중이 자유를 쟁취하는 과정에서 사용할 수 있는 가장 효과적 무기라는 사실에 대해 과거 어느 때보다 강한 확신을 품고 인도를 떠났다." 뿐만 아니라, 느부갓네살의 법령을 거부했던 다니엘과 세 친구들이나 로마 황제의 부당한 명령에 따르기보다 굶주린 사자와 마주 서는 쪽을 택했던 초대교회 성도들에게서도 또 다른 모델을 찾았다. 훗날 킹 목사는 이렇게 적었다. "부당한 법령을 분쇄하려는 사람은 그에 따른 처벌을 정정당당한 자세와 사랑하는 마음으로 기꺼이 받아들여야 한다."

민권 운동은 킹 목사에게 비폭력 철학을 검증해볼 수 있는 많은 기회를 제공했다. 뉴욕에서는 정신이 온전치 못한 한 여자가 흉기로 그를 찔러 대동맥 근처 몇 밀리미터까지 파고드는 부상을 입혔다. 버밍햄에서는 한 백인 남자가 연단에 난입해서 킹 목사에게 거푸 주먹질을 해댔다. "그에게 손대지 마세요!" 킹 목사는 괴한을 둘러싼 지지자들을 향해 소리쳤다. "우리는 그를 위해 기도해야 합니다." 남부의 경찰관들은 이 유명한 적수에게 수갑을 채우고 호송 차에 실어 끌고 가면서 마음껏 매질을 해댈 수 있게 된 걸 대단히 기뻐했다. 경

찰관들은 시위 참가자들에게 곤봉을 휘둘렀고, 소름끼치는 독일산 경비견을 풀어놓았으며, 물대포를 쏴댔다. 시위대는 갈비뼈가 부러지고 길거리에 나뒹굴기 일쑤였다.

약 50년이 지난 지금, 요즘 사람들은 당시 킹 목사가 비폭력적 입장을 고수하느라 얼마나 지독하게 고통을 당했는지 다 잊어버렸을지도 모른다. 경찰봉으로 머리를 수십 대씩 얻어맞는 것도 모자라 교도관들로부터 다시 매질까지 당했는데도, 그 고통의 결과로 나아지는 게 전혀 없다면, 유순하게 호소하는 방법이 효과적인가에 대해 누구라도 의문을 품을 것이다. 수많은 흑인들이 이 문제에 부딪혀 킹 목사를 포기했다.

특히 앨라배마 주와 미시시피 주를 관통하면서 프리덤 라이드(Freedom Rides, 인종차별 철폐를 호소하며 버스와 기차로 남부 지방을 여행하던 학생 운동―옮긴이) 운동을 벌이던 용감한 영웅들은 동료들이 계속해서 살해당하는 참변을 겪으면서 폭력을 불사하는 흑인 지위 향상 운동, 블랙 파워Black Power로 흘러갔다. SNCC(학생비폭력조정위원회)라는 단체는 이름에 비폭력이라는 말이 들어 있음에도 불구하고 무장 봉기에 기울어졌으며, 킹 목사를 '주님'이라며 비웃었다. 시카고에서 열린 대중 집회에서는 블랙 파워를 주장하는 사람들이 야유를 퍼붓는 바람에 킹 목사가 연단에서 물러나는 일이 생겼다.

로스앤젤레스, 시카고, 할렘 등지에서 폭동이 일어나자 킹 목사는 이 도시에서 저 도시로 돌아다니며 분노를 잠재우기 위해 노력했으며, 비도덕적 방법으로는 도덕적 변화를 성취할 수 없다는 사실을 시위대에게 끊임없이 상기시켰다. 산상수훈에서 원리를 찾아낸 뒤로, 킹 목사의 연설은 예수님의 메시지를 되풀이하는 게 거의 전부였다.

"기독교 신앙은 장차 받게 될 면류관에 앞서 십자가를 먼저 지고 가야 한다고 늘 이야기합니다. 크리스천이 되려면 온갖 어려움과 괴로움, 긴장 등으로 가득한 자기 십자가를 짊어져야 합니다. 그리고 바로 그 십자가가 우리 가운데 흔적을 남길 때까지, 우리를 구원하셔서 오직 고통을 통과함으로써만 가닿을 더 탁월한 길에 이르도록 하실 때까지 그걸 메고 가야 합니다."

킹 목사는 비폭력 운동에 매달렸다. 사랑에 토대를 한 운동만이 억압당하는 이들이 그들을 억압하는 사람들을 그대로 닮아가는 기현상에 빠지지 않도록 지켜낼 수 있다고 마음 깊이 믿었기 때문이다. 킹 목사는 백인들의 생각이 바뀌기를 기대했다. 하지만, 그의 지도에 따라 자유를 향해 전진하고 있던 흑인들은 백인들의 변화가 진행 중이 아니라는 사실에 마음이 다소 굳어진 상태였다. 그는 비폭력 정신이야말로 '잔인한 행위로 다른 잔혹 행위를 대신하려는 모순에서 흑인들을 구원해줄 것'이라고 믿었다.

1964년 노벨 평화상을 받으면서, 킹 목사는 산상수훈에서 유추해낸 자신의 행동 원리들을 다시 한 번 천명했다.

"세월이 흐르고 진리의 빛이 환하게 타올라 우리가 사는 이 기묘한 시대에 초점을 맞추게 된다면, 한결 아름답던 땅에 더욱 훌륭했던 사람들과 한층 고상했던 문명이 존재했다는 사실을 알게 될 것입니다. 학교에서도 아이들에게 그 사실을 가르치게 될 것입니다. 여기 이 겸손한 하나님의 자녀들이 정의를 위해서 기꺼이 고통을 감수했기 때문입니다."

역사가들은 킹 목사가 완강하기 짝이 없는 시카고 시장 리처드 데일리와 충돌을 겪는 과정에서 상당한 부담을 가졌을 것이라고 말한다. 당시 비폭력 운동의 지지자들은 배신감을 느끼고 있었다. 그들은 스스로 파업을 철회하는 대신 시 당국이 집회를 허가하고 경찰관의 보호 아래 시카고 시내를 통과해 행진하도록 데일리 시장과 사전 양해가 이뤄졌다고 믿었다. 그러나 데일리 시장은 약속을 어기고 더 이상의 행진을 중단하라는 명령을 법원으로부터 받아냈다. 언제나 그랬던 것처럼 킹 목사는 격론이 벌어지는 협상 과정 내내 다른 사람들이 쏟아내는 얘기를 들으며 침묵 속에 자리를 지켰다. 그리고 마침내 그의 입술이 떨어졌다. 어느 목격자의 말에 따르면, '웅장하고, 평온하며, 세밀하고, 침착한 웅변'이었다.

여러분이 시위에 지쳤다면, 나 역시 시위에 지쳤다고 말씀드리고 싶습니다. 이젠 죽이겠다는 위협에 넌더리가 납니다. 나는 살고 싶습니다. 순교자가 되는 따위는 내가 바라는 바가 아닙니다. 이 일을 계속 잘해나갈 수 있을까 회의가 드는 순간들도 있습니다. 주먹다짐을 당하는 데도 지쳤고, 얻어맞는 데도 지쳤고, 감옥에 가는 데도 지쳤습니다. 하지만 중요한 것은 내가 지쳤다는 게 아닙니다. 여러 가지 제약 조건들을 없애버리고 행진해나가는 일이 중요합니다. 이제 여러분들 수중에 가진 게 그다지 많지 않음을 인식해야 합니다. 넉넉한 재정도 없습니다. 학식이 많은 것도 아닙니다. 정치적 권력도 없습니다. 우리에게는 몸뚱이뿐입니다. 당신들이 '행진을 멈추라'고 명령한다면 그건 우리가 가진 마지막 하나마저 포기하라고 요구하는 것입니다.

_《십자가를 지고》에서

킹 목사의 연설은 회의 분위기를 확 바꿔놓았고, 결국 데일리 시장과의 협상에서 새로운 합의를 이끌어냈다.

그러나 우리는 승리할 것입니다

킹 목사는 "우리에게는 몸뚱이뿐입니다"라고 말했다. 그리고 바로 그 '몸뚱이들'이 민권 운동 진영에 그렇게도 고대하던 승리를 안겨주었다. 고등학교 시절, 케네디 대통령 암살 소식에 환호하던 바로 그 학생들이 킹 목사가 남부의 경찰관들과 경찰견, 물대포와 마주선 텔레비전 화면 앞에서 또다시 열광했다. 그렇게 함으로써 킹 목사의 전략에 곧바로 말려들고 있다는 사실에 대해서는 거의 눈치채지 못했다. 마틴 루터 킹 목사는 불 코너 주지사 같은 인물들을 주도면밀하게 찾아낸 다음, 감옥으로 끌려가거나 구타를 포함한 온갖 가혹 행위를 감수해가며 대치 장면을 능수능란하게 요리했다. 사람들이 갈 데까지 간 최악의 인종차별 장면을 목격한다면, 뜻을 같이하는 이들이 그가 내세운 대의를 뒷받침하기 위해 달려올 것이라고 믿었기 때문이다.

이러한 목표에서 킹 목사는 눈부신 성공을 거두었다. 내가 살고 있던 드칼브 카운티의 어느 판사는 킹 목사에게 수갑뿐만 아니라 족쇄까지 채우고 팔도 움직이지 못하게 구속한 채 법정에 세우라고 명령했다. 그날 재판에서 그는 조지아 주가 아니라 앨라배마 주에 등록된 차량을 몰았다는 이유로 킹 목사에게 4개월간 도로 보수반에서 일하라는 중노동형을 선고했다. 사복 경찰에게 담배 한 개비를 건넸던 SNCC의 어느 자원 봉사자는 휴스턴 법원으로부터 징역 30년을 언도 받았다. 미시시피 주 법원은 선거인 명부 등록voter registration 운동을 벌이던 자원 봉사자들을 '폭동 선동' 혐의로 수감했다. KKK단은 그들의 집에 총격을 가하고 불을 질렀다. 버밍햄에 있는 어느 교회에서는 폭발물이 터져 주일학교에 출석했던 어린 여자 아이 넷이 목숨을 잃었다.

"이러한 증오를 백일하에 드러내자면, 먼저 나 자신을 그들의 증오에 노출시키지 않을 수 없습니다." 오른쪽 관자놀이께를 돌멩이에 얻어맞고 쓰러졌다가 일어난 킹 목사의 설명이다. 가족들조차도 가끔씩 킹 목사의 생각에 회의를 품었다. 다른 사건으로 버밍햄 감옥에 수감된 킹 목사를 면회 온 아버지는 이렇게 말했다. "비폭력 정신을 내게서 물려받은 건 아닌 것 같구나. 틀림없이 네 엄마겠지."

차가운 불빛 아래 죄상을 낱낱이 노출시킴으로써, 킹 목사는 도덕 유린 행위에 대한 전국민적 반향을 불러일으키려 했다. 나와 내 친구들로서는 전혀 이해할 수 없는 개념이었다. 역사가들은 한 사건을 마침내 민권 운동의 대의를 지지하는 비판적 다수가 결집하게 된 계기로 꼽는다. 사건은 앨라배마 주 셀마 외곽의 어느 다리에서 일어났다. 짐 클라크 주지사가 비무장 흑인 시위대 사이로 경찰을 투입했던 것이다. 태세를 갖춘 기마경찰들은 연신 박차를 가해대며 시위 군중 한복판으로 거세게 말을 몰아갔다. 도리깨질하듯 격렬하게 휘두르는 곤봉에 머리가 터지고 몸뚱이들이 땅바닥에 굴렀다. 저지선 바깥에 늘어선 백인들이 함성을 올리며 환호하는 가운데 기마경찰들은 허둥대는 시위 군중을 향해 최루 가스를 퍼부었다. ABC TV는 '일요 명화'로 방영하던 〈뉘른베르크 재판Judgement of Nürnberg〉을 중간에 끊고 긴급 속보를 내보냈다.

순간, 대다수의 미국인이 현장 상황을 처음 목격했다. 앨라배마에서 전송된 화면에서 시청자들이 목도한 장면들은 지금까지 보고 있던 나치 독일의 모습과 무섭도록 닮아 있었다. 그로부터 8일 뒤, 린든 존슨 대통령은 투표권 법안을 제정하여 국회로 보냈다. 1965년의 일이다.

킹 목사는 "우리에게는 몸뚱이뿐입니다"라고 말했다. 평생 민권 운동을 했지만, 셀마나 잭슨, 올버니, 시서로 등지의 공직자들이 그의 호소에 대해 "그래요, 당신이 옳다는 걸 으리도 압니다. 우리는 인종차별주의자입니다. 인종분리법은 옳지 못하며, 헌법에도 어긋나고, 비성경적이며 그야말로 엉터리입니다. 잘못했습니다. 이제 뉘우치고 처음부터 다시 시작하겠습니다"라고 화답했던 적은 한 번도 없었다. 정말 단 한 번도 없었다. 킹 목사의 선지자적 외침만으로는 나 같은 고집불통의 도덕적 더께를 떼어낼 수 없었다. 셀마를 비롯한 전국 각지에서 수많은 '몸뚱이들'이 쓰러져갔다.

그리고 마침내 멤피스에서 킹 목사 자신의 몸뚱이마저 쓰러졌다.

마틴 루터 킹 주니어. 그 역시 여러 가지 잘못을 저질렀지만, 적어도 한 가지만은 옳았다. 모든 불리한 조건들과 자기 보호 본능을 억제해가며 당당하게 진리에 머물렀다. 등 뒤에서 틈을 노리는 법이 없었다. 다른 사람들이 복수를 주장할 때, 그는 사랑과 용서를 부르짖었다.

《버밍햄 감옥에서 온 편지 Letter from Birmingham City Jail》는 킹 목사가 신문의 여백이나 화장실용 휴지 따위에 급하게 갈겨쓴 다음 조각조각 친구들 편에 내보낸 자료들을 모아 만든 문건으로, 여기서 그는 용서를 결심하기까지 겪었던 마음의 갈등에 대해 적고 있다. 감옥 밖에서는 남부의 목회자들이 그를 공산주의자로 매도했고, 폭도들은 "검둥이를 목매달라!"고 외쳐댔으며, 경찰관들은 비무장 지지자들을 위협하고 있었다. 이런 상황에서 킹 목사는 적들을 용서하는 데 필요한 영적 훈련을 쌓기 위해 며칠씩 금식했다. "우리가 사랑하는 것은, 그들이 좋아서라든가, 그들의 방식이 마음에 들어서라든가, 눈곱만큼이라도 경건한 구석이 있어서가 아닙니다. 하나님께서 모든 사람을 사랑하셨으므로 그들을 사랑하는 것입니다"라던 그의 설명 그대로였다.

하지만 민권 운동가들에게는 사랑과 비폭력에 관한 단기적 가르침 이상의 무언가가 필요했다. 지금까지 당해온 학대가 궁극적 승리를 가져올 것이라는 장기적 전망이 있어야 했다. 대의명분의 정당함에 대해서라면 이미 확신이 섰지만, 누군가가 나타나 오랫동안 계속돼온 이 저주스러운 실패의 사슬 너머로 시선을 끌어올려주기를 기대했다. 이제 파도처럼 끊임없이 승리를 향해 일어났다가 물러가기를 거듭해온 민권 운동을 되돌아볼 필요가 있었다. 날마다 권력 구조와 맞서야 했으며 경찰관, 법관, 심지어 FBI로부터 지속적으로 협박을 당했던 당시 민권 운동가들은 승리에 대한 확신이 없었다. 남부의 여러 형무소에서 그들이 얼마나 많은 밤을 지새웠는지 우리는 잊고 있다. 그들의 삶 속에서 '현재'는 삭막한 시간이었고, '미래'는 더더욱 황량해 보일 뿐이었다.

킹 목사는 그처럼 사기가 꺾인 군중들을 향해 "세상은 공의로운 하나님의 수중에 있다"는 비전을 제시했다. 1961년 킹 목사는 기원전 500년경 구약 시대 선지자들이 감당했던 역할을 그대로 수행했다. 하나님의 백성들의 눈을 끌어올려 영원한 것을 보게 했던 것이다. 민권 운동 초기부터 학생들은 이미 불안해하고 있었는데, 킹 목사는 그들을 향해 이렇게 외쳤다.

> 학생 운동을 하면서 우리가 알아야 할 게 있습니다. 우리가 결국 승리할 것이라는 사실입니다. 승리를 얻기 전에 어떤 이들은 어쩔 수 없이 깊은 상처를 입게 될지도 모릅니다. 그러나 우리는 승리할 것입니다. 형제들이 승리를 거두기 전에 어떤 이들은 죽음을 맞게 될지도 모릅니다. 그러나 우리는 승리할 것입니다. 승리를 얻기 전에 어떤 이들은 직장을 잃게 될지도 모릅니다. 어떤 이들은 단지 형제를 믿는다는 이유로 공산주의자나 빨갱이 소리를 듣게 될 수도 있습니다. 어떤 이들은 의로운 쪽에 서 있다는 사실만으로 위험스러운 대중 선동가나 정치 운동가로 몰려 해고될 수도 있습니다. 그래도 우리는 승리할 것입니다. 이것이 바로 이 운동의 토대입니다.

저는 '거짓은 결코 영원히 지속될 수 없다'는 칼라일의 말을 즐겨 씁니다. 우주에는 이 말을 입증해주는 무언가가 존재합니다. 우리는 승리할 것입니다. 우주에는 '진리는 땅바닥에 짓밟혀도 다시 일어난다'는 윌리엄 컬런 브라이언트의 얘기가 사실임을 보여주는 무언가가 존재하기 때문입니다. 우리는 승리할 것입니다. 우주에는 '진리는 교수대 위에 영원하고, 불의는 보좌 위에 영원하다'는 제임스 러셀 로웰의 말이 진실임을 증명해주는 무언가가 존재하기 때문입니다. 앞에는 교수대가 흔들거리며 서 있고 뒤에는 알 수 없는 어둠이 깔려 있을지라도, 하나님께서는 그 어둠 속에 우뚝 서서 그분의 백성을 계속 지켜보고 계십니다.

_ 1987년 4월 6일자 〈뉴요커 The New Yorker〉에서

킹 목사에게 장기적 전망이란 곧 하나님께서 다스리신다는 사실을 기억하는 것이다. 당시 상황이 어떠하냐 따위는 전혀 중요하지 않았다. 훗날 셀마에서 출발한 그 유명한 행진이 마침내 과거 남부연합의 의사당이었으며 여전히 남군의 깃발이 휘날리고 있던 주 의회 의사당에 이르렀을 때, 킹 목사는 계단 위에 서서 상처 입고 지친 군중들에게 다음과 같이 연설했다.

여러분들이 지금 '얼마나 더 걸리겠습니까?'라고 묻고 싶어 한다는 걸 저도 잘 알고 있습니다. 그걸 말씀드리려고 제가 여기에 왔습니다. 순간순간이 견디기 어렵고, 좌절의 시간이 계속되고 있지만, 그리 머지않았습니다. 땅바닥에 처박힌 진실이 다시 일어설 것이기

때문입니다.

얼마나 더 걸리겠느냐고요? 머지않았습니다. 거짓은 결코 영원히 지속될 수 없는 법이기 때문입니다. 얼마나 더 걸리겠느냐고요? 머지않았습니다. 여러분이 뿌린 것을 아직 거두고 있기 때문입니다. 얼마나 더 걸리겠느냐고요? 머지않았습니다. 도덕적 우주의 팔은 길지만, 정의 쪽으로 확실히 굽어 있습니다. 얼마나 더 걸리겠느냐고요? 머지않았습니다. 제 두 눈은 분노의 포도가 가득 쌓인 포도밭을 짓밟으며 다시 오실 주님의 영광을 이미 똑똑히 보았기 때문입니다. 주님께서 무섭게 휘두르는 칼에서 운명의 번갯불이 쏟아져 나올 것입니다. 그분의 진리는 지금도 진군하고 있습니다.

주님께서 결코 후퇴하지 않을 진군나팔을 부셨습니다. 그분께서 인간의 마음을 심판 자리 앞으로 끌어올리셨습니다. 오, 나의 영혼이 속히 화답하리라! 기뻐 뛰거라 나의 발들아. 주님께서 진군하신다.

_ 1987년 4월 6일자 〈뉴요커〉에서

이런 연설들은 남아 있는 사람이 거의 없는 상황에서도 민권 운동 진영에 희망을 불어넣었다. 킹 목사의 연설은 72세 노구를 끌고 자원 봉사자로 참여하고 있는 어느 노파에게도 영감을 주었다. 피로한 듯 미소를 띠고 그녀는 말했다.

"발은 지쳤어요. 하지만 영혼은 쉼을 얻었죠."

선지자는 개인적으로 어떤 대가를 받았느냐와 상관없이, 그리고 성공했다거나 보상받았다는 느낌이 있든 없든, 날마다 몸으로 순종하라고 요구한다. 또 선지자는 '하나님께서 어둠 속에 우뚝 서셔서 그분의 백성들을 계속 지켜보고 계시므로' 실패나 고통, 좌절이 끝이 아니라는 사실을 상기시켰다. 메시지에 힘을 실어 전달할 줄 아는 선지자만이 세상을 변화시킨다.

마틴 루터 킹 주니어 목사가 세상에 살고 있는 동안 나는 이웃에 살면서도 그의 말에 귀 기울이지 않았다. 킹 목사의 사소한 흠을 맹렬히 비난하는 데는 빨랐지만, 자신의 죄를 깨닫는 데는 더디기 짝이 없었다. 킹 목사는 자신의 몸을 무기가 아닌 제물로 내놓는다는 단기적 비전과 꿈, 즉 평화와 정의와 사랑이 지배하는 나라에 대한 꿈을 제시한다는 장기적 비전에 충실했기에, 내게 그는 타의 추종을 불허하는 선지자가 되었다.

사랑만이 두려움을 치료할 수 있습니다

이 모든 갈등을 낳았던 민권법이 통과된 지 10년이 흐른 1974년, 나는 남부 저항의 심장인 미시시피 주를 처음 방문했다. 나는 이미 남부를 떠난 상태였고 지난날을 잊으려 애쓰던 참이었다. 나는 시카고에 살면서, 사회 문제에 진보적 입장을 취하던 크리스천 청년 잡지 〈캠퍼스 라이프Campus Life〉의 편집자로 일했다. 킹 목사 같은 사람들 덕분에, 과거에 다니던 교회를 비롯한 남부 백인 교회들이 선이 아닌 악을 완강하게 고집하고 있었다는 사실을 알게 되었다. 한동안은 교회가 아니라 하나님을 원망하기도 했지만, 구약 성경의 선지자들과 예수님의 말씀을 읽어나가는 가운데 하나님께서는 언제나 압박받는 자의 편이시며, 정의 쪽에 서셨음을 확신하게 되었다. 글 쓰는 사람으로서 나는 마음을 바꾸려고 노력했고, 결국 태도를 고쳤다.

인종 간의 상처가 치유되는 역사가 곳곳에서, 특히 내 고향 애틀랜타 시티에서 일어나고 있다는 소식들이 들려왔지만, 내 어린 시절부터 지금까지 얼마나 많은 사람들이 진정으로 변화되었을지에 대해서는 여전히 의문스러웠다. 그 궁금증을 풀고 싶은 마음에 잭슨 시에서 남쪽으로 50킬로미터쯤 떨어진 상주 인구 3천 명 정도의 소읍 멘던홀을 방문해달라는 존 퍼킨스의 초청을 받아들였다.

퍼킨스는 민권 운동 당시의 그 끔찍했던 기억을 아직도 생생하게 기억하고 있는 흑인 목회자였다. 미시시피 주를 무대로 활약했던 당시 주역들을 대부분 잘 알았다. 부드러운 목소리로 연설하던 하버드 대학 철학과 학생 로버트 모제스는 킹 목사의 자원 봉사자로 활동하면서 SNCC 선거인 명부 등록 운동을 미시시피 주에 끌어들였으며, 구타와 구속 수감, 폭탄 테러, 총격 따위와 맞서 평온함을 잃지 않음으로써 거의 전설적인 명성을 얻었다.

'노래를 제대로 아는 여인' 패니 루 해머는 목화 따는 까막눈 노예의 스무 명이나 되는 자녀 가운데 하나로 태어났다. 미시시피 주 선플라워 카운티에서 흑인으로서 선거인 등록을 마쳤으며, 그 때문에 지역 경찰관들에게 인사불성이 되도록 두들겨 맞았다. 그때 입은 상처를 평생 안고 살았으며 결국 그로 인해 목숨을 잃었지만, 그전에 임시 대표단을 미시시피 주에서 1964년 민주당 전당대회로 이끌었다. 전미유색인지위향상협회NAACP의 지부장으로서 처음으로 킹 목사를 미시시피 주에 초청했던 메드거 에버스는 집 앞 길가에서 암살범들에게 피격되어 숨을 거뒀다. 아내와 딸들이 그를 맞으러 달려 나오는 가운데 벌어진 사건이었다.

미시시피에서 보낸 일주일 동안, 존 퍼킨스 목사는 그 밖에도 여러 얘기들을 내게 들려줬다. 잠은 거실에 있는 접이식 소파에서 잤다. 이 말은 잠잘 시간이 거의 없었다는 뜻이기도 하다. 퍼킨스 목사는 밤늦게 잠들고 해 뜨기 훨씬 전에 일어났기 때문이다. 자리에서 일어나면 성경을 읽은 다음, 신문을 꼼꼼히 살펴봤다. 식탁에는 잡지들이 쌓여 있었다. 하지만 잠잘 시간이 거의 없었던 것은 커피 한 잔씩을 앞에 두고 테이블에 앉아서, 또는 목화밭 사이로 차를 몰고 가면서, 아니면 시내에 있는 그의 사무실에서 오랫동안 대화를 나누었던 탓이기도 하다. 퍼킨스 목사는 자기의 어린 시절, 극장의 흑인 전용 입구에 줄을 서서 차례를 기다리면서 너무 떠들었다는 이유로 경찰관의 총에 맞아 죽은 형, 온갖 어려움을 겪어가며 공부하던 일, 군대 생활, 그리고 다시는 미시시피로 돌아가지 않겠다고 맹세했던 일들에 대해 얘기했다.

로스앤젤레스라는 더 큰 무대에서 조합 노동자로서 성공적인 직장 생활을 시작하면서 한동안은 그 맹세를 잘 지킬 수 있었다. 하지만 늘 '백인의 종교'라고 생각하던 기독교를 뜻하지 않게 받아들이면서 출세가도를 벗어나기 시작했다. 미시시피에 남겨두고 온 이웃들의 어려운 형편을 외면할 수 없었던 그는 1960년 6월에 들어서면서 날마다 고향으로 돌아가라는 하나님의 부르심을 절감하게 되었다.

당시 퍼킨스 목사가 속해 있던 복음주의 노선의 지방 목회자들은 대부분 복음을 전하는 일만 할 뿐, 인간의 기본적 필요에 대해서는 사회 운동가들이나 정부 기관에 손에 맡겨두고 있었다. 퍼킨스 목사는 교회와 성경학교를 시작했으며, 〈갈보리의 목소리Voice of Calvary〉라는 라디오 프로그램을 내보냈다. 동시에 그는 예수님께서 선포하신 더 광범위한 선교도 받아들였다.

> 가난한 자에게 아름다운 소식을 전하고
> 상한 자를 고치며,
> 포로된 자에게 자유를,
> 눈먼 자에게 다시 보게 함을,
> 갇힌 자에게 놓임을 전파하며
> 우리 주님의 은혜의 해를 전파하여.

사회 선교를 채택하면서 퍼킨스 목사는 지역 진료소, 소비 조합 상점, 직업 훈련 센터, 멘던홀 청년들을 위한 레크리에이션 센터, 교육 프로그램과 학교, 주택 건설 프로그램 등을 시작했다. 그리고 머지않아 수십 평방킬로미터에 달하는 도시 빈민 지역을 가로지르는 비포장 거리가 심슨 카운티의 가난한 흑인 가족으로 북적거리는 서비스 센터가 되었다. 퍼킨스 목사는 백인 복음주의자들로부터 재정 지원을 받기 위해 전국 방방곡곡을 지칠 줄 모르고 돌아다녔다. 그는 "모르긴 해도, 머무는 집집마다 인종차별을 철폐하고 다닌 사람은 제가 처음일 겁니다"라고 말했다. 간호사, 의사, 교사들을 만날 때마다 얼마 동안이라도 멘던홀에서 자원 봉사자로 일해달라고 간청했다. 감동적인 간증과 꾸밈없는 말투, 그리고 정의에 대한 헌신을 무기로 퍼킨스는 전국에 걸쳐 복음주의자들의 관심을 사로잡았다. 하지만 동시에 지역 유지들도 그에게 주목하기 시작했다.

미시시피 주의 백인들은 사회사업 따위에는 아무 관심이 없었지만, 북부 사람들이 밀려드는 데 대해 반감을 품고 있었다. 특히 퍼킨스가 선거인 명부 등록 운동을 시작하면서 거부감은 더욱 심해졌다. 그 무렵 흑인은 심슨 카운티 인구의 40퍼센트를 차지하고 있었는데도, 50명 남짓 되는 흑인 유권자만이 선거인 명부 등록을 마쳤다. 이런 비율은 아주 전형적인 수치였다. 여러 가지 법률적 제한 때문에 미시시피 주에 거주하는 흑인 45만 명 가운데 고작 7천 명만 선거인 명부에 등록했다.

등록자들은 흑인들로서는 웬만해선 감당할 수 없을 정도의 주민세를 내야 했다. 뿐만 아니라 난해한 미시시피 주 법을 풀이해서 등록을 담당하는 백인 공무원으로부터 합격점을 받아야 했다. 연방 정부가 이러한 장벽들을 제거해버리면 주에서는 새로운 제한 요건들을 만들어냈다. 명부에 선거인으로 등록하려는 사람은 (KKK단이나 고용주, 백인 이웃들이 위해를 가하기 쉽도록) 반드시 지역 신문에 이름과 주소를 공시하게 하거나, 선거구의 유권자 가운데 누군가가 등록 신청자의 특징을 빌미 삼아 결투를 신청하면 받아들일 준비를 해야 한다는 식이었다.

퍼킨스 목사와 자원 봉사자들은 부지런히 뛰고 또 뛰어서 결국 심슨 카운티에서만 2천3백 명의 흑인 유권자가 선거인으로 등록했다. 하지만 경찰의 만행에 대한 항의 표시로 멘던힐 상가에 대해 경제적 보이콧을 단행하면서 퍼킨스 목사는 한계선을 넘고 말았다. 1970년 2월 거리 시위가 끝난 직후, 미시시피 주 고속도로 순찰대원들이 나타나 더그 휨머라는 백인 직원과 투갈루 대학Tougaloo College 출신 흑인 학생 19명을 제지하고 근처 브랜던의 형무소로 연행했다. 악명이 자자한 어느 경찰관의 관할 구역이었다. 휨머는 퍼킨스 목사에게 전화를 걸었고, 그는 즉시 차를 몰아 브랜던으로 달려가서는 곧장 함정으로 걸어 들어갔다.

10여 명의 고속도로 순찰대원과 지역 경찰관들은 퍼킨스 목사와 휨머에게 본때를 보여주겠노라고 단단히 작심하고 있었다. "너희들은 더 이상 심슨 카운티에 있는 게 아니다." 그 가운데 하나가 소리쳤다. "이제 랭킨 카운티에 들어온 거지. 우리는 검둥이들을 길들이는 방법을 잘 알고 있다고."

그들은 퍼킨스 목사를 걷어차기 시작했다. 머리와 신장, 사타구니를 경찰봉으로 후려치고 다리를 짓밟았다. 퍼킨스 목사는 의식을 잃었다. 피를 쏟으며 뒹굴자 찢어진 머리에 밀조 위스키를 쏟아붓고는 다시 매질을 시작했다. 퍼킨스 목사는 자신이 흘린 피 위에 쓰러졌다. 경찰관들은 포크로 퍼킨스 목사의 코를 찍어올리고 피가 솟구쳐 나올 때까지 후벼댔으며 목에까지 똑같은 짓을 했다. 그러고는 순찰 일지에 퍼킨스 목사에게 청소년들의 비행을 조장한 혐의가 있다고 적어넣었다. 어느 경찰관은 지문을 찍는 동안에 퍼킨스 목사의 머리에 총을 대고 방아쇠를 당겼다. 총알이 들어 있지 않은 약실에서 찰

칵 소리가 났고, 모두들 이 끔찍한 장난질을 보며 웃음을 터트렸다. 그리고 다시 매질이 시작되었으며, 의식을 잃을 때까지 계속됐다.

사건이 벌어진 얼마 후, 그날 밤에 입은 상처의 후유증으로 위장을 4분의 3이나 들어내긴 했지만, 퍼킨스 목사는 목숨을 건졌다. 이후 18개월 동안 몸을 추스르면서, 그는 미시시피로 돌아가라는 하나님의 부르심을 여러 차례 곱씹었다. '내가 정말 멘던홀 사람들에게 복음을 가져다준 것일까?' 이제 흑인 주민들이 더 많은 기회를 갖게 된 것만은 틀림없지만, 그가 벌인 노력으로 백인들의 마음은 더 냉정해졌다. 화해는 그 어느 때보다도 더 멀어진 것처럼 보였다.

몸의 상처가 아무는 동안 퍼킨스 목사는 맬컴 엑스, 랩 브라운, 엘드리지 클리버 등 복음과 화해의 메시지를 포기했던 인물들의 글을 읽었다. 하지만 자신의 사역이 몇몇 동정심 많은 백인 봉사자들의 마음을 끌었다는 사실을 부인할 수는 없었다. 브랜던 형무소에서 그와 똑같은 고통을 겪었던 더그 휨멜, 마틴 루터 킹 목사의 책을 읽고 먼 길을 무릅쓰고 독일에서 달려온 알 외팅거, 아프리카로 돌아가는 대신 멘던홀 진료소에서 일하고 있는 간호 선교사 베라 슈워츠가 그와 함께 있었다.

"두말하면 잔소리죠. 그때가 가장 심각한 위기 상황이었습니다." 사건 발생 4년 뒤, 퍼킨스 목사는 심슨 카운티와 랭킨 카운티 사이의 비포장도로를 따라 악명 높은 형무소와 법원을 지나가며 말했다. "평소에 폭력의 힘으로가 아니라 오직 그리스도의 사랑 안에서만 자신이나 세상이 변화될 희망이 있다고 자주 고백해왔는데, 이제 그 말을 진정으로 믿고 있는가 판가름해야 할 시점이 왔던 것입니다.

나는 미움이 자신을 어떻게 파괴하는지 깨닫기 시작했습니다. 결국 하나님께서는 악으로 악을 갚지 말고 선으로 악을 갚기를 원하신다는 킹 목사님의 생각에 동의하지 않을 수가 없었습니다. 예수님께서는 '원수를 사랑하라'고 하셨습니다. 나는 그렇게 하기로 결정했습니다. 사랑이 미움을 압도한다는 예수님의 관념은 정말 심오하고 신비로운 진리입니다. 나로서는 죽는 날까지 그 진리를 이해할 수 없을지도 모릅니다. 하지만 그게 참인 줄은 압니다. 멍자국과 실밥투성이로 침대에 누워 있는 동안 하나님께서는 그 진리를 받아들이게 해주셨습니다. 소망을 공급받았던 것입니다. 나는 포기할 수가 없었습니다. 그때까지도 우리 흑인들은 멘던홀을 더다니는 존재에 불과했으니까요."

"미움과 원한으로는 두려움이라는 질병을 치유하지 못합니다. 오직 사랑만이 두려움을 치료할 수 있습니다. 미움은 삶을 마비시키지만, 사랑은 삶을 해방시킵니다. 미움은 삶을 헝클어놓지만, 사랑은 조화롭게 만듭니다. 미움은 삶을 어둡게 만들지만, 사랑은 삶에 빛을 비춰줍니다." 퍼킨스 목사는 위기의 순간에 킹 목사의 이 말을 믿기로 작정했다.

퍼킨스 목사는 로스앤젤레스로 근거를 옮겨서, 멘던홀의 경험을 바탕으로 지역 사회 개발을 추구하는 전국적 조직을 세우는 일에 수십 년 이상 헌신한 다음, 인종 간 화해에 앞장서기 위해 다시 미시시피로 돌아갔다. 이제 퍼킨스 목사는 가끔씩 토머스 타란츠 목사와 함께 다니기도 한다. 토머스 타란츠 목사 역시 한때 사람의 목숨을 빼앗는 일로 시간을 허비하던 KKK단 행동대원이었다가 감옥에서 회심하고, 지금은 워싱턴 DC에서 다인종 교회를 이끄는 목회자로 일하고 있다.

저는 아무것도 걱정하지 않습니다

1974년, 멘던홀을 찾았을 때, 처음 나를 반겨준 것은 시내 입구에 걸린 "백인이여 단결하여 유대인, 공산당, 인종 혼합주의자들을 몰아내자!"라는 간판이었다. 나는 존 퍼킨스 목사에게 인종주의의 실례를 보여달라고 요구했다. "목사님 얘기를 쓰면, 십중팔구 '지금은 모든 것이 변하지 않았느냐?'는 질문을 받게 될 것입니다. 민권법이 통과된 지 벌써 10년이 넘었는데, 여전히 명백한 인종차별이 남아 있을까요?"

잠시 무언가를 생각하던 퍼킨스 목사의 얼굴이 갑자기 밝아졌다. "시내에 회전식 식탁을 갖춘 식당이 있습니다. 우리 거기 가서 인종차별 없는 세상을 논해볼까요?" 우리는 차를 몰고 식당으로 갔다. 커다란 테이블 한복판에 기계의 힘으로 천천히 돌아가는 회전판이 장착된 식탁으로 유명한 식당이었다. 회전 식탁 위에는 점박이 완두콩, 스쿼시, 양배추, 고구마, 닭고기, 고기 만두들을 비롯한 남부의 진미들이 가득 차려 있었다.

자리에 앉자, 식사하던 백인 손님들이 사전에 무슨 신호를 정해놓기라도 한 듯, 일제히 우리를 쳐다보더니 의자에서 벌떡 일어나 작은 테이블로 자리를 옮겼다. 그때부터 퍼킨스 목사와 나를 제외하곤 식당 안의 누구도 이야기를 나누지 않았다. 나는 혹시 어깨 위로 곤봉이 날아들지 않나 흘끔거리며 아주 불편하게 식사를 마쳤다. 저녁 값을 내면서 음식이 참 맛있다고 말을 건네도 식당 종업원은 대꾸를 하거나 눈을 마주치는 법도 없이 돈만 집어갔다. 거기서 내가 목격한 것은 퍼킨스 목사가 평생 감수하며 살았던 적대감의 아주 작은, 정말 작은 일단이었을 뿐이다.

두 달 뒤, 존 퍼킨스에 대한 글이 활자화되자, 내가 일하던 기독교 기관의 미시시피 지사에서는 해고 결의안을 보내왔다. 나쁜 기억을 되살려냈다는 이유에서였다. "지금은 세상이 변했다. 왜 땅에 묻힌 과거를 들춰내는가?"

정말 왜 그러는지 모른단 말인가? 미시시피를 방문한 뒤로 벌써 30년 가까운 세월이 흘렀고, 민권법 투쟁에서 위대한 승리를 거둔 날로부터는 반세기의 이정표가 코앞에 있다. 현재 우리는 새로운 세기, 새로운 밀레니엄의 시대에 살고 있으며 많은 변화가 있었던 것도 사실이다.

미시시피의 흑인 고객들도 원하는 대로 어디서나 식사할 수 있고, 아무 수도에서나 물을 받아 마실 수 있으며, 어떤 여관에서든 잠을 잘 수 있다. 노예해방으로부터 시작해서 무려 1백여 년을 기다리기는 했지만, 마틴 루터 킹 목사, 메드거 에버스, 밥 모제스, 존 퍼킨스, 그리고 그 밖의 많은 투사들이 얻으려 애쓰던 승리는 마침내 합법적 경로를 통해 그들의 손에 쥐여졌다. 조지아 주나 아칸소 주, 텍사스 주 출신의 진보적인 남부인들이 대통령직을 수행했다. 흑인들도 마음대로 백인 교회에 다닐 수 있게 됐다. 물론 백인 교회에 다니고 싶어 하는 흑인은 거의 없지만 말이다.

불과 40년 전, 마틴 루터 킹 목사에게 이러한 꿈들은 전혀 실현 가능성이 없는 것들이었다. 미국 정부가 기념일을 정하여 생전에 그 다지도 많은 논란의 대상이었던 킹 목사에게 경의를 표하고 있다는 사실은 중대한 변화가 있었음을 상징적으로 보여준다. 그는 미국인들이 존경하는 유일한 흑인이고, 목회자이며, 진정한 한 인간이다.

승리는 쉽게 오지 않았다. 킹 목사가 생존했을 당시에는 거의 승리를 맛보지 못했다. 1963년, 거북스러운 경쟁자였던 NAACP의 로이 윌킨스는 킹 목사의 방법은 올버니라든가 버밍햄 등지에서 인종 차별 철폐를 위하여 단 한 건의 승리도 얻어내지 못했다고 비아냥거렸다. "킹 목사, 당신이 애써서 뭐 하나라도 인종차별이 사라진 게 있으면, 제발 말 좀 해주시오!"

킹 목사의 대답은 이랬다. "여태까지 내가 없애온 차별은 오직 몇몇 사람들 마음속에 있는 차별들이었다고 생각합니다." 궁극적 승리는 인간의 마음에서 얻을 수 있는 것이라는 사실을 킹 목사는 알고 있었다. 법률로 백인들이 흑인들에게 린치를 가하지 못하도록 막을 수는 있겠지만, 다른 인종들끼리 서로 용서하고 사랑하도록 강제할 수 있는 법은 존재하지 않는다. 법정이 아니라 인간의 마음이 킹 목사의 최종적 전쟁터였다. 나도 킹 목사의 생각에 동의하지 않을 수 없다. 나 역시 그렇게 변화된 사람 가운데 하나이기 때문이다.

킹 목사는 총이 아니라 은혜를 무기로 싸우는 아주 정교한 전략을 개발했다. 비폭력으로 폭력에 대항했으며, 사랑으로 미움과 맞섰다. 킹 목사의 동역자인 앤드루 영은 그 격동의 시대를 '흑인의 몸과 백인의 영혼'을 구원하기 위해 동분서주하던 시기였다고 회상한다. 킹 목사는 그들의 진정한 목표는 백인들을 쫓아내는 것이 아니라 "압제자들의 마음에 수치심을 일깨우고 잘못된 우월감에 도전하는 것이며 … 최종적 결과는 화해이고, 구원이며, 서르 사랑하는 공동체를 창출하는 것"이라고 주장했다. 그것이 바로 마틴 루터 킹 목사가, 심지어 태어나면서부터 인종주의자였던 나 같은 사람의 마음속에서까지, 궁극적으로 추진하고 싶어 했던 일이다.

인종차별주의가 빚어낸 도덕적이고 사회적인 부작용들이 있기는 했지만, 어쨌든 모든 민족들이 함께 어울려 살아야 하는 것이 현실이었으므로, 결국에는 남부인들을 포함하여 모든 인종들이 미국의 민주화 과정에 동참하게 되었다. 최근 몇 년 동안 애틀랜타에서 과거 민권법 투쟁을 이끌었던 앤드루 영을 비롯한 흑인들이 시장으로 선출됐다. 앨라배마 주 셀마에서까지 흑인 시장이 배출됐다. 그 유명한 행진 이래로 계속 권좌를 차지하고 있던 당시 시장을 물리치고 얻은 승리였다. "인종 분리여, 영원하라!"를 외치던 노구의 조지 월리스는 휠체어를 타고 앨라배마 주의 흑인 지도자들 앞에 나와서 과거 자신이 저지른 잘못을 사과한 데 이어, 지역 방송 텔레비전에도 출연해서 다시 한 번 사죄했다. 월리스가 과거 킹 목사가 민권 운동을 시작했던 몽고메리의 한 침례교회를 사죄 방문했을 때, 그를 용서하러 모인 흑인 지도자들 가운데는 코레타 스콧 킹, 제시 잭슨 목사, 암살당한 메드거 에반스의 형제들이 포함되어 있었다.

미국 남침례교연합은 노예 문제가 공론화된 지 140년이 되는 1995년, 오랜 시간에 걸쳐 인종차별주의를 지지해왔던 과오를 공식적으로 회개했다. (아비시니아 침례교회 담임 목사는 "마침내 우리는 마틴 루터 킹 목사가 '버밍햄 감옥에서 보낸 편지'에 답장을 보냈다. 무려 32년 동안이나 늑장을 부리다니, 슬픈 일이다"라고 말했다.)

어린 시절 내가 다니던 커다란 침례교회까지도 회개하는 법을 익혔다. 몇 년 전, 교회를 찾아갔다가 그 커다란 교회당에 불과 몇백 명 정도의 교인들만이 여기저기 흩어져 앉은 모습을 보고 충격을 받았다. 내가 어릴 때만 해도 1천5백 명씩 들어차던 교회였다. 마치 저주받은 교회 같았다. 드디어 어릴 적 친구이기도 한 담임 목사가 강단에 올라 낯설기 짝이 없는 회개 예배 순서를 시작했다.

그는 예배 도중에 토니 에반스와 임용을 거부당했던 성경학교 교수들에게 용서를 구하는 편지를 낭독했다. 흑인 지도자들이 참석한 가운데, 담임 목사는 공개적으로, 그리고 고통스럽게 과거 교회가 저지른 인종차별의 죄상을 하나하나 열거해나갔다. 과거의 가해자는 죄를 뉘우쳤고, 피해자들은 그를 용서했다. 회개 예배를 마치고 교인들은 부담감을 벗은 듯 보였지만, 교회를 살려내기에는 충분하지 않았다. 그로부터 몇 년이 흐르는 동안 백인들은 교외로 이사를 가버렸고, 미국 교회의 또 다른 축인 열심 있는 흑인 교인들이 교회당을 가득 채우고 창문이 들썩거릴 정도로 활발하게 움직이고 있다.

남부 사람들 가운데는 간혹 이런 교회를 일컬어 '기독교 흉가'라고 말하는 이들도 있다. 그런 식으로 말하자면 오히려 '인종차별주의 흉가'라고 해야 마땅하지 않을까? 백인이든 흑인이든, 그 시기에 성장한 사람이라면 모두가 상처를 안고 있다. 흑인들 가운데는 존 퍼킨스나 밥 모제스처럼 신체적 상처를 지닌 사람들도 있다. 백인들에게는 영적 상처가 남았다. 30년 이상 남부를 떠나 살았지만, 마치 가죽끈으로 자기가 죽인 희생자의 시신을 등에 단단히 붙들어 맨 채 살아가는 처벌을 받았던 중세의 어느 살인범처럼, 나는 여전히 그때의 기억들을 껴안고 산다. 나라 전체가 상처를 입었다. 킹 목사가 그토록 열망하던 '서로 사랑하는 공동체' 비슷한 것이라도 이루었노라고 누가 주장할 수 있겠는가.

언젠가 애틀랜타에 있는 그 옛날 킹 목사가 사역하던 에벤에셀 침례교회에 찾아간 적이 있었다. 자리를 잡고 앉아서, 이제 새로워진 눈으로 과거 흑인들에게 나처럼 편견으로 가득 찬 사람들과 싸울 힘을 주었던 흑인 공동체의 도덕적 구심점을 바라보며 울었다. 지난날, 나는 현장에서 떨어진 채로 농담을 나누고 소문을 퍼트리면서 사악한 사회 구조가 지탱할 수 있도록 도움을 주었다. 그런데 바로 이 교회 안에서, 길지도 않은 시간에 흑인 공동체가 우뚝 섰던 것이다. 편견으로 어두워진 내 눈은 코앞에 펼쳐지는 하나님나라를 보지 못했다.

세상을 떠나기 몇 년 전, 킹 목사는 과거 그가 저지른 실수에 대한 질문을 받았다. 그는 이렇게 대답했다. "제가 저지른 실수 가운데 가장 뼈아픈 것은 우리의 동기가 올바르기 때문에, 남부의 백인 목회자들이 크리스천 양심의 도전을 받아, 우리를 도우러 일어설 것이라고 믿었던 점이었습니다. 백인 목회자들이 우리의 정의로운 동기를 백인 권력층에 전달할 것이라고 생각했던 것입니다. 당연한 결과이겠지만, 저는 혹독한 시련을 겪었으며, 깊은 환멸을 느꼈습니다. 운동이 전개되는 과정에서 백인 목회자들에 여러 차례 직접 호소했지만, 대부분 팔짱을 끼고 방관했으며 심지어 우리의 반대쪽에 선 이들도 있었습니다."

언젠가 〈크리스채너티 투데이Christianity Today〉라는 보수적인 기독교 잡지에 마틴 루터 킹 목사에게 헌정하는 글을 쓴 적이 있었다. 앞에서 썼던 것과 비슷한 어휘들을 써가며 킹 목사를 선지자라고 표현했다. 많은 독자들이 반응을 보내왔다. 지지하는 이들이 있는가 하면 화를 내는 독자들도 있었다.

전직 대학 책임자 두 분도 대단히 사려 깊은 편지를 보내주었다. 한 분은 내가 다녔던 휘튼 대학의 전 학장이었고, 또 다른 분은 역시 내가 재학했던 성경학교의 전직 교장이었다. "어떻게 킹 목사를 선지자라고 부를 수 있단 말인가?" 두 분 모두 그렇게 물었다. 위대한 도덕적 지도자라고 했다면 아무 문제도 없다. 또 사회 변혁을 이끌어낸 핵심 인물이라 부른다 해도 분명 틀린 말이 아니다. 하지만 표절꾼에 오입쟁이가 어떻게 기독교 선지자가 될 수 있다는 말인가? 그들은 선지자라는 칭호를 그처럼 뚜렷한 흠을 지닌 인간에게 붙였다는 사실을 크게 꾸짖고 있었다.

나는 상세한 해명이 담긴 답장을 두 분 모두에게 보냈다. 성경 시대에 하나님께서 들어 쓰셨던 몇몇 흠 많은 지도자들 얘기를 했다. 솔로몬의 경우가 대표적 사례다. 우리는 그가 쓴 잠언을 소중하게 생각하는 것이지, 그의 생활 방식을 귀하게 여기는 건 아니다. 흔히들 메시지를 전하는 사람에게 흠이 있으면, 그 메시지 자체가 무효라고 생각하는 오류를 범한다. 또, 킹 목사의 힘에 넘치는 설교를 인용하고, 그가 자원 봉사자들에게 '날마다 주님의 가르침을 묵상하며, 시간을 정해 기도하고, 사랑으로 행동하고 말할 것'을 다짐하는 엄중한 서약서에 서명하게 했다는 얘기도 적었다. 그러다 갑자기 이상하다는 생각이 들었다. 내 글의 제목은 '어느 인종차별주의자의 고백'이었는데, 거의 모든 편지가 내가 아닌 킹 목사의 실수에 초점을 맞추고 있을 뿐이었다. 오점투성이 과거를 지닌 나에 대해서라면 모를까, 어떻게 하나님에 대해 이야기할 킹 목사의 권리에 의문을 제기할 수 있단 말인가?

마틴 루터 킹 목사를 하나님의 도구로 보는 걸 막고 나섰던 크리스천들 가운데 대다수는 한때 킹 목사를 적으로 간주하고 그 이상을 억누름으로써 그가 온몸을 던져 마주 싸웠던 인종차별의 죄를 직접 또는 간접적으로 영속시켜온 교회에 가서 예배드리는 데 아무 거리낌이 없을 것이다. 그렇다면 킹 목사의 눈에서 티끌을 찾아내면서, 정작 우리 눈의 들보는 보지 못하고 있는 것이다.

지난날 저질렀던 죄보다도 더 무서운 게 딱 하나 있다. 오늘 내가 전혀 깨닫지 못한 죄가 무엇일까 하는 것이다. 지난 세기, 위대한 마틴 루터 킹 목사는 민족의 양심을 일깨웠다. 그런데 이제 새로운 세기를 맞이하고도 킹 목사가 목숨을 바쳐가며 싸워 얻으려 했던 서로 사랑하는 정의의 공동체, 평화의 공동체, 사랑의 공동체를 이뤄내지 못하고 있는 까닭은 무엇인가? 오늘의 교회는 고집스럽게 붙들고 있던 문제점들을 넘어섰는가? 킹 목사가 자주 했던 말처럼, 어디 한 군데라도 불의가 존재하면, 그것은 전체의 정의를 위협하게 마련이다.

가끔, 위대하지만 흠 많은 지도자들에게 은혜와 권능이 임해서 사람들에게 확신을 심어주고 앞장서서 이끌어가게 하는 경우가 있다. 킹 목사의 인도주의나 간디 식의 비폭력 저항, 개인적 희생 따위는 영감을 주기는 했지만, 결국 나를 바꾼 것은 그런 요소들이 아니다. 결정적으로 내 눈의 들보를 보게 만들고 그가 선포한 메시지에 귀 기울일 수밖에 없도록 이끌었던 것은 킹 목사가 기독교의 복음에 토대를 두고 있다는 점이었다. 킹 목사는 끊임없이 예수님 말씀을 인용했고, 그러기에 그의 말을 경청하게 됐던 것이다. 교회가 항상 예수님의 말씀을 올바르게 이해하는 것은 아니며 그렇게 되기까지 수백 수천 년씩 시간이 걸리기도 하지만, 일단 주님의 말씀을 제대로 받아들이기만 하면 하나님의 사랑과 용서가 생수의 강물처럼 흘러넘칠 것이다. 아, 이제 겨우 생수의 강물을 맛보려 하는데, 킹 목사는 벌써 세상 사람이 아니니 그저 안타까울 뿐이다.

> 누구나 그렇겠지만, 저도 오래 살고 싶습니다. 실제로 아주 오래 사는 사람도 있습니다. 그러나 이제는 수명에 연연하지 않습니다. 그저 하나님의 뜻을 행하기를 바랄 뿐입니다. 하나님께서 저를 산에 오르게 하셨습니다. 산 위에서 저 너머 약속의 땅을 바라보았습니다. 저는 여러분과 함께 그곳에 들어가지 못할지도 모릅니다. 하지만 저는 우리가 한 백성으로 약속의 땅에 들어갈 것이라는 사실을 이 밤에 여러분께 알려드리고 싶습니다. 그래서 오늘밤, 저는 행복합니다. 아무것도 걱정하지 않습니다. 누구도 두렵지 않습니다. 내 눈은 이미 다시 오시는 영광의 주님을 보았습니다.
>
> _ 저격 전날 밤, 멤피스에서 행한 킹 목사의 마지막 연설에서

마틴 루터 킹 목사와의
더 깊은 만남을 위하여

SOUL SURVIVOR

마틴 루터 킹 목사의 삶을 개괄적으로 소개하는 전기 작품으로는 타임워너사가 만든 오디오북 《마틴 루터 킹 자서전*The Autobiography of Martin Luther King, Jr*》을 추천하고 싶다. 킹 목사의 글과 르바 버튼의 낭독을 함께 묶은 이 오디오북은 완성도가 다소 떨어지고 객관성을 잃은 부분도 있지만, 누구도 흉내 낼 수 없을 만큼 독특하고 감동적인 킹 목사의 육성 설교와 연설이 가스펠 연주 음악과 함께 들어 있다. 《희망의 언약 : 마틴 루터 킹의 글과 설교*A Testament of Hope : The Essential Writings and Speeches of Martin Luther King, Jr*》는 킹 목사가 썼던 원고는 물론 유명한 연설에서 발췌한 글을 모아 펴낸 책이다. 데이비드 가로가 쓴 《십자가를 지고》는 한 권짜리 전기로는 가장 탁월하다. 테일러 브랜치의 분석적인 연구서 《바다를 가르며》와 《불기둥*Pillar of Fire*》은 독자들의 시야를 시민권 운동을 둘러싸고 벌어졌던 여러 사건들로 확장시켜주는 데 유익하다.

기쁨은 어디에서 오는가? 체스터턴은 여러 가지 길을 모색해본 뒤에, 세상에서 기쁨의 존재에 대해 가장 타당한 설명을 하고 있는 기독교 신앙에 정착했다. 기쁨의 순간들은 난파선에서 흘러나와 바닷가 모래밭에 박힌 채 파도에 씻기고 있는 유품들, 천국의 부스러기다.

SOUL SURVIVOR 3

해안을 따라가는 유적지 순례

G. K. 체스터턴
G. K. CHESTERTON

G. K.
CHESTERTON

　대학에 다니는 동안 누가 나더러 졸업 후에 무슨 일을 할 거냐고 물었다면, '크리스천 작가'는 희망 직업 목록의 마지막 줄쯤으로 떨어졌을 것이다. 교회가 인종 문제를 비롯한 몇 가지 사안에 대해 들려주었던 거짓말들을 다시 꼽아보았을 테고, 숨 막히는 율법주의를 빈정댔으리라. 복음주의자란 수입이 좀 더 나은 근본주의자가 되고 싶어 안달하는 사회적 지진아로서 근본주의자들보다는 그나마 눈곱만큼 마음이 더 열려 있고 이마에 주름살도 적은 부류 정도로 묘사했을 것이다. 과학과 철학에 대해서는 고등학교 교사보다 아는 게 없으면서도 안식년을 맞아 국내에 체류하면서 내가 다니던 성경대학에서 과학과 철학을 가르치던 선교사들에 대해서도 불평을 털어놓았을 것이다. 성경대학에서는 지적 호기심에 대해 상은커녕 오히려 벌을 주는 경향이 있었다. 심지어 어느 교수는 내게 겸손을 가르치기 위해 일부러 점수를 깎았노라고 인정했다. 수업에 들어올 때마다 "성령님께 나아가는 걸 가로막는 가장 큰 장애물은 바로 개똥철

학일세"라고 경고하던 교수였다.

그러나 바로 그 학교에서 나는 C. S. 루이스와 G. K. 체스터턴의 저술들을 처음 접했다. 바다는 물론 문화의 차이라는 넓은 간격이 가로놓여 있었지만 루이스와 체스터턴은 세상 어딘가에 경직되지 않고 넉넉한 심령을 가지고, 정교한 감각과 아울러 자신보다 남을 낮게 여기는 겸손함이 조화를 이루며, 무엇보다도 억압의 근원이 아니라 기쁨의 근원이 되시는 하나님과 동행하는 삶을 누리는 크리스천이 존재한다는 소망의 빛을 비춰주었다. 영국의 서점에다 주문해서 받은 너덜너덜한 헌책을 탐독하며, 각각 옥스퍼드 대학 학장과 영국 언론계를 주름잡는 저널리스트였던 필자들에게서 얻어낼 만한 것은 남김없이 찾아 게걸스럽게 삼켰다. 루이스 자신도 제1차 세계대전의 와중에 병원에 입원해 있는 동안 체스터턴을 알게 된 뒤에, "강력한 무신론자로 살고 싶은 젊은이가 있다면, 체스터턴의 글을 읽지 않도록 조심에 조심을 거듭해야 할 것이다"라고 썼다.

그들의 글은 나를 지탱하는 힘이요, 혼란과 의심의 바다에서 건져주는 믿음의 구명줄이었다. 결국, 앞서 얘기한 대로 나는 작가가 되었다. 가장 큰 동기는 나 자신의 삶 속에서 글의 힘을 깨달았던 것이었다. 루이스와 체스터턴의 글은 시간을 거스르고 바다를 건너 다가와서 조용하고 부드럽게 치유와 소망이라는 변화를 일으켰다. 완전한 믿음으로 돌아서기까지는 아직 더 시간이 필요했지만, 최소한 탁월한 삶을 살게 하는 믿음에 대한 모델을 가질 수 있었던 것이다. 마틴 루터 킹 목사가 내 안의 도덕적 감성을 자극했다면, 루이스와 체스터턴은 심미적 감각을 일깨웠다.

돌아온 탕자의 비유에서 예수님은 탕자의 회개 동기를 강조하시지 않는다. 둘째 아들은 돌연히 양심의 가책을 느끼지도 않았고, 지난날 무례하게 굴었던 아버지에 대한 사랑이 용솟음쳤던 것도 아니다. 그저 고단한 생활에 지쳤다는 이기적 동기에서 걸음을 되돌렸을 뿐이다. 될 대로 되라는 심정으로 돌아서든, 아니면 어떤 갈망을 품고 돌아서든, 분명 하나님께는 그다지 중요한 문제가 아니다. 나는 스스로 물어보았다. "그렇다면, 나는 왜 돌이켰지?"

탕자 노릇을 훨씬 더 극적으로 해냈던 내 형을 보면, 모든 것을 남겨두고 떠나는 쪽을 선택했을 때 어떤 일이 벌어질지 잘 알 수 있다. 형은 '가둬 키우는' 양육 방식의 굴레를 벗어나기 위해 발버둥 치면서 자유를 향해 광범위한 편력을 계속했다. 마치 옷을 갈아입듯 오순절주의, 무신론적 실존주의, 불교, 뉴에이지 영성, 토마스 아퀴나스적 합리주의 등 온갖 세계관을 섭렵했던 것이다.

1960년대쯤, 형은 꽃의 자녀들flower children이란 집단에 들어갔다. 머리를 길게 기르고 둥근 금테 안경을 썼으며 공동생활을 하면서 마약과 섹스에 탐닉했다. 한동안은 흥분된 어투로 자신의 새로운 생활을 소상히 알리는 편지를 보내왔다. 그러나 곧 어두운 그림자가 슬금슬금 내려앉기 시작했다. 환각제 복용 행각이 들통 나서 보석금을 내고 형을 감옥에서 데려와야 했던 것이다. 형은 모든 식구들과 관계를 끊고 지냈으며, 몇 차례에 걸친 결혼생활도 파경을 맞았다. 마침내는 한밤중에 자살하겠다는 전화를 걸어오기에 이르렀다. 형을 보면서 외면적 자유가 실제로는 깊은 속박, 다시 말해서 무엇으로도 채울 수 없는 공허한 마음을 가리는 가면일 수도 있다는 사실을 배왔다. 내가 아는 어떤 사람보다 풍부한 음악적 재능을 가진 한 인간이 콘서트 무대에 올라 피아노를 연주하기보다는 그저 조율만 하다가 삶을 마감했던 것이다. 아무런 대안 없이 신앙을 내팽개치는 행위가 얼마나 파괴적인 힘을 가지는지 면밀히 관찰할 수 있었다.

  한편, 긍정적으로 보면 저널리스트 생활을 하면서, 이 책에서 다룬 주인공들처럼 하나님과의 관계가 삶을 위축시키는 게 아니라 훨씬 확장시켜준다는 사실을 보여주는 인물들을 철저하게 연구해볼 수 있는 기회를 가졌다. 나는 하나님과 교회를 별개로 떼어놓고 생각하는 평생에 걸친 과정을 시작했다. 어린 시절에 심각하게 망가진 교회에서 성장했음에도 불구하고, 저널리스트의 비판적인 눈으로 예수라는 인물을 세세히 살펴보기 시작하면서 내게 악영향을 끼친 율법주의, 독선, 인종차별주의, 지방색, 위선 따위와 마주 싸우셨던 주님의 성품, 아마도 그것 때문에 십자가의 처형에까지 이르셨을 그분의 성품에 대해 알게 되었다.

  예수님 안에 나타난 하나님의 모습을 조금씩 알아감에 따라, 내가 여러 면에서 변화되어야 할 사람이라는 사실을 깨달았다. 이제는 회개해야 했다. 어려서부터 교육을 받으면서 위선과 인종차별주의, 독선 따위를 고스란히 빨아들였을 뿐만 아니라 스스로 헤아릴 수 없이 많은 죄를 지었기 때문이다. 하나님을 '제멋대로 살고 싶어 하는 내게 처벌을 내리는 준엄한 심판관'으로 생각하는 일이 줄어들고, 대신 건강을 위해 가장 유익이 되는 행동을 처방해주는 의사로 여기기 시작했다.

걸작을 남기지 않은 대가?

G. K. 체스터턴은 자신만만하게 선언한다.

"나는 이미 알려진 사실을 최대한 다시 파고드는 사람이다. 나는 내 안의 이단적 요소들을 찾으려고 노력했다. 그걸 다시 한 번 정련하면 순순한 진리가 나타났다."

나는 먼 길을 돌아 얼마간 체스터턴의 인도를 받아가며 그가 내렸던 곳과 비슷한 장소에 발을 디뎠다. 누군가 체스터턴에게 만일 조난을 당해서 풀 한 포기 없는 섬에 갇힌다면 어떤 책을 가지고 가고 싶으냐고 묻자, 그는 잠시 망설이다 "그야 물론 《배 만드는 기술의 이론과 실제》 정도 되는 책이겠죠"라고 대답했다 한다. 만약에 내가 그렇게 조난을 당하고 성경 이외에 다른 책을 딱 한 권 더 가져갈 수 있다면, 아마 체스터턴의 영적 자서전 《정통 $Orthodoxy$》을 선택했을 것이다. 사람들이 제목부터 만만치 않은 이 책을 뽑아드는 까닭을 알 수 없었는데, 어느새 나도 똑같은 책을 손에 들고 있었다. 그때까지만 해도 내 믿음은 소생의 기미가 전혀 없는 상태였다. 몸무게가 136킬로그램이나 되는 데다가 주의가 산만하기 짝이 없었던 이 빅토리아 시대의 저널리스트가 걸어온 신앙 역정이 나의 그것과 나란한 평행선을 그리고 있다는 사실을 알게 되면서, 《정통》은 침체된 내 신앙에 활력을 주었을 뿐만 아니라 새로운 기운을 불어넣어 모든 난관을 무릅쓰고 믿음을 향해 전진할 수 있게 해주었다.

체스터턴은 더러 '걸작을 남기지 않은 대가'라는 평가를 받는다. 아마 그가 선택한 저주받을 직업 때문이었을 것이다. 체스터턴

(1874~1936)은 일생의 대부분을 주간 신문의 아이디어가 번득이는 편집자로 일하면서 내용의 경중을 가리지 않고 모두 4천 편의 글을 썼다. 그가 땅을 딛고 살았던 시기는 19세기에서 20세기로 넘어가는 전환기로서 모더니즘, 공산주의, 파시즘, 평화주의, 결정론, 다윈주의, 우생학 따위의 다양한 사조가 대중의 주목을 받았다.

각종 사조들을 연구하면 할수록 체스터턴은 점점 더 기독교에 끌리게 되었으며, 기독교야말로 정신적 영향을 미치는 세력들에 대항할 유일한 보루라고 생각했다. 마침내 체스터턴은 기독교 신앙을 문명을 수호하는 성채 정도가 아니라 이 세상에 대한 가장 심원한 진리의 표현으로 받아들였다. 그리고 개신교도가 대부분인 나라에 살면서 오히려 가톨릭 교회에서 세례를 받음으로써 자신을 드러내는 절차를 밟았다.

사상가로서의 출발은 더딘 편이었다. 아홉 살이 돼서야 겨우 글을 읽는 바람에 그의 아버지는 아들의 정신적 능력을 두고 전문가와 상담을 하기까지 했다. 예술 학교를 중퇴한 뒤에 대학은 완전히 건너뛰었다. 그러나 잘 알려진 바와 같이 엄청난 기억력을 가지고 있어서 만년에도 자기가 읽고 평론을 썼던 1만 권어 달하는 소설의 줄거리를 줄줄 외울 정도였다. '브라운 신부'를 주인공으로 하는 탐정 소설 시리즈 등 2백여 편의 단편들은 물론 장편 소설도 다섯 편이나 썼으며 희곡, 시, 발라드에까지 손을 댔다. 뿐만 아니라 로버트 브라우닝이나 찰스 디킨스 같은 인물들의 문학적 전기를 발표하고, 단숨에 영국의 역사를 써내는가 하면, 아시시의 성 프란체스코와 토마스 아퀴나스, 더 나아가 예수님의 일생을 다룬 책도 펴냈다.

위태로울 만큼 빠른 속도로 글을 써냈고 적지 않은 오류를 범하기도 했지만, 그럼에도 불구하고 체스터턴은 가장 가혹하게 그를 비판하던 비평가마저 기립 박수를 보내게 만드는 통찰력과 열정, 위트를 가지고 주제 하나하나에 접근했다.

체스터턴은 가끔씩 유럽을 여행했으며 대서양을 건너 미국을 찾는 경우도 있었지만(당시의 경험은 곧바로 《미국 견문록 What I Saw in America》이라는 책이 되었다), 대개는 집에 머물면서 여러 분야에 대한 책을 읽었으며 마음에 떠오르는 모든 생각을 글로 옮겼다. 크고 숱이 많은 그의 머리 안은 흥겨운 모험으로 가득 찼다. 대중은 그가 다른 사람들에게 미친 영향을 결코 과대평가하지 않았지만 말이다. 마하트마 간디는 인도 독립과 관련된 여러 가지 아이디어를 체스터턴에게서 얻었다고 했다. 그가 쓴 소설 가운데 하나는 마이클 콜린스의 아일랜드 독립 운동에 영감을 주었다. C. S. 루이스도 체스터턴을 영적 아버지로 여겼다.

사후 30년이나 지나서 체스터턴을 처음 알았지만, 그는 빈사 상태에 빠진 내 영혼을 소생시켰다. 그때를 돌아보고 그가 어떤 면에서 영향을 미쳤는지 생각해보면, 오랫동안 내 안에서 기쁨을 억눌러 왔다는 사실을 인식하도록 도움을 주었다는 사실이 가장 먼저 떠오른다.

"우주는 호의적인 장소인가?" 이것은 언젠가 알베르트 아인슈타인이 제기했던 정말 중요한 질문이다. 어린 시절부터 사춘기 무렵까지 나는 기껏해야 뒤죽박죽인 메시지만을 받아들였다. 정서적으로는 마치 알코올 중독자의 자녀들처럼 말도 하지 않고, 아무도 믿지 않고, 느끼지도 못한 채 무덤덤하게 반응했다. 형이 밖으로 돌며 자유를 향한 먼 여행길에 올랐다면, 나는 안으로 파고들어서 누군가가 나를 조종하거나 고통을 줄 목적으로 접근해 올 만한 통로를 하나하나 막아버렸다.

주인공들이 자해를 하거나 그냥 경험 삼아 해변에서 상대를 살해하는 사르트르와 카뮈의 소설들을 즐겨 읽었다. 특히 고통에 대해 초연한 초인超人을 그린 니체의 소설을 탐독했다. 나는 크게 웃거나 미소 짓는 것도, 반대로 통곡하는 법도 배우지 못했다. 차가운 것에든 뜨거운 것에든, 냄새가 좋은 것에든 나쁜 것에든, 아름다움에든 추함에든, 사랑에든 미움에든 일절 관심을 끊고 반응을 보이지 않으려 했다. 왜곡된 실험 가운데 하나로, 일부러 침대 쇠 난간에 팔을 부딪쳐 뼈를 부러뜨렸다. 얼마나 고통을 극복했는지 알고 싶었던 것이다.

지금 돌아보면 당시로선 알 수 없었던 속내가 짐작이 간다. 내게는 매력적인 부분이 전혀 없다고 생각했기에 어떤 사랑도 들어올 수 없도록 견고한 요새를 짓고 살았던 것이다. 그런데 세상에 과연 이런 곳도 있을까 싶었던 성경대학, 일종의 수용소라고 생각했던 바로 그곳에서 마음속 요새가 무너져 내리기 시작했다.

주위 사람들은 한결같이 신앙에서 위안을 찾으라고 요구하고 있었지만, 나는 오히려 음악에서 위로를 찾았다. 밤이 이슥해지면 기숙사를 살살 빠져나가서 예배당에 있는 2.7미터짜리 스타인웨이 그랜드 피아노 앞으로 달려가곤 했다. 불가사의할 만큼 천부적인 재능을 가진 형의 그림자에 치였던 까닭에 사람들 앞에서는 절대로 피아노를 치는 법이 없었지만, 모차르트, 쇼팽, 베토벤, 슈베르트 등의 작품들을 막힘없이 즉흥으로 연주해낼 정도의 실력은 갖추고 있었다. 그런 식으로 혼란스러운 내면세계에 질서를 부여하려 애쓰며 허다한 밤들을 지새웠다. 피아노 앞에 앉아 나는 무언가를 창조해내고 있었으며, 비록 내가 만들어낸 음이라 할지라도 어둡고 텅 빈 예배당에 메아리치는 소리는 진심으로 아름다웠다.

얼마 후에 나는 사랑에 빠졌다. 모든 불합리한 문제들에 대해 재닛과 나는 뜻이 잘 맞았다. 우리는 자주 함께 앉아서 학교의 억압적 분위기에 대해 불평을 털어놨고, 그러다가 결국 온 우주에서 가장 강력한 힘, 곧 사랑의 힘에 끌려들었다. 잘못된 점을 꼬치꼬치 물고 늘어지는 게 아니라, 나의 장점을 있는 대로 찾아내는 사람을 만난 것이다. 소망이 모락모락 피어올랐다. 하늘의 별이라도 따다가 그녀의 앞에 바치고 싶었다. 재닛의 생일을 겨냥해서 베토벤 피아노 소나타 〈비창〉을 연습했다. 그리고 떨리는 마음으로 내 연주를 들어주는 첫 번째 청중이 돼달라고 부탁했다. 새로운 인생, 그리고 그걸 불러내 준 그녀에게 바치는 제물이었다.

체스터턴은 "무신론자에게 가장 끔찍한 상황은 진정으로 감사를 느끼는데 정작 감사할 대상이 없는 순간"이라고 했다. 또 "기쁨, 믿지 않는 이들은 잘 모르겠지만 이것이야말로 크리스천이 가진 엄청난 비밀이다"라고 말했다. 체스터턴이 가장 끔찍하다고 했던 상황이 어떤 것인지 나는 잘 안다. 뿐만 아니라 오랫동안 밀폐되었던 문틈으로 신선한 공기를 불어넣으며 날아오는 기쁨의 첫 설렘 역시 익히 알고 있다. 커다란 기쁨은 영원에 대한 암시와 함께 오는 법이다. 갑자기 나는 살고 싶어졌다. 그것도 영원히.

잊을 수 없기는 자연도 마찬가지다. 어린 시절, 자연은 내 피난처였다. 우리 식구는 교회 소유지에 주차해둔 가로 3.6미터, 세로 14미터짜리 알루미늄 트레일러에서 살았다. 집 안에는 평화보다는 긴장이 가득했다. 하지만 내게는 언제나 집 근처의 숲이 있었다. 나는 다람쥐 굴과 벌집, 괴상하게 생긴 딱정벌레가 우글대는 썩은 통나무 등걸, 잠자리 떼와 조그만 개구리들이 왱왱거리는 웅덩이들을 뒤지고 다녔다. 나비와 풍뎅이, 거북이 따위를 채집했으며, 어느 해 여름에는 전염병 센터에서 모기와 진드기를 조사하는 일을 하기도 했다.

나중에 성경대학에 다닐 때도 자연은 마치 교향곡과 같은 감동을 주었다. 자연은 연주 여부와 상관없이 언제나 걸음을 멈추고 귀를 기울일 수 있는 심포니였다. 우주가 호의적인지 아닌지는 판단할 수 없을지라도, 적어도 무한한 아름다움의 원천이라는 사실은 분별할 수 있지 않은가?

내가 사는 이곳 콜로라도 지역에서 가장 높은 산에 올라보라. 작고 가냘픈 야생화들이 누가 돌봐주지 않는데도 얕은 흙에 뿌리를 박고 지천으로 깔린 모습을 볼 수 있을 것이다. 그레이트 배리어 리프(Great Barrier Reef, 오스트레일리아 북동부 퀸즐랜드 해안을 따라 펼쳐지는 큰 산호초—옮긴이)의 바닷속으로 뛰어들어 보라. 별의별 색깔과 모양으로 세계 어느 예술 박물관에 전시된 작품보다 화려하게 차려입은 산호와 열대어들이 나타날 것이다. 조개들이 촘촘하게 깔린 원시 생물들의 보고인 해저는 말할 것도 없다.

언젠가 브라질의 이구아수 폭포 한복판에 섰던 적이 있었다. 현란한 열대 나비들이 추상 무늬가 새겨진 날개를 달고 수분을 빨아먹기 위해 팔 위에 내려앉았다. 알래스카의 어느 부둣가에 쪼그리고 앉아, 먹잇감을 쫓는 흰돌고래 한 무리가 검푸른 바닷물을 배경으로 한꺼번에 움직이며 환한 은빛 초승달을 그려내는 모습을 지켜보기도 했다. 케냐에서 바오밥 나무 아래 자리를 잡고 노을 지는 구름 아래로 기린들이 힘 들이지 않고 성큼성큼 뛰는 장면과 50만 마리쯤 되는 영양들이 한 줄로 행렬을 이루며 평원을 가로지르는 걸 바라본 적도 있다. 북극권에서는 사향소 수놈들이 떼를 지어 마치 포장마차들을 세워놓은 것처럼 둥글게 서서 암소와 송아지들을 보호하는 모습을 목격했다(사향소는 태어날 때부터 영하 54도까지 떨어지는 기온에 적응해야 한다).

그런가 하면 푹푹 찌는 교실에서 단조로운 목소리로 전지전능하시고 무소부재하신 하나님의 특성을 설명하는 신학 교수님의 강의를 듣기도 했다. 이 찬란한 세계를 지으신 분을 그따위 추상적 개념으로 제한할 수 있단 말인가? 세상을 지으신 이는 무엇과도 비교할 수 없는 대단한 예술가로서, 그분에게 대면 인간이 이룬 모든 성과와 창조는 어린애 장난이 되고 만다는 가장 명백한 실존적 사실에서 시작하면 안 될까?

무신론자임을 자처하는 노벨상 수상자 둘을 포함해서 과학자 셋과 패널 토의를 벌인 적이 있다는 얘기는 이미 했다. 우리는 세상을 전혀 다른 방식으로 보고 있지만, 과학이 아니라 신앙이 최소한 다음 두 가지 문제에 대한 대답을 내놓고 있다는 사실에는 의견을 같이했다.

첫째, 세상이 무無가 아니라 존재有인 까닭은 무엇인가? 또는 스티븐 호킹이 표현한 대로 어째서 우주는 '끈질기게' 존재하는가? 두 번째로, 그 존재는 무엇 때문에 그처럼 아름답고 질서 정연할 수 있는가? 저자들이 창조주의 솜씨를 인식하고 있었다는 점을 생각할 때, 구약 성경이 자연의 눈부심을 처음으로 찬양한 고대 문서라는 점은 우연이 아니다.

그런데 자연은 인간에게 호의적인가? 과학자요, 자연주의자인 로렌 아이슬리는 자신의 긴 인생 가운데 가장 중요한 학습 체험이라고 부르는 한 사건에 대해 다음과 같은 얘기를 들려준다.

어느 날, 그는 바닷가에서 갑자기 돌풍을 만났다. 피할 곳을 찾던 그는 바닷물에 밀려온 커다란 나무 등걸 아래 숨었는데, 거기서 작은 새끼 여우를 발견했다. 길어야 10주 정도 됐을까? 새끼 여우는 아직 사람을 무서워할 줄도 몰랐다. 몇 분 지나지 않아서 새끼 여우는 아이슬리와 줄다리기 게임을 하며 친해졌다. 아이슬리가 닭 뼈의 한쪽 끝을 입에 물고 있으면 새끼 여우가 다른 끝을 잡아당겼다. 그는 여기서 우주의 근원에는 미소 띤 하나님의 얼굴이 있다는 사실을 배웠다고 말한다.

나도 지금 살고 있는 콜로라도에서 여우와 함께 지낸 경험이 있다. 골짜기 건너편 동굴에서 새끼 세 마리가 태어났다는 사실을 알게 된 나는 마음속으로 이 시대의 성 프란체스코가 되는 상상을 해가며 녀석들을 도와주기로 작정했다. 그러곤 새끼 여우들이 낯설어하지 않을 때까지 동굴 근처에 방석을 깔고 앉아 책의 원고를 쓰거나 기사를 썼다. 처음에는 "얘들아!" 하고 녀석들을 불러서 감출 것

없는 내 존재를 알렸다. 물론 새끼 여우들은 벼락이라도 맞은 것처럼 후다닥 흩어져 달아나버렸다. 놈들은 호기심 어린 눈으로 나를 쳐다보면서도 황금빛 눈동자는 경계를 늦추지 않았고, 귀로는 모든 소리를 포착하고 있었다. 처음으로 온몸을 덮은 붉은 털은 햇빛을 받아 반짝거렸다. 마침내 새끼 여우 세 마리는 나를 따르기 시작했다. 마치 피리 부는 사나이가 된 기분이었다. 내가 멈추면 녀석들도 걸음을 멈추고 바위나 덤불 뒤로 몸을 숨겼다. 내가 뛰면 녀석들도 뛰었다. 앉아서 점심 도시락을 열면 빙 둘러싼 채 밥 먹는 모습을 구경했다.

여름이 지나갈 무렵에는 길가에 서서 휘파람만 불면 그 소리를 듣고 잘생긴 어린 여우 세 마리가 튀듯이 골짜기에서 뛰어나왔다. 녀석들은 고양이처럼 야생화 덤불 사이로 살금살금 나비들의 뒤를 따라가서 덮치곤 했다. 꾀 많은 다람쥐들과 어설픈 추격전을 펼치는가 하면, 잔디밭에 물 주는 스프링클러의 물줄기를 요리조리 피해 다니며 놀기도 했다. 한번은 뒷다리로 서서 새들이 미역 감는 수반에 담긴 물을 핥아 먹다가 물에 자기 얼굴이 비치자 깜짝 놀라 뒤로 펄쩍 물러났다. 테니스공을 던져주면 한 녀석이 달려가 낚아채서 꽁무니를 빼고, 다른 두 녀석은 정신없이 쫓아다녔다.

여름 내내 나는 세 친구와 만났다. 뜰에 난 잡초를 뽑거나 잔디를 깎을 때, 또는 해먹에 누워 편지를 읽을 때도 녀석들은 졸졸 따라다녔다. 나무 발코니에서 점심이라도 먹으려 하면 식탁에 끼고 싶어서 낑낑거리며 계단을 기어올랐다. 원고를 쓰려고 뜰에 자리를 펴고 앉으면 한동안 나를 관찰하다가 이내 끄트머리가 하얀 꼬리를 말아 올려 눈을 가리고 단잠에 빠져들었다. 짐승과 인간 사이에 아직 두려움이 생기지 않았던 에덴동산 시절로 돌아간 듯, 아니면 사자들이 어린 양과 뛰놀고 여우들이 작가와 뒹굴다 잠드는 미래의 천국에 이른 듯한 짜릿함을 느꼈다.

아이슬리와 마찬가지로 나도 우주의 핵심에 이르면 하나님의 미소가 있다는 사실을 배웠다. 시몬 베유는 "세상에서 볼 수 있는 모든 아름다운 것들은 사물을 통해 우리에게 보내주시는 그리스도의 부드러운 미소다"라고 말했다. 망가질 대로 망가진 이곳 지구에서는 좀처럼 보기 어렵지만, 그 반짝하는 미소는 모든 신학 서적들을 한데 합쳐놓은 것만큼 많은 진실을 보여준다. 음악과 로맨틱한 사랑, 특히 자연은 마치 무지근한 통증처럼 절망감만이 마음속에서 끈질기게 이어지는 그 지긋지긋한 상황을 점차 누그러뜨려주었다. 이제는 절망감을 창조주로부터 멀어진 타락한 인류에게 나타나는 보편적 증상으로 인식하기에 이르렀다. 아무튼 다시 본론으로 돌아가자.

체스터턴은 해 '형제'와 달 '자매'를 통해서 자신의 참모습을 배웠던, 그리고 민들레처럼 하찮은 들풀에서 더할 나위 없는 아름다움을 보았던 성 프란체스코를 지목했다. 그의 명문 가운데 인간의 모습과 하나님의 위엄을 비교한 글이 있다.

> 하나님은 끊임없이 반복되는 단조로운 일마저 기꺼워하실 만큼 능하신 분이다. 그분이 하나님이시기에 매일 아침 태양에게 '다시 떠올라라' 하고 말씀하시고, 저녁마다 달에게 '다시 떠올라라' 하고 말

씀하실 수 있다. 그러나 모든 데이지 꽃을 기계적으로 단번에 똑같이 만들어내지는 않으셨을 것이다. 하나님은 데이지 꽃 한 송이 한 송이를 따로 만드시지만, 결코 지치지 않고 그 일을 계속하신다. 어쩌면 하나님은 어린아이들의 호기심처럼 영원히 고갈되지 않는 욕구를 가지신 분인지도 모른다. 인간은 죄를 짓고 늙어가는데, 그분은 오히려 우리보다 기운차게 일하신다.

해답보다 수수께끼

자연은 내가 다시 원기를 회복하여 어린아이같이 지치지 않는 욕구를 가질 수 있도록 도와주었다. 하지만 나는 성 프란체스코가 아니다. 아시시의 성자의 경우와는 달리 자연은 내게 헷갈리는 메시지를 계속 보여주었다. 몸속에서 부화되자마자 어미의 살을 그야말로 탐욕스럽게 먹어치우면서 밖으로 나갈 길을 열어가는 혹 모양의 벌레 세시도미안Cecidomyian에게서 어떻게 창조주의 편린을 끌어낼 수 있다는 말인가? 눈도 없고 날개도 없이 말벌의 체내에서 그 몸을 갉아먹으며 평생을 보내는 제논 페키Xenon Peckii 파리는 또 어떠한가? 아무 생각 없이 미역 감는 사람의 요도를 거슬러 올라간 다음 날카로운 지느러미를 활짝 펴서 찢어지는 듯한 고통을 안겨주는 데다가 외과적 수술 말고는 통증을 해소할 방법이 전혀 없는 아마존의 칸디루Candiru 메기도 마찬가지다.

멀리 갈 것 없이 내가 키우던 사랑스러운 여우들만 해도 그렇다.

녀석들이 뒤뜰에서 다람쥐를 잡아채는 장면을 여덟 번이나 목격했다. 비명이 터져 나올 만큼 끔찍하고 피비린내 나는 광경이어서 누구라도 좀처럼 잊어버릴 수 없을 것이다. 어제는 발정기에 들어선 수놈 엘크 한 마리가 오줌을 싸고 땀을 흘리며 씩씩거리더니 마침내 눈에 들어오는 모든 수놈들을 향하여 뿔을 들이대고 돌진하는 모습을 지켜보았다. 로맨틱한 사랑이 펼쳐지는 매력적인 장면 따위는 보이지 않았다.

체스터턴은 이 대목에서 아주 도움이 되는 지침을 제공한다. 《정통》에서 그는 "자연은 인간의 어머니가 아니라 자매일 뿐이다"라고 단호한 주장을 펴면서 범신론 및 현대 우주론적 신앙에 맞선다. 하나님께서는 예술가가 창작을 하듯 자신을 떼어 무언가를 만드시고 자유롭게 풀어주시면서 자연계와 인류를 모두 창조하셨다.

"하나님께서는 수많은 시를 짓는 대신, 희곡 한 편을 쓰셨다. 주님이 계획하신 연극은 완벽하지만, 사람이라는 실수투성이 배우와 무대 감독이 활동할 여지를 반드시 비워놓으셨다."

체스터턴은 이 세계를 우주를 떠도는 난파선의 일종으로 보았다. 의미 있는 삶을 찾아 헤매는 인간은 깊은 잠에서 깨어나서 여기저기 흩어져 있는 보물들, 기억조차 가물가물한 문명의 유물들을 발견한 선원과 비슷하다고 보았다. 금화, 나침반, 아름다운 옷가지 따위의 유물을 하나하나 수습하면서 그 의미를 알아내려고 노력할 것이다. 타락한 인류의 모습이 꼭 그렇다. 자연의 세계라든가 아름다움, 사랑, 기쁨 등 이 땅에서 볼 수 있는 선한 것들에는 본래의 목적이 흔적처럼 희미하게 남아 있지만, 기억 상실증 때문에 인간에 내재된 하나님의 형상이 훼손된 상태다.

《정통》을 읽고 난 뒤에, 나는 체스터턴의 여러 작품들을 읽어나갔다(체스터턴은 무려 1백 종 이상의 책을 썼으며 그 대부분을 비서에게 구술하여 받아쓰게 한 다음 초고를 약간 수정하는 식으로 작업했다. 이 사실을 알고서 나는 작가로서 몇 주일 동안 열등감에 시달려야 했다). 때마침 고통의 문제에 대한 글을 쓰고 있었는데, 어두운 주제를 다룬 체스터턴의 소설 《목요일이었던 남자 The Man Who Was Thursday》에 등장하는 허구적 치료에서 많은 영감을 얻을 수 있었다. 그는 《정통》을 집필하면서 동시에 이 소설을 썼는데 두 작품의 성격이 전혀 다르다는 점을 생각하면 놀라움을 금할 수가 없다.

훗날 체스터턴은 자신이 절망과 악, 삶의 의미 따위와 계속 씨름하느라 거의 신경 쇠약 지경에 이르렀다고 설명했다. 우울증이 찾아오자 그는 그늘진 세상의 한복판에서 애써 낙관론을 옹호했다. 그리고 지속적으로 용기를 연구해서 이 두 권의 책을 내놓은 것이다. 하나는 아무도 예측할 수 없는 뒤틀림과 반전으로 가득 찬 변증서가 되었고, 다른 하나는 첩보 스릴러와 공포물이 절묘하게 조합된 작품쯤으로 평가함 직한 책이 되었다.

《목요일이었던 남자》에서 체스터턴은 고통과 자유의지의 수수께끼들을 축소시키기는커녕 오히려 신앙을 위한 단순한 논증으로 변형시켰다. 최악의 상황, 다시 말해서 최소한도의 선만이 존재하는 상황에서 우주는 하나님의 뒷모습만 겨우 보여줄 뿐인 자연을 통해 주님을 믿어야 할 이유를 제시한다. 하나님께서는 욥에게 직접 하신 말씀에서 하마, 악어, 뇌우, 눈보라, 암사자, 산 염소, 들소, 타조 등을 예로 드시면서 자연계의 호의적인 면이 아니라 거칠고 황량한 면을 지적하셨다. 자연은 하나님이 신비롭고 측량할 수 없으며 경배할 만한 가치가 있는 '완전히 다른' 존재임을 보여준다. 인간은 실존의 비밀에 대해 아주 제한된 실마리만 가지고 있을 뿐이지만, 앞에서 예로 든 짐승들이야말로 얼마나 놀라운 단서인가? 훗날, 체스터턴은 "가장 원초적인 부분까지 내려가면, 아무리 별 볼일 없는 존재라 할지라도 가슴이 뛸 만큼 특별한 존재가 된다. 무無에 비하자면 그것이 무엇이 됐든 존재가 있다는 것은 대단한 일"이라고 증언했다. 하나님의 은혜로운 음성은 체스터턴 자신의 삶에서도 자연과 로맨틱한 사랑을 통해 크게 메아리치고 있다.

체스터턴에게는 하나님이 없다고 가정하고 내놓은 해답보다 하나님에 대한 수수께끼 쪽을 받아들이는 편이 더 쉬웠다. 내 경우도 마찬가지였다. 나 역시 이 세상에 선한 것이 존재한다는 사실을 믿게 되었다. 마치 난파선의 유물처럼, 또는 암흑에 둘러싸인 존재의 본질에 접근하는 분명한 실마리처럼 음악을 통해, 그리고 로맨틱한 사랑과 자연을 통해 선한 존재들이 차츰차츰 모습을 나타냈다. 하나님께서는 욥의 질문에 대해 "실존의 진리는 인간의 이해를 초월한 곳에 존재한다"라고 말씀하시려는 듯, 더 많은 질문들로 답을 대신하셨다. 인간을 그분이 가지고 계셨던 고유한 계획 및 자유의 유물들과 함께 버려두셨다. 다시 말해 자신의 운명을 하나님께 맡겨버리든지 아니면 그분께 대항하든지 선택할 자유를 언제나 허락해주셨던 것이다.

체스터턴은 다음과 같은 시 한 편으로 순수한 감사의 마음을 담아

하나님께 답했다.

> 오늘 또 하루가 죽는다.
> 눈과 귀와 손을 가지고 사는 날들
> 또한 나를 둘러싼 위대한 세계
> 그리고 내일이면 또 다른 하루가 시작된다.
> 무엇일까, 내게 두 날을 주신 까닭은.

기쁨은 어디에서 오는가?

G. K. 체스터턴은 고통의 문제와 아울러 전혀 상반된 기쁨의 문제에도 똑같이 마음을 빼앗겼던 것 같다. 그는 섹스라든가 출산, 놀이, 예술 창작 따위의 기초적 인간 행위가 주는 거의 마술적 차원의 경이감과 환희를 설명하기에는 유물론이 너무 설득력이 약하다고 생각했다.

왜 섹스는 즐거운가? 재생산 과정이 꼭 즐거운 것은 분명 아니다. 어떤 생명체는 단순히 절반으로 쪼개짐으로써 종족 번식을 해나가고, 인간 또한 전혀 즐거움이 개입되지 않는 인공 수정 방식을 사용하기도 한다. 먹는 행위가 유쾌한 까닭은 무엇인가? 식물이나 하등 동물들은 미뢰를 만족시키지 않고도 필요한 양분을 빨아들인다. 색깔은 무엇 때문에 존재하는가? 어떤 이들은 색을 분별하는 능력 없이도 잘 살아간다. 그렇다면 나머지 사람들이 다양한 색깔을 인식하는 까닭은 무엇인가?

고통의 문제에 관해 내가 쓴 책을 여러 권 읽어보고 나서, 나 자신이 '기쁨의 문제'를 다룬 책을 한 권도 쓰지 않았으며 심지어 읽어본 일도 없다는 사실에 충격을 받았다. 인간이 기쁨을 경험하는 이유를 고민하느라 머리를 흔들며 돌아다니는 철학자를 만나본 적도 없다. 하지만 무신론자들에게 '기쁨의 문제'는 크리스천들에게 고통의 문제가 갖는 중요성에 상응하리만큼 대단한 철학적 의미를 가지고 다가서게 마련이다. 크리스천들에게는 기쁨의 문제가 훨씬 더 접근하기 용이할 수 있다. 선하고 사랑이 많으신 하나님께서 당연히 그분의 피조물들이 기쁨과 환희, 개인적 만족을 경험하기를 원하실 것이기 때문이다. 크리스천들은 그러한 가정에서 출발해서 고통의 근원을 설명하는 방법을 모색하게 된다. 하지만 무신론자들은 진부하고 의미 없는 세상에서 기쁨의 근원을 설명하는 데 크리스천과 동일한 방식을 동원할 수 없지 않은가?

체스터턴은 오랜 방황 끝에 신앙으로 되돌아왔다. 기독교 신앙만이 기쁨의 수수께끼를 푸는 실마리를 제공했기 때문이다.

> 나는 뼈저리게 실감했다. 첫째, 세상은 자신을 설명하지 못한다. … 둘째, 신비한 힘에는 어떤 목적이 있으며, 그 목적을 의미 있게 만드는 무언가가 내부에 존재한다고 생각하게 되었다. 세상에는 예술 작업처럼 무언가 인격적인 것이 존재한다. … 셋째, 예컨대 용의 경우에서 보듯, 많은 허점에도 불구하고 그 목적은 본래의 의도 아래 있을 때 아름답다고 생각했다. 넷째, 그것에 대해 감사하는 적절한

형태는 겸손과 절제의 자세다. 과음을 삼가함으로써 맥주나 포도주를 만드신 하나님께 감사할 수 있는 것이다. … 그리고 마지막으로, 이게 가장 생소한 것인데, 모든 선善은 허물어진 어느 고대 유적지의 유물로서 어떻게 해서든 잘 간직하고 신성하게 여겨야 한다는 다소 모호하지만 강한 인상을 마음속에 받았다. 로빈슨 크루소가 난파선에서 쓸 만한 물건들을 건져다 차곡차곡 보관해두었던 것처럼, 인간은 자신의 선을 잘 쌓아두어야 한다.

기쁨은 어디에서 오는가? 체스터턴은 여러 가지 길을 모색해본 뒤에, 세상에서 기쁨의 존재에 대해 가장 타당한 설명을 하고 있는 기독교 신앙에 정착했다. 기쁨의 순간들은 난파선에서 흘러나와 바닷가 모래밭에 박힌 채 파도에 씻기고 있는 유품들, 다시 말해서 오랜 시간을 흘러 내려온 천국의 부스러기다. 우리는 이러한 유물들을 가볍게 주워다 감사하고 절제하는 마음으로 사용해야 하며 마치 자기 것인 양 독차지하려 해서는 안 된다.
체스터턴에 따르면, 성적 문란은 성에 대해 과대평가가 아니라 과소평가하는 행위다.

평생 한 사람과만 성관계를 가졌다고 투덜거리는 것은 평생 한 번밖에 태어나지 못했다고 불평하는 짓이나 다름없다. 성에 대해 이야기할 때마다 엄청나게 흥분하는 것과는 어울리지 않는 모습으로, 성에 대해 과도하게 민감함을 보여주는 게 아니라 이상하게 뒤틀린 무감각을 드러낼 뿐이다. … 다양한 상대와 성관계를 갖는 행위는 성에 대한 인식이 결핍되었다는 뜻이며, 아무 생각 없이 나뭇가지에서 여러 개의 과실을 한꺼번에 끌어당기는 사람과 마찬가지다.

전에 다녔던 교회들에서 쾌락이 주는 위험을 얼마나 강조했던지, 기쁨이 갖는 긍정적 의미에 대해서는 모두 간과해버리고 말았다. 하지만 체스터턴의 가르침을 받으면서 섹스나 돈, 힘, 감각적 기쁨 따위가 모두 하나님의 선물임을 깨달았다. 주일 아침, 텔레비전을 켜면 미국 거리에 차고 넘치는 성적 방종, 마약, 탐욕과 범죄 따위를 비난하는 방송 설교자들의 메시지들을 얼마든지 들을 수 있다. 그러나 하나님의 선물을 그런 식으로 남용하는 행위를 그저 힐난하기보다는, 세상을 향해서 그렇게 훌륭한 선물이 실제로 어디로부터 왔으며 그것이 선한 까닭은 무엇인지 보여주어야 했을 것이다. 신앙을 기쁨의 적으로 생각하게 만드는 데 성공했다는 사실이야말로 사탄이 거둔 가장 큰 승리인지도 모른다. 사실 믿음은, 모든 선한 것들과 기뻐할 만한 일들은 온 인류에게 은혜를 부어주시는 창조주 하나님의 작품이라고 설명하고 있다.

물론 하나님과 사이가 멀어진 이 세상에서는 선한 것이라 할지라도 폭발물처럼 조심스럽게 다뤄야 한다. 인류는 티 한 점 없던 에덴동산의 순수함을 잃어버렸다. 이제 모든 선한 일은 남용될 잠재적 가능성을 내포하게 되었다. 선하다는 것이 그만큼 위험스럽다는 뜻도 가지게 된 것이다. 음식을 먹는 행위는 폭식으로 이어질 수 있으며, 사랑은 정욕이 될 수 있고, 인간에게 기쁨을 허락하신 분을 놓쳐버린 채 엉뚱한 길을 따라갈 수도 있다. 옛사람들은 선한 것들을 우상으로 변질시키곤 했는데, 현대인들은 그것들을 '중독'이라고 부른다. 고대인이든 현대인이든 그 어떤 경우를 막론하고, 하나님께서 주신 선물을 관리하는 청지기의 삶을 그만두게 되면 곧 그것들에 휘둘리는 생활을 할 수밖에 없다. 형과 '꽃의 자녀들' 가운데 이 원리가 작용하고 있는 것을 나는 생생하게 목격했다.

체스터턴은 자신이 "한계에 대한 올바른 의식, 다시 말해서 창조주 하나님과 천지 창조, 그분이 만드신 우주 만물에 대해 감사하는 보편적 감각, 영원히 변치 않는 선한 선물인 생명과 사랑, 정상적으로 통제되는 법칙으로서의 결혼과 기사도 정신 따위의 질서를 받아들이는 일에서 아주 '평범한' 사람"이라고 말했다. 그의 영향으로 나 역시 더욱 '평범해져야 할' 필요가 있음을 알았다. 그때까지는 신앙이라면 꽉 다문 입술과 엄격한 영성 훈련 체험, 기쁨이 다 새어나가 버린 금욕주의와 이성주의의 혼합물쯤으로 생각했다. 체스터턴은 기뻐할 만한 모든 것들을 만드신 하나님께서 그분과 연결된 고리를 통해 흘려 보내주시는 풍성함에 대한 갈망을 내게 되살려주었다.

바로 내가 문제입니다

체스터턴은 "쓰러질 수 있는 각도는 무수히 많지만 서 있을 수 있는 각도는 딱 하나뿐"이라고 말했다. 그리고 그는 폭식으로 인해 넘어지고 말았고, 자신이 그토록 설득력 있게 부르짖던 균형을 전혀 이루지 못했다. 게다가 그에게는 '먹을 생각도 없으면서 무조건 접시에 담고 보는' 성향까지 있었다. 체스터턴의 몸무게는 135킬로그램에서 180킬로그램 사이를 오르내렸으며, 이것이 전반적으로 좋지 않던 건강 상태와 맞물려 병역 부적격 판정을 받았다. 그것 때문에 제1차 세계대전이 벌어지는 동안에는 어느 '애국자'와 티격태격 부딪치는 일도 있었다. 런던 거리에서 체스터턴을 알아본 어떤 나이든 여성이 몹시 분개하며 "당신은 왜 전선에 나가지 않는 거요?"라고 다그쳤던 것이다.

"존경하는 숙녀분께서 제 주위를 조금 더 돌아보시지요. 그럼 어째서 내가 일선에 나가지 않았는지 알게 되실 거요."

체스터턴의 냉랭한 대답이었다.

이처럼 눈에 띄는 외모는 런던 만화가들의 좋은 표적이 되었다. 노련한 만화가라면 몇 번의 붓질만으로도 옆에서 보면 꼭 알파벳 대문자 'P'처럼 보이는 체스터턴의 특징을 충분히 잡아낼 수 있었다. 체스터턴은 그 밖에도 여러 가지 기벽으로 자신의 명성에 빛을 더했다. 추레하고 넋 나간 듯한 교수의 전형이라고 할 만했다. 결혼식장에 타이를 매지 않은 채 나타나는가 하면, 가즈표가 달린 구두를 그대로 신고 다녔다. 아이디어가 떠오르면 손에 잡히는 대로 아무 종이에나, 심지어 벽지에까지도 메모를 끄적였다. 가끔씩 큰길 한복판에 서 있다는 사실조차 잊어버리는 경우도 있었다. 언젠가는 아내에게 이런 전보를 보냈다.

"하보로 시장에 있음. 그런데 이제 어디로 가야 하지?"

그의 아내는 즉시 답신 전보를 보냈다.

"집."

체스터턴은 당대의 불가지론자들이나 무신론자들과의 공개 토론에 즐겨 참여했다. 특히 버나드 쇼와 토론을 벌일 때면 커다란 강당은 인산인해를 이루었다. 체스터턴은 으레 토론장에 늦게 도착해서는 코안경 너머로 난삽한 메모지를 들여다보면서 신경질적인 제스처를 쓴다든지, 호주머니를 뒤적거린다든지, 또는 자기 우스갯소리에 가성으로 호탕하게 웃어가며 좌중을 즐겁게 해주기 시작했다. 십중팔구는 청중을 자기편으로 끌어들였으며, 토론이 끝나면 한풀 꺾인 적수를 가장 가까운 술집으로 데려가 잔치를 열었다. 그리고 친구를 위해서 애정을 다해 건배했다. "버나드 쇼는 밀로의 비너스 같아. 어디 하나 흠 잡을 데가 없거든!"

토론 상대 가운데 하나였던 코즈모 해밀턴은 자신의 경험을 이렇게 적고 있다.

체스터턴이 기뻐서 껄껄거리며 웃는 소리를 듣거나 인격적 모독에 대해 미칠 듯이 웃으며 몸을 뒤트는 모습을 보는 일, 체스터턴이 내뿜는 공작새 깃털처럼 찬란하고 강렬한 환희의 입자에 매료되어 충격 상태에 빠진 청중들에게 그가 발휘한 스포츠맨십이 어떤 영향을 미치는지 관찰하는 것은 정말 재미있었다. 나는 사전들 사이를 누비고 다니는 장난꾸러기, 철학의 피터 팬, 유머러스한 또 하나의 닥터 존슨(영국의 문인이자 사전 편찬가—옮긴이), 친절하고 씩씩한 아기 천사, 학식이 깊은 학생이자 줄곧 성장을 멈춰본 일이 없는 지혜의 거장에게 존경과 찬탄이 쏟아지는 방 안에서 넋을 잃고 말았다. 대단하고 거대한, 놀랍고도 엄청난, 그리고 즐거운 경험이었다. 과거에도 그렇거니와 앞으로도 다시는 그런 장면을 보지도, 듣지도, 느끼지도 못할 것이다.

체스터턴이 활동하던 시절, 분별 있는 사람들은 과거를 설명하는 동시에 미래에 희망을 주는 새로운 통합 이론을 모색하고 있었다. 역사를 계급투쟁으로 보았던 버나드 쇼는 사회주의자답게 공상적 이상주의를 해법으로 제시했다. 허버트 조지 웰스(영국의 저술가이자 소설가—옮긴이)는 과거를 진보와 계몽을 향한 진화론적 발달 과정으로 해석했다. 지그문트 프로이트는 잠재의식의 억압과 속박에서 해방된 인간이라는 비전을 내세웠다. 아이러니하게도 지금까지 열거한 진보주의자들은 셋 모두가 한결같이 괴로운 표정을 짓고 있다. 잔뜩 찌푸린 눈살에다 암울하고 고뇌로 가득 찬 눈을 한 채, 미래에 대해 낙관적 견해를 늘어놓았던 것이다. 한편 체스터턴은 붉게 빛나는 얼굴에 반짝이는 눈으로, 어울리지 않는 콧수염을 연신 추어올리며 원죄라든가 영원한 심판 따위의 '반동적인' 개념들을 경쾌하게 방어해나갔다. 짐작건대, 그는 엄격한 표정을 한 예언자는 웬만해서는 신앙에 대한 '세련된 경멸'이 넘치는 사회 속으로 파고 들어갈 수 없다는 사실을 본능적으로 알았을 것이다. 그래서 오히려 어릿광대가 되는 쪽을 선택했던 게 아니었을까?

체스터턴은 '딱딱하고 냉랭하며 바싹 마른 사람들'을 믿지 말라고 주장했는데, 바로 그것 때문에 내가 이 유쾌하고 뚱뚱한 변증가를 좋아하게 되었는지도 모른다. 오늘날 교회 안에는 분별 있는 사람들이 가득하다. 복음주의자들은 '모든 사람들이 이웃으로 인정하기는 하면서도 함께 시간을 보내고 싶어 하지는 않는' 책임감 있는 시민들이다. 신학자들은 진지한 얼굴로 '신앙인들에게 주어진 지상 명령'에 대해 강의한다. 머리를 단정하게 빗어 넘긴(염색을 한 경우도 드물지 않다) 텔레비전 복음 전도자들은 자신 있게 적그리스도를 지목하고 세상의 종말을 예언하는 한편, 그날까지 풍요롭고 건강한 삶을 누리는 방법을 큰소리로 외친다. 신앙의 지도자들은 도덕적 개혁을 주장하고 평범한 크리스천들 역시 믿음의 주요한 증거로 절제와 근면, 성취를 강조한다. 하지만 모두들 자신이 얼마나 의로운지를 강조하다가 "복음은 오직 죄인들의 귀에만 좋은 소식이 될 수 있다"는 기본적 사실을 잊은 것은 아닐까? 아마 그럴지도 모른다.

역기능 가정에서 자란 사람이 부모형제가 저지른 잘못을 용서하는 것과 마찬가지로, 나 역시 과거에 다니던 교회의 잘못을 용서해야 했다. 못 말릴 낙천주의자 G. K. 체스터턴은 그렇게 용서하는 과정에도 큰 힘이 되었다. 그는 "기독교의 이상은 시험을 받아 부족한 것으로 드러나지 않았다. 그것은 어려운 것으로 드러나 시험을 받지 않았던 것이다"라고 주장했다. 진정한 문제는 "그렇게 선하다고 주장하는 기독교가 어째서 그렇게 악한가?"보다는 오히려 "그처럼 선하다고 주장하는 인류가 어째서 그렇게 악한가?"라는 것이다. 체스터턴은 교회가 복음을 심각하게 저버리고 있다는 사실에 기꺼이 동의한다. 사실 크리스천들의 부족함이야말로 기독교와 관련해서 가장 끈질기게 나도는 구설 가운데 하나지만, 바로 그들 덕분에 성경이 인류의 타락과 원죄에 대해 가르치는 바가 사실임이 드러난다고 그는 이야기한다. 세상이 점점 그릇된 방향으로 나갈수록 교회가 올바른 기본 교리를 가지고 있다는 사실이 입증된다는 것이다.

〈런던타임스London Times〉에서 여러 필자들에게 동시에 "무엇이 이 세상의 문제인가?"라는 주제로 원고를 청탁했을 때, 체스터턴은 가장 간단하면서도 문제의 핵심을 가장 정확하게 짚은 글을 써 보냈다.

편집장 귀하
"바로 내가 문제입니다."
G. K. 체스터턴 드림.

이런 까닭에 억압적 교회 환경에서 성장했던 사람의 끔찍한 얘기를 듣는다 해도 교회의 행위를 감싸야겠다는 생각이 들지 않는다. 현재의 교회나 미래의 교회도 다 마찬가지겠지만, 어린 시절 내가 다녔던 교회 또한 도저히 도달할 수 없는 이상을 향해 발버둥치는 결함 많은 인간들로 구성된 집합체였던 것이다. 이생에서 이상에 도달할 수 없음을 우리는 인정해야 한다. 대부분의 인간 제도들이 부정하고 싶어 하는 이 사실을 교회는 주장하고 있다. 그러므로 나 역시 체스터턴과 더불어 세상의 문제는 바로 자신이라는 사실을 인식하는 사람들 쪽에 설 수밖에 없었다. 어린 시절 다녔던 교회를 향해 내가 잘난 체할 만한 게 무어란 말인가? 그것은 기껏해야 그들 교회가 내게 보여준 가혹한 정죄를 뒤집어놓은 형태일 뿐이다. 신앙을 어떤 권리나 평가 기준처럼 인식하는 순간, 우리는 바리새인과 분깃을 나누게 되며, 믿음은 어느덧 새어 나가버린다.

돌아온 탕자

결국 나는 초라한 탕자의 모습으로 고향집, 고통과 반항 가운데 도망쳤던 바로 그 자리로 돌아오고 말았다.

> 모든 탐색을 마친 뒤에는
> 떠났던 곳으로 다시 돌아오게 되리니,
> 그러므로 처음 섰던 자리를 알지라.
>
> _ T. S. 엘리엇

오늘날에도 또 다른 체스터턴을 동원할 수 있다고 나는 생각한다. 문화와 신앙이 서로 겉돌고 융화하지 못할 때, 체스터턴의 명석함과 유쾌한 스타일, 그리고 무엇보다도 너그럽고 기쁨이 넘치는 정신을 원용할 수 있다는 뜻이다. 미국의 경우가 그러하듯, 사회가 극단화되어 마치 넓게 벌어진 틈의 양쪽에 서서 상대를 향해 소리를 질러 대는 듯한 상황에서도 마찬가지다. 간혹 마틴 루터 킹 목사처럼 동시에 양쪽 모두에게 메시지를 전하고도 남을 만한 권능과 설득력을 지닌 선지자가 나타나는 경우도 있지만, 체스터턴은 다른 접근 방식을 택했다. 흔들거리는 다리 한복판으로 걸어 들어가서 어느 한쪽 전사들을 향해 쩌렁쩌렁 고함을 질러댔고, 결국 양편 모두가 큰 소리로 웃음을 터트리게 만들었던 것이다.

개인적으로 너무나도 똑똑했던 까닭에, 체스터턴은 이 시대의 누구와 견주어도 부족하지 않은 풍부한 위트와 적절한 유머, 날카로운 지성으로 기독교 신앙을 과감히 내세웠다. 최후의 보루를 지키려는 중세 기사의 열정을 가지고 감히 하나님과 성육신을 배제한 채 세계를 해석하고자 하는 모든 사람들과 직접, 또는 인쇄물을 통해 마주 싸웠던 것이다. 체스터턴은 스스로 '이 시대의 특징은 새로운 유형의 선지자를 갈구하는 비통함'이라고 규정했다 대중을 향하여 그들이 죽어가고 있음을 상기시키는 구세대 선지자와는 달리 그들이 이미 죽었음을 외치는 선지자를 요구하고 있다는 것이다. 풍부한 뱃살과 풍성한 뱃심의 선지자 체스터턴은 자신의 역할을 당당하게 수행했다. T. S. 엘리엇은 "현대 세계에서 중요한 소수의 존재를 유지하는 데 이 시대의 어느 누구보다도 더 많은 일을 했다고 생각한다"고 그를 평가했다. 체스터턴은 내게도 똑같은 역할을 했다. 신앙이 다시 메말라간다고 느낄 때마다, 나는 책꽂이를 뒤져서 G. K. 체스터턴의 글을 뽑아든다. 순간, 모험은 다시 시작된다.

체스터턴과의 더 깊은 만남을 위하여

SOUL SURVIVOR

당연히 《정통》으로 시작하라고 권하고 싶다. 이 책을 충분히 즐긴 다음에는 예수님의 생애를 다룬 《불멸의 인간The Everlasting Man》이나 《아시시의 성 프란체스코St. Francis of Assisi》, 《토마스 아퀴나스Thomas Aquinas: The Dumb Ox》 등의 전기물로 넘어가자. 체스터턴이 쓴 다양한 에세이들도 책으로 묶여 나와 있으며, 이그나티우스 출판사Ignatius Press에서는 성이 차지 않는 독자들을 위해 장기간에 걸쳐 45권에 달하는 《체스터턴 선집Collected Works》을 꾸준히 발간해오고 있는데, 현재 접할 수 있는 그의 글들이 거의 다 망라되어 있다. 소설을 좋아하는 독자라면 《목요일이었던 남자》와 〈브라운 신부Father Brown〉 시리즈를 감상해보자.

체스터턴이 쓴 몇 가지 전기가 있기는 하지만, 가장 흥미진진한(또는 미칠 듯 빠져들게 만드는) 것은 아무래도 자서전을 꼽아야 할 것 같다. 체스터턴의, 또는 체스터턴에 관한 다양한 에세이와 비평을 만나려면 시튼 홀 대학Seton Hall University에서 펴낸 계간지 〈체스터턴 리뷰The Chesterton Review〉를 보라.

SOUL SURVIVOR

4

행복으로
통하는
우회로

폴 브랜드
DR. PAUL BRAND

DR.
PAUL
BRAND

  1960년대의 마지막 4년을 나는 대학생으로 보냈다. 미국의 모든 것이 조각조각 깨져나갈 것만 같던 시기였다. 베트남 전쟁은 미국의 이상들을 앗아 가버렸고, 환경 파괴 사실이 드러나서 건국의 토대가 되었던 산업 윤리가 도전을 받았으며, 젊은이들의 반(反) 문화 역시 장사꾼들과 대중 매체의 공허한 물질주의에 물들었다. 결과는 한결같아서 진부한 느낌이 들 정도지만, 세계관을 형성하는 과정에 있던 우리들에게 1960년대는 깊고도 영구적인 흔적을 남겼다.
  주로 분노와 외로움, 절망으로 가득 찼던 그 몇 년간의 감정이 지금도 생생하게 떠오른다. 재기 발랄했던 어떤 친구는 세상과의 관계를 단절한 채 LSD와 메스칼린(mescaline, 페요테선인장 꽃에서 추출한 환각물질—옮긴이)을 매개로 새로운 길을 찾아 나섰다. 베트남 정글로 떠난 뒤에 다시는 돌아오지 못한 친구들도 있었다. 나는 유대인 학살이라든가 옛 소련의 정치범 강제 노동 수용소와 관련된 논픽션뿐만 아니라 삭막한 실존주의 소설들을 섭렵했다. G. K. 체스터턴 같은 거인들을 통해 하나님께로 돌아서기는 했지만, 여전히 교회와 하나님을 구별해서 생각하는 데 어려움이 많았고 안정된 신앙을 키워가지도 못했다. 의문이 꼬리에 꼬리를 물고 일어났다. 심지어 기독교 잡지를 편집하는 일을 하는 동안에도 《내가 고통당할 때 하나님 어디 계십니까? *Where Is God When It Hurts*》, 《크리스천 생활의 우울한 비밀*Unhappy Secrets of the Christian Life*》, 《하나님, 당신께 실망했습니다 *Disappointment with God*》 등 내면의 신앙 갈등을 밖으로 투사시키는 책들을 쓰고 있었다.

이제 돌이켜보면, 언제라도 폭발할 것 같던 그 시기를 뚫고 나오는 데는 폴 브랜드 박사와 함께했던 글쓰기가 큰 도움이 됐다. 나는 수백 시간을 쏟아부어가며 폴 브랜드 박사에게 현실의 문제들과 인생, 하나님에 대해 물었다. 인도와 영국을 뒤져 과거에 박사에게 치료받았던 환자들이나 동료들을 인터뷰하면서 그의 자취를 쫓기도 했다(내가 만난 전직 수술실 근무 간호사는 외과 의사의 성품에 대해 누구보다도 예리한 통찰력을 가지고 있었다). 그리고 마침내 최초 생산된 노트북 컴퓨터(무게가 무려 6킬로그램에 달하는 괴물)를 자랑스럽게 꺼내놓고 줄곧 움직이는 브랜드 박사를 인터뷰했다. 키보드 위에 손가락을 계속 올려놓았던 탓에 바퀴자국 깊이 팬 인도의 시골길을 따라 지프가 요동치는 동안이나 부드럽게 흔들리는 런던 지하철 전동차 안에 앉아서도 타이핑을 계속할 수 있었다.

브랜드 박사를 처음 알게 된 것은 《내가 고통당할 때 하나님 어디 계십니까?》를 쓰던 무렵이었다. 아내가 의료 용품 회사에 화장실 청소를 하러 다니는 것도 아랑곳하지 않고 도서관에 처박혀 고통의 문제를 다룬 책들을 읽어대던 어느 날, 우연히 박사가 쓴 "고통이라는 선물The Gift of Pain"이라는 제목의 호기심 돋우는 글을 접하게 됐다. 제목만 봐도 알 수 있듯, 고통에 대한 브랜드 박사의 접근 방식은 지난날 내 마음을 끌어당겼던 체스터턴처럼 역설적 성격이 담겨 있었다. 박사는 기쁨과 고통에 대해 지금까지 만났던 어느 누구와도 닮은 점을 찾을 수 없는 특이한 개념을 가지고 있었다. 그동안 절박한 마음으로 고통을 떨쳐내고 싶어 하는 사람들 수십 명을 인터뷰해보았지만, 브랜드 박사는 자신의 환자들 안에 고통의 시스템을 창출해 내기 위해서 수백만 달러를 썼다고 이야기하지 않는가. 이것저것 조사해보고 브랜드 박사를 개인적으로 알았던 사람들과 대화를 나누면서 얼마나 매력을 느꼈던지 시카고에서 무작정 전화를 걸어 인터뷰를 요청했다. "어쩐다, 여기서는 사람들이 나를 잠시도 내버려두질 않는군요." 군더더기 없는 솔직한 대답이었다. "하지만, 회의와 진료 틈에 시간을 낼 수 있을 겁니다. 원하신다면 오시지요."

우리는 미국 대륙을 통틀어 단 하나뿐인 한센병 요양소에서 만났다. 뉴올리언스까지 비행기를 타고 차를 빌려 타고 파산한 농장들, 가재 요리 전문 식당들, 어슴푸레 빛나는 석유 화학 공장 따위를 창가로 흘려보내며 미시시피 강둑을 따라 두어 시간을 내려갔다. 한물 간 마을 카빌로 들어가는 길을 찾아냈을 때쯤에는 공장에서 나오는 오염 물질 때문에 눈이 타는 듯했다. 그리고 다시 더 작은 길을 따라 마침내 국립한센병원 및 한센병연구소에 도착했다.

병원을 설립한 루이지애나 주 당국은 인총이 많은 중심지에서 가능한 한 멀리 떨어진 곳에 부지를 선정했다. 한센병에 대한 근거 없는 속설 탓에, 부지 선정 말이 나올 때마다 님비 정서가 병적으로 들끓었기 때문이다. 커다란 떡갈나무들 밑으로 불규칙하게 뻗어나간 카빌은 필리핀 농장을 구현한 영화 세트처럼 보였다. 나는 목발에 몸을 의지하거나 휠체어에 앉아서 아치형 이중 지붕을 얹은 산책로를 따라 천천히 움직이고 있는 환자들을 보았다. 병원 본관까지 연결된 산책로였다. 병원 건물은 3면이 골프 코스와 야구장, 채소밭, 직원 주거 단지에 둘러싸여 있었다. 서쪽으로는 미시시피 강이 도도하게 흐르고 거의 6미터에 달하는 제방이 외부인의 시야를 가로막고 있었다. 나는 운전석 문을 열고 삼각주 습지에서 피어오른 안개 속으로 내려섰다.

그곳을 찾아가기 전부터, 세계 의학계에서 브랜드 박사가 어떤 위상을 차지하고 있는지는 익히 들어서 알고 있었다. 영국과 미국의 유수한 병원들에서 서로 모셔가려 하고, 세계 도처에서 탁월한 강의를 했으며, 명성에 걸맞은 수술 솜씨를 보유했고, 저 유명한 래스커상(Albert Lasker Award, 미국의 노벨상이라고 불리는 포상 제도—옮긴이) 수상자이자 엘리자베스 2세 여왕이 지명한 대영제국 훈작사(勳爵士, 훈장에 의해 훈위를 나타내는 사람—옮긴이)인 데다가 마하트마 간디 재단에서 일하도록 선발된 유일한 서구인이라는 이야기들이었다. 나는 그처럼 어마어마한 명성과는 도무지 어울릴 것 같지 않은 어느 사무실의 비좁은 구석에서 인터뷰를 기다렸다. 의학 잡지 무더기, 슬라이드 사진, 아직 답장을 내지 못한 편지들 등이 후줄근한 정부 공무원용 철제 책상을 빈틈없이 채우고 있었다. 창문에 달린 고물 에어컨은 폭주족이 몰고 다니는 오토바이 소리에 못지않은 굉음을 내며 덜덜거렸다.

드디어 중키에 조금 못 미치는 자그마한 사람이 꼬장꼬장한 자세로 방 안에 들어섰다. 반백의 머리에 숱이 많은 눈썹을 가진 그는 웃을 때마다 얼굴에 깊은 주름이 팼다. 박사는 병원 복도에서 들었던 미국 배후습지 사람들의 억양과 확연하게 구분되는 영국식 억양으로 피가 튄 실험에 대해 변명했다. 인간 외에 유일하게 나병균을 보유하고 있는 것으로 알려진 아르마딜로 한 마리를 해부하던 참이었다는 설명이었다.

첫 번째 방문은 일주일이나 계속됐다. 달려오는 전동 휠체어나 사이드카를 주문 제작해서 매단 자전거를 복도 벽에 찰싹 달라붙어 피해가면서 병원 구석구석 브랜드 박사를 졸졸 따라다녔다. 박사가 빨갛게 부어오르고 궤양이 생긴 환자의 손발을 연구할 때도 실험실에 함께 있었다. 박사는 감염 원인을 판정하기 위해서 마치 형사처럼 환자에게 이것저것 꼬치꼬치 캐물었다. 사무실에서도 조각조각 시간이 날 때마다 대화를 나눴다. 종종 국제 전화가 걸려와서 이야기가 끊어지기도 했다. 베네수엘라나 인도, 또는 터키의 외과 의사들이 까다로운 수술 절차에 대해 물으면 박사는 전파 장애로 잘 들리지 않는 전화기에 대고 고래고래 소리를 질러가며 자문을 해주곤 했다.

밤이면 병원 한쪽 단층 목조주택에서 박사 부부와 더불어 카레라이스를 만들어 먹었다. 박사의 아내 마거릿은 신망이 높은 안과 의학자였다. 브랜드 박사는 맨발을 괴고 앉았고(이것이 그의 트레이드마크다), 나는 녹음기를 틀어놓고 한센병과 신학에서부터 세계적 기근과 토양 보존에 이르는 광범위한 주제에 관해 토론했다. 박사는 내가 풀어놓은 이야깃거리들 모두에 대해 상당한 식견을 갖추고 있고, 워낙 여러 곳을 여행한지라 그야말로 국제적 감각이 몸에 배어 있었다. 영국과 인도에서 각각 일생의 3분의 1씩을 보냈으며, 지금은 미국에서 거의 3분의 1에 달하는 시간을 보내고 있다. 잠깐 쉬는 시간이 되면, 박사는 잘 익은 무화과를 고르는 법(나비들이 몇 번씩 앉았다 날아오르기를 거듭하는 열매를 잘 봐뒀다가 따보라), 딱딱한 머리빗으로 피부를 두들겨서 신경 세포를 자극하고 통증을 누그러뜨리는 기술, 망고 밀크셰이크를 만드는 법 등을 가르쳐주었다.

박사와 나는 어울리지 않는 한 쌍이었다. 나는 아트 가펑클처럼 부스스한 머리를 한 20대 중반의 어린 조무래기인데 반해, 브랜드 박사는 영국 신사답게 신중하게 행동하는 은발의 고상한 외과 의사였다. 저널리스트로 일하면서 그동안 나는 배우, 음악가, 정치인, 성공한 사업가, 올림픽이나 프로 구단에서 활약하는 운동선수, 노벨상과 퓰리처상 수상자 등 각양각색의 사람들을 만나보았다. 브랜드 박사에게서는 다른 인터뷰 대상자들을 만났을 때 느낄 수 있었던 감정보다 한 차원 더 깊은 무언가가 있어서 마음이 끌렸다. 아마도 난생 처음 참다운 겸손과 만났던 게 아닌가 싶다.

당시 브랜드 박사는 여전히 미국 생활에 적응하는 중이었다. 텔레비전과 팝 음악 문화가 자녀들에게 미칠 영향에 대해 염려했다. 하루하루 사치스럽고 쾌락적인 세상이 거슬렸던 그는 인도 시골 마을의 흙과 가까운 단순한 생활을 갈망했다. 어느 날 저녁, 레스토랑에 들어가면 어떻겠느냐고 이야기하자 먹지도 않고 내다 버린 멀쩡한 음식 쓰레기들을 견딜 수 없노라고 했다. 박사는 대통령이나 국왕을 비롯한 여러 유명 인사들과 교분이 있었지만, 그들을 입에 올리는 일은 거의 없고 대신 자신이 돌보는 한센병 환자 하나하나를 떠올리며 이야기하기를 좋아했다. 거리낌 없이 실패담을 털어놓았고, 자신의 성공을 항상 동료들 덕으로 돌렸다. 매일 아침 일찌감치 일어나서 성경을 연구하고 하나님께 기도했다. 박사에게서는 겸손과 너그러움이 자연스럽게 피어났으며, 그와 함께 있는 동안 그 두 가지 성품이 내게 결정적으로 부족하다는 사실을 깨달았다.

내가 알고 있는 강사들이나 작가들 대부분은 똑같은 생각을 이렇게 포장하고 저렇게 포장해서 여러 권의 책에 써먹거나 똑같은 연설을 여기서도 하고 저기서도 하면서 같은 자리를 맴돌기 십상이다. 하지만 폴 브랜드 박사는 여태까지 만난 어느 누구보다도 지성적, 영적 깊이를 겸비하고 있으면서도 병원 부설 개신교 예배당에서 소수의 한센병 환자들을 앉혀놓고 수없이 많은 메시지를 전했다. 박사의 강권을 차마 뿌리치지 못한 나는 카빌에 머무는 동안 수요일 저녁 기도회에 참석했다.

기억이 정확하다면 참석자는 성가대원 다섯 명과 교인 여덟 명뿐이었다. 마거릿 브랜드는 "남성 성가대원의 목소리를 들어본 지가 너무 오래됐어요. 폴은 설교를 해야 하니까 성가대에 설 수 없잖아요. 그냥 함께 노래만 하면 돼요"라며 애원하다시피 나를 성가대석으로 잡아끌었다. 완곡하게 사양했지만 그녀는 개의치 않았다. "촌스럽게 굴지 마요. 교인들 가운데 절반은 한센병 약의 부작용으로 소리를 듣지 못해요. 하지만 초청 성가대원이 있다는 사실만으로도 대접이 될 거예요. 당신을 보는 것만으로도 즐거워할 테니까요." 브랜드 박사는 그런 오합지졸 교인들에게 웨스트민스터 대성당에나 어울릴 것 같은 메시지를 전하기 시작했다. 틀림없이 그 한 번의 설교를 위해 최소한 한 시간은 묵상하고 기도했을 것이다. 배후습지의 활력이라곤 도무지 찾아볼 수 없는 예배당 안에, 그나마 듣지 못하는 사람이 절반인 소수의 무리라는 사실은 전혀 문제가 되지 않았다. 박사는 두세 사람이 주의 이름으로 모일 때 하나님께서 임재하신다는 사실을 진실로 믿는 이답게 그분을 예배하는 행위의 하나로서 설교할 뿐이었다.

함께 지낸 지 일주일이 다 차갈 무렵, 브랜드 박사는 좀 수줍어하면서 자신이 한때 책을 쓰려고 했노라고 이야기했다. 수년 전에 설교를 몇 개 묶어 인도의 벨로르 지방에 있는 어느 의료 학교에 보낸 적이 있었는데, 그걸 본 다른 의사들이 출판을 염두에 두고 글을 써보는 게 어떻겠느냐고 격려했다는 것이다. 그러나 아무리 애를 써도 원고는 고작 90페이지를 채우는 데 그쳐서 책으로 묶기에는 충분치 않았다. 벌써 20년이나 지났으며 박사는 그때 이후로 한 번도 원고를 펼쳐보지 않았다고 했다. 나는 박사를 설득해 벽장과 사무실을 이 잡듯 뒤진 끝에 설교 원고의 세 번째 사본을 찾아냈다. 원고는 심하게 얼룩진 상태였다.

그날 밤 자정이 훨씬 지나도록 책상 앞에 앉아서 인간의 몸에 대한 박사의 탁월한 묵상 기록을 읽었다. 당시 나는 전쟁 전에 지어진 병원 손님방에 머물고 있었다. 천장에 달린 선풍기가 주기적으로 얇은 종이에 복사된 원고를 방 안 여기저기로 날려버리곤 했다. 아무리 귀찮아도 보화를 찾았다는 사실을 알았기에 계속 원고를 주워다 쪽을 맞추는 일을 되풀이했다. 다음 날, 나는 박사에게 우리가 힘을 합치면 그의 90쪽짜리 원고로 책 두 권은 족히 만들 수 있다고 말했다.

그로부터 얼마 뒤에 우리는 세 번째 책 《고통이라는 선물 *The Gift of Pain*》을 펴냈다. 나는 브랜드 박사가 살았던 일생의 궤적을 따라가는데 어림잡아 10년을 소비했다. 종종 새뮤얼 존슨을 졸졸 따라다니면서 그의 입에서 나오는 조그만 지혜 하나하나까지도 충실하게 기록했던 제임스 보스웰이 된 것 같은 느낌이 들었다. 한번은 박사의 딸 폴린이 '아빠의 삶을 기록한 뒤죽박죽 엉클어진 서툰 원고'를 잘 다듬어줘서 고맙다고 인사를 건넸다. 참된 친구란 교제한 시간을 떠나서 자신에게 미친 영향으로 평가할 수 있다. 박사를 처음 만났던 1975년의 나와 지금의 나를 비교할 때, 대지진에 비견될 만한 내면의 변화가 일어났음을 느낀다. 그리고 그러한 지진들의 진앙은 상당 부분 브랜드 박사였다.

폴 브랜드 박사는 훌륭한 사람인 동시에 위대한 인물이었다. 우리가 함께 보냈던 시간들에 대해 나는 평생 감사할 것이다. 내 풋내기 신앙을 가지고 글을 써야 하는가를 놓고 자신이 없던 시절에도, 박사의 믿음에 대해 글을 쓰는 것만큼은 절대적 확신을 가질 수 있었다. 나의 신앙은 하나님과의 관계에 힘입어 한 단계 높은 삶을 사는 인물들을 저널리스트의 비판적 시각을 가지고 관찰하면서 성장했다. 나는 브랜드 박사를 실제로 살아 숨 쉬는 모델이라고 생각하게 되었다. 환자들과 함께했던 카빌에서, 인도의 촌락에서, 남편과 아버지로서, 의료 관련 모임이나 신앙 집회의 역사로서 그가 어떻게 처신하는지 잘 지켜볼 수 있었다.

의료 일선에서 은퇴한 뒤, 브랜드 박사는 퓨젓 사운드(워싱턴 주 북서부 태평양 연안의 기다란 만—옮긴이)가 내려다보이는 시애틀의 조그만 집으로 이사했다. 평생 처음으로 가져본 집이었다. 박사는 얼마 동안 국제보건기구WHO의 자문 기관인 국제기독의사·치과의사협의회의 회장을 맡았으며 1980년대에 이르러서도 세계를 돌아다니며 강연을 계속했다.

세월이 흘러가면서 우리의 역할은 어쩔 수 없이 뒤바뀌었다. 이제는 박사 쪽에서 어떤 워드프로세서 소프트웨어를 써야 하는가, 어떻게 노트를 구성해야 하는가, 출판업자와 어떻게 거래해야 하는가 따위의 문제들에 대해 조언을 구하는 전화를 걸어 오기 시작했던 것이다. 터키를 여행하는 도중에 박사는 뇌졸중을 겪었다. 런던에서는 가벼운 심장 발작이 일어나기도 했다(아내의 심각한 심장 발작에 대한 교감이었을까?). 한동안은 발음이 눈에 띄게 불분명해지고 이름과 사건을 기억하는 능력이 떨어지기도 했다. 우리의 대화는 노화와 죽을 수밖에 없는 인간의 운명 쪽으로 흘러갔다.

인생의 여러 단계를 지나서 이제 나도 우리가 처음 만났을 당시 박사의 나이 어간에 이르렀다. 지금 내 앞에는 호리호리하지만 강단 있게 생긴 박사의 사진이 놓여 있다. 내게 길을 가르쳐주던 모습이다. 어렸을 때 아버지를 빼앗기면서 잃어버렸던 것들을 성인이 된 뒤에 브랜드 박사를 통해 많이 되돌려받았다. 박사는 내가 세상을 보는 시각과 정신, 이상을 정립하는 데 누구 못지않은 도움을 주었다. 나는 자연계와 환경 문제들을 대부분 박사의 시각으로 바라보게 되었다. 뿐만 아니라 이론으로만 들었던 크리스천의 삶을 실생활에서 구체적으로 실천할 수 있다는 확신을 준 것도 브랜드 박사였다. 현대 사회에서 삶을 유지하는 한편, 인간성을 잃지 않으면서도 성공을 일궈내고, 희생적으로 다른 사람들을 섬기며, 기쁘고 만족스러운 모습으로 생활하는 것은 불가능한 일이 아니다. 지금까지도 거기에 대해 의구심이 생기면 언제나 폴 브랜드 박사와 함께했던 시간들을 돌아본다.

하나님을 믿을 수 있는가

아인슈타인은 묻는다. 우주는 우호적 장소인가? 과학자였던 그는 광대무변한 우주에서 해답을 모색했다. 하지만 역기능 가정이나 교회에서 입은 상처를 딛고 살아남은 사람들은 아인슈타인이 던진 질문을 개인적 차원에서 적용해볼 수 있을 것이다. 어린아이를 성적으로 학대하는 아저씨(목회자일 수도 있다), 알코올 중독 상태에서 격렬한 분노를 터트리는 아이 엄마, 백혈병에 걸린 여섯 살짜리 동생…. 이런 환경에서 성장한 사람에게 아인슈타인의 질문은 남의 이야기가 아니다. 세상은 우호적 장소인가? 사람들을 믿어도 괜찮은가? 하나님을 믿을 수 있는가?

끊임없이 내 영혼을 괴롭혔던 이러한 근원적 질문들을 떠올리기 위해서라면 어린 시절까지 골똘히 생각해볼 필요가 없다. 청소년기에 사르트르의 《구토》, 카뮈의 《페스트》, 엘리 위젤의 《나이트 Night》 같은 소설들을 탐독하던 나로서는 낙관론자가 될 이유가 없었다. 그런데 그런 내가 지금 지구상에서 가장 학대받는 사람들 틈바구니에서 일생의 대부분을 보낸 인물과 더불어 일하고 있는 것이다. 뜻밖에도 브랜드 박사는 의구심이 깊어지게 만드는 대신 답이 될 수 있는 무언가가 있는 방향을 짚어주었던 것이다.

브랜드 박사는 대부분 세상에서 가장 오래된, 그리고 가장 두려운 질병에 대한 선구자적 연구를 통해 의학계에서 상당한 명성을 쌓았다. 카빌 병원으로 옮기기 전에는 인도 벨로르 지방에서 매우 큰 의과대학과 부속 병원을 운영했으며, 카리기리 Karigiri라는 한센병 센터를 설립했다. 공평치 못하게도 한센병은 주로 가난한 사람들을 괴롭혔다. 치료하지 않고 내버려두면 환자는 얼굴이 흉하게 변형되고, 시력을 잃거나 팔다리를 잃는 상황에 이를 수도 있다. 그런 모습 때문에 사람들이 학대와 가혹 행위로 반응하는 경우가 생기는 것이다. 인도 같은 곳에서 한센병 환자는 사회에서 격리되며 종종 불가촉천민 집단에서조차 쫓겨나는 이중의 고통을 겪기도 한다.

성경 시대에도 한센병 환자들은 다른 사람들과 일정한 거리를 유지해야 했으며, 혹시 누군가 가까이 오면 "부정하다!"고 소리쳐야 했다. 중세 시대에는 성벽 바깥에서 경고용 종이 달린 옷을 입고 살았다. 4백만 한센병 환자가 살고 있는 현대화된 인도에서는 오늘날까지도 어떤 사람에게 이상 징후가 나타나면 문자 그대로 발길질을 해서 집과 마을 바깥으로 쫓아낸다. 이제 거지의 삶을 살아가야 하는 것이다. 과거 브랜드 박사에게서 진료를 받았던 환자들을 인터뷰하면서 믿기 어려울 만큼 인간의 잔인성을 드러내는 이야기들을 들었다. 깊은 슬픔과 절망감을 느낄 권리를 가진 사람이 있다면, 그건 아마 이처럼 불행한 사람들과 더불어 일하는 누군가의 몫이 되어야 할 것이다. 그러나 폴 브랜드 박사의 경우, 그의 성품 가운데 가장 인상적인 것 중 하나는 마음 깊은 곳에 깔린 감사의 감각이었다. 박사에게 우주는 분명 우호적 장소였음에 틀림없다.

우리가 처음 나눈 대화를 나는 잘 기억하고 있다. 웬일인지 취재에 쓰는 카세트 녹음기의 '녹음' 버튼 누르는 것을 깜빡 잊었기 때문이다. 그날 저녁 실수가 있었다는 사실을 깨달은 나는 도선을 잡아타고 미시시피 강을 건너갔다. 그리고 가재를 파는 식당에 앉아서 안절부절못하며 우리가 나눴던 대화를 기억해내려고 발버둥 쳤다. 우선 어떤 질문을 했는지 빠짐없이 목록을 작성했다. 박사의 답변은 너무나도 인상적이어서 그가 했던 말을 거의 그대로 재구성해낼 수 있었다. 한 손으로는 선홍색 가재가 담긴 바구니를 뒤적거리면서, 다른 한 손으로는 가끔씩 버터가 노트에 떨어지는 줄도 모르고 정신없이 기억나는 사실들을 적어 내려갔다.

어떻게 선하신 하나님께서 그처럼 결점투성이인 세계가 존재하도록 허락하실 수 있다는 말인가? 브랜드 박사는 내 불평에 대해 조목조목 답변했다. 우선 질병 문제. 2만 4천 종의 박테리아 가운데 수백 종을 제외하고는 모두 유익하거나 최소한 해롭지 않다는 사실을 알고 있는가? 박테리아의 도움이 없다면 식물이 산소를 생산해낼 수도 없고 동물들이 음식을 소화시킬 수도 없다. 박테리아는 모든 생물의 절반가량을 구성하고 있다. 박사는 '질병을 일으키는 박테리

아는 이처럼 꼭 필요한 유기체가 사소한 돌연변이체로 변형된 것'일 뿐이라고 설명한다.

선천적 장애는 어떠한가? 브랜드 박사는 건강한 아이 하나가 태어나는 데 필요한 복잡한 생화학적 과정을 이야기했다. 정작 놀라운 것은 선천적 장애가 생긴다는 사실이 아니라 수백만의 다른 아이들이 멀쩡하게 태어난다는 점이다. 10억 단위의 변수를 지닌 인간 게놈이 유전 물질을 전달하는 데 단 한 건의 오류도 일으키지 않는 '오류 제로'의 완전한 세상이 나타난다는 게 도대체 가능한가? 고정 불변의 물리 법칙이 작용하는 세계에서도 그와 같은 '오류 제로'의 시스템을 계획하는 과학자는 단 한 사람도 없다. 브랜드 박사는 이렇게 말한다.

창조주처럼 생각해보는 게 도움이 된다는 사실을 알게 됐습니다. 카빌 병원의 기술 팀은 지금까지 그렇게 해오고 있습니다. 덕분에 작업이 얼마나 완벽하게 이뤄지는지 모릅니다. 제 책꽂이에는 손상된 손을 치료하기 위해 인간들이 고안해낸 방법들을 다룬 외과 수술 전문 서적들이 가득 들어차 있습니다. 힘줄과 근육, 관절 따위를 다시 정렬하는 여러 가지 방법들, 뼈의 일정 부분을 들어내거나 인공 관절을 끼우는 방법 등을 비롯해 수천 종의 외과 수술 과정을 다룬 책들입니다. 하지만 어떤 수술로도 본래의 정상적인 손을 되살려내지 못합니다.

예를 들어, 가장 우수한 물질로 만든 인공 관절이라 하더라도 마찰 계수가 생체 관절의 5분의 1에 불과하며 기껏해야 몇 년밖에 쓸 수 없습니다. 문제가 생긴 부분을 고치는 모든 기술을 동원해도 백 개의 손 가운데 단 하나도 하나님께서 만드신 것처럼 제대로 작용하지 못합니다. 수천 명의 손을 수술해본 뒤로 '다른 증거가 전혀 없다 하더라도, 엄지손가락 하나만 가지고도 하나님께서 존재하신다는 사실을 확신할 수 있을 것'이라는 아이작 뉴턴의 말에 공감하지 않을 수가 없었습니다.

나는 계속해서 예외적 경우들을 제시했지만, 브랜드 박사는 하나하나 받아넘겼다. 그는 비록 최악의 상태일지라도 자연계는 하나님께서 세상을 주도면밀하게 창조하셨다는 증거를 보여준다며 말을 이어갔다. 마치 예술 박물관을 안내하는 여행 가이드처럼 상처를 입고 '얽힌 빗살처럼' 찢어진 근육 섬유를 다시 연결하는 멋진 방식들을 흥분된 어조로 설명해나갔다.

"동맥관動脈管에 대해 알고 계시나요? 일종의 우회 혈관인데, 혈액을 발생 과정에 있는 태아의 폐로 보내는 대신 팔다리로 직접 보냅니다. 아이가 세상에 태어나는 순간, 갑자기 모든 피가 산소를 공급받기 위해 폐를 지나가게 됩니다. 이제는 아기가 공기를 들이마시기 때문이죠. 이때 눈 깜짝할 사이에 얇은 막이 커튼처럼 내려와서 혈류의 방향을 바꿔주며, 동시에 한 근육이 동맥관을 수축시키게 됩니다. 단 한 번의 동작을 수행한 뒤에 그 근육은 점차로 힘을 잃고 신체의 다른 부분에 흡수됩니다. 이러한 순간적 조절이 일어나지 않는다면 아기는 자궁 밖에서 결코 생명을 유지할 수 없습니다."

그날 대화는 브랜드 박사로부터 받았던 수많은 해부학 수업(?) 가운데 첫 시간에 지나지 않았다. 30여 년 전에 의과대학에서 배운 내용을 기억해내는 재주도 인상 깊었지만, 그것 달고도 분명 그에게는 눈에 띄는 점들이 있었다. 어린아이 같은 열정과 하나님의 놀라운 창조 세계에 대한 경이감이 용솟음쳤다. 브랜드 박사의 말을 듣고 있노라면 내 안에 잠재되어 있던 체스터턴류의 경이감이 되살아나는 것 같았다. 겉으로 드러난 피조물의 결점에만 초점을 맞추던 나와는 달리, 하루 종일 약점 많은 사람들과 시간을 보내는 이 의사는 감사하는 태도, 더 나아가 하나님을 경외하는 태도를 지니고 살았던 것이다. 그러한 태도는 자연을 가까이하며 살던 어린 시절까지 거슬러 올라간다.

고통은 선물이다

인도의 어느 궁벽한 고지대에 살던 선교사 부부의 아들로 태어난 브랜드 박사는 열대 과수와 온갖 나비, 새, 짐승들 틈에서 자랐다. 그림 솜씨가 뛰어났던 어머니는 자연의 아름다움을 잘 포착해서 그림으로 그려냈다. 독학으로 박물학자가 된 아버지 제시 브랜드 선교사는 자연계의 구석구석을 창조주의 지문이라고 생각했다. 제시는 아들을 흙으로 높이 쌓아올린 흰개미 집으로 데려가서는 흰개미 사회가 보여주는 협동의 신비에 대해 설명해주었다.

"만 개나 되는 다리들이 마치 똑같은 뇌의 명령을 받는 것처럼 일사불란하게 움직인단다. 소시지처럼 크고 둥글게 생긴 여왕개미 말고는 정말 미친 듯이 일하지. 여왕개미는 그 대신 열심히 알을 낳거든."

또 개미귀신의 모래 함정이나 산까치 집, 나뭇가지에 달린 벌떼 따위도 가르쳐주었다. 어린 폴은 잭푸르트 나무 꼭대기에다 판자를 얽어 만든 집에서 학교 수업을 받거나 한밤중에 흔들거리는 개똥벌레 불빛을 받아가며 공부를 하기도 했다.

아홉 살이 되어 영국으로 보내지면서 폴 브랜드의 낙원은 일시적으로 문을 닫았다. 그로부터 5년 뒤, 이제 10대가 된 폴은 고향에 있던 가족으로부터 아버지가 흑수열黑水熱에 걸려 세상을 떠났다는 전보를 받았다. 그리고 뒤이어 세상을 떠나기 일주일 전 아버지가 보낸 일종의 유서 같은 편지가 도착했다. 제시 브랜드는 고향 집 주위를 둘러싸고 있던 언덕들을 자세히 묘사한 다음, "하나님께서는 세상에 사는 인간들에게 기쁨을 주고 싶어 하신다. 식물학이라든가 동물학, 생물학 따위를 알아야 자연계의 다양한 삶을 즐길 수 있는 것은 아니란다. 그저 관찰하거라. 그리고 기억하거라. 또 비교하거라. 마지막으로 지구라는 천체에다가 그처럼 기쁨을 주는 자리를 마련해두신 하나님께 감사하고 그분을 찬양하거라."

제시 브랜드의 아들은, 올림픽 반도를 걸어서 여행하든, 루이지애나의 늪지를 답사하든, 아니면 의과대학 학생들에게 그들이 다루는 인체가 얼마나 놀라운 것인지에 대해 가르치든, 아버지의 가르침을 잊지 않고 오늘날까지 마음에 간직하고 있다. 폴 브랜드 박사는 처음에는 인도의 고지대에서, 그리고 나중에는 인체에 대한 공부를 통해 자연계는 하나님의 흔적을 품고 있으며, 주께서 그 안에

선한 것들을 예비해두셨다는 사실을 깨달았다. 그것이야말로 내가 어떻게 믿어야 할지를 가르쳐준 주님의 사자에게서 듣고 싶었던 메시지였다.

폴 브랜드 박사의 인생 역정은 창조 세계에서 가장 의문스러운 부분, 즉 고통의 존재에 집중했던 삶이라 해도 과언이 아닐 것이다. 당시 나는 《내가 고통당할 때 하나님 어디 계십니까?》를 쓰고 있었는데, 박사는 고통이 없는 대안적 세계에 대해 곰곰이 생각해보라고 조언해주었다. 그는 안면 괴사, 시력 상실, 손가락과 발가락과 사지의 절단 등 한센병이 몰고 오는 끔찍한 결과들을 무통無痛의 부작용을 보여주는 증거로 내세우면서 고통에는 엄청난 가치가 내재되어 있다고 주장했다.

인도에서 청년 의사로 일하던 시절, 브랜드 박사는 한센병은 신경 종말들을 파괴함으로써 인체에 손상을 입힌다는 획기적 발견을 했다. 고통의 감각을 상실한 한센병 환자들은 끝이 갈라진 나무토막을 손에 쥔다든지 꼭 끼는 신발을 신는 따위의 단순한 활동만으로도 심각한 피해를 입는다는 것이다. 압력 궤양이 형성되고, 감염이 생기며, 고통이 없어지는 것은 신체가 훼손되는 쪽으로 진행되고 있다는 경계경보다. 나는 브랜드 박사의 병원에서 그런 신체 손상을 처음 보았다.

박사는 더할 나위 없이 진지한 어투로 선언했다.

"나는 고통을 주신 하나님께 감사합니다. 한센병을 앓고 있는 환자들에게 줄 수 있는 것 가운데, 그보다 더 훌륭한 선물은 아마도 없을 겁니다."

이어서 박사는 신체를 방어해주는 고통 인식 시스템이 얼마나 복잡한지를 설명했다. 발바닥이 통증을 느끼려면 뾰족한 바늘로 확실하게 찔러야 한다. 하지만 각막의 경우에는 발바닥의 1천분의 1에 해당하는 압력만 가해도 아픔을 느낀다. 그래서 가느다란 속눈썹 하나가 스치거나 자디잔 먼지가 각막 표면에 떨어져도 반사적으로 눈을 깜빡이게 되는 것이다. 한편, 대장이나 소장 등의 장기는 절단이나 화상 따위의 통상적으로 접할 수 없는 위협들에 대해서는 통증을 감지하지 못하지만, 내부로부터 팽창되면 복통이라는 긴급 신호를 보낸다. 브랜드 박사의 말은 이렇다.

"대학 공부를 마치면 의사들은 누군가 거칠게 흔들어 잠에서 깨어나는 듯한 경험을 하게 됩니다. 인체의 경이로움에 대한 공부를 마치자마자 갑자기 백화점의 고객 불편 신고 센터 직원과 아주 흡사한 자리로 떠밀려가는 셈이죠. 사무실로 찾아와서 신장이나 폐가 정말 아무 문제없이 기능을 발휘하게 해줘서 고맙다고 인사하는 사람은 단 한 사람도 없었습니다. 오히려 뭔가 잘 돌아가지 않는다고 불평하러들 찾아왔을 뿐입니다. 나중에서야 나는 그들이 잘 돌아가지 않는다고 불평하는 바로 그 현상이 그들의 가장 막강한 동맹군이라는 사실을 깨달았습니다. 사람들은 대부분 고통을 적군이라고 생각합니다. 하지만 우리 한센병 환자들이 인정하듯이 고통은 신체에 닥쳐온 위협에 관심을 기울이도록 유도하는 역할을 합니다. 고통이 없다면, 심장 발작이나 뇌졸중, 맹장염, 위궤양 따위의 질병들이 아무 예고 없이 닥쳐오게 될 것입니다. 아프지도 않은데 의사를 찾아갈 사람이 세상에 어디 있겠습니까?

환자들이 호소하는 질병의 증후들이 실제로는 신체적 치유 작업이 시작되었음을 보여준다는 걸 알게 됐습니다. 짜증스럽고 넌더리 나는 일이라고 생각하는 물집, 티눈, 종기, 열, 재채기, 기침, 구토, 그리고 특히 통증 따위는 실제적으로는 건강한 몸으로 돌아가려는 반사 작용인 것이죠. 흔히들 적으로 생각하는 이러한 현상들에서, 오히려 감사의 이유를 찾아야 할 것입니다."

죄 없이 고통받는 인물의 전형인 욥이 자신이 당하는 고난에 대해 하나님께 불평하는 극적인 장면을 성경에서 읽으면서 나는 자주 혼란스러움을 느꼈다. 하나님께서 응답으로 주신 말씀은 문학적으로 대자연을 묘사한, 다시 말해서 자연의 세계에 대한 화려한 수식어구로 구성되어 있다. 그러나 고통의 문제 자체에 관해서는 아무것도 직접적으로 대답하지 않으시고, 다만 욥에게 "창조주인 내가 이처럼 놀라운 세상을 창조했음에도 불구하고, 네가 이해할 수 없는 영역에서는 나를 믿지 못하겠다는 말이냐?"라고 도전하실 뿐이다.

브랜드 박사의 이야기를 들으면서, 나도 병에 걸린 환자처럼 마치 창조주가 불만 접수 창구를 운영하는 직원이라도 되는 양 하나님께 접근했음을 깨달았다. 세상에서 나를 둘러싸고 있는 많은 선한 것들은 다 무시해버린 채, 온갖 비극적 사건들과 질병, 부정한 일들에 대해 분노를 터트렸던 것이다. 분명한 결함이 있음에도 불구하고 자연계의 경이로움에 대해 체스터턴 같은 열정을 품는다는 게 정말 가능한 일인지 의심스러웠다. 시편 기자가 그랬듯이 억양 하나 바꾸지 않고 찬양하는 법과 탄식하는 법을 동시에 배울 수 있겠는가?

브랜드 박사는 감사와 믿음이라는 쌍둥이처럼 꼭 닮은 정신을 가지고 이와 똑같은 딜레마에 대처했다. 눈으로 보고 인식할 수 있는 대상들에 대해서는 감사했고, 그렇게 할 수 없는 것들에 관해서는 믿음을 가졌다. 갑자기 세상을 선물로 받아들이는 '평범한 사람들'에 대한 체스터턴의 이야기가 생각났다. 그것이야말로 감사할 만한 대상을 향한 가장 적절한 반응이라는 이야기였다. 놀랍게도 브랜드 박사의 경우에는 감사의 느낌을 가질 일이 거의 없어 보이는 인도의 한센병 환자들 틈에서 일할 때 하나님의 신실하심에 대한 믿음이 더욱 깊어졌다. 힘없고 약한 사람들 가운데서도 가장 밑바닥의 삶을 사는 그들은 그저 공감해주고 만져가며 치료만 해주어도 변화되는 모습을 목격했기 때문이다.

브랜드 박사와 함께 활동하거나 세계 곳곳을 따라다니기 시작하면서, 상처 입은 인간들을 고쳐주는 일에 일생을 바친 헌신된 크리스천들을 많이 만났다. 비근한 예로, 전체 인구 가운데 크리스천 비율이 3퍼센트 미만인 인도에서 크리스천 의사와 간호사들은 연간 발생하는 의료 행위의 거의 25퍼센트가량을 수행하고 있으며, 이들 중 대부분은 과거 브랜드 박사가 일하던 벨로르 병원에서 훈련을 받은 사람들이다.

언젠가 한번은 시골로 이동 진료를 나가는 길에 따라나선 적도 있었다. 그들은 열대병을 치료하고 부러진 뼈를 다시 맞추는가 하면 종종 타마린드 나무 아래 자리를 잡고 간단한 외과 수술을 하기도 했다. 환자가 힌두교도든, 무슬림이든, 시크교도든, 자이나교를 믿든, 파시교도(Parsis, 이슬람의 박해를 피해 인도로 이주한 페르시아인들이 믿던 조로아스터교의 분파―옮긴이)든, 공산주의자든 한결같이 대했다. 만일 예수 그리스도에 대해 한 번도 들어보지 못한 인도 농부들이 '크리스천'이라는 말을 접한다면, 얼른 병원을 마음에 떠올리거나 매달 찾아와 공짜로 한 사람 한 사람 치료해주던 이동 진료차를 생각할 것이다.

별다른 수입도 없이 낮은 임금으로 생활하는 악조건을 무릅쓰고 봉사하는 의사와 간호사들을 보면, 그들의 접근 방식과 나의 접근 방식 사이에는 극명한 차이가 있었다. 내가 시카고에 있는 집에 앉아 하나님께서 세상 문제들에 대해 답변해주시기를 요구하는 책을 쓰는 동안, 그들은 스스로 진정한 해답이 되어 자원하는 마음으로 최전방에 뛰어들었던 것이다. 브랜드 박사가 그랬던 것처럼, 그들 역시 개인적 만족과 행복감을 드러냈다. 그동안 인터뷰했던 여러 저명 인사들 사이에서는 볼 수 없었던 모습이었다.

나는 "내가 고통당할 때 하나님은 어디 계십니까?"라는 질문에 대한 대답이 부분적으로 "내가 고통당할 때 교회는 어디 있는가?"라는 질문과 연결되어 있음을 깨달았다. 유대인 신학자 아브라함 헤셸은 "지극히 중요한 문제, 즉 '어째서 정의롭고 사랑이 많으신 하나님께서 악惡이 존속하도록 허용하시는가?'라는 문제는 '어떻게 인간이 하나님을 도와서 그분의 공의와 사랑이 드러나게 할 것인가?'의 문제와 밀접한 관련이 있다"고 말한다. 인도의 한센병 환자들은 폴 브랜드 박사 부부처럼 건강한 의료인들의 따뜻한 손길을 받으면서 카스트는 숙명이 아니며 그들의 질병 역시 운명이 아니라는 사실을 배웠다. 그리고 바로 그런 손길들을 통해 수많은 환자들이 난생처음 하나님께서 베푸시는 사랑의 실체를 실감했다.

사람 냄새 풍기는 인생의 모델

　브랜드 박사를 마음 깊이 존경하며 하나님을 향한 그의 헌신을 높이 평가하기는 하지만, 그렇다고 해서 아시시의 프란체스코나 마더 테레사를 그대로 빼다 박은 이른바 '성자'는 아니라는 점 역시 분명하게 짚고 넘어가고 싶다. 나에게는 좀 더 자연스럽게 다가설 수 있는 사람 냄새 물씬 풍기는 친근한 모델이 필요했던 것이다.
　폴 브랜드는 테레사 수녀의 자문역을 맡았으며 각종 위원회에서 간디의 제자들과 함께 활동했고 동시에 인도의 전통적 '성인'들과도 알고 지냈다. 그러나 자신의 삶에서는 육신과 정신, 그리고 예언자와 현실 인간 사이의 균형을 지키는 중도를 걸었다. 벨로르 병원 시절부터 오랫동안 알고 지낸 지인들은 박사의 영적 깊이와 헌신적 봉사뿐만 아니라 그가 툭툭 던지던 농담들, 마멀레이드와 망고를 유난히 좋아하던 식성, 과속을 즐기는 운전 습관 따위에 대해서도 낱낱이 기억한다. 균형 감각이란 것은 전혀 생각할 수도 없던 1960년대를 지나오면서, 나는 수도원이나 힌두교 수도자들의 거처인 아쉬람이 아닌 현대 사회 한복판에서 조화로운 삶을 살아가는 누군가의 사례가 필요했다.
　브랜드 박사는 어느 한쪽에 치우치지 않는 자세를 지켜가면서 현대 문명에 대처해나가기 위해 많은 노력을 기울였다. 또 한편으로는 '반문화counterculture'라는 말이 생기기 훨씬 전부터 반문화적 생활방식으로 살았다. 인도에서는 외국인 의사들이 통상적으로 받던 높은 임금을 거부하고 현지인들과 똑같은 급여를 받겠다고 고집을 부렸다. 박사 부부는 항상 집에서 만든 빵과 화학 티료를 쓰지 않는 밭에서 재배한 채소들로 소박한 밥상을 차렸다. 브랜드 박사도 더 이상 기울 수 없을 만큼 찢어진다든가 하는 몇 가지 이유에서 옷을 버리기는 했지만, 유행에 맞지 않는다는 이유 따위는 전혀 해당 사항이 될 수 없었다. 집 안과 사무실에 있는 가구는 아주 좋게 말해서 '꾸밈이 없는 것들'이었다. 박사는 어떤 식이든 낭비라면 딱 질색이었다. 만일 산업혁명이 이룩한 모든 발전이 하루아침에 사라져버린다 해도 그는 눈 하나 꿈쩍하지 않았을 것이다. 그는 오히려 전원과 가까이할 수 있는 인도의 시골 생활을 더 좋아했다.

그러나 한편으로는 현대 과학 기술 덕분에 출현하게 된 도구들의 사용법을 익혔다. 흙먼지 풀풀 날리는 소읍 벨로르에 세워진 작은 병원은 박사의 지도에 힘입어 일약 남서부 아시아 전역에서 가장 현대적이고 세련된 의료 시설로 성장했다. 훗날 브랜드 박사는 미국 카빌로 자리를 옮겼는데, 그곳 연구소에서 전 세계 수백만 한센병 환자들을 돕는 데 필요한 기술 지원을 약속했기 때문이었다.

1980년대 퍼스널 컴퓨터가 처음 소개되자 박사는 소년처럼 천진한 열의를 가지고 최초로 생산된 IBM 모델 가운데 하나를 사들였다. 뿐만 아니라, 전자 현미경과 열화상熱畫像, 제트기 따위를 기꺼이 활용했으며 과학 기술이 만들어낸 그런 도구들을 생산적 방법으로 현명하게 사용할 수만 있다면 '인류에 대한 사랑'이라는 더 고상한 목표를 달성하는 데 힘을 보탤 수 있다고 믿었다.

브랜드 박사와 대화를 나누노라면 곧잘 그의 생활 방식에 관한 문제로 이야기가 흘러갔다. 인도와 영국, 미국에서 생활했던 경험들

덕택에 박사는 독특한 관점을 가지고 있었다. 그는 가장 가난한 나라 한 곳과 가장 부유한 나라 두 곳에서 평생을 보냈다. 따라서 서방 세계의 풍요로움이 얼마나 매혹적인 것인지 잘 알고 있었다. 그러나 엄청난 빈부의 격차는 가난한 사람들의 절규와 정의에 둔감해지게 만들어서 서구와 나머지 세계 사이에 난 틈을 더욱 벌어지게 할 것이다.

박사가 평생 동안 흐트러트리지 않고 지켜온 생활 방식의 뿌리는 인도에서 보낸 어린 시절까지 거슬러 올라간다. 브랜드 박사의 어머니는 남편이 흑수병으로 세상을 떠나자 그야말로 옛날 성자들처럼 살았다. 산간 지역 다섯 군데에 사는 시골 사람들의 몸과 영혼을 치료하는 데 혼신의 힘을 기울이면서 쥐꼬리만 한 수입으로 연명했다. 자기를 꾸미는 데는 전혀 신경을 쓰지 않았으며 심지어 집 안에 거울을 들여놓지 못하게 했다. 여러 차례 말 등에서 떨어져서 뇌진탕과 골절로 고생했지만, 몸을 추스르자마자 조랑말에 올라 험한 여정을 계속했다. 열대병이 자신의 육신을 유린하는 와중에도 주변 사람들의 질병과 상처를 치료하는 일에 모든 에너지를 쏟아부었다.

가끔 '할머니 브랜드'는 있는 대로 분통을 터트려서 어린 아들을 어쩔 줄 모르게 만들었다. 예를 들자면 벨로르의 공식 만찬 자리에 참석해서, "저기 산골짝에서는 오늘밤에도 사람들이 굶어 죽어가고 있는 판에 여러분은 어쩜 이렇게 호사스러운 음식을 먹을 수가 있단 말입니까!"라고 호통을 치는 식이었다. 그녀는 그렇게 살다가 95세에 세상을 떠났다. 수천 명의 시골 사람들이 먼 길을 마다 않고 찾아와 그녀의 남편이 손수 지은 예배당에 모여 고인을 애도했다.

폴 브랜드 박사는 부모로부터 사랑은 인격과 인격 사이에서만 생겨날 수 있다는 영원한 교훈을 얻었다. 지금까지 유지되는 무슨 시설이나 기관을 남기지는 않았지만, 그들이 건강, 위생, 농사법, 그리고 기독교의 복음을 가르쳤던 수많은 사람들의 삶에 영원히 변치 않을 흔적을 남겼던 것이다. '할머니 브랜드'는 누구의 도움도 받지 않고 혼자의 힘으로, 광범위한 지역에서 수백 년 동안이나 주민들을 괴롭혀온 기니 벌레(guinea worm, 사람이나 말의 발에 기생하여 종양을 일으키는 기생충—옮긴이)를 몰아냈다. 당시에는 우물에 뚜껑이 없어서 각종 유충이 들끓었는데, 주민들은 '할머니 브랜드'의 가르침에 따라 뚜껑이 없는 우물 가장자리에 돌을 쌓아올릴 정도로 그녀를 신뢰했다. 정부도 똑같은 시책을 시행했지만, 전혀 효과를 거두지 못했던 일이었다.

아들 폴 브랜드는 어머니와는 달리 정밀 과학 분야에서 뚜렷한 영향을 끼쳤다. 벨로르 시절, 박사는 죽은 사람들의 손을 냉장고 한쪽에 넣어두는 문제로 아내 마거릿과 다퉜다. 희미한 등불 아래서 수술 기법을 연마하는 데 쓰려던 것들이었다. 브랜드 박사는 여러 해 동안 '병균이 어떤 세포를, 무슨 이유로 공격하는가?'와 같은 한센병 증상의 생리학적 과제들에 매달렸다. 그리고 마침내 환자의 시신을 부검하는 과정에서 해답을 찾아냈다. "한센병균은 오직 신경 조직만을 공격한다"는 결론을 얻었던 것이다. 일생일대의 발견이었다. 그러나 이론을 정립하면 더 많은 연구가 필요했다. 박사는 몇 년에 걸쳐 한센병 환자들이 가지고 있는 환부 하나하나의 정확한 원인을 규명해냈다. 그렇게 도출된 연구 결과는 한센병과 전 세계 마취과적 질병의 치료에 획기적 영향을 미쳤다. 1천5백만 명에 달하는 한센병 환자들이 적절한 치료만 받으면 발가락이나 손가락, 시력을 지켜낼 수 있다는 희망을 갖게 된 것이다. 훗날 박사는 똑같은 원리를 당뇨로 감각이 둔해진 환자의 발에 적용해서 미국에서만 매년 어림잡아 7만 명 정도가 절단 수술을 피할 수 있게 되었다.

박사는 자신이 콜카타에 개설된 한센병 진료소를 위해 이런저런 조언을 해주던 시절 마더 테레사에게 들은 이야기를 해주었다. "한센병 같은 질병을 치료하도록 환자들에게 약을 나눠줄 수는 있습니다. 하지만 그 약으로는 건강한 사람들로부터 기피 인물 취급을 받는 심각한 문제까지는 해결하지 못합니다. 우리 자매들은 바로 그걸 환자들에게 주고 싶어 합니다."

한번은 함께 이야기를 나누는 도중에 한센병 환자들을 위해서만 전적으로 헌신하는 기독교 선교 단체들이 존재하는 이유를 찬찬히 짚어주기도 했다. 박사가 인도에서 벌이고 있는 사역들은 주로 영국 한센병 선교회Leprosy Mission of England와 그 자매기관인 미국 한센병 선교회American Leprosy Mission로부터 재정적 지원을 받았다. "지금까지 살면서 관절염 선교회나 당뇨병 선교회가 있다는 말은 들어본 적이 없습니다. 이것은 아무래도 수백, 수천 년 동안 한센병 환자들을 괴롭혀온 상처 자국과 관련이 있지 않나 싶습니다. 한센병 환자들과 일하려면 타고난 동정심 이상의 무엇이 필요했습니다. 일종의 초자연적 부르심이 있어야 했던 것입니다. 하와이의 한센병 환자들 사이에서 사역하다가 스스로 똑같은 병에 걸렸던 다미안 신부 같은 이들은 '무슨 병에 걸렸든지 절대로 인간을 소외시켜서는 안 된다'고 생각했습니다. 병들고, 소외되고, 사랑받지 못하는 사람을 돌보는 일은 교회의 의무입니다."

브랜드 박사에 관한 글을 쓰기 위해 한센병의 역사를 연구하는 과정에서 세상이 찍은 낙인을 거부하고 끔찍한 증상들마저 무시해버린 채 한센병 환자들을 위해 일했던 정말 성자 같은 몇몇 인물들이 있었음을 알게 됐다. 중세 시대, 한센병이 유럽을 휩쓸었을 때 '문둥이의 수호성인'인 라자로(나사로)를 따르는 일단의 수녀들이 환자들을 위한 안식처를 세웠다. 이 용감한 수녀들이 할 수 있는 일이라곤 상처를 싸매고 옷을 갈아입히는 정도가 고작이었지만, '라자레토lazaretto'라는 쉼터를 제공했다는 사실 자체만으로도 한센병의 창궐을 진정시키는 데 한몫했을 것이다. 바로 그 라자레토를 통해서 환자들을 격리시키고 생활 환경을 개선해줄 수 있었기 때문이다.

19~20세기에는 전 세계로 퍼져나간 기독교 선교사들이 곳곳에 한센병 환자들의 집단 거주지를 세웠으며, 덕분에 한센병 치료와 관련해서 주요한 과학적 성과들은 대부분 선교사들의 손에서 나왔다. 최근 정부의 긴축 정책에 따라 문을 닫은 카빌 병원만 하더라도 전 세계 한센병 사역의 전형이라고 할 만한 역사를 가지고 있다. 처음으로 입원한 환자 일곱 명은 뉴올리언스에서 쫓겨난 뒤 관계자들의 도움을 받아 짐배를 얻어 타고 미시시피 강을 거슬러 병원에 숨어들었다. 19세기 법률이 한센병 환자들은 어떠한 형태로든 대중교통 수단을 이용해 여행할 수 없도록 규정했던 탓이었다.

마침내 일곱 명의 환자들은 방치된 채 다 쓰러져가던 농장에 도착했다. 루이지애나 주 정부가 지역 주민들 모르게 쉬쉬하며 사들인 농장이었다. 노예들이 살던 움막 몇 채만이 아직 무너지지 않고 서 있을 뿐이었는데, 그나마도 쥐와 박쥐, 뱀들이 살기 딱 좋은 상태였다. 막상 환자들은 '루이지애나 한센병 환자들의 집'으로 들어간 뒤에도 주 정부는 이곳 요양소에서 일할 직원을 구하지 못해 애를 먹었다. 결국 '사랑의 딸들'이라는 가톨릭 수녀회가 자원한 후에야 문제가 해결됐다. 환자들이 '화이트 캡white caps'이라는 애칭으로 부르던 이 수녀들은 병원 개설 초기에 많은 일들을 해냈다. 해 뜨기 두 시간 전부터 일어나 기도를 마친 다음, 늪지대의 더위 속에서도 빳빳하게 풀 먹인 수녀복을 입고 질척거리는 땅에 배수로를 파는가 하면, 울퉁불퉁한 길을 편편하게 고르고, 새로 들어올 환자들을 위해 건물을 수리했다. 내가 브랜드 박사를 만나러 카빌에 찾아갔을 때도 그들의 후임자들이 여전히 병원에서 일하고 있었다.

종교들의 용광로라고 할 만한 인도에서 브랜드 박사는 다른 종교는 고통의 문제에 어떤 식으로 반응하는지 관찰했다. 불교도들은 침착하게 고통을 받아들이라고 가르친다. 이런 자세는 건강 염려증(자기 자신의 심신 상태에 끊임없이 비정상적일 정도로 주의를 기울이고, 기능의 이상을 병적으로 의심하는 병—옮긴이)에 걸린 것처럼 살아가는 서구인들로서는 배워봄 직한 태도라고 할 만하다. 한편, 힌두교도와 무슬림들은 흔히 숙명론적 자세로 고통을 받아들인다. 힌두교도에게는 고통이 전생에 저지른 죄의 결과이며, 무슬림에게는 알라의 뜻일 뿐이다. 이와는 달리 기독교에서는 전통적으로 예수님께서 몸소 보여주셨던 것처럼 역설적으로 고통에 대처한다. 크리스천들은 고통과 불의를 눈앞에서 보면서도 하나님의 선하심을 신뢰해야 하며, 세상에 사는 동안 그것들을 조금이라도 완화시키기 위해 할 수 있는 모든 일을 해야 한다. 폴 브랜드 박사는 고통과 불의에 대해 그런 식으로 반응하는 살아 있는 본보기를 보여주었다.

사람을 사랑하는 것이 먼저다

인생의 황혼기에 접어든 박사는 의학의 비인간화에 대해 강의해 달라는 여러 학교들의 요청을 받아들였다. 오늘날 첨단 과학 기술로 생산된 의약품과 의료보험공단Health Maintenance Organization의 보험 정책, 날로 세분화되는 전문 분야 따위의 요인들이 한꺼번에 작용해서 현장으로 나가고 싶어 하는 수많은 우수한 학생들의 마음을 짓누르고 있다. 브랜드 박사는 직업으로서 의료인이 가져야 할 기본 원칙을 이렇게 설명한다. "영혼과 삶의 의지, 자신이 존엄한 존재라는 의식, 인간성 등은 인간이 가지고 있는 가장 소중한 자산입니다. 그러므로 기술적으로는 힘줄, 뼈, 신경 등을 치료하고 있을지라도 자신이 돌보고 있는 인간에 대한 시각을 절대 놓치지 마십시오."

대단히 광범위한 주제들에 대해서 함께 대화를 나누기는 했지만 이야기는 결국은 개인, 다시 말해서 브랜드 박사가 이전에 치료했던 환자들로 돌아왔다. 십중팔구 박사의 환자들은 자신이 앓고 있는 병 때문에 가족들에게 버림받고 고향에서 쫓겨난, 그야말로 잊힌 인물들이었다. 의사는 환자가 입은 신체적 손상을 상당 부분 고칠 수 있을 것이다. 또 '접촉'이라는 인간의 가장 기본적인 욕구를 채워줄 수도 있다. 하지만 좀먹고 망가진 자아상을 갖게 된 영혼을 위해서는 무슨 일을 할 수 있단 말인가? 한번 자리에 앉으면 몇 시간씩, 박사가 들려주는 환자들과 그 가족들, 카리기리 한센병 요양소에서 받아야 했던 특수한 치료들에 대한 이야기를 들었다. 우선은 일개 정형외과 의사가 자신이 수십 년 전에 치료했던 환자들에 대해서 그처럼 소상하게 알고 있다는 사실에 놀랐고, 다음에는 그들에 대해 이야기하는 동안 주체할 수 없을 만큼 눈물을 흘린다는 사실에 더욱 놀랐다. 박사가 환자들에게 감동을 준 만큼, 환자들도 박사에게 분명 깊은 인상을 남겼던 것이다.

설파제를 써서 한센병의 진행을 늦추는 데는 하루에 몇 푼밖에 들지 않는다. 그러나 아무런 억제 조처 없이 병세가 진전된 환자를 완전히 회복시키는 데는 엄청난 비용과 수고를 마다하지 않는 노련한 전문의의 보살핌이 필요하다. 브랜드 박사는 딱딱하게 굳어버린 환자들의 갈고리 손에서부터 시작했다. 손놀림을 완전히 되살리는 최상의 조합을 찾을 때까지 미세 신경 혈관근 이식술과 건 이행술을 거듭 시험했다. 수술과 재활 치료는 몇 달, 길게는 몇 년씩 걸렸다. 박사는 똑같은 과정을 발에도 적용해 여러 해 동안 고통의 감각이 마비된 채 걸어 다니느라 생긴 기형을 바로잡음으로써 신체의 무게와 압력을 분산하도록 유도했다.

손발이 회복된 한센병 환자들은 생계를 꾸려갈 능력을 갖춘 셈이지만 누구라서 끔찍한 질병의 상흔을 그대로 갖고 있는 사람을 직원으로 채용하겠는가? 브랜드 박사가 처음으로 치료했던 환자들은 반쯤 넋이 나간 채 돌아와선 뒤틀어진 손발을 내세워 구걸이라도 할 수 있도록 수술 이전의 상태로 되돌려달라고 요구했다. 폴 브랜드 박사 부부는 그처럼 외관상 쉽게 드러나는 부분에 입은 손상을 회복하는 일에 힘을 모았다. 잇몸과 윗입술 사이를 뚫고 들어가서 피부와 습성 내막을 잡아 늘인 다음 뼈를 이식하여 안쪽에서부터 새로운 구조를 세우는 방식으로 코를 다시 만드는 성형 기술을 익혔다. 또 눈을 깜박거리는 기능을 회복시켜서 환자의 시력 상실을 예방하는 일에도 힘을 쏟았다. 눈에는 조그만 통각 세포들이 있어서 건강한 사람의 경우에는 1분에도 몇 차례씩 눈을 깜박이게 자극해주는 데 반해, 한센병 환자들은 이 세포의 기능이 둔해져서 안구가 바짝 말라 마침내 실명에 이르게 된다.

박사의 아내 마거릿은 일반적으로 음식물을 씹는 데 사용되는 뺨 아래 근육을 눈꺼풀에 연결시키는 시술을 했다. 환자가 하루 종일 껌을 씹으면 동시에 눈꺼풀이 아래위로 움직이면서 안구 표면에 수분을 공급하고 결국 실명을 피할 수 있게 되는 것이다. 마지막으로 브랜드 박사는 머리털이 붙어 있는 이마 위쪽 피부 조직을 신경과 혈액 공급이 손상되지 않도록 잘라서 눈 위에 이식하는 방법으로 잃어버린 눈썹을 환자 얼굴에 되살려놓았다. 처음 수술을 받은 환자는 새로 이식한 눈썹이 얼마나 자랑스러웠던지 길게 자라서 수북해질 때까지 기르기도 했다.

이처럼 정성스럽기 짝이 없는 의학적 배려를 그저 구걸로 연명하던 '보잘것없는 사람들'에 불과했던 한센병 환자들에게 베풀었다. 처음 병원에 도착한 환자들은 거의 인간의 형상이 아니게 마련이다. 어깨는 축 늘어지고, 다른 사람들이 다가올 때마다 비굴하게 굽실거렸으며, 눈에선 총기가 전혀 없었다. 그러나 몇 달간 카리기리 병원 직원들의 따뜻한 보살핌을 받고 나면서 눈빛부터 되살아났다. 사람들이 질겁하고 달아나버리게 된 지가 벌써 여러 해건만, 카리기리 병원의 간호사와 의사들은 손을 잡고 이야기 상대가 되어주었던 것이다. 그들은 아무런 반감도 두려움도 없이 새로 들어온 환자들의 이야기를 들어주었으며 인간의 손길이라는 '마술'을 사용했다. 이렇게 한두 해를 보내고 난 뒤에는 나사로처럼 제 발로 병원을 걸어 나가서 과감하게 먹고살 거리를 궁리하는 쪽으로 방향을 선회했다.

브랜드 박사의 회고에 따르면, 환자들로 하여금 재활 치료 단계를 끝까지 다 밟도록 뒷받침하는 과정은 박사 자신에게도 의료 현장에 전인적으로 접근해야겠다는 각오를 다지게 했다. 의사들은 어디선가(아마 의과대학이 아닐까 싶다) 오만에 가까운 태도를 받아들이게 된다. "이런, 조금만 늦었더라도 큰일 날 뻔했습니다. 이제 저만 믿으세요. 제가 구해드릴 수 있을 것 같습니다." 카리기리 병원에서 일하노라면 그런 오만은 온데간데없어진다. 아무도 한센병 환자들을 '구할' 수 없다. 물론 의사나 간호사가 병의 진전을 늦추고 일부 손상된 부위를 회복시킬 수는 있다. 하지만 환자 한 사람 한 사람은 결국 병원을 떠나서 엄청난 힘으로 압박해 들어오는 적들과 맞서가며 새 삶을 구축해가야 한다.

박사는 자신이 주로 어떤 부분에서 환자들에게 기여해야 하는지 인식하기 시작했다. 상한 영혼들에게 인간으로서의 존엄성을 회복시키는 과제를 위해 파트너로서 환자들과 하나가 되어야 한다는 자각이었다. 물론 의과대학에서는 전혀 배워보지 못했던 분야였다. 박사는 말했다. "우리는 질병이 아니라 사람을 치료하는 것입니다. 그것이 바로 재활의 진정한 의미입니다."

대형화된 서구 사회에서는 한 영혼을 소중히 여기는 기본적 믿음이 점점 희박해지고 있다. 흔히 역사를 계급, 정당, 인종, 사회학적 집단의 관점에서 보려고 한다. 서로에게 꼬리표를 붙여놓고 그걸 토대로 행동을 설명하고 가치를 평가한다. 브랜드 박사와 오래 교제한 뒤에야 내가 광범위한 인류의 문제들을 국민총생산이라든가, 연 평균 수입, 사망률, 1천 명당 의사의 숫자 따위의 수학적 방식으로 파악하고 있다는 사실을 깨달았다. 그러나 사랑은 수학이 아니다. 얼마나 커다란 사랑이 있어야 세상의 모든 약하고 가난한 사람들에게 공평하게 나눠줄 수 있는지를 정확하게 계산해낼 수 있는 사람은 아무도 없다. 그저 하나님 사랑이 필요한 사람 하나를 찾아보고, 그다음에 다른 사람을 찾아보는 식으로 문제에 접근해야 한다.

한동안 나는 인류가 당면한 문제를 가지고 끙끙거리며 고민했지만, 정작 하나님의 형상대로 지음 받은 한 사람 한 사람을 사랑하는 법은 배우지 못했다. 인도의 한센병 환자 요양소가 값으로 따질 수 없는 인간의 가치를 배우기에 가장 적합한 장소라고 장담할 수는 없지만, 그곳을 찾는 사람이라면 누구라도 그저 지나칠 수 없는 교훈을 얻게 될 것이다.

저는 참 행복합니다

1990년 폴 브랜드 박사와 마지막으로 인도를 여행했을 때, 그는 어린 시절 자신이 살았던 콜리 말라이Kolli Malai 산지의 집을 보여주었다. 우리가 탄 지프는 70번이나 지그재그로 방향을 바꿔야 하는 (한 번 방향을 바꿀 때마다 70분의 38, 70분의 39, 70분의 40 식으로 친절하게 안내 표지를 세워놓았다) 희한한 간선도로를 따라 산을 올랐다. 앞질러 달려가는 오토바이에는 한 여인이 사리를 깃발처럼 휘날리며 운전자의 등에 꼭 달라붙어 있었다. 박사는 급하게 꺾이는 도로를 지켜보며 추억을 더듬었다.

"내가 어릴 때는 이런 도로가 없었어요. 대나무 막대기에 캔버스 천을 얹은 기묘한 장치에 올라타면 짐꾼이 그걸 어깨에 메고 다녔어요. 걸어 다닐 만큼 큰 다음에는 짐꾼의 다리를 쳐다보며 아장아장 돌아다니곤 했어요. 풀섶에서 나온 조그만 거머리들이 짐꾼의 다리에 찰싹 달라붙어 피를 빠는 걸 유심히 쳐다보면서 말이에요."

하지만 이번 여행에서는 거머리보다는 엔진 과열이 더 걱정스러웠다. 마침내 오르막이 끝나고 길은 구불구불 고원을 가로지르기 시작했다. 저 아래로 풋풋한 녹색 논들과 멀리 다른 산줄기들과 경계를 이루며 지평선을 넘어가는 창백하고 굽이진 산맥의 윤곽이 눈앞에 펼쳐졌다. 곧이어 아스팔트가 끝나고 길은 좁다란 계곡을 향해 급경사를 이루며 내려간다. 깔려 있던 자갈은 다 없어져서 흙뿐이었으므로 유칼리나무 가로수를 따라 두 줄 바큇자국이 나란히 나 있었다. 다시 그 바큇자국을 한 시간 반쯤 따라가는 동안 사람이라곤 단

한 명도 볼 수 없었다. '혹시 운전기사가 길을 잃은 게 아닐까?'

순간, 지프는 다시 야트막한 언덕을 기어오르고 곧이어 눈앞에 놀라운 장면이 나타났다. 도로를 따라 150명 안팎의 사람들이 늘어서 있었던 것이다. 나중에 안 사실이지만 이들은 벌써 네 시간째 그렇게 기다리고 있던 참이었다. 모두들 차를 둘러싸고 두 손을 모은 채 고개를 숙이는 인도의 전통적 방식으로 인사를 했다. 열대 지방에 사는 새처럼 실크 사리로 화려하게 단장한 여인들이 일행의 목에 꽃 레이(lei, 화환—옮긴이)를 걸어주고는 바나나나무 잎 위에 차린 잔칫상으로 안내했다. 식사를 마친 뒤에는 폴 브랜드 박사의 아버지가 지은 흙벽 예배당에 모여 한 시간 남짓 찬양과 감사의 말, 춤으로 환영해주었다.

특히 어느 여인이 들려준 박사의 어머니에 관한 이야기는 지금도 잊을 수가 없다.

"산지에 사는 부족들은 낙태라는 걸 몰랐습니다. 원치 않는 아기는 길가에 내다버리면 그만이었습니다. 브랜드 할머니는 이런 아이들을 데려다가 건강을 되찾도록 잘 돌보고 키워준 뒤에 공부까지 시키려고 노력했습니다. 저 역시 길가에 방치되어 죽을 수밖에 없었던 '원치 않는 아이'였습니다. 할머니에게는 우리처럼 버려진 아이들의 집단이 수십 개나 있었지만, 그 모두를 고아원처럼 관리하지 않으시고 입양 센터처럼 보살피셨습니다. 우리는 그분을 '산지 부족의 어머니'라고 부릅니다. 제가 공부를 곧잘 하자 적당한 학교에 진학하도록 학비를 대주셨고, 결국 저는 박사 학위를 받았습니다. 지금 저는 마드라스 대학에서 간호학을 가르치고 있는데, 수백 킬로미터를 달려서 오늘 여기에 왔습니다. 브랜드 박사님 가족들이 저와 다른 많은 사람들에게 베풀어주신 일에 대해 감사드리고 싶었기 때문입니다."

브랜드 박사는 짧은 연설을 마치고 눈물을 닦은 다음 나를 데리고 밖으로 나왔다. 어머니 아버지가 남긴 유산을 보여주려는 것이다. 박사는 먼저 그의 아버지가 손수 나무를 켜서 지은 집을 가리켰다. 흰개미를 막기 위해 기둥에다 프라이팬을 뒤집어 씌워놓고 있었다. 박사의 아버지가 산지에 세운 학교 아홉 군데와 목공소는 물론이고 병원도 지금까지 그대로 쓰고 있었다. 언덕 위에는 할머니 그랜드가 특히 자랑스러워하는 프로젝트 가운데 하나였던 감귤 과수원이 퍼져 있었다. 할머니 브랜드의 남편 제시는 스무 곳 가까운 농장을 개척하고 뽕나무, 바나나 나무, 사탕수수, 커피, 타피오카 따위를 재배했다. 브랜드 박사는 쉬지 않고 70년 전에 아버지가 심은 재커랜다 나무가 얼마나 크게 자랐는지 이야기했다. 나무에서 떨어진 라벤더 꽃들이 지천으로 땅에 깔려 있었다. 떠날 시간이 다 됐을 무렵, 박사는 부모의 무덤이 있는 곳으로 나를 데려갔다. 그가 자란 목조 단층집에서 비탈을 따라 조금 내려간 곳이었다. "그분들의 몸은 여기 묻혔지만, 영혼은 아직도 살아 계십니다. 주위를 한번 둘러보기만 해도 알 수 있어요."

폴 브랜드 박사는 정형외과 전문의가 됨으로써 일반적인 선교사였던 부모와는 다른 인생행로를 걸었다. 이번에는 박사가 남긴 유산을 살펴보기 위해 그가 이전에 치료했던 환자들을 찾아가보았다. 나모라는 옛 환자는 "폴 브랜드 안에 거하시는 성령님께서 내 안에서도 살아 움직이시기를!"이란 글과 함께 박사의 스무 살 적 사진을 벽에 붙여놓았다. 나모의 이야기를 듣고 나면 그가 이전에 자신을 치료했던 외과 의사에게 느끼는 애정을 쉽게 이해할 수 있다.

젊은 시절, 나모는 졸업을 얼마 남겨두지 않은 상태에서 대학을 떠날 수밖에 없었다. 한센병 특유의 반점이 피부에 나타났을 뿐만 아니라 손까지 갈고리 모양으로 오그라들기 시작했기 때문이다. 학교와 고향, 그리고 마침내 가족에게까지 버림받은 나모는 젊은 의사가 실험적 방법으로 손을 수술한다고 알려진 남부 인도의 한센병 요양소로 갔다. 인도만 해도 4백만 명의 한센병 환자가 있었고 세계적으로는 1천5백만 명을 헤아렸지만 환자들의 기형을 치료하려고 덤비는 정형외과 의사는 브랜드 박사 한 사람뿐이었다.

나모는 그 암울하던 시절을 이렇게 떠올렸다.

"내 처지를 생각하면 너무 기가 막혀서 말도 나오지 않았습니다. 나는 더듬거리며 브랜드 박사에게 이제 손은 아무짝에도 못 쓰게 됐노라고 말했습니다. 머잖아 발도 그렇게 될 것이라고요. 그러니 손발을 잘라내든 말든 마음대로 하라고 했습니다."

나모는 한 손으로 다른 쪽 손목을 썩 잘라내는 시늉을 했다.

"어쨌든, 브랜드 박사님이 뭔가 배울 생각뿐이었다면 자기가 원하는 대로 무슨 일이든 할 수 있었을 겁니다."

다행스럽게도 자신의 예후에 대한 나모의 여측은 빗나갔다. 약물은 질병이 더 번지지 않도록 막아주었다. 그리고 5년여에 걸쳐 몇 차례 정성스러운 수술 절차가 진행된 뒤에는 손발의 기능을 되찾을 수 있었다. 나모는 물리 치료 훈련을 받고 다른 한센병 환자들을 돌보기 시작했으며 나중에 인도 물리치료협회 대표가 되었다.

다음으로 나는 브랜드 박사의 또 다른 옛 환자인 사단Sadan을 찾아갔다. 바짝 마른 체구, 머리털이 하나도 없는 민머리, 두터운 안경에다 침대 모서리에 책상다리를 하고 앉는 자세까지 마하트마 간디의 축소판처럼 보이는 사람이었다. 그가 사는 수수한 아파트 현관문은 활짝 열려 있어서 조그만 새들이 들락거렸다. 마당에는 지저분한 개 한 마리가 어슬렁거렸다. 사단은 발가락이 있어야 할 자리가 매끄럽고 둥그스름한 통나무처럼 잘린 자기 발을 보여주었다.

"브랜드 박사님과 사모님을 너무 늦게 만나는 바람에 발가락을 살릴 수 없었죠. 하지만 두 분은 제게 걸을 수 있도록 신발을 마련해주셨어요."

사단은 한 옥타브 높은 단조로운 목소리로 지난날 자신이 버림 받았던 뼈아픈 이야기를 들려줬다. 학교에서 자기를 놀려대던 같은 반 친구들, 우격다짐 끝에 자신을 자동차 바깥에 집어던졌던 시내버스 운전사, 적절한 훈련을 받았고 재주도 있었는데도 일자리를 주지 않았던 고용주들, "문둥병은 여기서 취급하지 않아!"라는 무뚝뚝한 한마디로 내쫓던 병원들에 대해 이야기했다.

"벨로르에 도착했을 때, 브랜드 박사님 댁 툇마루에서 밤을 지새웠습니다. 달리 어디 갈 만한 곳이 없었어요. 게다가 옛날에는 한센병을 앓는 사람들 이야기를 아무도 귀담아 들어주지 않았잖아요. 병균에 감염돼서 피가 흐르던 제 발을 손으로 덥석 잡던 브랜드 박사님을 지금도 잊을 수가 없어요. 그때까지 수많은 의사들을 만나봤습니다만, 몇몇만이 제 손발을 검진해주었습니다. 그것도 멀찌감치 떨어져서 말입니다. 과감하게 저를 만져준 의사는 폴 브랜드 박사님과 마거릿 브랜드 선생님이 처음이었습니다. 그때까지 인간의 접촉이 주는 느낌을 거의 잊고 살았습니다. 더욱 감격스러웠던 것은, 박사님 내외분이 저를 자택에서 재워주셨던 일입니다. 한센병에 대해 제대로 알고 있는 의사들조차 끔찍하게 생각할 만한 일이었는데도 그렇게 하셨던 겁니다."

사단은 건 이식, 신경 절제, 발가락 절단, 백내장 치료 등 브랜드 박사가 시행한 정성스러운 치료 과정을 자세히 설명했다. 손가락에 이식된 힘줄들이 제 기능을 발휘해 사단은 다시 글을 쓸 수 있게 됐고, 지금은 53개 이동 병원을 통해 실시되는 무료 한센병 검진 프로그램의 경리 업무를 맡아보고 있다. 그렇게 한 시간 반쯤 그는 이야기를 계속했다. 사단의 과거 생활은 인간의 고통의 목록이라 해도 지나치지 않을 만한 것이었다. 그리고 그 상흔은 오늘까지도 계속되고 있다. 최근에는 딸아이를 출가시키면서 행여 손님들이 놀랄세라 그는 멀찍이 세워둔 자동차 안에 혼자 앉아 결혼식을 지켜보아야 했다.

브랜드 박사와 내가 마지막 찻잔까지 홀짝홀짝 다 비우고 영국으로 가는 비행기를 타러 가려고 막 일어서려는데, 사단이 놀라운 이야기를 했다.

"이제는 오히려 과거에 한센병에 걸렸던 걸 참 행복하게 생각합니다."

"행복이라고요?"

믿을 수 없다는 듯 되묻는 내게 사단이 대답했다.

"예. 한센병을 앓지 않았더라면 평범한 가정을 가진 평범한 사람이 됐을 겁니다. 돈이나 쫓아다니고 어떻게든 세상에서 출세해보려고 발버둥 치며 살았을 테지요. 폴 브랜드 박사님이나 마거릿 브랜드 사모님처럼 훌륭한 분들을 만나지도 못했을 것이고 그분들 마음속에 살아 계신 하나님도 알 수 없었을 거예요."

고통이 극에 달한 곳에서 기쁨을 발견하다

그로부터 이틀 뒤, 우리는 영국에서 인도에서 받았던 극진한 접대와 또렷하게 비교되는 대접을 받았다. 브랜드 박사와 나는 영국에서도 박사의 옛 흔적들을 조사하고 다녔다. 먼저 선교사였던 박사의 아버지와 어머니가 안식년을 보내던 집을 찾아갔다. 조상 대대로 물려 내려온 저택이었다. 박사의 어머니는 부잣집 출신이었으므로, 런던의 상류층 주거 지역에 자리 잡은 저택의 시세도 십수억 원을 훌쩍 넘었다. 지체 높아 보이는 현재의 주인이 우리가 무얼 살펴보나 알아보러 나왔다. 브랜드 박사는 주인 여자를 데리고 방방이 안내하면서 60년 전에 그 저택이 어떤 모습이었는지 자세히 설명했다.

그날 오후에는 박사가 레지던트 시절 근무하던 병원 옥상에 올라갔다. 독일 공군의 폭격이 계속되는 동안 불타는 시내를 쳐다보던 자리였다. 화환을 걸어주는 이도 없고, 에워싸고 찬양을 불러주거나 옛이야기를 들려주는 사람들도 없었다. 병원 경비원이나 직원들에게 박사는 그저 성가시게 구는 이상한 노인네에 지나지 않았다. 병원 사무실은 다른 곳으로 옮겨 갔고, 본관 좌우에 이어 지은 부속 건물들은 다 헐렸으며, 까다로운 보안 절차가 새로 생겼다. 처음 의사 생활을 시작했던 자리에 와 있으면서도 박사는 오히려 어딘가 모르게 그곳과 어울리지 않아 보였다. 대학 병원 접수창구에서 우리는 이 직원 저 직원 붙들고 과거 박사의 동료였던 교수들의 안부를 물었다. 하지만 "누구요? 철자를 정확히 불러주시겠어요?"라는 틀에 박힌 대답만이 돌아왔다. 결국 우리가 찾아낸 것이라곤 어두컴컴한 복도에 줄지어 붙어 있는, 박사를 가르쳤던 스승들의 사진뿐이었다. 크리스천 버나드처럼 과거 한 시대를 풍미했던 인물들도 있었고 에버릿 쿠프처럼 이 시대의 인물들도 있었다.

'폴 브랜드 박사가 런던에 계속 살았더라면 의사로서 어떤 위치에 올랐을까?' 갑자기 나는 그게 궁금해졌다. 멀리 떨어진 인도의 시골에 머물며 버림받은 한센병 환자들 틈에서 일하면서도 그는 세계적인 명성을 얻었다. 만약에 여건이 잘 갖춰진 실험실에서 연구에만 몰두했더라면 어떤 명예가 그의 몫이 되었을지 누가 알겠는가? 노벨상을 받았을지도 모를 일 아닌가?

그러나 그다음엔? 먼지를 잔뜩 뒤집어쓴 채 어두컴컴한 복도에 걸려 누렇게 변색되기 시작한 사진들 틈에 박사의 초상도 자리를 잡았을 것이다. 거기 걸려 있는 다른 사람들처럼, 박사의 이름도 의학 교재의 각주에 가끔씩 등장했을 것이다. 의학 연보에 오르는 명예는 오래 지속되지 않는 법이다. 브랜드 박사가 젊었던 시절 혁신적이라는 평가를 받던 미세 수술 기법 가운데 대부분은 이미 구식이 되어 버렸다. 이와는 대조적으로 인도에서 선교사로서 시행한 수술은 수백 명의 또 다른 나모와 사단의 삶을 변화시키는 열매를 지금도 맺고 있다.

여행의 막바지에 가까워질수록, 인도와 영국에서 만난 이들은 인기가 얼마나 덧없는 것인지, 그리고 남을 위한 봉사에 투자하는 게 얼마나 영원한 가치를 갖는지 일종의 우화적 대조를 이루었다. 인도에 살든, 영국에 살든, 아니면 미국 조지아 주 클락스턴에 살든 인간의 가치를 판단하는 진정한 기준은 평생의 이력서라든가 남기고 떠난 유산 따위가 아니라, 세상에 사는 동안 다른 사람에게 미친 정신적 영향이 될 것이다. 예수님께서 주신 "자기 목숨을 얻는 자는 잃을 것이요 나를 위하여 자기 목숨을 잃는 자는 얻으리라"는 교훈은 복음서에서 가장 자주 반복되는 구절이다. 어느 쪽으로 경력을 쌓아가든지 각각에 합당한 상급이 있다. 그러나 나모와 사단의 집과 영국 왕립 의과대학 명예의 전당을 둘러보고 나서는 어떤 상급이 영원히 변치 않는 것인지가 분명해졌다.

헤어지기 전에 이야기를 나누면서 박사는 지난날을 회상했다.

"내가 의술을 펼쳤던 지역의 특성상 큰돈을 번다는 건 생각할 수도 없었습니다. 하지만 외과의사로서 그동안 살아온 세월을 돌아보면, 한때 환자였던 수많은 친구들에게서 억만금보다 더한 기쁨을 얻었습니다. 그 친구들이 고통스러워하고 두려움에 떨던 시절에 그들을 처음 만났고, 담당 의사로서 그들의 고통을 함께 나눴습니다. 이제 나이 들어 생각해보니, 그 친구들의 사랑과 감사야말로 내 인생길을 환하게 비춰주는 등불이었습니다. 고통이 극에 달한 곳에 스스로 뛰어들었던 한 인간이 바로 거기에 기쁨의 실체가 있었다는 사실을 알고 화들짝 놀라다니, 참 뜻밖의 일이지요."

이어서 박사는 예수님 말씀을 인용했다.

"세상의 고통에서 자기 몫을 지는 자들은 복이 있다. 결국 그들이 고통을 피하는 이들보다 더 많은 행복을 얻게 될 것이다"(필립스역).

폴 브랜드와의
더 깊은 만남을 위하여

SOUL SURVIVOR

폴 브랜드 박사는 나와 공저로 《나를 지으신 하나님의 놀라운 손길Fearfully and Wonderfully Made》과 《육체 속에 감추어진 영성In His Image》, 그리고 자신의 삶과 고통에 관한 이론을 잘 엮은 최근작 《고통이라는 선물The Gift of Pain》 등 책 세 권을 썼다. 보다 전통적인 선교사 전기로 도로시 클라크 윌슨이 쓴 《하나님의 열 개의 손가락Ten Fingers for God》은 그의 인도 시절에 초점을 맞추고 있으며, 박사의 어머니가 벌인 사역에 관한 이야기를 다룬 《할머니 브랜드Granny Brand》라는 같은 작가의 작품도 나와 있다. 브랜드 박사는 그 이후의 사색들을 정리하여 《하나님의 영원한 잔치God's Forever Feast》라는 책으로 펴내기도 했다.

SOUL SURVIVOR

5
허약한 인간들, 그리고 우주의 공격

로버트 콜스
ROBERT COLES

ROBERT
COLES

〈캠퍼스 라이프〉지의 편집자로 일하던 1970년 무렵, 내 책상은 일정한 시간이 지날 때마다 어림잡아 2백 종이 넘는 잡지들로 엉망이 되었다. 나는 잡지들이 쌓이고 쌓여서 기울어진 탑처럼 높아질 때까지 내버려뒀다가 주말 하루를 몽땅 투자해서 대충 훑어보곤 했다. 책상 바닥이 보이게 하려면 그렇게라도 해야 했다.

잡지들 가운데 절반쯤은 선교 단체, 교단, 청년 연합회, 대학, 상담 기관, 학술 단체 등 크리스천 조직에서 발간된 문서들이었다. 나머지는 기독교와 상관없는 기관들에서 펴낸 간행물로 거리의 신문 판매대에서 흔히 볼 수 있는 것들이었다. 놀랍게도 이 두 종류의 문서들 사이에는 도저히 건너갈 수 없을 것 같은 심연이 존재한다. 일반 잡지를 보면 크리스천은 아예 존재도 없는 것처럼 내용을 꾸미고 있다. 적어도 뉴욕에서 활동하는 편집인이라면, 하루에도 3, 4천만 명에 달하는 거듭난 크리스천들이 시내로 출퇴근한다는 사실을 틀림없이 들어서 알고 있을 텐데, 그들 가운데 단 한 명도 만나본 적이 없다는 말인가? 한편, 크리스천들은 끊임없이 쳐들어오는 세상의 휴머니스트들로부터 자신을 지키기 위해 학교, 서점, 텔레비전과 라디오 방송국, 심지어 '크리스천 전화번호부'에 광고를 하는 크리스천 기업체까지를 망라해서 대응 체제를 구축하느라 분주하다.

어느 주말 오후, 그날도 산더미같이 쌓인 잡지들을 읽어치우다가 "당신은 왜 여전히 하나님과 십자가의 약속을 믿는가?"라는 간단한 글 아래 실린 로버트 콜스라는 이름과 우연히 만나게 됐다. 도대체 어떤 종류의 인물이기에 뉴욕의 유명한 출판물에 개인 신앙에 관한 글 한 토막을 실음으로써 그 깊은 심연을 건너 세상으로 통하는 다리가 되려 한단 말인가? 그런데 해를 거듭하면서 서로 전혀 상관관계가 없는 다양한 분야에서 로버트 콜스라는 이름을 붙인 기명 기사들이 튀어나오고 있다는 사실을 알게 됐다. 〈뉴욕 타임스〉 서평란에는 프랑스 가톨릭 작가 조르주 베르나노스에 관한 논평이 실렸으며, 〈뉴잉글랜드 의학 저널〉에는 키르케고르와 파스칼에 대한 논문이 게재됐고, 〈뉴리퍼블릭〉에 도로시 데이와 가톨릭 노동 운동에 대한 찬사가, 〈미국의학협회보〉에는 플래너리 오코너와 관련된 평론이 실렸다.

다른 크리스천들이 신앙 문제에 대한 세속 언론들의 성향을 한탄하고만 있을 때, 세상의 신문 편집자들에겐 아직 무명에 불과했던 로버트 콜스 교수는 기독교적 입장을 부끄러워하지 않고 무엇이든 자신이 원하는 글을 써서 원하는 지면에 싣고 있었다. 나는 어느덧 콜스 교수를 가교 역할을 해줄 사람, 다시 말해서 실질적으로 나의 '목자'가 되어줄 누군가에게로 인도하는 사려 깊은 작가로 보기 시작했다. 콜스 교수는 하버드 대학에 재직하는 동안 자신이 가르치는 모든 학생들에게 기독교를 현대 사회의 대안으로 제시했는데, 이번에는 글을 통해서 내게도 똑같은 일을 했던 것이다.

1972년 〈타임〉은 커버스토리에서 콜스 교수를 '생존하는 정신과 의사 가운데 미국에서 가장 영향력 있는 인물'로 선정했다. 아니, 콜스 교수가 무슨 시간이 있어서 심리 치료까지 했다는 말인가? 나는 부쩍 궁금증이 들었다. 물론 콜스 교수가 하버드 의대에서 심리 치료 과정을 가르치기는 했지만, 자신이 좋아하는 심리 소설 목록의 이름을 붙인 '초월의 문학'이라는 과목 정도가 전부였다. 콜스 교수의 관심사는 천 가지가 넘는 것 같아 보였으며, 새로운 관심사를 찾을 때마다 거기에 대해 책 한 권을 써냈다. 진보적 성향의 목회자 대니얼 베리건과 나눈 대화, 워커 퍼시의 소설에 대한 문학 비평, 제임스 에이지와 조지 엘리엇의 작품 비평 등이 책으로 묶여 나왔다. 또 에릭 에릭슨과 안나 프로이트, 시몬 베유, 도로시 데이 등 여러 인물의 일대기를 출간했으며 가난한 사람들과 나눈 이야기들을 모은 《플래너리 오코너의 남부 Flannery O'Conner's South》를 비롯해 민권 운동가들과 남부의 백인 노동자, 에스키모, 부유한 아이들과의 대화를 모은 책이 나왔다. 책으로는 60권에 이르고, 그 밖에도 이를 뒷받침하는 글이 1천 편이 넘는다.

다섯 권짜리 〈위기의 아이들 Children of Crisis〉 시리즈는 무려 백만 단어가 넘는 콜스 교수의 대표작으로 1973년, 그에게 퓰리처상을 안겨주었다. 그 뒤에 그는 맥아더 재단에서 수여하는 '천재상 genius award'의 수상자로 선정되었는데, 이 상에는 연구와 저술에 전념할 수 있도록 보장하는 비과세 지원금이 뒤따랐다. 칠십 줄에 접어든 1999년에도 콜스 교수는 여전히 잇달아 책을 펴내고 원고를 썼다. 클린턴 대통령은 로버트 콜스 교수의 업적을 인정하여 국가가 민간인에게 부여하는 최고의 명예인 자유의 메달 Medal of Freedom 을 수여했다.

크레용 아저씨

콜스 교수의 이력을 좇는 과정에서 나는 직업적으로 글을 쓰는 사람들이 가진 특성 가운데 하나인 '관찰자 증후군'을 이해할 수 있게 됐다. 글쓰기란 혼자서 고독하게 수행하는 작업이다. 불쑥불쑥 글쓰기를 정신병적 행동이라고 부르고 싶은 생각이 들 때가 있다. 작가들은 가공의 현실을 구축하고 거기 머물기 때문이다. 경우에 따라서는 가공의 현실이 그 바깥에 실재하는 현실보다 더 사실적으로 보이기도 한다. 일주일쯤 겨울잠을 자는 곰처럼 파묻혀서 집중적으로 글을 쓰고 나면, 일상적 대화를 나눈다거나 인간과 인간의 만남을 통해 이뤄지는 사소한 거래 관계를 이끌어간다든가 하는 방법을 다 잊어버려서, 마치 어떤 문을 지나서 되돌아와야 할 것만 같은 느낌이 든다. 말이나 생각이 뒤죽박죽 헝클어지기도 하고 그런 행위가 살아 있는 인간들 사이의 교감이 아니라 훨씬 더 통제되고 질서가 잡힌 과정이라도 되는 듯 어려워한다. 결국 작가들은 자기 안에 틀어박힌 채 인생에 적극적으로 참여하기보다는 관망하며 움츠러드는 경향이 있다.

언론이라는 특수한 환경에서 일했던 탓에 나는 일반 작가들보다 훨씬 파란 많은 생활을 했다. 글감을 찾아서 항상 소말리아, 러시아, 칠레, 미얀마 같은 지역들을 여행했다. 그래도 관찰자 증후군은 절대 사라지지 않았다. 나는 굶주림이 극에 달한 소말리아 난민 캠프를 방문했다. 3만 명에 이르는 난민들이 사막에 임시로 가설한 텐트에서 생활했으며, 하루에도 40~50명의 어린아이들이 죽어나갔다. 그들만큼 아무 도움을 받지 못하고 방치된 사람들이 또 있었던가? 간호사들은 정맥 주사를 놓고 의사들은 항생제를 투여했으며 군목들은 죽은 사람들을 실어다 묻었다. 저널리스트로서 1만 2천 킬로미터가 넘는 거리를 비행기를 타고 날아가 그들과 합류한 나는 한쪽에 서서 글을 쓰고 사진을 찍었다. 그때만큼 다른 사람을 대신한다는 느낌을 절실하게 받은 적도 없었고, 나라는 존재가 최전방에 나와 있다고 생각한 적도 없었다.

어쨌든, 다른 사람을 대신하는 것은 작가들의 임무다. 내가 제몫을 잘 해내기만 하면, 독자들은 소말리아의 난민 캠프까지 찾아가지 않고서도 현지의 정황을 알 수 있고 더 나아가서 도와야겠다는 마음을 먹을 수도 있을 것이다. 미시시피 주로 존 퍼킨스를 찾아가거나 인도의 폴 브랜드 박사를 방문하는 일도 마찬가지다. 그들의 삶에 뛰어드는 기간은 며칠 또는 몇 주에 지나지 않지만, 내가 그렇게 하지 않았더라면 놓쳐버릴 수밖에 없는 세계를 세상 사람들이 넘겨다볼 수 있도록 문틈을 살짝 벌려놓는 것이다.

토머스 머튼은 《죄 많은 방관자의 어림짐작 *Conjectures of a Guilty Bystander*》이라는 절묘한 제목의 글에서 어느 날 자신이 머물던 수도원에서 가까운 시내까지 가는 길에 겪은 일을 이렇게 적고 있다. "루이빌 시내, 상점들이 모여 있는 구역의 어느 길모퉁이에 이르렀을 때, 갑자기 '여기 있는 모든 이들을 사랑한다. 저들은 나의 것이고, 나는 저들의 소유다. 서로 전혀 모르는 사이기는 하지만, 그렇다고 서로에게 외계인이 될 수는 없지. 비록 내가 세상과 동떨어져 사는 사람(수도사)이긴 하지만 저들과 마찬가지로 핵폭탄의 세계, 인종 갈등의 세계, 첨단 과학 기술의 세계, 매스 미디어의 세계, 대기업과 혁명의 세계, 그 밖에 이런저런 세계에서 더불어 살고 있지 않은가?'라는 자각이 덮치듯 다가왔다."

평소에 고독의 기능은 "세상에 완전히 동화된 사람은 도저히 갖출 수 없고 오히려 세상을 관찰하며 침잠하는 사람만이 가질 수 있는 명철함을 통해서 인종 통합이라든가 삶의 경이로움, 유사품이 존재하지 않는 인간의 탁월한 독창성 따위를 인식하게 만들어주는 것"이라고 끊임없이 이야기해왔던 머튼에게 그 기묘한 순간은 커다란 깨달음을 주었다. 머튼은 이렇게 말한다. "사람들에게 그들 모두가 해처럼 밝게 빛나는 발광체의 주변을 돌아다니고 있다는 사실을 말해줄 방법이 없었다."

정말 그럴 방법은 없다. 그러나 아주 드문 경우이기는 하지만, 비범한 능력을 갖춘 작가는, 대부분 본인조차도 의식하지 못하는 가운데, 평범한 인생의 세세한 부분들을 드러냄으로써 독자들에게 그 밝은 빛을 반사시킨다. 내게는 로버트 콜스 박사가 그런 역할을 했다. 그는 재기 발랄하고 변화무쌍한 필치로 관찰자와 참여자 사이의 장벽을 허물고 다른 사람의 삶 속에 들어갔다 나와서는 고독 속으로 다시 돌아간다. 고독은 콜스 박사가 그렇게 할 수 있도록 힘을 주었다.

하버드에 뿌리를 두고 있었지만 박사는 상아탑의 틀에 갇히는 법이 없었다. 현장 조사를 하는 방식만 해도 독특하기 짝이 없었다. 꼬마들이 가는 곳마다 따라다니다가 아이들의 집 마루에 앉아서 몇 마디 질문을 하고 신뢰를 얻는 식이었다. 아이들과 함께 학교로 가는 버스를 타기도 했는데, 쿠션도 없는 조그만 나무 의자에 앉아 자동차가 목적지까지 갔다가 돌아오는 동안 좌석에 달린 녹슨 손잡이를 꼭 붙잡은 채 놓지 않았다.

또 툭하면 아이들에게 종이와 크레용을 밀어주고 그림을 그려보라고 청했던 까닭에 점차 '크레용 아저씨'로 소문이 났다. 아이들의 말보다 그림이 더 많은 사실을 드러내는 경우가 왕왕 있다. 어떤 흑인 꼬마는 자기보다 키가 큰 백인을 그렸다. 이목구비를 꼼꼼하게 그리고 심지어 손가락 발가락의 개수까지 정확하게 묘사했지만, 정작 자기 자신은 눈과 귀도 없고 한쪽 팔도 없는 모습으로 나타냈다. 콜스 박사는 세상을 살면서 항상 올바른 자리에 발을 딛고 서려고 애썼다. 박사는 자신의 젊은 시절을 운이 좋았던 탓으로 돌렸다. 문학에 대한 사랑을 불러일으켜주는 학부 수업을 받았고, 의사이자 작가인 윌리엄 칼로스에 대한 논문을 준비하느라 주인공 부부를 만나서 결국 의학 방면으로 진출하게 됐으며, 병원에서 인턴 생활을 하는 동안 물리학자 엔리코 페르미를 치료하는 한편 더불어 대화를 나눴고, 도로시 데이와 가톨릭 노동자 공동체 주변에 머물 기회를 만났고, 심리 치료 전문가였던 안나 프로이트나 에릭 에릭슨 같은 이들과 교유할 수 있었으며, 라인홀드 니부어와 폴 틸리히 같은 신학자 밑에서 공부할 수 있었으며, 마틴 루터 킹 목사와 그의 민권 운동에 힘을 보탤 수 있었던 것들을 모두 운이 좋았기 때문이라고 생각했다.

그러나 훗날 명성을 얻고 난 뒤에 박사가 내린 결정들은 행운 탓으로 돌릴 수 없는 것들이었다. 세계의 분쟁 지역에 뛰어들기로 작정하고, 아파르트헤이트(인종 분리 정책) 치하에 있던 남아프리카 공화국의 흑인 거주지 소웨토Soweto로 잠입하고, 보스턴 스쿨버스 파동으로 살벌하던 시절에 성난 백인 가정들을 찾아가는가 하면, 서로 죽일 듯 미워하는 북아일랜드의 개신교도들과 가톨릭교도들의 주장을 청취했으며, 브라질의 리우데자네이루 빈민가 주민들과 폴란드 반체제 인사들을 인터뷰했다.

"인간의 말이란 곰을 춤추게 하기 위해 깨진 주전자를 닥치는 대로 두들겨대는 것과 같다. 물론 마음속에서는 별빛마저 스러지게 만들 음악을 간절히 기대한다." 콜스 박사는 플로베르의 소설 《보봐리 부인》에 나오는 이 구절을 즐겨 인용했다. 박사가 세계 곳곳의 아이들로부터 모아들인 말들은 간혹 가공되지 않은 자연 그대로의 리듬을 빚어내기도 하고, 경우에 따라서는 별빛마저 스러지게 하기도 했다. 아이들은 특유의 방식으로 유사 이래 인간에게 찰거머리처럼 붙어다니는 난해한 문제들을 처리해낸다. 처음 콜스 박사를 만나던 그때, 나는 고통의 문제에 대한 책을 쓰고 있었는데 주로 철학자와 신학자들의 말을 인용했다. 그런데 정신과 의사 콜스 박사와 인터뷰를 하는 가운데 고통의 문제에 대해 훨씬 단순하그 매서운 표현들에 부딪히게 됐다.

빈민가에서 온 마르가리타라는 소녀는 상념에 잠긴 표정으로 "거기 우뚝 서 있는 예수님(리우데자네이루 입구에 세워진 거대한 조각상)을 볼 때마다, 그분이 지금 무슨 생각을 하고 계신지 궁금해요"라고 말한다. 병에 걸려 기침과 각혈이 멈추지 않는 마르가리타의 어머니는 부자들의 휴양지 코파카바나의 한 호텔에서 일한다. 아지랑이 위에 아련하게 떠 있는 예수 상은 언덕 위에서 빈민가와 호화로운 호텔을 다 보고 계실 것이다. 그리고 커다란 자동차를 몰고 다니며 널찍한 저택에서 생활하는 성직자들도 분명히 보고 계실 것이다. 그런데 왜 주님은 그저 침묵하시는가?

반면에 콜스 박사의 집에서 그리 멀지 않은 매사추세츠 주로 돌아가면, 거기선 아홉 살배기 유대인 꼬마가 신정론(theodicy, 악의 존재를 신의 섭리로 보는 이론—옮긴이)과 씨름하고 있다. 손님으로 집에 찾아온 어느 변호사는 유대인 수용소 관리들이 그의 팔뚝에 문신으로 새겨넣은 번호를 아이에게 보여주었다. 그러고는 자신은 히틀러가 전쟁에서 계속 승리를 거두는 걸 보면서 하나님을 그만 믿기로 했노라고 이야기했다. 아홉 살짜리 꼬마는 여태까지 그런 일에 대해선 생각해본 적도 없었다. "나는 하나님께서 절대로 인간의 일에 간섭하지 않으실 거라고 생각해요. 히브리어 선생님도 그렇게 말씀하셨어요. 하나님은 무얼 멈추게 하려 하신 적도 없고, 출발하게 만드신 적도 없다고요. 하지만 어떻게 하나님께서 거기 계셨으면서도 히틀러를 막지 않으실 수 있는지 모르겠어요. 유대인은 주님의 백성이라면서 어쩌면 그렇게 우리가 사라지도록 내버려두실 수가 있죠?

나는 아버지께 여쭤봤어요. '만약에 유대인들이 전부 다 그런 수용소에서 죽었더라면, 하나님께서 눈물을 흘리셨을까요?' 하지만 아빠는 대답하지 못했어요. 하나님께서 우셨을지, 웃으셨을지, 어떻게 하셨을지 모르셨던 거죠."

넓게 보자면 꼬마의 질문은 유행성 소아마비가 극성을 부리던 시절, 소아과 병동의 레지던트로 일하던 콜스 박사가 어느 어린 환자에게 불쑥 내밀었던 제안과 같은 맥락이다. 박사는 열한 살 먹은 꼬마 환자에게 그들이 나누는 대화를 녹음해보면 어떻겠느냐고 권했다. 아이는 뜻밖에도 무척 기뻐하며 대답했다. "내가 하는 말을 하나도 빼지 말고 녹음해주세요. 나는 내일 죽을지도 모르지만 내 말은 나보다 더 오래 살겠군요." 성능이 떨어지는 장비로 녹음한 탓에, 토니의 목소리는 마치 환자를 빨아들이기라도 할 것처럼 으르렁거리는 인공호흡 장치의 기계적 진동음 사이로 간신히 들려온다. "유행성 소아마비라는 게 있다는 얘길 들었을 때 난 '누군지 모르지만, 그런 병에 걸린 친구는 참 안됐다'고 말했어요. 다들 '그런 일은 내게 절대로 닥치지 않는다'고 생각하죠. 그게 인간의 사고방식이에요. 누군가 다른 사람에게나 일어나는 일이라고 믿어버려요. 그런데 이제 그게 바로 내가 됐어요. 내가 바로 그 '누군가'가 된 거예요. 식구들도 이런 상황에 말려들고 말았어요. 그게 어떤 느낌이란 걸 알게 된 거죠. 다른 사람들은 다 멀쩡한데 오직 혼자서만 독방에 갇힌 것처럼 오도 가도 못하고, 기계의 도움이 없이는 숨조차 쉴 수 없다니! 난 하나님께 물었어요. '내가 무슨 죽을죄를 지었기에 이렇게 몹쓸 병에 걸리게 하셨나요? 말씀 좀 해보세요!'"

콜스 박사의 케임브리지 사무실에서 멀지 않은 박물관에는 만년의 고갱이 타이티에서 삶을 마감할 무렵에 그린 예술 생애의 압축판이라고 할 만한 세 폭짜리 그림이 걸려 있다. 고갱은 그림에다 현재 통용되는 프랑스어로 무슨 말인가를 휘갈겨 써놓았다. 그가 하고 싶었던 이야기는 다음 세 가지 질문이었다. "인간은 어디서 왔는가? 우리는 누구인가? 인간은 어디로 가는가?" 이제 예술가들은 자신을 노골적으로 드러내지 않고, 철학자들은 오랜 세월을 두고 제기돼온 이 중요한 문제들을 포기해버렸으며, 과학자들은 전혀 만족을 줄 수 없는 해답을 내놓고 있다. 이 시대의 대학들은 그 모든 의문을 기피한다. 현재 학계에서는 의사인 로버트 콜스 박사만 홀로 남아 역설적으로 아이들의 목소리를 통해 질문과 답을 동시에 내놓으며 대세를 거스르지 있다. 분명한 것은 갈증은 여전히 사라지지 않고 있다는 사실이다. 하버드 대학에 개설된 여러 선택 과목들 가운데 콜스 교수의 강좌가 여러 해 동안 단연 최고의 인기를 누렸다는 사실만 봐도 그렇다. 박사의 수업에는 매번 6백 명이 넘는 학생들이 몰려드는 바람에 서서 강의를 들어야 할 지경이었다.

콜스 교수는 줄곧 인습을 타파하고 통념에 저항하는 길을 걸었다. 정신과 의사이면서도 프로이트의 환영을 걷어내고 순교자들이나 성 프란체스코, 시몬 베유, 이스라엘의 여러 선지자 등 이른바 '평형을 잃은' 사람들을 소중하게 생각했다. 학자의 신분이었지만, 전문 용어를 사용하는 걸 경멸하고 어린아이들에게 설명하듯 일상 회화체를 사용하여 큰 호응을 받았다. 하버드 대학에서 교수로 일하는 동안에도 스쿨버스를 타고 다니며 자신이 가르치는 빈민가 아이들과 더불어 바닥에 책상다리를 하고 앉았다. 의사로서 병원을 개업하기에는 너무나 내향적이던 까닭에 결국 문학교육 과정을 가르치게 됐다. 임신 중절과 동성애자를 지지하는 대통령으로부터 문화적 아이콘으로 존경을 받았지만, 주님에 대한 신성 모독이라는 이유로 낙태와 동성애에 대해 반대 입장을 분명히 했다.

콜스 박사는 파스칼의 말을 빌려 자신의 신앙관을 설명했다. "자연은 무신론자들의 입을 다물게 만들고, 이성은 교조주의자들을 침묵하게 만든다." 이야말로 '크레용 아저씨'다운 명쾌한 정리가 아닐까?

문학이냐 의학이냐

자신도 인정하는 바이지만, 로버트 콜스 교수의 삶은 흐름에 맞춰 차례차례 살펴보아야만 파악이 가능하다. 교수의 부친은 영국 출신으로 유대교와 가톨릭의 혈통을 절반씩 물려받은 사람이었다. 매사추세츠 공과대학MIT에서 공부한 물리학자로서 그는 모든 신앙 문제를 무신론적 관점으로 보았다. 어린 로버트가 천국에 대한 셰익스피어의 묘사를 인용하기라도 할라치면, 아버지는 곧바로 "천국이라고? 그런 게 있으면 당장 내놔봐!"라고 말하곤 했다. 누군가 성령이란 이야기를 입에 올리면 성령이 뭘 어쨌다는 거냐고 수없이 되물었다. 이와는 반대로 아이오와 주 출신의 모친은 다소 신비주의적 경향을 보이는 신앙을 가지고 있었다. 두 아들이 어머니와 함께 예배를 드리는 동안 아버지는 신문을 읽으며 자동차 안에서 기다렸다. 콜스 박사의 어머니는 성경과 성공회 기도서 내용을 잘 알고 있어서 수시로 그 내용을 자녀들에게 이야기해주었다.

　10대 시절 로버트 콜스는 아버지의 고지식한 실용주의와 어머니의 온화한 경건주의가 양팔을 서로 반대 방향으로 잡아당기는 것 같은 느낌을 갖고 살았다. 하나님에 관해 무얼 믿어야 하는지 아무것도 몰랐다. 그럼에도 불구하고 문학을 사랑한다는 점에선 어머니도 아버지도 하나였다. 그들은 자식들에게 조지 엘리엇의 시를 큰 소리로 읽어주었으며 톨스토이와 디킨스의 작품을 사랑하는 마음을 심어주었다. 콜스는 추상적 개념으로가 아니라 이야기의 맥락 속에서 윤리적 문제들을 공부했다. 서로 다른 신앙을 가지고 있었지만 콜스 박사의 양친은 아주 구체적인 방식으로 연민의 정을 표현할 줄 아는 사람들이었다. 박사의 어머니는 가난한 이들이 찾는 진료소와 무료 급식소를 위해, 그리고 암으로 고통받는 아이들을 위해 시간을 할애했다. 콜스 교수의 아버지는 병실이나 요양원까지 찾아가서 가난하고 나이 든 사람들을 만났다.

　성적이 우수했던 로버트 콜스는 하버드 대학에 진학해서 영문학을 전공했다. 대학 재학 중에는 의사와 시인이라는 두 분야를 잘 조화시켰던 윌리엄 칼로스 윌리엄스의 매력에 빠져들었다. 젊은 콜스는 의사와 시인이라는 직업을 결합시킬 수만 있다면, 한편으로는 의술을 베풀고 다른 한편으로는 거기서 얻은 경험을 글쓰기에 반영함으로써 많은 사람들에게 도움을 줄 수 있을 것이라고 생각했다. 결국 윌리엄스의 영향을 크게 받은 로버트 콜스는 의사가 되기로 결심했다.

콜스는 그럭저럭 의사로서의 수련 과정을 밟아갔지만, 시간이 흐를수록 고민은 커져만 갔다. 환자들과 오랫동안 이야기를 나누면서도 실험실에서 실습을 하는 데는 거의 시간을 내지 않았다. 시신을 해부하는 일을 끔찍하게 여겼으며, 갓난아이의 몸에 주삿바늘을 찔러넣을 때마다 자지러지는 비명 소리에 마음이 약해졌다. 한번은 어린애의 목을 지나는 정맥에서 피를 빼내라는 지시를 받고 실제로 꽁무니를 빼기도 했다. 힘에 부치는 공부를 하던 콜스는 마침내 탈진 상태에 빠져서 멍하니 별이나 나무들을 쳐다보는 일이 잦아졌다.

그는 토머스 머튼의 시를 접하고, 얼마 동안 조용히 묵상하는 시간을 갖기 위해 머튼이 머물고 있던 켄터키 주의 트라피스트Trappist 수도원으로 들어갔다. 이제 하버드 대학으로 돌아가서 문학을 공부해야 하는가? 아니면 알베르트 슈바이처 박사가 아프리카에 세운 병원에서 일하기로 자원해야 하는가? 그를 가르쳤던 은사들은 정신 분석을 받아보라고 추천했다. 장차 의사가 되는 문제를 다시 생각해 보게 하려는 의도였다.

정신 분석은 예상치 못했던 방식으로 콜스에게 도움을 주었다. 정신 치료에 관해서 거의 아는 바가 없었고 프로이트 박사의 책이라곤 단 한 권도 읽어보지 못했지만, 환자들과 대화를 나눔으로써 의술을 베풀 수 있다는 사실이 그의 마음을 끌었다. 그는 정신과 의사가 되기로 작정했다. 콜스는 해답보다는 더 많은 의문만을 품은 채 전문의 수련 과정에서 물러났다. 그에게는 똑같이 힘든 환경에서 살면서도 누구는 병에 걸리고 누구는 제법 건강하게 살아간다는 사실이 풀리지 않는 수수께끼였다. 의사라는 직업 자체가 갖는 오만함이 그를 괴롭혔다. 그에게 인간이란 불가사의하고 복잡한 존재로 보이는 데 반하여 교수들은 꼬리표를 다는 방식으로 인간의 행위를 설명하는 경향이 있었다. 콜스는 윌리엄스라는 의사를 따라 왕진에 나섰던 일을 떠올렸다. 그때 윌리엄스가 빈민가 주민들에게 보여준 존경은 콜스 자신의 태도와는 전혀 딴판이었다. 환자들이 털어놓는 이야기를 들어주는 모습을 지켜보고 있노라면 윌리엄스는 빈민가 주민들의 삶을 존중해주는 일을 그들의 질병을 치료해주는 일만큼이나 중요하게 여기고 있는 듯했다.

정신 의학 공부를 하는 동안에도 콜스는 점점 더 소설가들에게 마음이 끌리고 있었다. 폴 틸리히는 의사에서 전업한 소설가 워커 퍼시를 소개해주었다. 콜스는 퍼시의 작품을 탐독했으며, 거기서 행동론 교과서에 나와 있는 것보다 더 정밀하게 묘사된 인간의 모습들을 발견했다. 독서의 폭을 더욱 넓혀갈수록 그가 만났던 어떤 정신과 의사들보다도 표도르 도스토옙스키 같은 소설가들이 인간 심리를 더욱 예리하게 꿰뚫고 있다는 생각이 들었다.

콜스는 전문의가 책상에 앉아 환자의 이야기를 잘 들은 뒤에 적절한 치료법을 선택하는 식의 전통적 정신 의학 방법론들에 회의를 품기 시작했다. 환자들의 가족과 가정, 문화, 경제적 지위 따위를 파악하려면 그들의 삶 속으로 들어가야 했다. 콜스는 관찰자와 피관찰자, 의사와 환자 사이에 놓인 다리를 건너가고 싶어 했다. 그가 훗날 고백한 것처럼, 환자들의 꿈, 비밀스러운 신념이나 편견, 되는 대로 내뱉는 농담, 무심결에 토해내는 한 마디 말 등 '환자의 삶 그 깊은 내면에 들어 있는 것들'을 생생하게 끄집어내고 싶어 했던 것이다. 언젠가 도로시 데이는 콜스 박사에게 이렇게 털어놓았다. "막연하지만 원대한 생각들이 머릿속에 있어요. 하지만 막상 자리를 잡고 앉아 대화를 나누며 누군가의 삶에서 일어나는 일들을 다 듣고 나면 어느덧 사라져버리는 경우가 많아요."

간단히 말해서 콜스는 적극적으로, 그리고 공세적으로 관심을 갖는 법을 배웠다. 한 사람 한 사람의 삶에는 저마다의 신비가 있고 쏟아놓을 이야기들이 있게 마련이다. 그는 그런 이야기를 찾아내서 다른 사람들을 위해 '해석'해보기로 마음먹었다. 그의 접근 방식은 전통적 방법과는 상당히 동떨어진 것이었다. 프로이트는 '인생의 의미'를 묻기 시작하는 순간 이미 병에 걸린 것이라고 말한 바 있다. 로버트 콜스는 환자에게 그것 말고는 다른 어떤 것도 물을 수 없었다.

우연이 바꿔놓은 삶

1960년대 초반, 콜스의 삶에 두 가지 결정적 계기가 닥쳐왔다. 그때 생각하기에는 그저 일상적 생활에 난데없이 끼어든 '우연'에 불과했지만, 지금 돌이켜보면 그의 삶을 영원히 바꿔놓은 획기적 사건이었다. 당시 공군에 복무하면서 미시시피 주 빌록시Biloxi 근교의 군 정신 병원을 책임지고 있었던 콜스는 어느 일요일 오후 멕시코만을 따라 자전거 여행을 떠났다. 그런데 길모퉁이를 하나 돌기가 무섭게 싸움질하는 소리가 들려오는 게 아닌가. 넌더리가 난 그는 고개를 절레절레 흔들었다. 어쩌면 이렇게 화창한 봄날에 싸울 생각을 할 수가 있단 말인가? 무슨 일인지 보기 위해 콜스는 자전거를 세웠다.

거기선 한마디로 축소판 인종 폭동이 벌어지고 있었다. 흑인 몇 사람이 백인들만 사용하게 돼 있는 바닷가에서 수영을 하려 했다는 게 사건의 전말이었다. 한 떼의 백인들이 흑인들을 에워싸고 있었다. 흑인과 백인들은 서로를 향해 소리를 질러댔다. 어느 백인이 흑인 여성의 안경을 짓밟고 시계를 바닷에 내동댕이치는 게 보였다. 금방 분위기가 살벌해졌고, 당장이라도 몸싸움이 벌어지지 않을까 걱정스러웠다. 그는 고향에서 1천6백 킬로미터나 떨어진 곳에 나와 있는 비쩍 마르고 겁에 질린 북부 출신 백인에 지나지 않았다. 콜스는 어떤 형태의 윤리적 분노도 표시하지 못한 채, 다시 자전거를 타고 길을 떠났다.

그날 밤, 기지 병원에서 숙직 근무를 하던 그는 두 경찰관이 바닷가에서 일어났던 바로 그 사건에 대해 이야기하는 걸 듣게 됐다. 둘은 친구 사이였으며 성품이 온화하고 정중해서 존경심이 드는 경찰관들이었다. 하지만 그날 밤 그들은 험악한 목소리로 대화를 나누고 있었다. 한쪽에서 "이렇게 소문만 안 났더라도 검둥이들을 죽여버렸을 텐데"라고 말하자, 다른 쪽 경찰관은 "또 한 번 그따위 짓을 했다간 정말 없애버리고 말겠어"라며 씩씩거렸다.

콜스는 아무 말도 하지 않았다. 하지만 남부에서 벌어지고 있는 일들에 꼼짝없이 휘말려 들어가고 있음을 느꼈다. 흑인들로 하여금 생명의 위협을 감수하면서까지 바다에 뛰어들게 만든 도덕적 동기가 고작 특별하달 것도 없는 미시시피 바닷가에서 수영한 첫 번째 흑인이 되고 싶다는 것뿐이었을까? 도대체 무엇이 점잖은 태도를 견지했던 두 백인 경찰관의 눈에 분노가 피어오르게 만들었을까? 콜스는 그런 질문들을 마음속 깊은 곳에 감춰두었다.

한편, 콜스의 개인 생활은 방황의 연속이었다. 공군에 입대하면서 샌프란시스코라든가 하와이나 일본처럼 자신간의 씨앗을 이식해볼 수 있는 이국적인 근무지를 희망했다. 하지만 기대와 달리 미시시피로 배속됐고, 스스로 군대식 사고방식에 어울리지 못한다고 생각하는 일이 잦아졌다. 폭음을 해가며 그는 한바탕 우울증과 싸움을 벌였다. 시무룩하고 위축된 채 보내는 시간이 많아서, 누구를 분석해주기보다는 분석받아야 할 사람으로 보였다. 고민 끝에 콜스는 뉴올리언스에 있는 정신과 의사를 만나 상담을 받기로 했다. 그때부터 매주 미시시피 공군 기지에서 뉴올리언스의 부유층 거주 지역까지 흰색 포르쉐를 전속력으로 몰고 가서 의사를 만났다.

그러던 어느 날, 하층민들이 사는 젠틀리 공단 지역을 지나가는 도중에 문제가 생겼다. 인종 분규 때문에 주 방위군이 간선 도로를 차단했던 것이다. 콜스는 소요가 벌어지고 있는 현장인 어느 초등학교로 차를 몰았다. 그리고 거기서 몸집이 자그마한 여섯 살짜리 흑인 소녀 루비 브리지를 처음 만났다. 루비는 프란츠 초등학교에 입학한 첫 번째 흑인 아이였는데, 나머지 학생들이 이에 대한 저항의 표시로 수업을 거부하고 있었다. 루비 브리지는 연방 보안관들의 경호를 받으면서(미시시피 주와 뉴올리언스 시 경찰은 모두 신변 보호를 거절했다) 목청껏 지저분한 소리를 해대며 주먹을 흔들어 협박을 퍼붓는 백인 패거리들의 한복판을 지나가야 했다. 몇 마디 이야기 끝에 그는 루비가 매일 호된 시련을 마다하지 않고 텅 빈 학교에 등교해서 교실에 혼자 앉아 있다가 돌아온다는 사실을 알게 됐다.

이 용감한 소녀를 보면서, 콜스의 마음속에 스트레스가 어린이들에게 미치는 영향을 연구하는 데 루비야말로 정말 이상적인 연구 대상이 될 수 있겠다는 생각이 떠올랐다. 물론 루비 가족의 신뢰를 얻기까지는 제법 시간이 걸렸다. 이전까지 그들이 사는 마을에 들어와 본 백인은 단 한 사람도 없었기 때문이다. 그러나 결국 루비는 도움을 주기로 약속했다. 더 이상 할 이야기가 없을 만큼 충분히 대화를 나눈 뒤에 콜스는 루비에게 그림을 그려보라고 했다.

그로부터 몇 달이 지나면서 놀라운 일들이 벌어졌다. 로버트 콜스 박사는 하버드 대학과 컬럼비아 대학, 시카고 대학에서 모든 특전을 제공하는 소아과와 정신과 전문의가 되었다. 콜스 박사는 교육받지 못하고 소외된 흑인 어린이 하나를 치료하려고 뉴올리언스 빈민가에 들어갔다. 그러나 시간이 가면서 역할이 반전됐음을 알게 됐다. 콜스 자신이 학생이 됐고, 루비는 박사에게 고등 윤리학을 가르치고 있었다.

밤이면 박사는 아내 제인과 함께 비슷한 환경이 주어진다면 어떻게 반응할지 토론했다. 만약에 몽둥이를 휘두르는 일단의 성난 군중들이 그의 출입을 가로막기 위해 하버드 대학 입구에 늘어서 있다면 어떻게 할 것인가? 물론 먼저 경찰에 전화를 할 것이다. 하지만 뉴올리언스의 경찰관들은 달려오지 않았다. 그들 역시 루비의 편이 아니었기 때문이다. 콜스 박사는 기지에서 우연히 엿들었던 경찰관들 사이의 대화를 떠올렸다. 변호사를 부르고 법원 명령을 받아내는 것은 어떨까? 그러나 루비의 가족들은 아는 변호사가 한 사람도 없었으며 설령 변호사를 구한다 해도 대가로 지급할 만한 게 전혀 없었다. 아니면 최소한 정신 병리학적 언어로 군중의 행동을 설명하고 상황을 피해 가거나 짐짓 겸손한 어투로 글을 쓸 수도 있다. 하지만 루비는 그런 말을 할 줄 모른다. 간신히 읽고 쓰기를 배웠을 뿐이다.

그렇다면 그런 위협적인 상황에서 루비 브리지 같은 어린아이가 무슨 일을 할 수 있겠는가? 루비가 했던 행동은 기도였다. 자신을 위해서는 강하고 담대하게 해달라고 기도했고, 적들을 위해서는 하나님께서 그들을 용서해주시기를 간구했다. 루비는 마치 모든 문제가 해결되기라도 한 것처럼 콜스 박사에게 말했다. "예수님께서도 십자가에서 '저들을 사하여 주옵소서. 자기들이 하는 것을 알지 못함이니이다'라고 기도하셨잖아요."

루비 말고도 여섯 살배기 흑인 계집아이 세 명이 비슷한 적대 행위를 무릅쓰고 다른 학교에 다니고 있었다. 콜스 박사는 그들과도 일주일에 두 차례씩 만났다. 특히 테시라는 꼬마와 잘 알게 되었는데, 할머니가 엄마 노릇을 대신하고 있는 아이였다. 아침 여덟 시 정각, 연방 보안관들이 찾아오면 할머니는 "전능하신 주님, 오늘도 은혜를 베푸소서"라고 인사하며 어린 테시를 넘겨주었다. 아이는 검은 제복을 입고 허리에 권총을 찬 어른들에 에워싸인 채 도시락 가방을 들고 학교로 갔다. 사나운 군중들과 그런 식으로 두 달여를 부딪치고 나자 테시는 학교에 가지 않고 집에 있고 싶다는 뜻을 비쳤다. 당장 할머니의 꾸지람이 떨어졌다. "아가, 똑똑히 들거라. 너는 이 세상에서 선하신 주님을 도와드려야 한다. 주님은 우리를 세상에 보내시고 그분을 돕도록 소명을 주셨단다. 너는 맥도너 초등학교 학생이다. 언젠가 모든 사람들이, 심지어 지금 너를 향해 목이 터져라 고함을 쳐대는 불쌍한… 그래, 그 불쌍한 사람들(주여, 그들을 위해 기도합니다!)까지도 네가 맥도너 학교의 학생이란 사실을 인정하는 날이 오고 말 거야. 아가, 넌 주님의 백성이다. 주님께서 네 머리 위에 손을 얹고 계셔. 예수님께서는 주의 이름으로 하나님을 섬기도록 너를 부르셨단다."

도덕적 발달과 관련해서 콜스 교수가 작성한 연구 도표에는 원수에게 베푸는 너그러운 사랑이 가장 상위 항목을 차지하고 있다. 예수님이나 마하트마 간디를 비롯해 이전에 살았던 몇몇 성인들만이 도달할 수 있었던 수준이다. 그러기에 콜스 박사는 여섯 살짜리 여자아이들과 '문화적으로 권리를 박탈당한' 가족들이 날마다 그처럼 최고 수준의 철학을 실천하며 살고 있으리라고는 꿈에도 생각하지 못했던 것이다.

'학교에선 우등생이지만, 일상적 삶에선 낙제생.' 소설가 워커 퍼시는 《재림》이라는 작품에 등장하는 어느 인물을 그렇게 묘사했다. 로버트 콜스 박사는 문득 자신도 워커 퍼시의 묘사에 해당되는 인물이 아닐까 의심스러워지기 시작했다.

낮고 평범한 사람들에게서 배우다

다음은 콜스 박사의 책 가운데 한 대목이다.

지난해, 우리는 뉴저지에 있는 작은 교회로 갔습니다. 예의 그 갓난이를 포함해서 모든 아이들이 다 모였습니다. 잭슨 목사님(이름도 잊어버리지 않아요)도 거기에 있었는데, 그분은 좌중을 향해 조용히 해달라고 한 다음, 이 땅에 살게 된 걸 감사해야 한다고 말했습니다. 하나님을 믿지 않는 나라에 태어나지 않고 기독교 국가에 태어난 걸 고맙게 여기란 말이었습니다. 구체적으로 어디가 '하나님 없는 나라'라고 했는지는 기억나지 않지만, 아무튼 목사님은 계속해서 다른 나라들에 대해 이야기했습니다. 결국 남편은 화를 참지 못하고 분통을 터트렸습니다. 무슨 말인가가 신경을 건드린 모양이었습니다. 남편은 벌떡 일어나서 소리를 지르기 시작했습니다. 잭슨 목사님이 서 있는 곳으로 걸어가서는 제발 좀 닥치고 우리 뜨내기 노동자들에게는 더 이상 아무 소리도 말라고 외쳤습니다. 우리를 그냥 내버려두고 어딘지 모르지만 당신 교회로 돌아가라, 마치 도와주러 온 착한 사람인 것처럼 거기 서 있지 말라고 했습니다.

그리고 남편이 할 수 있는 가장 나쁜 짓을 했습니다. 우리 아기 애니를 채 가듯 집어 올려다가 목사님의 코앞에 들이대고는 히스테릭하게 비명을 지르고 고함치며 큰 소리로 외쳤습니다. 여태까지 남편이 그렇게 행동하는 걸 본 적이 없었습니다. 남편이 한 이야기를 정확하게 기억하지는 못하지만 대략 여기 애니라는 갓난아이가 있다. 몸이 아프지만 진찰 한번 받아보지 못했다. 그걸 당신도 알고 나도 알지 않느냐, 음식을 제대로 넘기지 못하고 경련을 일으키는 게 금방이라도 죽을 것 같아서 걱정이지만 하나님께서 도와주시면 발작을 멈추게 될 것이다. 우리에겐 자신은 물론이고 애니나 다른 아이들을 위해 쓸 돈이 없다는 등등의 이야기였습니다.

  남편은 애니를 목사님의 키보다 더 높이 번쩍 들어올리며, 왜 가서 애니를 위해, 그리고 경작자들이 우리 뜨내기 노동자들에게 저지른 짓에 대해 벌주시도록 기도하지 않느냐고 그를 다그쳤습니다. 목사님은 대답하지 못했습니다. 아마 겁이 났을 겁니다. 남편은 그가 다른 사람들을 그렇게 잘 보살폈는데도 하나님께서 돌아보시지 않는다고 다시 고함치기 시작했습니다. 그리고 다시 애니를 십자가 높이까지 쳐들고 이제 설교를 할 목사는 그만 보내시고 직접 오셔서 우리를 좀 보시는 게 좋겠다고, 설교자(하나님께서는 왜 주님에 대해 이야기할 설교자만 계속해서 부르시는지)는 그만 됐노라고 외쳐댔습니다.

_ 로버트 콜스,
《뜨내기 노동자, 소작농, 산지 사람들*Migrants, Sharecropper, Mountaineers*》에서

미국 명문대학들인 아이비리그에서 받은 학위나 의사 면허증 따위는 매사추세츠 집에 처박아두고, 로버트 콜스는 향후 40년 동안 변함없이 추구하게 될 독특한 유형의 작업에 착수했다. 루비나 테시 같은 아이들과 접촉하면서 영감을 얻은 그는 이웃 주민들과 이동 주택에 사는 사람들, 남부 지방의 농부들을 찾아다녔다. 콜스 박사는

교사로 일하던 아내 제인과 함께 어린 학생들을 사귀고 교실을 방문하는 한편, 학부모와 아이들에게 그들의 삶에 대해 배우고 싶다는 뜻을 밝혔다.

아이들이나 가족들이 외부인에 대한 의구심을 다 버리지 못했던 탓에 첫 만남은 언제나 어색하고 불편했다. 처음 몇 차례 찾아갈 때까지는 물 한잔 권하는 사람도 없었다. 조금 안면을 익힌 뒤에야 "뭔가 뺏어갈 게 있을 때 말고는 백인이 여기에 들어오는 일은 전혀 없습니다"라고 설명해주었다. 콜스 박사는 우선 상대의 이야기를 그저 듣기만 했다. 다음에는 수첩을 펴고 필요한 것들을 조금씩 적었고, 마침내 상대방의 신뢰를 얻었다는 확신이 들면 녹음기를 꺼내놓았다. 앞에서 인용한 소작 농부의 아내의 경우에서 보듯, 점차로 가족 모두가 박사에게 마음을 열어주었다.

물론 박사가 언제나 관찰자와 참여자를 구별할 수 있었던 것은 아니며, 그렇게 하려고 애쓰지도 않았다. 애틀랜타에서 처음으로 인종통합 교육을 받게 된 10대 흑인 학생 열 명을 연구하는 과정에서 박사는 제임스 포먼과 스토클리 카마이클이 이끄는 학생비폭력조정위원회SNCC라는 단체가 있다는 사실을 듣게 됐다. 박사는 내과와 정신과 의사로서 그들을 돕고 싶다고 제안하는 한편, SNCC의 학생 운동가들과 인터뷰할 수 있도록 허락해주기를 청했다. SNCC는 그의 제안을 단호하게 거부했다. 콜스 박사는 SNCC를 돕는 일이라면 무엇이든 하겠다고 다시 간청했다. 그러자 포먼이 대답했다. "아하, 그렇군요. 그렇다면 여기를 깨끗이 치우는 일로 도와주시지요."

일주일이 가고, 다시 한 달이 가고, 마침내 1년이 되도록 박사는 마루를 훔치고, 진공청소기를 돌리고, 먼지를 털고, 설거지를 하고, 화장실 청소를 하면서 붙박이 관리인으로 지냈다. 막일을 하면서 그는 자신이 알고 있는 흑인 부모들 가운데 절반쯤은 하루 종일 비슷한 일을 하고 있다는 사실을 깊이 새겨두었다. 그리고 그 과정에서 좀처럼 마음을 주지 않으려는 학생들로부터 조금씩 존경과 신뢰를 받게 되었으며, 그들의 이야기를 얻어듣기도 하고, 비록 가장 낮은 단계이긴 하지만 SNCC 운동에도 참여할 수 있었다. 심지어 미시시피 주에 있는 SNCC 자유의 집이 폭파되는 사건이 일어났을 때는 감옥에 들어가기까지 했다. 당국에서 안녕과 질서를 해친다는 그 시대 특유의 암울하고 부조리한 논리를 내세워 자유의 집 거주자들을 체포했기 때문이다. 또 1964년에는 미시시피 주에서 선거인 등록 운동을 주도하던 세 명의 민권 운동가와 동행하기로 한 계획을 마지막 순간에 변경했는데, 그 세 사람은 나중에 강둑에 암매장된 피살체로 발견됐다.

이러한 경험들을 통해서 이야기의 물줄기가 시작됐고 마침내는 폭포수처럼 쏟아져내렸다. 콜스 부부는 녹취록을 편집하고 일관성을 갖도록 가공한 뒤에 연구 주제에 대한 결론을 끄집어냈다. 미국 남부인들을 다룬 《위기의 아이들: 용기와 두려움에 대한 연구 Children of Crisis: A Study of Courage and Fear》는 뜨내기 노동자와 소작농, 산지 사람들을 다룬 제2권, 애팔래치아 산맥 사람들과 북부의 도시 빈민을 다룬 제3권, 에스키모, 치카노(멕시코계 미국인—옮긴이), 인디언들을 다룬 제4권, 부유층 자녀들을 다룬 제5권으로 이어지는 연작의 첫 권이 되었다. 아이들과의 실제 대화를 토대로 박사는 스터즈 터클

풍으로 고쳐 써보고 부르노 베텔하임 식의 해석을 해보는 등 독특한 목소리를 시도했다. 드디어 문학에 대한 사랑과 과학적 연구를 병행할 수 있는 길을 찾은 것이다.

평범한 사람들과 함께하는 작업은 콜스 박사에게 또 다른 훈련이 됐다. 인간을 사회학적 집단의 구성원이 아니라 개인으로 파악하기 시작했으며, 오히려 '사회적 혜택을 받지 못한' 사람들 가운데 중산층 주거 지역이나 특권층 자녀들이 다니는 학교에서는 볼 수 없는 '내적인 힘의 저장고' 같은 것이 존재한다는 사실을 깨달았다. 예를 들어, 트럭을 타고 이 농장 저 농장 남부 지방을 전전하며 밤에는 헛간이나 닭장에서 새우잠을 자면서 등이 휘어지게 일해봐야 보수라곤 시간당 1달러가 고작인 일자무식 뜨내기 노동자들은 도대체 어디서 고단한 일상을 견뎌낼 힘을 얻는 것일까? 콜스 박사가 지금까지 공부했던 행동주의 이론에 따르자면, 그런 가난한 사람들은 환경을 극복하지 못하고 파멸하거나 깊은 원한을 품게 된다고 한다. 그러나 인도에서 브랜드 박사가 치료했던 한센병 환자들과 마찬가지로 미국의 빈민들 역시 무어라 설명할 수 없는 초월과 은혜의 모습을 보여주었다.

콜스 박사의 책들에는 비참한 생활에 매몰되지 않고 은혜에 기대어 사는 평범한 사람들을 언어라는 카메라로 찍어낸 스냅 사진들이 가득하다. 가난한 사람들이 얼마나 자주 하나님 이야기를 들려줬던지, 박사도 그들과 더불어 교회에 출석하기 시작했다. 정확하게 한 시간 남짓 지적 체험을 제공하고 마는 식의 엄숙한 교회에 익숙했던 까닭에, 그는 예배가 너무 방만하고 지나치다 싶을 만큼 감정적이라고 생각했다. 박사는 예배에 참석해서 교인들이 부르는 찬송에 귀를 기울이는 한편, 가난한 사람들의 신앙에 사회심리학적 힘이 작용하고 있는 징후가 보이지는 않을까 침착하고 냉정한 눈으로 목회자와 교인들을 관찰했다.

그는 교회에 존재하는 무엇인가가 뜨내기 노동자와 가난한 흑인들, 더 나아가서 빈민층 백인들까지 획기적으로 변화시키는 장면을 거듭 목격했다. 의과대학에서 배운 전문용어로는 설명할 수 없는 무언가 엄청난 권능이 예배 가운데 움직이고 있다고 인정할 수밖에 없었다. 지쳤던 이들이 새 힘을 얻고 돌아갔으며, 찍어 누르던 고통도 가벼워졌고, 미움도 조금씩 녹아내렸다. 그런 변화는 과거에 그가 공부했던 어떤 분야에서도 다뤄본 적이 없는 것이었다.

그렇기는 하더라도, 성령님께서 운행하시며 구체적 사건을 통해 스스로를 드러내시는 걸 직접 보고, 듣고, 느낀 나로서는 이것이 주님께서 교회에 생기를 불어넣는 방법이라고 말할 수밖에 없을 것이다. 그건 사건이었다. 무슨 일인가 일어나고 있었고, 무언가 벌어지고 있었다. 예배를 드리는 사람들은 그저 성령에 대해 이야기하거나 성령이라는 단어를 쓸 줄 아는 사람이 아니라, 당장 성령 가운데서 무언가를 행하는 사람(성령님과 더불어 어딘가를 향해 가는 사람이라고까지 말할 수 있다)이었다. 소박한 시골 교회당 안에서 어떤 이는 깊은 감동을 받고 황홀해서 어쩔 줄 모르고, 또 누군가는 힘과 용기를 얻었다. 팔다리와 손을 흔드는 이가 있는가 하면 허리를 굽혔다 펴기를 되풀이하거나 몸을 꼬고 맴을 도는 이들도 있었다. 결국 다들 그렇게 소원하던 바를 이루었다.

_ 로버트 콜스, 《뜨내기 노동자, 소작농, 산지 사람들》에서

가난한 사람들은 불공평한 인생에 대해 어떠한 해답도 가지고 있지 않았다. 그저 '그렇게 태어난 탓'에 고통과 빈곤의 악순환에 끼어들어가게 됐을 뿐일까? 그들에게는 이런 문제를 곰곰이 생각해볼 만한 시간이나 여유가 거의 없었다. 하지만, 삶에 힘을 주는 요인이 무어냐고 물으면 주저 없이 '예수님'을 지목했다. 신앙은 버팀목 정도가 아니라 영감을 주는 근원이었다. 그들은 예수님과 십자가의 형상에서 한 줄기 빛을 보았다. 하나님께서 지금 겪고 있는 고통을 알고 계신다는 희망의 광선이었다. 패니 루 해머는 미시시피 목화밭에서, 그리고 나중에는 감옥에서 이렇게 노래하곤 했다. "오 주여, 제가 지금 어떻게 느끼고 있는지를 주께서 아시나이다."

어느 여인은 자기 형편을 털어놓으면서 거의 키르케고르에 필적하는 용어들을 구사했다.

제 의지 따위는 중요하지 않습니다. 중요한 건 하나님의 뜻이지요. 주님께서 제가 이런 고통을 받길 원하신다면, 거기엔 그럴 만한 이유가 있다고 생각합니다. 인간은 주님 앞에서 믿음을 검증받기 위해 세상에 존재합니다. 어떤 사람이 큰돈을 주면서 뭐든지 저와 제 아이들이 먹고 싶은 것을 사라고 말한다 칩시다. 저는 큰 곤경에 빠지게 될 겁니다. 스스로에 대해 염려가 생기기 시작할 겁니다. 할 수만 있다면, 저는 예수님을 기억하고 싶습니다. 주님은 우리가 예

수님이 아니라 자신에 대해 걱정하는 것을 경계하셨습니다. 주님께서는 우리에게 많은 것을 요구하십니다.

― 로버트 콜스, 《뜨내기 노동자, 소작농, 산지 사람들》에서

콜스 박사는 하나님께서 세상에 오실 때, 의사나 변호사, 대학 교수가 아니라 언제라도 농부, 어부들과 교제할 수 있는 목수라는 독특한 생활 환경을 선택하셨다는 사실을 떠올렸다. 박사의 어머니가 항상 들려주던 이야기였다. 뜨내기 노동자였던 애니 아버지의 이야기처럼, 하나님께서는 직접 세상에 오셔서 모든 상황을 똑똑히 보셨던 것이다.

어느 뜨내기 농장 노동자는 인터뷰를 하면서 "우리는 머릿속에 예수님의 마음을 품고 있습니다"라고 고백했다. 순간, 콜스 박사는 의사답게 '그렇다면 이 양반이 술에 취하거나, 미치거나, 일시적 착란 상태에 빠지거나, 머리가 늦게 돌아가는 사람이면 어떡하지?' 하는 생각이 들었다. 하지만 정처 없이 떠돌며 고통, 경멸, 단절감과 외로움 속에서 사셨던 예수 그리스도의 마음, 케노시스의 마음, 또는 사심 없이 텅 빈 마음을 잠시 생각해보고 난 다음에는 뜨내기 노동자가 해준 이야기에서 풍성한 진리를 볼 수 있었다.

가난한 사람들 틈에서 일하면서 콜스 박사는 빈곤을 낭만적으로 그린다든가, 신앙을 그들이 조용히 살도록 유도하는 진정제쯤으로 파악하는 함정에 빠지지 않으려고 노력했다. 박사는 의회에 청원을 넣기도 하고 진보적 매체에 사회보장 제도나 빈곤과의 전쟁(War on Poverty, 미국 내의 특정한 지역에 집중된 빈곤을 퇴치하기 위하여 실시한

정책—옮긴이)을 지원하는 글을 기고하기도 했다. 그렇다 해도 자신과 함께 사는 이들 가운데 실재하는 신앙생활의 실체를 부정할 수는 없었다. 하지만 박사가 신앙이 빈민들에게 미치는 영향에 대하여 글을 쓸 때마다 기자들은 부드러운 침묵으로 일관했다. 기자들은 로버트 콜스 박사의 글을 자주 인용하면서도, 정작 그가 가난한 사람들에게 가장 중요한 요소라고 생각했던 신앙 부분에 대해서는 지속적으로 무시해버렸던 것이다.

콜스 박사는 과거 학교에서 배웠던 신앙이란 '인간을 마비시키는 아편'으로서 도덕적·정치적 분노를 둔화시킨다는 논리는 실제로 가난한 사람들과 접촉해본 일이 거의 없는 불신 사회과학자들이 서투르게 꾸며낸 이야기라고 믿게 됐다. 남아프리카공화국, 브라질, 북아일랜드, 미국 등 그 어디를 막론하고 그가 만났던 가난한 사람들은 일반적으로 신앙 때문에 의로운 분노가 약해지기는커녕 오히려 불의에 대해 더 민감해졌다. 박사는 히브리 선지자들과 예수님께서 선포하셨던 말씀들을 다시 찾아 읽었다. 그리고 라틴 아메리카의 바닥 공동체들base communities과 남아프리카공화국의 흑인들, 그리고 미국 남부에서 맹렬하게 민권 운동을 이끌던 목회자들을 통해 그 메시지가 실제적으로 구현되고 있음을 직접 목격했다.

1965년, 앨라배마 주 버밍햄에서 온 어느 젊은 시위대원 역시 박사와 똑같은 의견을 이야기했다. "나로서는 특별히 인종분리 정책에 반대할 이유가 없습니다. 나는 그저 한 사람의 남부 출신 백인일 뿐이고, 인종 통합을 사랑하도록 교육받은 적도 없습니다. 하지만 나는 예수 그리스도를 사랑하라는 가르침을 받고 살았습니다. 똑같은 인간을 향해 사나운 개를 풀어놓는 이곳 경찰관들을 보면서 예수님이라면 어떻게 하셨을지 자문해보았습니다. 제가 이곳 제일선까지 나서게 된 이유는 그게 전부입니다."

정말 중요한 것은 자신의 내면으로부터

로버트 콜스의 글을 읽고 내용에 빠져들며 해를 거듭하다 보니 그로부터 지대한 영향을 받게 됐다. 콜스 박사는 인터뷰 대상이 스스로 자기 이야기를 하도록 만들었는데, 독자들 가운데는 그러한 목소리들만 한군데에 모아놓으면 오히려 듣는 이를 무감각하게 만드는 결과를 가져올 수도 있지 않겠느냐고 불평하는 이들도 있었다. 하지만 내게는 눈가리개를 벗어버리고 과거로 돌아가도록 인도해주는 동반자 구실을 톡톡히 해주었다.

나는 콜스 박사가 활동했던 바로 그 지역들에서 성장했다. 박사가 애틀랜타의 공립학교들에 진학한 10대 흑인 청소년들을 상담하고 있을 때, 나는 인접한 데칼브 지역에서 고등학교에 다니고 있었다. KKK단이 활개를 치고 다니는 통에 흑인 학생들은 피부색이라는 장벽을 뛰어넘을 생각조차 하지 못하던 곳이었다.

교회에서는 제임스 포먼과 스토클리 카마이클 등 SNCC(학생비폭력조정위원회) 참여자들을 외부 선동가들이라든가 혁명을 조장할 목적으로 파견된 빨갱이 첩자로 매도했다. 몇 해가 지나고 나서야 나는 콜스 박사의 눈을 통해 그들의 실체를 알게 되었다. 모두들 신앙을 행동의 동기로 삼는 이상주의적 생각을 가진 젊은이들이어서, 조직의 강령뿐만 아니라 기구 이름 자체에도 '비폭력'이라는 단어를 집어넣었을 정도였다. 하지만 그들은 간디나 킹 목사가 실천했던 비폭력 저항 전술을 채택했으면서도 군인처럼 자신을 단련했다.

프리덤 라이더Freedom Rider들은 앨라배마 주와 미시시피 주의 모든 대합실에서 행해지던 인종차별을 철폐하기 위해 그레이하운드 고속버스에 올라타는 놀라운 용감성을 보여주었다. 그 가운데는 10대 청소년들도 끼어 있었다. 버스가 정류장에 멈출 때마다 백인 패거리들이 깨진 병과 벽돌, 쇠파이프로 프리덤 라이더들을 맞았다. 어떤 때는 버스가 제자리에 서지 않고 고속으로 폭도들을 지나 다음 정류장까지 내처 달리기도 했다. 경우에 따라서는 버스가 멈추면 시위대원들이 차에서 내려서 맨손으로 폭도들과 대치하는 일도 벌어졌다. 그럴 때면 프리덤 라이더들은 피가 철철 흐르는 머리나 부러진 갈비뼈를 붕대로 대충 싸매고 다시 버스에 올라 여행을 계속했다. 이들의 행진은 버스가 날아온 화염병에 맞고 고속도로 갓길에서 다 타버릴 때까지 계속됐다.

콜스 박사의 책에서는 민권 운동가들뿐만 아니라 한창 자랄 때 내 주위에 있던 사람들처럼 편견으로 단단히 무장한 빈민층 백인들도 만날 수 있었다. 나는 그들에게서 달아나려고 애를 썼고 그들을 극복하고 싶어 했다. 함께 어울리기보다는 생각에서 떨쳐내려고만 했다. 결국 대학을 졸업했고 시카고로 이사까지 했으니 그럭저럭 도망치는 데 성공을 거둔 셈이다. 그런데 콜스 박사가 채집한 목소리들을 듣는 동안 어린 시절로부터 여러 인물들, 특히 우리 식구들이 살던 이동 주택 부근의 이웃들이 밀려와 눈앞에 어른거렸다. 닐이란 친구는 숨을 곳을 찾아서 우리 집으로 달려왔다. 곤죽이 되도록 술을 마신 닐의 아빠가 자기 아내를 쫓아가서 잠긴 자동차의 유리창을 맥주병으로 후려쳤고, 겁이 난 닐의 엄마는 경적 위에 걸터앉아 도와달라고 소리를 질러댔던 것이다. 기름기 많은 얼굴에 기다란 말총머리를 하고 다녔던 집시 프로레슬러 조는 큰길가에 멋진 트레일러를 세워두고 매주 애틀랜타 시내로 시합을 하러 다녔다. 상대방과 짜고 벌이는 경기였지만, 여전히 위험스러운 게임이었다. 열두 살 단짝 친구들은 숲 속에 숨어서 담배를 피우고 인근 하수도 침전물 처리장 주위에서 전쟁놀이를 즐겨 했다. 언젠가는 트레일러를 부수고 들어가서 술에 취해 죽어 있는 사람을 찾아내기도 했다. 구역질 나는 냄새가 트레일러 주차장 전체로 퍼져나갈 때까지 일주일 동안이나 그렇게 방치되어 있었던 것이다.

로버트 콜스 박사의 책에서는 닐이나 조와 같은 사람들이 계속 등장한다. 박사가 이끄는 대로 여행을 되풀이하면서 깨달은 게 있다. 무식하다기보다 속물적이라고 해야 마땅할 지난날의 근본주의를 몰아낸 자리에 새로운 형태의 근본주의를 받아들였다는 사실이다. 태평스럽게 어린 시절 다니던 교회의 죄와 잘못을 지적하면서도 나 역시 의로움 가운데 머무는 경우가 거의 없다. 과거에는 흑인들을 깔보다가 이제는 인종차별주의자들을 경멸하는 식이다. 전에는 부유한 사람을 피하더니 이제는 가난한 사람을 외면한다. 역사의 상당 부분은 이제는 또 하나의 장애물이 돼버린 신념에 따라 가난한 사람과 부유한 사람, 백인과 흑인, 가톨릭과 개신교, 무슬림과 힌두교도,

이스라엘 국민과 아랍 민족이라는 극단으로 기울었다. 특이하게도 콜스 박사는 단순히 사람들로 하여금 스스로 자기 이야기를 털어놓게 하는 한편, 개개의 인간 존재의 복잡성을 고스란히 표현해냄으로써 양편이 지닌 존엄성을 지지해주고 싶어 했다.

콜스 박사는 마틴 루터 킹 목사가 어느 날 SNCC 사무실에서 '운동에 참여하고 있는 형제자매들에게' 했다는 즉흥 설교 이야기를 자주 했다. 끊임없는 적대 행위에 시달리는 데다가 사력을 다해 추진하던 선거인 등록 및 인종차별법안 철폐 운동이 별다른 성과를 거두지 못하자, SNCC 자원 봉사자들은 점점 지쳐가기 시작했다. 킹 목사는 자원 봉사에 나섰던 학생들이 증오심을 견디지 못하고 동일한 적대감으로 상대방에게 갚아주고 싶은, 다시 갈해서 적들과 똑같아지고 싶은 유혹을 받고 있다는 사실을 감지했다. 킹은 형제자매들에게 이렇게 설교했다.

> 우리가 마주 싸우고 있는 상대편의 행동을 그대로 쫓아 하려는 유혹이야말로 커다란 위협이 아닐 수 없습니다. 저들이 우리를 욕하면, 우리도 똑같이 대꾸합니다. 어쩌면 저들을 지칭하는 '레드넥red-neck'이나 '크래커cracker'는 욕설이라기보다 사회심리학적 수식어, 즉 그럴듯한 포장일 수도 있습니다. 그러나 그렇다 하더라도 게으름뱅이, 얼간이, 멍텅구리, 미치광이, 가난뱅이 백인, 증오심에 불타는 사람들을 말하는 것만은 틀림없습니다. 물론 여러분 가운데 누구를 붙잡고 물어봐도 그런 식의 분류를 뒷받침할 만한 풍부한 증거를 제시할 수 있으리라는 사실을 저도 잘 알고 있습니다. 하지만 저는

그렇게 사람을 구분 짓는 일에 대해 곰곰이 생각해보라고 말씀드리고 싶습니다. 인종차별주의자 가운데 많은 사람들, 정말 많은 사람들이 실생활에서는 전혀 다르게 행동합니다. 우리 편인가 상대편인가, 또는 여기 서 있는가 저쪽에 서 있는가는 이웃과 가족에게 친절한가라든지 유익하고 선한 뜻을 가지고 일하는가와는 별개의 문제가 될 수 있습니다.

여러분들은 모두 제가 무슨 이야기를 하는 것인지 잘 알 거라고 생각합니다. 저쪽 사람들의 전형적 행태를 따라가지 않도록 해야 합니다. 그들이 우리를 자신들과 똑같은 꼴이 되도록 끌어들이려 한다 해도 말입니다. 우리는 누구입니까? 저들이 저질렀던 잘못을 우리가 스스로 되풀이하지는 맙시다. 악한 무리와 투쟁하는 고결한 사람, 심술궂고 오만한 부류들과 싸우는 성실한 사람, 또는 무지한 족속들과 대치 중인 점잖은 사람 따위의 포괄적 범주에 속하도록 노력합시다.

여러분들이 알다시피, 저는 끊임없이 전진할 것이며 그 길에는 위험이 따를 수도 있습니다. 단순히 '우리'와 '그들'로 사람을 구분하려는 사고가 뿌리를 내리고 있습니다. 여태까지 마주 싸워왔던 무리들과 같은 줄에 서는 위험천만한 모험을 시작한 것입니다. 작금의 이러한 풍조가 대단히 염려스럽습니다.

_《섬김으로의 부르심 *The Call of Service*》에서

킹 목사의 글과 콜스 박사의 반응을 보면서, 박사가 나를 향해 킹 목사가 지적했던 바로 그런 유혹을 조심하라고 주의를 환기시키고

있음을 깨달았다. 어느새 나는 개화되고 바른 사고를 할 줄 알며 교양 있는 방관자가 되어 있었으며, 이는 콜스 박사가 평생에 걸쳐 맞서왔던 위험스러운 태도, 곧 바리새인의 태도였다. 예수님께서 모든 이들에게 골고루 전해주신, 그래서 책임감 있고 착실한 형보다는 탕자에게 더 호소력이 있었던 복음의 진리를 다시 찾았어야 했다. 생각이 변한 것처럼 마음도 변해야 했다. 자신에게 상처를 입힌 사람들을 용서하려 했던 만왕의 왕처럼 내게 상처를 입혔던 교회를 용서할 필요가 있었다. 그렇게 하지 않는다면 나는 여전히 은혜의 복음이 아니라 율법의 복음, 화해의 복음이 아니라 분열의 복음에 머무를 수밖에 없었다. 현지 조사를 통해서 박사는 가면 뒤에 숨어 있던 나의 필요를 드러내시는 예수님의 참 모습을 보여준 셈이다.

플로리다 지역의 뜨내기 노동자들 틈에서 한참을 활동하던 콜스 박사는 보스턴으로 돌아가는 귀향길에 올랐다. 지난 몇 달 동안 박사는 뜨내기 노동자들이 사는 판잣집을 찾아다니면서 교분을 쌓았고, 존경심을 품고 그들을 대했으며, 상대를 잘 설득해서 이야기를 끌어내는 한편, 의학적 조언을 해주는 등 민감함과 따듯함의 전형으로 살았다. 그런데 주 경계선을 넘어 조지아 즈로 들어서는 순간 상황은 달라졌다. 간단히 요기를 하러 들어간 어느 길가 식당에서, 박사는 빈 커피 잔을 빨리 채워주지 않는다며 여자 종업원을 몰아세웠다. 긴 시간이 지난 것도 아닌데 너무나도 빨리 기득권 속에 안주해 버리고 말았다. 아마 고향에 도착하자마자 케임브리지에 자리 잡은 노란색 저택으로 달려가서 고급 승용차를 차고에 세웠을 것이다.

콜스 박사와 마찬가지로 나 역시 소수 특권층에 속한다. 실은, 이 글을 읽는 모든 독자들은 특권층이다. 세계 인류 가운데 글을 읽을 만한 능력과 시간이 있으며 책을 살 여유를 갖춘 사람은 고작 몇 퍼센트에 지나지 않기 때문이다. 이처럼 '특권층'에 속한 우리는 하나님께서 주신 은혜의 청지기로서 어떻게 행동해야 하는가? 콜스 박사는 자신과 다르다는 이유로 아무 생각 없이 남들에게 붙여놓은 꼬리표를 떼버리는 일부터 시작하라고 말한다. 먼저 약자를 향해 따듯한 마음을 갖는 공동체를 찾아내고 특권 의식을 제어하는 품성을 키우는 일에서 출발해야 한다. 겸손과 감사, 경외함으로부터 시작해 사랑의 은사를 더욱 풍성하게 내려주시도록 끊임없이 간구하는 단계로 나아갈 수도 있다.

킹 목사는 콜스 박사와 개인적으로 만난 자리에서 이렇게 말했다.

웬만한 사람들로서는 아무도 낮춰보지 않고 누구도 진정으로 경멸하지 않으며 사는 것을 상상하기가 무척 힘들다는 사실을 인식하기 시작했습니다. 이것은 미움이 가는 상대를 모르는 척 억지로 참아 넘긴다는 말이 아닙니다. 오히려 자신을 더욱 세밀하게 들여다보고 상대방의 어떤 점을 싫어하는지 반드시 살펴본다는 뜻입니다. 나는 이른바 레드넥들에게 자꾸 마음이 갑니다. 말 그대로 맨손뿐인 사람들입니다. 언제라도 꺼내 쓸 수 있는 재산이라곤 증오심뿐이므로 그들은 미움의 힘으로 움직입니다.

나는 유복하고 많이 배운 사람들에 대해서는 덜 너그러운 편입니다. 그런 사람들일수록 교활하게 합리화시킨 거짓말로 자신을 설명할 뿐만 아니라 목적을 이루기 위해서라면 정치적인, 더 나아가서

도덕적인 변명까지도 동원합니다. 아무도 그들에게 책임을 묻지 않습니다. KKK단은 그들의 하수인에 불과합니다. 주님의 모습 가운데 인종이나 종교, 외양, 출신 지역 등 일부 인간적 면모만을 추구하려는 태도는 예수님 마음을 상하게 하며 스스로도 심하게 피를 흘리게 만드는 일이라는 사실을 언젠가는 으리 모두 깨닫게 될 것입니다.

_로버트 콜스,《시몬 베유》에서

권리를 박탈당한 집단에 초점을 맞춘 〈위기의 아이들〉 시리즈 네 권을 낸 뒤에 콜스 박사는 완결편의 방향을 특권층 자녀들 쪽으로 돌리고 《미국의 부유층과 부호들 The Well-off and the Rich in America》을 펴냈다. 빈곤층 속에서 활동하던 당시와 똑같은 인터뷰 형식을 취했음에도 불구하고, 부유층에 접근하기는 훨씬 힘들었다. '의혹'이라는 장벽이 그들을 둘러싸고 있어서 그들의 내부로 들어가 활동하는 길이 사실상 막힌 상태였기 때문이다.

콜스 박사는 가난한 사람들이 '그들'에 대해 이야기하는 걸 무려 15년 동안이나 들어왔다. 식탁에는 먹을거리가 넘쳐나고, 전화 한 통이면 의사가 달려오는가 하면, 공부하고 싶은 만큼 공부할 수 있으며, 자가용 승용차가 두어 대씩이나 되고, 집주인이 따로 있는 게 아니라 자기 소유로 된 주택을 갖추고 사는 특권층, 정말 복이 많은 사람들에 관한 이야기였다. 하지만 그처럼 안락한 생활은 어떤 결과를 가져왔는가? 부자들은 다른 사람들보다 더 행복한가? 더 마음이 편한가? 더 감사하는 마음을 품고 사는가?

콜스 박사는 또다시 인간성의 모순에 부닥쳤다. 과거에 배웠던 정연한 행동주의 원리는 더 이상 통하지 않았다. 톨스토이나 디킨스 같은 소설가들이 능숙하게 파고들던 것과 똑같은 모순이었다. 박사는 가난한 사람들 틈에서 패배의식과 좌절감을 찾아낼 수 있을 걸로 기대했다. 물론 그런 사례들도 제법 있었다. 하지만 동시에 힘과 희망, 용기도 볼 수 있었다. 부유층에서는 만족감을 보게 되리라고 기대했지만, 권태감과 소외감, 타락을 만났을 뿐이었다.

콜스 박사는 어느 저널리스트에게 '특권층'이라는 호칭에 담긴 모순을 이렇게 설명했다.

> 근심과 고통, 두려움 등은 의미 있는 삶의 일부이며, 하나님 자신도 그러한 삶을 당연한 것으로 받아들이셔서 평생을 끊임없는 근심과 고통, 두려움 가운데 사시다가 마침내 평범한 죄인으로서 십자가에 달려 돌아가셨다고 말하는 세계관이 있습니다. 하지만 그런 존재를 영향력 있는 인물이자 일종의 모범으로 받아들이는 경우, 중산층 가정 출신들이 흔히 호언하는 식의 '성공한 인물'이 되자면 상당히 힘든 시간을 보내야 할 것입니다. 여기에 도덕적 딜레마가 있습니다.
>
> _ 〈소저너스 *Sojourners*〉에서

콜스 박사가 자문하던 1960년대 민권 운동가들 가운데는 그러한 중산층 출신이 많았다. 부모들은 민권 운동을 하는 자녀에게 무언가 실제적인 직업을 구해서 출세한 사람이 되라고 성가시게 들볶았다. 어느 운동가는 자신을 염려하는 어머니의 기도에 이렇게 반응했다.

"주님이 어머니의 기도를 들으시면 뭐라 하실지 모르겠어요. 어머니께 편지를 해서 예수님께서 '일상적 직업'을 가지셨는지, 아니면 '밥벌이'를 하셨는지 묻고 싶어요. 떠돌이 설교자였던 예수님은 유명하고 중요한 사람들의 환심을 사기는커녕 오히려 불안하게 만드는 바람에 결국 십자가에 못 박혀 돌아가신 게 아니냐고요."

가난하고 핍박받는 사람들과 더불어 일하면서 콜스 박사는 그들의 삶이 선지자들이나 예수님의 생애와 너무나 비슷하다는 사실에 놀라지 않을 수 없었다. 어쩌면 바로 그러한 사실 때문에 가난한 사람들은 신앙에서 위로를 찾고 동시에 약아빠진 비평가들은 마땅히 언급해야 할 일들을 모르는 척 내버려두고 있었는지도 모른다. 중산층 교회들은 감미롭고 마음을 달래주며 교인들의 기분을 상하게 만들지 않는 분위기로 흘러가는 경향이 있다. 예배는 언제 가봐도 한결같으며 잘 짜여 있다. 스스로도 소수 특권층 출신이었던 콜스 박사는 자신이 원초적 복음의 능력에 저항하고 있다는 사실을 이상스럽게 느끼기 시작했다. 정의와 공평을 가르치는 성경 말씀과 탐욕과 경쟁, 높은 지위로 점철된 특권층의 삶 사이의 불일치를 부인할 수가 없었다. 부유층 사람들을 향한 복음의 메시지는 무엇일까? 아니, 로버트 콜스라는 인간을 향한 메시지는 무엇인가? 특권층 사람들의 마음을 탐사해나가면서 박사는 남이 아닌 자신의 마음을 탐구하고 있다는 사실을 깨달았다. 그리고 부끄럽게도 자신의 내면에 다른 부유층 사람들과 똑같은 성향들이 허다하게 자리 잡고 있음을 알게 되었다.

박사가 파악한 바에 따르면, 안락한 생활을 하는 사람들일수록 보편적으로는 전체 인류를 더욱 사랑하는 듯하지만, 어느 개인을 특정해서는 수준 이하의 사랑을 보이는 식의 성숙하지 못한 동정심을 나타내는 경향이 있다. 박사의 경우는 어떠했던가? 콜스 박사는 자신이 하버드 대학 학부에 다니던 시절, 윤리 관련 과목에서 모두 A학점을 받으면서도 기숙사에서 잡다한 일을 하는 여성들을 천한 종처럼 대했던 기억을 가슴 아프게 떠올렸다.

그렇다면 교만에 대해서는 어떠한가? 의사로서 그는 자신이 불리한 처지에 있는 사람들을 돕기 위해 나타난 전문가요, 치료자라고 생각하려는 유혹과 싸웠다. 자부심? 그것이야말로 다양한 학위를 취득하고, 여러 가지 상을 받으며, 모든 책을 저술했던 진정한 동기가 아니던가? 이기심? 박사는 분명 너그러운 사람이었지만, 그렇게 너그러워도 괜찮을 만큼 살림이 넉넉한 사람이었다. 가난한 사람들은 대부분 다른 사람 손에 기대어 생계를 꾸려나가게 마련이지만, 그는 단 한 번도 그런 처지에 빠져본 적이 없었다.

콜스 박사는 이러한 내용을 시리즈 제5권에 담았다. 그는 제5권이 시리즈의 백미라고 생각했지만, 실제로는 비평가들에게 가장 외면당한 책이 되고 말았다. 궁극적으로 로버트 콜스 박사는 모든 유혹 가운데 가장 위험스러운 것은 넉넉해지려는 유혹이라고 믿기에 이르렀다. 부는 축복이자 동시에 저주라는 것이다. 박사는 특권층이 된다는 것은 동정심을 억누르고 공동체를 축소시키며 야심을 채우는 쪽으로 흐르게 마련이라고 결론지었다.

주위 환경에 순응하지 않고 양심의 요구에 부응하려는 부유층 아이들은 곧 같은 계층 친구들에게 위협적인 존재가 된다. 콜스 박사는 열 살 어간에 우연히 예수님의 가르침과 접하게 된 어느 플로리다 부유층 출신의 아이를 인터뷰했다. 아이는 학교에 갈 때마다 부자가 천국에 들어가기가 얼마나 어려운지, 가난한 사람이 어떻게 천국을 기업으로 받게 되는지와 같은 예수님 말씀을 되풀이해서 이야기하기 시작했다. 어린 학생이 던지는 질문은 뾰족한 가시처럼 부모와 교사들, 주치의 등 여러 사람들의 마음을 찔렀다. 결국 부모가 나서서 아이를 교회에 다니지 못하게 하는 한편, '문제'를 치료하기 위해 정신 치료를 받게 했다.

이미 낯을 익힌 부유층과 빈곤층 사람들을 조사하면서 콜스 박사는 여러 가지 모순적 현상들에 충격을 받았다. 가난한 사람들이 끔찍한 처지에 있는 것만은 틀림없는 사실이었다. 박사는 진폐증에 걸린 광부를 치료하기도 하고, 아버지 손에 잡혀 십자가 앞에 들어 올려졌던 애니(그 애는 겨우 세 살에 죽었다)처럼 영양실조에 걸린 아이들을 돌보기도 했다. 그러나 이유를 설명할 수는 없지만, 가난한 사람들은 독특하고 부인할 수 없는 방법을 통해 용기라든가 사랑, 하나님을 향한 전폭적 의지 등등의 자질을 축복으로 받았다. 바로 여기에 아이러니가 있다. 마음씨 착한 휴머니스트들은 평생을 바쳐가며 소외된 사람들의 생활 조건을 끌어올리기 위해 열심히 일한다. 하지만, 그래서 어떻게 하겠다는 것인가? 상류층 수준까지 끌어올려서 그들도 권태감과 소외감, 타락을 경험하게 하겠다는 말인가?

〈위기의 아이들〉 시리즈의 완결편이 출간될 무렵, 로버트 콜스 박사가 도달한 곳은 전혀 새로운 자리가 아니라 아주 옛날부터 알고 있었던 지점이었다. 수천 킬로미터에 걸친 여행과 총 연장 수 킬로미터에 달하는 녹음테이프, 수백만 단어를 동원해서 작성한 글의 결론은 한결같이 산상수훈으로 귀결됐다. 가난한 사람들은 인간의 머리로 이해할 수 없는 축복을 받았으며, 부자들은 오히려 위태로운 가운데 삶을 유지하고 있었다. 박사는 정말 중요한 것은 바깥(생활환경)이 아니라 안에서, 즉 남녀노소를 불문하고 한 사람 한 사람의 내면에서 오는 것임을 배웠다. 박사는 머리에 죄책 콤플렉스, 성격 장애, 자극에 대한 반응 따위의 용어를 한가득 채우고 조사를 떠났다가, 양심, 죄, 자유 의지 등 구식 어휘들과 함께 돌아왔다.

무엇이 박사를 그렇게 만들었을까? 그는 가난을 미화하려 하지 않았다. 현장 조사를 하면서 그런 식의 낭만주의가 얼마나 어리석은 생각인지 잘 배웠기 때문이다. 그렇다고 부를 찬양하지도 않았다. 지금은 오히려 가장 중요한 것을 혼란시키는 요인, 또는 실질적 장애물 정도로 여길 뿐이다. 박사를 변화시킨 것은 평생에 걸쳐 '신령한 일'에만 초점을 맞추고 살아온 몇몇 선택된 사람들이었다. 로버트 콜스 박사는 사회과학자로서 변함없이 부지런히 자기 과제를 추구하는 한편 하버드 대학에서 종교 문학을 가르치는 새로운 일을 시작했다.

인간이 지닌 천부적 존엄성

몇 년 동안 콜스 박사에게서 간접적 영향을 받아오던 나는 마침내 직접 인터뷰할 기회를 달라고 요청했고, 흔쾌한 허락을 받았다. 박사는 일 때문에 대화가 끊어지지 않도록 사무실 옆 길모퉁이의 싸구려 식당에서 손님과 만나길 좋아한다고 했다. 그래서 우리는 '바틀리의 소문난 햄버거 집'에서 만났다. 빨간색 플라스틱 의자, 칠판에 분필로 끄적거려놓은 메뉴, 벽에 걸린 고물 바이올린 따위들로 식당 안쪽은 마치 하버드 대학생들의 아지트를 찍기 위한 할리우드 영화 세트 같았다. 그리고 포스터, 어디를 둘러봐도 포스터투성이였다. 어떤 포스터는 "커피를 구박하지 마세요. 어차피 인간은 늙고 쇠약해지게 마련이니까!"라고 경고하고 있었다. 배우 로널드 레이건이 체스터필드 담배 상자에 서명을 하면서 '친구들에게 보내는 크리스마스 선물로 안성맞춤'이라고 추천하는 40년 전 포스터도 한자리를 차지했다.

콜스 박사는 하버드 대학의 저명한 교수라기보다 오히려 학생에 가까워 보였다. 박사는 구김이 있는 푸른 모직 셔츠와 카키색 바지를 입고 왼쪽 어깨에 주황색 배낭을 비스듬히 맨 모습으로 식당에 들어섰다. 중키에 마른 체격이었다. 검게 타고 주름살이 많은 얼굴에 머리칼은 헝클어져 하루 종일 손으로 쓸어넘기는 듯했다. 북동부 특유의 코맹맹이 소리로 이야기를 하면서 아주 사소한 유머에도 큰 소리로 웃음을 터트렸다.

하버드 대학 교정에서 한 블록 떨어진 사무실로 이사하기 전까지, 콜스 교수는 습관처럼 얼음을 띄운 차 한 잔으로 점심 식사를 대신했다. 대학 당국은 박사에게 유서 깊은 벽돌 건물의 널찍한 구석방을 사무실로 내주었다. 벽에는 프랭클린 루스벨트 대통령이 1900년부터 4년 동안 숙소로 썼던 방이라는 명판이 붙어 있었다. 그 밖에도 시몬 베유의 포스터를 비롯해서 본회퍼, 워커 퍼시와 도로시 데이, 에릭 에릭슨, 제임스 에이지의 사진 등 여러 가지 기념물들이 걸려 있었다. 사무실은 조용하고 잘 정돈된 은신처인 동시에 현장 조사 계획을 세우고 하버드 대학과 연계된 여러 학교들에서 강의할 준비를 하는 기지와도 같았다.

로버트 콜스 교수는 하버드 대학뿐만 아니라 듀크 대학에서도 강의를 했지만, 어디서도 소아과학, 아동 심리학, 사회학, 하다못해 인터뷰 기술이라도 자신의 전공 분야와 관련된 과목을 가르치는 법이 없었다. 그 대신 위대한 소설가들이나 크리스천 사상가들에 대해 강의했다. 콜스 교수가 나눠준 도서 목록에는 톨스토이와 도스토옙스키, 파스칼, 베유, 머튼, 십자가의 성 요한(성인이자 교회학자이며 신비가—옮긴이), 디킨스, 플래너리 오코너, 에밀리 디킨슨, 로버트 프로스트, 토마스 아 켐피스, 아빌라의 테레사, 키르케고르, 베르나노스(프랑스의 소설가로 《시골 사제의 일기》 등의 작품이 있음—옮긴이), 이그나치오 실로네(이탈리아 농민 문학 작가로 《폰타마라》가 대표작—옮긴이), 에이지, 윌리엄 칼로스 윌리엄스(미국의 대표적 시인으로 《신 포도》 등 시집을 남겼다—옮긴이), 오웰, 조지 엘리엇, 그리고 박사의 오랜 친구인 워커 퍼시의 작품들이 포함된다. 박사는 이 도서 목록을 토대로 전공 분야에서 요구하는 대로 문학 관련 과목을 맞춤 생산해냈다. 일반 대학에서는 '기독교적 묵시 문학', 의과대학에서는 '문학과 의학', 경제 관련 학부에서는 '소설을 통한 윤리적·사회적 조사', 법과대학에서는 '디킨스와 법률' 등의 강좌를 열었다.

도대체 무엇이 의사이며 사회학자인 박사를 문학의 추종자가 되게 만들었을까? 콜스 교수는 이렇게 말한다. "톨스토이 같은 작가는 심리학에 대해서 20세기 사회학계 전체가 알고 있던 것보다 더 많은 사실을 알고 있었습니다. 요즘 들어 한참 회자되고 있는 '죽음의 단계'에 대한 이론만 하더라도 왜 톨스토이의 소설을 꺼내다가 읽어 보지 않는지 모르겠습니다. 《이반 일리치의 죽음》은 모든 걸 다 이야기해줍니다. 《안나 카레니나》가 출간된 이래, 결혼 문제와 관련해서 무엇이든 그 이상의 지혜를 보탠 사람이 있던가요? 아참, 디킨스가 있었군요. 이 양반은 어쩌면 그렇게 인간 본성을 꿰뚫고 있는지! 저는 그저 여기저기 돌아다니며 이 소설들을 가르치면서 의과대학, 법과대학, 경제학부에 숨어든 사탄의 계획을 무산시키려고 노력할 뿐입니다."

그렇다면 대학들은 왜 박사를 초빙할까?

"모르겠습니다. 아마 우상 숭배와 비슷한 이유들이 있겠지요. '브로슈어에 등장하는 이름', 뭐 그런 이유 아닐까요? 어떤 학생들은 핵심을 제대로 알고 있습니다. 그런 학생들의 이야기를 듣다 보면, 책을 읽으면서 감동을 받았다는 사실을 알 수 있습니다. 그러나 여기서는 그게 힘이 듭니다. 잘 아시겠지만, 여기는 '세속적 인본주의'의 요새 같은 곳이니까요.

하지만 문학은 그 자체에 초월적 힘을 가지고 있습니다. 플래너리 오코너는 《신비와 습속 Mystery and Manners》이라는 아름다운 산문집을 냈는데, 이 책 한 권만으로도 모든 사회학의 본질에 도달할 수 있습니다. 소설은 낱낱의 인간이 가진 신비와 습속에 관심을 갖습니다.

왜 우스꽝스러운 전문용어와 까다롭기 짝이 없는 이론을 버려두고 소설을 통해 배우려 하지 않는 걸까요? 전문가들에게서 얻을 것이라곤 사어들과 부조리한 획일성밖에 없는 경우가 허다한데도 말입니다. 소설가들은 이론에는 관심이 없습니다. 자신의 두뇌를 신적인 교황의 기관이나 되는 양 여기는 데도 관심이 없고요. 그 대신 인간으로부터 복잡성, 아이러니, 다의성, 패러독스 따위를 끄집어내서 표현합니다. 소설가들은 인간은 모두 개별적 존재이며 신비이므로 이쪽 또는 저쪽으로 분류할 수 있는 대상이 아니라는 사실을 발견하고 깊이 인식하고 있습니다."

로버트 콜스 박사는 일광욕 소파에 기대앉았다. 햇살이 방 안으로 가득 밀려들어오고 커튼은 바람에 흔들리고 있었다. 하지만 실제로는 하버드 대학 수업을 위해서 단상에 앉아 강단(또는 강대상이라고 해도 좋다)을 바라보고 있는 것이나 마찬가지였다. 박사는 지금 대결을 펼치고 있었다. 상대는 완벽에 가까운 대학 입학 시험 점수와 훌륭한 배경, 유명 디자이너가 만든 조깅 용품, 화려한 이력과 각종 위원회의 직함을 가진 교수단, 경제와 인간 행동은 물론 우주에 존재하는 모든 것을 설명할 수 있을 정도의 논리로 무장한 학생들이었다. 반면 콜스 박사는 자신의 삶에 연료를 공급해온 우상 숭배와 교만, 자기 신뢰 따위를 지적하면서 계속 자신의 내면으로 파고들었다.

학생들은 박사를 영웅으로 만들고 싶어 했다. 그들은 박사가 뜨내기 농장 노동자들과 함께 보낸 시간들에 대해 갈채를 보냈다. 하지만 콜스 교수는 수업을 할 때마다 잊지 않고 주의를 환기시켰다. "마지막 날 무슨 일이 일어났는지 아는가? 뜨내기 노동자들은 판잣집이나 이동 주택으로 돌아가는데, 나는 특급 호텔에 투숙했네. 물론 마음이 편치는 않았어. 아마 죄책감이 들었을 거야. 언뜻 죄책감이라면 끔찍이도 싫어하는 누군가가 예수님께 가서 '이봐, 쉽게 생각하라고. 끼닛거리가 없는 사람들까지 걱정해줄 필요는 없어. 무엇하러 감옥에는 찾아다니는 건가? 어디 아픈 거 아닌가? 갈릴리에만 하더라도 소외된 사람들이 적지 않아서 얼마든지 대화를 나눌 수 있을 텐데 말이야'라고 이야기하는 모습을 상상할 수 있더군."

콜스 박사는 자신의 실수와 무능함에 대해서 자주 언급했으며, 하버드 같은 곳에 횡행하는 자만과 교만의 죄를 제어해야 한다고 생각했다.

"모두들 어떤 문제에 대해서는 해답을 찾아내려고 애를 쓰면서도 다른 문제들에 대해서는 침묵합니다. 학생들은 이런저런 주장을 내걸고 시위를 벌이지만, 도시를 가로질러가서 그들이 지원하고 싶어 하는 이들과 똑같은 환경에서 살고 있는 사람들과 이야기를 나누려고는 생각하지 않습니다.

우리는 바리새인처럼 스스로 정결하고 의롭다고 생각하고 싶어 합니다. 그러나 예수님과 선지자들은 하늘에서 계속 묻고 있습니다. '좋아, 살인을 한 적은 없단 말이지? 하지만 누군가를 미워하지 않니? 간음하지 않았다고? 마음속에 음란한 생각을 품은 적이 전혀 없니?' 흔히들 '빈민층의 문제'를 분석하려고 합니다. 하지만 가난한 사람 하나하나를 위해서는 무슨 일을 하고 있습니까? 경제 공황이 한창이던 시기에 미시시피 주를 방문한 적이 있었습니다. '미시시피 주의 문제'가 무언지 공부하려는 생각이었습니다. 거기서 제가 배운 것은, 누구나 조금씩은 미시시피 주의 문제를 가지고 있다는 것이었습니다. 미시시피 주의 문제뿐만 아니라 매사추세츠 주의 문제, 남아프리카 공화국의 문제, 북아일랜드의 문제들 역시 조금씩 지니고 삽니다."

로버트 콜스 박사는 하버드 대학의 학생들과 그의 책을 구입한 수많은 청중들, 잡지와 신문에서 그의 글을 읽은 수백만 독자들을 향해 지금도 계속해서 질문을 던진다. 〈워싱턴 포스트〉 표제 기사로 실릴 인터뷰에서 박사는 기자에게 이렇게 물었다.

"내가 신앙에 집착한다는 건 틀림없는 사실입니다. 나이가 들어서 활동을 멈추고 현재의 삶이 무엇인지 생각해볼 때, 신앙에 기대는 것 말고는 무슨 일을 할 수 있겠습니까?"

박사의 신망이 워낙 높았던 까닭에, 사람들은 잠시 멈춰 서서 기사를 되새겨보지 않을 수 없었다.

같은 기자와 이야기하면서 박사의 조수였던 필립 풀라스키는 "여러 가지 면에서 콜스 교수님은 목회자와 비슷합니다"라고 말한다. "사람들의 삶에 영향을 준다는 점으로 보면 아마 하버드 대학에서 가장 영향력 있는 선생님일 겁니다." 콜스 박사가 그 자리에 있었더라면 풀라스키가 그런 찬사를 쏟아내도록 내버려두지 않았을 것이다. 도리어 교만과 현대적 우상 숭배에 대해서 예의 콧소리로 통렬한 비난을 퍼부었을 게 분명하다. 그런 박사도 옛 제자들이 보내오는 편지는 서류 캐비닛 안에 소중히 보관했다. 한결같이 "하버드 대학에 재학하는 동안 오직 선생님께서만 인생의 가장 중요한 문제들에 관해 생각해보라고 요구하셨습니다"라고 이야기하는 편지들이었다.

콜스 교수는 "헤겔은 일상적 생활을 해나가는 방법 말고는 인생의 모든 문제를 설명해냈다"고 했던 키르케고르의 말을 즐겨 인용했다. 여러 가지 다른 뜻이 있겠지만, 바로 그것이 박사가 의과대학 학생들에게 정신 의학을 가르치는 대신 경제학부 학생들에게 문학을 가르치는 가장 확실한 이유이기 때문이다. "어떻게 살아야 하는가를 제외하고 다른 모든 것을 설명할 수 있는 시스템들을 우리는 가지고 있습니다. 뿐만 아니라 세상에 사는 모든 사람을 이리저리 분류할 수 있는 범주도 있습니다. 하지만 누구도 어느 한 사람에 대해서는 설명하지 못합니다."

그렇다면 콜스 박사 자신은 어느 한 사람에 대해 설명할 수 있을까? 오랫동안 수많은 사람들의 이야기를 듣고 인터뷰를 한 끝에 인간에 대해 알아낸 사실은 무엇인가? 광범위한 총론에서 압축된 각론을 추출할 수 있을까? 잠시 생각하던 박사는 책상 위의 성경을 가리켰다.

"인간의 기질에 관해서 이사야나 예레미야 또는 아모스 같은 히브리 선지자들과 전도서, 예수님이나 그분과 접했던 사람들에서 배운 내용과 어떤 식으로든 어긋나는 사실은 아무것도 찾아내지 못했습니다. 인간 행동에 대한 연구 결과로 말씀드릴 만한 게 있다면 구약 성경에 등장하는 인물들에 관한 각주 정도가 고작일 겁니다.

나는 세상에 대해서 쾌활하고 기품 있게 반응하는 이들을 알고 있습니다. 날마다 거리에서 얼굴을 마주칠 수 있는 사람들입니다. 반면에 안락하다 못해 사치스러운 환경 속에 있지만 헛되이 사는 이들도 압니다. 모든 사람들 속에는 양면이 있다, 이게 바로 성경이 이야기하고 있는 바가 아닐까요? 성경은 소망과 멸망, 가능성과 배신이라는 양면을 보여줍니다. 성경에 보면 때로는 하나님의 사랑을 듬뿍 받았던 사람이 치명적 유혹에 빠지기도 하고, 반대로 미천한 사람이 구원을 받고 소망의 사신이 되기도 합니다. 나는 성경 이야기는 곧 우리 한 사람 한 사람이 살아가는 모습의 일부분이라고 생각합니다. 인간은 암흑 가운데 흔들거리는 줄 위를 걷고 있습니다. 한쪽 끝은 '신앙 상실'에 걸쳐 있고, 다른 한쪽은 교만과 자기만족이라는 유혹으로 이어집니다. 물론 그 끝은 죄로 통합니다.

평론가들 중에는 내가 인간 본성에 대하여 구태의연한 이야기를 한다고 비평하는 이들도 있습니다. 인간이란 선과 악, 빛과 어둠, 멸망할 가능성과 구원받을 가능성이 뒤섞여 있는 존재로 본다는 겁니다. 내 생각에는 비평가들이 원하는 건 무언가 새로운 이론이 아닌가 싶습니다. 하지만 나의 연구는 그저 성경이 인간 존재에 대해 이야기하는 바를 입증하는 과정에 지나지 않습니다.

명문 학교에 다닌다는 이유로 교만해지려는 유혹에 시달리는 의대생 몇몇을 도와줄 수 있다면, 예수님께서 가르쳐주신 대로 그들의 이웃을 자기 몸처럼 생각하도록 만들 수만 있다면, 그것만으로도 어느 정도 내가 여기 존재하는 목적을 이룬 셈입니다. 좀 신파조로 흘렀는지 모르겠습니다만, 예수님께서는 플래너리 오코너의 소설들을 통해서 의대생들의 마음에 들어오기를 마다하지 않으시리라고 믿습니다. 바로 그것이 제가 성경 이야기를 하버드 대학에 끌어들인 방법이기도 합니다. 성경 이야기 역시 학문의 일부를 이루는 요소이며 성경을 도입하는 것은 교수의 특권이기 때문입니다."

콜스 박사는 매년 문학 강의를 시작할 때마다 소설가 제임스 에이지의 글을 발췌해서 읽어준다. 박사의 설명은 이렇다.

"오히려 누가복음에서 몇 구절을 읽어주고 싶습니다만, 여기서는 별로 도움이 되지 않을 겁니다. 그래서 똑같은 메시지를 담고 있는 위대한 문학 작품 쪽으로 방향을 바꿨어요. 가령 '현재 가지고 있는 경험은 물론 장차 경험하게 될 것들까지 한 인간의 모든 것은 육체와 정신 속에 다 들어 있다. 모두가 자신에 대한 다른 표현일 뿐 같은 뿌리에서 나온 것으로 서로 별개가 아니다. 인간을 구성하는 어느 한 요소나 전부를 복제하거나 교체하는 것은 전혀 불가능하며 그런 선례도 없다. 하지만 인간 각자는 아직 서툴기 짝이 없으며 숨 한 번 쉴 때마다 상처를 입을 만큼 말로 다할 수 없이 허약한 인생이다. 그렇게 쉽게 상처를 받는 만큼 잠시 동안 무방비 상태로 생명을 유지하다가 우주에 존재하는 모든 것으로부터 엄청난 공격을 받고 쉽게 죽을 수도 있다'고 한 제임스 에이지의 글을 읽어줍니다."

근자에 들어 로버트 콜스 박사는 피부가 검든 희든, 무식하든 유식하든, 부자든 가난하든, 건강하든 몸이 아프든 상관없이 모든 사람 가운데 살아 있는 하나님의 형상으로서 인간이 지닌 천부적 존엄성에 대해 이야기하고 있다. 이것이야말로 유한한 존재를 무한으로 끌어올리는 불꽃이라는 것이다. 박사가 처음부터 그렇게 믿었던 것은 아니다. 하지만 아이들이 먼저 그런 말을 했고, 이어서 소설가들이 같은 이야기를 들려주었으며, 마지막으로 그 자신의 연구를 통해 사실을 확인했다. 로버트 콜스 박사가 세상을 향해 들려주고 싶어 하는 이야기는 이런 것이다.

> 가끔 자리에 앉아서 어린아이가 하나님의 얼굴과 차림새, 표정의 특징 같은 것을 잘 그려내려고 애쓰는 모습을 지켜보고 있노라면, 도로시 데이가 운영하던 가톨릭 노동자 무료 급식소에서 일하던 시절이 생각납니다. 어느 날 오후, 우리 몇몇은 어떤 술주정뱅이와 실랑이를 벌였습니다. 길게 자란 회색 머리에, 덥수룩한 수염이 얼굴을 온통 덮고 있으며, 오른쪽 뺨에 기다란 상처가 났고, 입 안에는 치아가 거의 없다시피 한 50대 전후의 사내였습니다. 눈에는 핏발이 선 데다가 그나마 한쪽은 심한 경련으로 고생하고 있었습니다. 사내는 화가 잔뜩 나서 험한 입으로 온갖 저주를 퍼붓고 있었습니다. 그때 도로시 데이가 말했습니다. '여러분도 알다시피, 오늘 하나님께서 우리를 시험하러 직접 찾아오셨습니다. 그러니 이분을 가장 귀한 손님으로 맞아들이십시다. 그리고 그분의 얼굴을 우리가 상상할 수 있는 가장 아름다운 모습인 것처럼 바라봅시다.'
>
> _《어린아이들의 영적 생활 The Spiritual Life of Children》에서

로버트 콜스와의
더 깊은 만남을 위하여

SOUL SURVIVOR

다섯 권짜리 〈위기의 아이들〉 시리즈는 인터뷰, 숙고, 해석으로 이어지는 로버트 콜스 박사 특유의 집필 형식을 잘 보여주며, 그는 특히 제2권과 제3권으로 퓰리처상을 받았다. 기가 질린다 싶은 독자라면 필자가 직접 내용을 통합해서 최근 발간한 《어린아이들의 도덕적 생활The Moral Life of Children》, 《어린아이들의 정치적 생활The Political Life of Children》, 《어린아이들의 영적 생활The Spiritual Life of Children》 등 세 권의 축약판을 읽는 게 좋겠다. 《섬김으로의 부르심The Call of Service》과 《말씀으로의 부르심The Call of Stories》 역시 박사의 고유한 접근 방식들을 모아놓은 책이다. 그것도 힘들다는 생각이 든다면 도서관에서 대충 책을 읽듯, 띄엄띄엄 박사의 글들을 읽으라. 문학 비평을 보고 싶다면 우선 맛보기로 윌리엄 칼로스 윌리엄스와 워커 퍼시, 빅토리아 시대의 작가들에 대한 글을 살펴보라. 전기라면 도로시 데이와 시몬 베유, 에릭 에릭슨, 안나 프로이트의 삶을 요약한 책부터 접해보는 게 어떨까. 신학에 관한 것이라면 대니얼 베리건과의 대화를 묶은 《믿음의 지형A Geography of Faith》이라는 책이 있다. 또는 1999년에 발간된 《세속 정신The Secular Mind》은 '외부의' 어느 곳에서가 아니라 자신의 내면에서 의미를 찾아야 한다고 설명하고 있는데, 여기서 콜스 박사는 가장 신성시되던 현대성이라는 전제에 과감히 의문을 제기한다. 박사는 아동 도서도 몇 권 펴냈다. 그 밖에 로버트 콜스 박사의 지적 편력을 다룬 전기로는 브루스 론다의 《지성과 영성*Intellect and Spirit*》이 가장 잘 정리된 내용을 담고 있다. 《로버트 콜스 옴니버스*A Robert Coles Omnibus*》는 대충 훑어볼 시간조차 없는 독자들을 위해서 박사가 쓴 다양한 글들의 샘플을 모은 책이다.

SOUL SURVIVOR 6

은혜의
빛을
좇아서

레프 톨스토이와 표도르 도스토옙스키
LEV TOLSTOY & FEODOR DOSTOEVSKY

LEV TOLSTOY
& FEODOR
DOSTOEVSKY

　신앙에 대한 나의 깊고 깊은 의구심은 '왜 신앙이 사람을 변화시키지 못하는가?'라는 단 하나의 질문으로 압축할 수 있다. 그동안 세계 곳곳을 여행하면서 기독교가 문화 발전에 여러 가지로 기여하고 있음을 보았다. 기독교에 뿌리를 둔 교육, 학문, 의술, 인권, 민주주의, 예술, 구호 사업은 더할 나위 없이 빠르게 성장해서 내가 방문했던 몇몇 비기독교 국가들에서조차 깜짝 놀라고 있었다. 하지만 독실한 무슬림이나 힌두교 신자들은 대화를 나눌 때마다 기독교가 가장 융성했던 시기에 유럽이 일으켰던 전쟁들과 현대 서구 기독교 국가들에서 흔히 볼 수 있는 범죄와 퇴폐, 가족의 붕괴 문제 등을 물고 늘어졌다. 나는 그들의 주장을 전혀 반박하지 않았다.
　어떤 종교가 됐든지 진지하게 신앙생활을 하는 신자들 가운데 예수님에 대한 존경심이 결여된 경우는 아직 만나보지 못했다. 그런데 교회의 경우는 어떠한가? 어느 유대인 친구의 말을 그대로 옮기자면 이렇다. "예수님께서는 아름다운 복음을 선포하셨어. 덕분에 우리 유대인들까지 동경의 대상이 되고 있지. 하지만 그분께서 약속하신 하나님나라를 좀 보여주게. 역사를, 특히 크리스천들이 유대인을 핍박한 역사를 좀 살펴보라고. 그게 정말 구원받은 세상의 모습일까?" 유대인들은 세상을 보면서 메시아가 왜 아직도 오시지 않는지 질문한다. 반면에 구세주가 이미 오셨다고 믿는 크리스천들은 여전히 세상에 악이 넘쳐나고 있다는 사실을 이상하게 여긴다.

레프 톨스토이는 영적 자서전인 《참회록 A Confession》에서 크리스천들은 가끔씩 다른 신앙을 가진 신자들보다 동료 기독교인들을 더 심하게 대한다고 이야기한다. 톨스토이는 가톨릭 신자, 개신교도, 구신도(Old Believers. 17세기 중엽 이상적 신정 정치를 꿈꾸다가 좌절한 러시아의 총대주교 니콘의 개혁정책을 추종하던 러시아 정교회의 분파—옮긴이), 아나뱁티스트 형식의 운동을 하는 사람들 모두와 돈독한 교분을 쌓아갔지만, 러시아 정교회는 그에게 "이들은 그릇된 신앙에 빠진 자들로서, 그들에게 생명력을 주는 것은 사탄의 유혹이며, 오직 정교회만이 진리를 소유하고 있다. 그리고 가톨릭이나 다른 교회들이 정교회를 이단으로 생각하는 것과 마찬가지로 정교회는 우리와 동일한 신앙을 고백하지 않는 모든 사람들을 이단으로 간주할 것"이라고 통보했다.

내가 알고 있는 크리스천들을 생각해보면, 어떤 이들은 신앙에 힘입어 비할 데 없이 좋아졌지만, 어느 정도 더 나쁜 쪽으로 변한 이들도 보인다. 은혜가 넘쳐흐르고 온유함의 정신이 몸에 배어 있으며 남을 용서하는 크리스천 하나하나에 대하여 거만하고 비열한 마음을 품고 있으며 정죄하기를 좋아하는 크리스천을 하나씩 지적해낼 수도 있을 정도다. 경험에 비추어볼 때, 가장 어려운 경지를 추구하고 열렬하게 믿는 크리스천들이 때로는 가장 매력 없는 인물인 경우가 있다. 예수님 시대의 바리새인들처럼 경쟁심에 사로잡혀서 결국 진정한 의로움과는 거리가 먼 자기 의에 빠지고 만 것이다. 정치가들은 성경 구절을 들먹여가며 하나님의 뜻을 전하노라고 주장하는 편지가 가장 역겹다고 말한다. 나는 그들의 이야기를 거부감 없이 믿는 편이다. 우리 집 우체통에서도 그런 유형의 편지를 볼 수 있기 때문이다. 복음의 이상적 목표와 복음을 고백하는 사람들의 현실 사이의 괴리감을 어떻게 해소할 수 있을까?

오늘 우연히 10대 아이들이 "예수님이라면 어떻게 하셨을까?"라는 심상치 않은 질문을 상기하기 위해 WWJD_{What Whould Jesus Do?}라고 새겨진 팔찌를 끼고 다니는 걸 보았다. 이 질문은 어느 평범한 크리스천이 예수님께서 선택했음 직한 길을 따르기로 굳게 다짐하고 마태복음 5~7장의 인도를 받는다는 이야기를 자세하게 풀어간 찰스 셸던의 소설 《예수라면 어떻게 하셨을까*In His Steps*》라는 책에서 첫선을 보였다. 마케팅 전문가들이 WWJD의 잠재적 상품 가치를 파악하기 훨씬 전인 1960년대에 당시 10대 소년이던 나는 셸던의 소설을 읽고 매일 스스로에게 같은 질문을 던졌다. 정말 미칠 것 같았다. 도와달라는 사람들 모두에게 돈을 주면 금방 빈털터리가 될 수밖에 없었다. 불끈 화가 나서 동생한테 '멍청이' 같은 험한 말을 했다간 지옥 불에 떨어지지 않을까 걱정해야 할 판이었다. 그럼 옆 사람이 보는 야한 잡지를 슬쩍 훔쳐보았다면 정말 눈을 뽑기라도 해야 한다는 말인가? 수업을 마친 아이들이 버스 정류장에서 내게 와락 달려

들어도 속수무책으로 그냥 내버려둬야 하는가? 하지만 나는 코피를 줄줄 흘리며 집으로 돌아오기에 진절머리가 날 때까지 '예수라면 어떻게 하셨을까?' 식의 접근 방식을 포기하지 않았다.

소년 시절 내가 성장한 교회에는 '완전한' 여성들이 있었다. 최소한 과거 12년 동안은 죄를 지은 적이 없다고 주장하는 이들이었다. 죄에 대해 민감하던 어린 마음에 완전의 경지에 오른 그들을 경탄 어린 눈으로 바라보던 기억이 난다. 꿈에도 그 여신도들의 성실함을 의심해본 적이 없다. 완전한 사람이 어떻게 거짓말을 할 수 있다는 말인가? 교회에서 예배를 드리면서도 완전해지는 비결을 알 수 없을까 해서 간절한 눈길로 그들을 바라보았다. 그러나 지금은 그들을 불쌍히 여기게 됐다. 사도 요한은 더할 나위 없이 단호하게 "만일 우리가 죄가 없다고 말하면 스스로 속이고 또 진리가 우리 속에 있지 아니할 것이요"(요일 1:8)라고 지적한다. 예의 '완전한' 여인들이 용케 공공연하고 명백한 죄를 짓지 않았다 할지라도, "마음을 다하고 목숨을 다하고 뜻을 다하여 주 너의 하나님을 사랑하라"고 하신 예수님의 으뜸가는 명령에 지속적으로 순종했는지에 대해서는 의심의 여지가 있다. 뿐만 아니라 잘난 체하며 상대방보다 우위에 서려는 태도는 어쩌면 교만의 죄에 빠지고 말았음을 보여주는 것일 수도 있다.

신약 성경 말씀이 다 그렇지만, 특히 산상수훈은 구하는 자에게 베풀고, 원수를 사랑하며, 결코 정욕에 빠지지 말고, 미워하지 말고, 항상 용서하며, 핍박받음을 즐거워하라는, 실제 인간 행동이라는 냉엄한 현실 앞에서 필연적으로 좌절할 수밖에 없는 숭고한 도덕적 이상을 열거하고 있다. 예전에도 그랬지만 나는 지금도 여전히 크리스천이 겪게 되는 실패에 대해서 해소되지 않는 긴장감을 느낀다. 저널리스트로 일하면서 탁월한 영적 지도자들이 가지고 있는 크고 작은 결점들을 바로 옆에서 관찰할 수 있었기 때문인지도 모른다. 물론 대부분 대중들에게는 잘 드러나지 않는 결함이었다. 남이 아니라 자신에 관한 글을 쓰자고 결심한 뒤로도 금방 스스로의 실생활과는 훨씬 동떨어진 차원의 영적 훈련 이야기만 써대고 있다는 자각에 시달리게 됐다. 그렇다면 크리스천은 결코 도달할 수 없는 목표를 위해 열심히 노력하도록 부름받았다는 말인가?

영적 불안정 상태가 계속되도록 만든 인식과 행동의 불협화음 문제는 19세기 러시아 소설가 두 사람에 관한 글을 쓰게 되면서 겨우 해결의 가닥을 찾았다. 크리스천의 이상과 현실 사이에 존재하는 긴장에 관해 내가 가지고 있는 이해는 톨스토이적인 부분과 도스토옙스키적인 부분으로 구성된다.

1970년대 초반, 맬컴 머거리지는 여전히 공산주의 치하에 있던 소련의 지식층 엘리트들 사이에서 영적 부흥이 일어나고 있다는 사실을 전해 듣고 깜짝 놀랐다. 영국에서 망명 생활을 하던 어느 반체제 인사가 "소련의 유명한 작가와 미술가, 음악가들이 영적 주제를 깊이 파고들고 있다"고 분명하게 이야기해주었던 것이다. 머거리지는 이렇게 적고 있다. "일반 시민들을 대상으로 신앙을 적대시하게 만드는 세뇌 공작이 엄청나게 진행된 데다가 복음서는 물론 신앙 서적이 일절 존재하지 않는 상황에서 어떻게 그런 일이 일어날 수 있느냐고 물었습니다. 지금도 그의 대답을 잊을 수 없습니다. 정부 당국에서 현대 기독교 신앙을 가장 완벽하게 보여주는 톨스토이

(1828~1910)와 도스토옙스키(1821~1881)의 작품에 대해 발매 금지 처분을 내리는 걸 잊어버렸다는 것이었습니다."

똑같은 시간, 나는 서방 세계에서 크리스천들에 둘러싸여 살고 있었다. 신앙 서적이 넘쳐나서 솔직히 어떤 책이 나왔는지조차 모를 정도였다. 그런데 누가 봐도 안정된 인간이 아니었으며 심지어 심리학적으로 건강하다고 말할 수 없는 이들 러시아 소설가 둘이 내가 균형 감각을 회복하도록 도움을 주었다. 심리학 교수들보다 오히려 소설가들이 인간 행동에 대해 더 정통하다는 사실을 발견했던 로버트 콜스 박사와 마찬가지로, 나는 톨스토이와 도스토옙스키가 웬만한 신학자들보다 신학에 대해 더 잘 알고 있음을 알게 되었다. 삶이라는 순례 여정이 결정적 국면에 접어들었을 때, 그 두 작가는 생각이 깊은 크리스천들(또는 다른 신앙을 가진 종교인들)이라면 누구나 갈등하게 마련인 문제들, 즉 마땅히 그렇게 살아야 할 삶과 현재 살고 있는 삶 사이의 엄청난 간격이라든가 신앙의 이론과 실천 사이의 격차 등의 난제들과 타협을 이룰 수 있도록 안내자가 돼주었다.

복음서 속의 이상에 사로잡히다

장구한 문학사 가운데 삶의 정수를 그려내는 능력에서 톨스토이를 능가하는 작가는 없었다. 버지니아 울프는 이렇게 말한다.

아무것도 톨스토이에게서 도망칠 수 없다. 무엇이든 그를 지나치는 순간 낱낱이 드러나고 만다. 조그만 나뭇가지 하나, 깃털 한 올이라도 톨스토이라는 자석에 달라붙게 되는 것이다. 아이들 옷의 푸르고 붉음, 말꼬리가 흔들리는 방식, 기침 소리, 아귀가 막힌 호주머니에 손을 집어넣으려고 애쓰는 동작 따위를 의식한다. 톨스토이의 예리한 눈은 기침 소리 하나, 손으로 빚어내는 눈속임 하나까지 포착해서 인물이 내면에 숨기고 있는 정보를 그의 예리한 두뇌로 전달한다. 따라서 독자들은 등장인물들이 사랑하는 방법이나 정치를 보는 안목, 영원불멸에 대한 입장 따위를 통해서뿐만 아니라 재채기를 하거나 기침을 틀어막는 방식을 통해서도 그들을 파악하게 되는 것이다. 마치 산꼭대기에 자리를 잡고 망원경을 들여다보는 것 같은 느낌을 받는다. 모든 것이 놀라우리만치 명확하고 놀라우리만치 예리하다.

톨스토이의 전기를 썼던 어느 작가는 《전쟁과 평화》를 내려놓고 '현실 생활'로 돌아오자, 세상은 더욱 창백해지고 작품 속에서보다 현실감이 떨어지는 느낌이 들었다고 말했다. 나 역시 똑같은 경험을 했다. 지구 반 바퀴나 떨어진 곳에서 지금으로부터 근 1세기 전에 살았던 톨스토이의 소설 속에서 나의 세계는 더욱 생생했다. 작은 꽃들이 언 땅을 녹이고 고개를 내미는 봄날의 경이로움을 그려내면서 그는 신앙적 환희를 묘사할 때와 똑같이 풍부하고 소중한 영감을 쏟아부었다. 그렇게 함으로써 톨스토이는 자아를 뛰어넘는 법을 내게 가르쳐주었던 것이다.

어린 시절을 보낸 근본주의 수도원에 가까운 기관들을 이제 와서 돌이켜보면, 자아도취적 무질서 때문에 그렇게 고통스러웠던 게 아닐까 하는 생각이 든다. 당시에는 교회와 가족이라는 덧문이 씌워진 창을 통해 세상을 보았다. 자신을 표현할 줄 모르는 건 물론이고, 앨라배마 농촌에서 일하는 소작농이나 브롱크스에 깃들여 사는 폴란드 출신 이민 노동자들의 처지를 이해할 능력조차 없었으니 19세기 러시아의 귀족이나 농민들에 대해서는 더 말해 무엇하겠는가? 톨스토이는 커튼을 활짝 열어젖히고 미지의 세계로 이끌었으며, 특히 가난한 사람들에 대한 동정심을 불러일으켜주었다.

톨스토이가 작품 활동을 하던 무렵, 러시아에는 5천만 명에 달하는 농민이 존재했다. 전 인구의 절반 정도를 차지했던 이들은 사실상 주인에게 예속된 노예 상태로 살았던 것이다. 톨스토이의 조상들은 그가 자리 잡고 작품을 쓰던 세습 농지와 아울러 수백 명(도박판에서 이러한 '영혼'을 잃거나 따는 일이 다반사였기에 그 숫자는 수시로 크게 달라졌다)에 이르는 농노들을 물려주었다. 일반적인 지주들과는 달리 톨스토이는 농민들 사이로 두루 다니며 가까이 지냈다. 그리고 점점 농민들이 귀족 계급에 속한 자신보다 훨씬 풍요롭고 흥미로운 삶을 향유하고 있다는 판단을 내리게 되었다.

노동자의 삶에는 헤아릴 수 없이 다양한 일의 종류가 있으며 바다에서 땅속에 이르기까지 숱한 위험들이 도사리고 있게 마련이다. 그들이 겪게 되는 이동, 일꾼들이나 감독 또는 다른 종교와 국적을 가진 사람들과 나누는 교제, 자연이나 맹수와의 힘겨운 싸움, 길들인 짐승들과 더불어 느끼는 교감, 숲과 초원과 들녘과 과수원에서 벌이는 작업들… 이런 일들에 흥미도 없고 신앙적 인식도 갖추지 못한 우리 귀족들에게는 자신의 삶에서 일어나는 소소한 기쁨과 대단치 않은 걱정거리에 비해 이 모든 것이 단조롭게 느껴질 것이다. 우리의 삶은 노동도 생산도 없이 그저 다른 사람들이 만들어낸 것을 소비하고 파괴할 뿐이다. 이 시대를 사는 우리 계급 사람들은 스스로 대단히 중요하고 다채로운 감정을 경험하고 있다고 생각한다. 하지만 실제로 우리 귀족 계급이 느끼는 감정은 결국 교만, 성적 욕구, 삶에 대한 권태 등 세 가지 무의미하고 어리석은 정서로 귀결된다. 이러한 세 가지 정서에서 부유층 예술의 유일무이한 주제가 파생적으로 형성되는 것이다

_《예술이란 무엇인가? *What Is Art?*》에서

농부들의 평범한 삶과 자신과 같은 부유층의 방탕한 생활 사이의 괴리감은 점차 톨스토이를 잠식해 들어가기 시작해서 결국 글 쓰는 능력을 마비시켰다. 농부들은 삶과 노동의 의미를 알고 있으며, 고난을 견디는 법이라든지 죽음을 맞이할 곳을 알고 있는 것처럼 보였다. 그에게는 모두 이해할 수 없는 수수께끼들이었다. 해답을 얻고 싶어서 부처와 쇼펜하우어, 예수의 철학을 공부했지만 어디서도 구원의 길을 찾을 수 없었다. 결국 그는 잘못된 생각이 아니라 바르지 못한 삶이 문제라는 판단을 내리기에 이르렀다. 기생충처럼 일꾼들의 등에 찰싹 달라붙어 지내온 그로서는 진정한 자신의 삶을 살아본 적이 거의 없었다. 그는 이렇게 적었다.

"그저 하나님을 향한 탐색이라고 말할 수밖에 없는 고통스러운

느낌으로 내 마음은 무겁게 가라앉았다. 두렵고, 고아가 된 것 같고, 낯선 곳에 홀로 떨어져 누군가의 도움을 간절히 바라는 듯한 느낌이었다."

격정적으로 하나님을 찾게 된 톨스토이는 실제로 예술적 사명을 포기하고 오직 인생의 의미라는 중대한 문제를 해결하는 데에만 매달렸다. 더욱 위대한 소설 작품을 갈망하던 문학 비평가와 독자들의 기대를 저버리고 그는 인생의 황금기를 바쳐 영적 사색에 빠져들었다. 작가요 순례자로서 이상 세계와 현실 세계 사이의 긴장을 놓고 고심했던 것이다. 톨스토이는 수백 쪽에 달하는 노트를 영적 일기로 채웠으며, 고도의 도덕주의적 미학(《예술이란 무엇인가?》)을 발전시켰고, 자신의 종교적 신념을 자세히 설명하는 책을 썼다.

톨스토이는 인류 최초로 딱딱하게 굳어진 땅을 갈아엎는 쟁기를 정확하게 본 사람처럼, 혹은 얼어붙은 강에서 얼음이 갈라지는 소리를 사상 최초로 들은 사람처럼 세상을 그려내는 독특한 재주를 가지고 있었다. 뿐만 아니라 복음에 대해서도 마치 자신이 그걸 진지하게 받아들인 첫 인간인 것처럼 행동했다. 예수님의 명령을 가감 없이 받아들이고 실천하려고 노력했던 것이다. 예수님께서는 부자 청년에게 "소유를 팔아 가난한 자들에게 주라. 그리하면 하늘에서 보화가 네게 있으리라"고 말씀하셨다. 이 말씀을 읽은 톨스토이는 자신이 거느리던 농노들을 자유롭게 풀어주고 작품의 판권을 포기했으며 소유지를 나눠주었다. 평민들과 어울려 살기 위해 농부의 옷을 입고 스스로 신발을 만들어 신었으며 밭에 나가서 땅을 일궜다.

영적 문제를 다룬 톨스토이의 글들은 소설과는 달리 도처에서 논쟁을 일으킨다. 마하트마 간디만 하더라도 그런 유의 글들에서 깊은 감동을 받았으며 《하나님나라는 네 안에 있다 *The Kingdom of God Is Within You*》를 자신이 비폭력, 검소함, 의도적 빈곤 등의 원칙을 주창하는 데 영감을 제공한 원천으로 꼽았다. 한창 때는 이상주의자, 혁명가, 성자가 되기를 열망하는 사람, 무정부주의자들이 톨스토이가 쏟아내는 정의와 인간 존엄에 관한 명연설을 듣기 위해 줄지어 몰려오는 바람에 그의 집은 문전성시를 이뤘다. 간디처럼 톨스토이의 고매한 이상에 큰 감동을 받은 이들도 있었지만, 개중에는 그가 그러한 이상을 실현하는 데 처참할 정도로 실패했다는 사실에 거부감을 느끼는 독자들도 있었다. 톨스토이가 복음서 가운데서 만난 이상은 불꽃처럼 그를 사로잡았지만, 그 이상을 현실로 구현해내지 못했다는 사실은 결국 그를 태워버리고 말았다.

하나님나라는 네 안에 있다

톨스토이도 크리스천이라면 누구나 어느 정도는 느끼게 마련인 모종의 압박감으로 괴로워했다. 물론 나 역시 10대 시절 똑같은 압박감에 시달렸다. 신앙적 확신에 관한 글을 쓰거나 신앙적 생활을 하려 할 때마다 이상과 현실 사이의 괴리가 악령처럼 그를 괴롭혔다. 소설가 존 업다이크는 톨스토이의 열세 권짜리 일기를 비평하는 글에서 또 다른 측면을 부각시킨다.

"예술의 햇살도 도덕주의와 자아 멸시로 일관하는 수도사 톨스토이의 골방에까지는 거의 스며들지 못했다."

정직하게 살며 세상을 개혁하려는 톨스토이의 노력 때문에 집안에는 분란이 끊이지 않았다. 청년 장교로 복무하던 시절, 그는 화려한 여성 편력을 과시하며 빈번히 홍등가에 드나드는가 하면 질펀한 술판을 벌였다. 몇 번인가는 성병에 걸리기도 했는데, 톨스토이는 일기장에 그런 불상사의 전말을 꼼꼼하게 기록해두었을 뿐만 아니라 결혼하기 나흘 전에는 열여덟 정숙한 소녀였던 약혼녀에게 그 야한 이야기를 읽어보라고 내주기도 했다. 약혼녀의 마음은 결코 일기장을 보기 전으로 되돌아가지 않았다.

소냐 톨스토이는 자기 일기장에다 "남편이 키스를 하면 항상 '나는 이이의 첫사랑이 아닐 거야'라는 생각이 들었다"고 적었다. 소냐로서는 남편의 군인 시절 행각은 그럭저럭 용서할 수 있었지만, 톨스토이 농장 소속 농노였던 악시냐와의 사단만큼은 그럴 수가 없었다. 악시냐가 낳은 아들의 얼굴을 볼 때마다 소냐는 남편의 모습을 보는 것 같았다. 톨스토이가 자기 작품의 인세를 포기하겠다는 의사를 밝혔을 때 소냐는 '자식과 손자들에게는 검은 빵 한 덩어리만 남겨주면서' 낯 모르는 이상한 사람들에게 재산을 다 넘기려 한다고 울부짖었다. 톨스토이가 농장 일을 거의 돌보지 않는 바람에 집에 들어오는 수입은 형편없이 줄어들었다. 따라서 인세를 포기한다는 것은 자녀들에게 돌아갈 재산을 빼앗는 것이나 다름없었던 것이다. 톨스토이에게는 경건을 향해 나가는 방법이었지만, 소냐의 눈에는 가족을 학대하는 어리석은 짓으로만 보였다.

톨스토이의 일기를 읽으면 종종 완벽주의 쪽으로 치닫던 과거 나의 모습을 보는 것 같은 착각이 든다. 톨스토이의 일기는 그와 식구들 사이의 다툼들도 허다하게 기록하고 있지만, 그보다는 내면의 싸움을 더 많이 적고 있다. 완벽에 이르려는 욕구 때문에 톨스토이는 계속 새로운 규칙들을 만들어냈다. 사냥과 담배, 술과 고기를 포기했다. 피아노, 가구, 마차 등 쓰고 남는 것은 무조건 나눠주거나 팔기로 결심했으며 고관들부터 거지들에 이르기까지 모든 사람을 똑같이 대우하기로 마음먹었다. 감정을 자제하는 힘을 키우기 위한 규칙, 본능을 제어하고 고상한 감성을 계발하기 위한 규칙, 사랑의 정서에 복종시키는 규칙 등을 고안해냈다.

그러나 톨스토이는 스스로 세운 규칙을 지키는 데 꼭 필요한 자기 훈련에 실패했다. 아무리 애를 써도 피아노와 가구들을 버릴 수가 없었다. 농장을 아내에게 양도하는 문서에 서명하기는 했지만, 여전히 거기에 살면서 하얀 장갑을 낀 하인이 차려주는 채식주의 식사를 받아먹었다. 적어도 한 번 이상, 순결하게 살 것을 공개적으로 서약하고(예수님께서 그렇게 살라고 명령하지 않으셨던가?) 아내에게 각방을 쓰자고 요구했다. 하지만 오랫동안 도무지 그 맹세를 지킬 수가 없어서 결국 열여섯 번에 걸친 소냐의 임신 소식이 세상에 알려졌다. 톨스토이는 그걸 대단히 부끄럽게 생각했다. 그는 아내가 '평범한' 생활 방식을 고집하는 바람에 영적 목표를 이룰 수가 없었노라고 일기에 적고 있으며 성적 충동에 무릎을 꿇고 나서는 "마치 죄를 짓고 난 뒤처럼 혐오감을 느꼈다"는 설명을 덧붙였다. 소냐는 평생 쓰라린 아픔을 곱씹어가며 남편의 일기를 읽고 또 읽었다.

가끔 톨스토이는 정말 대단한 일을 했다. 인근 지역에 기근이 들었을 때는 지원단을 조직해서 임시 병원을 세워가며 2년 이상 굶주린 사람을 돌보았다. 오랫동안 문학적 공백기를 거친 일흔한 살 고령에 《부활》이라는 걸작을 써냈다. 두호보르파(Dukhobors, 일종의 재세례파 집단으로 당시 1만 2천 명 정도가 차르의 핍박을 받고 있었다) 신도들을 캐나다로 이주시키는 데 필요한 비용을 지원하기 위한 작업이었다. 예수님의 산상수훈을 그대로 도입한 톨스토이의 비폭력 철학은 그가 세상을 떠난 뒤에도 간디나 마틴 루터 킹 같은 후배 이상주의자들의 가슴에 오래도록 살아남았다.

그렇기는 해도 거룩함에 이르고자 하는 톨스토이의 시도는 실망으로 끝을 맺었다. 간단히 말해서 그는 자신의 말대로 살지 못했던 것이다. 다분히 감정 섞인 것이긴 하지만, 소냐는 그 상황을 잘 설명하고 있다.

> 남편에게 진정한 동정심 따위는 거의 없었다. 친절을 베푼다 해도 마음에서 나온 행동이 아니라 그저 자신이 세운 원칙에 따른 결과일 뿐이다. 전기 작가들은 물지게를 지고 가는 일꾼들을 남편이 어떻게 도와주었는지 이야기하고 있지만, 자기 아내에게는 전혀 쉴 짬을 주지 않았다는 사실, 32년을 함께 살면서도 자식들에게 물 한 모금 준 적이 없다는 사실, 단 5분만이라도 온갖 일들에서 벗어나 잠깐 여유를 가질 수 있도록 아이들을 곁에 불러 놀아준 적이 없다는 사실을 아는 사람은 세상에 아무도 없다.
>
> _ 소냐의 일기에서

"당신한테 사랑이 어디 있어? 무저항이라고? 신앙이라고? 당신에게 그런 게 있기나 해?"

고래고래 소리를 지르며 다투던 끝에 소냐는 그렇게 남편을 다그쳤다. 소냐는 아이들에게 많은 시간을 뺏기고 있었지만, 톨스토이는 전혀 관심을 보이지 않았다. 인류에 대한 사랑을 언급하면서도 개개의 인간을 사랑하기를 힘겨워했던 것이다. 심지어 자기 피붙이까지도 사랑할 수 없었다.

톨스토이는 스스로 완전해지기 위해 타는 듯한 열심을 품었지만, 평화나 안정의 모습으로 열매 맺는 데 실패하고 말았다. 임종을 맞는 순간까지도 그의 일기와 기록들은 복음서의 이상과 삶의 모순 사이의 격차만을 드러내는 서글픈 주제에서 벗어나지 못했다. 자신을 속이기에는 너무 정직했기에 톨스토이는 생생한 양심의 소리를 묵살할 수 없었다. 그를 위선자라고 부르는 이들도 있다. 하지만 위선자란 자기 아닌 무언가로 가장하는 사람을 말하는데, 톨스토이는 자신이 얼마나 부족한 사람인지 잘 알고 있었다.

레프 톨스토이는 대단히 불행한 사람이었다. 당시의 러시아 정교회를 맹렬히 비난하다가 파문(2001년, 러시아 정교회는 톨스토이에 대한 파문을 다시 심리하기 위한 준비 단계로 그의 작품을 재검토해달라는 고손자의 요청을 기각했다)을 당했으며, 스스로 인격을 연마하려는 모든 노력도 수포로 돌아갔다. 급기야 자살하고 싶다는 유혹을 물리치기 위해 농장에 있는 밧줄을 다 감추거나 총을 치워버리는 일도 여러 차례 일어났다. 그러다가 결국 명예와 가족, 농장과 자아 정체성에서 벗어나는 시간이 왔다. 이름 모를 방랑자처럼 그는 어느 간이

역에서 호기심에 찬 구경꾼들에 둘러싸인 채 세상을 떠났다. 곧 세계 곳곳에서 기자들이 몰려왔다. 지금도 소냐가 역사 바닥에 누운 남편의 모습을 찾기 위해 더러운 유리창을 통해 안을 엿보는 가슴 아픈 사진이 남아 있다. 톨스토이의 제자들은 아내가 온 줄 알면 불편해 할지도 모른다며 소냐가 역사 안으로 들어오지 못하게 막았다.

톨스토이가 겪은 실패를 보면서 그의 비참한 삶에서 어떤 교훈을 얻을 수 있을까? 나는 톨스토이가 쓴 신앙적인 글을 여러 편 읽었으며, 그때마다 예외 없이 그가 하나님의 절대적 이상을 우러르는 모습에서 커다란 영감을 얻곤 했다. 복음이 정의의 문제, 돈의 문제, 인종의 문제, 교만이나 야망과 같은 개인적 문제 등 다양한 영역의 난제들을 해결해준다고 말하는 이들과는 달리, 톨스토이는 실제로 복음은 우리에게 짐을 더해준다는 사실을 상기시킨다.

현대 사회에 살다 보면 복음을 만족과 성공이 보장되고 모든 문제로부터 자유로운 존재로의 가능성을 활짝 열어주는 일종의 '아메리칸드림'과 혼동하기 쉽다. 톨스토이는 예수님께서 '상냥한 이웃들로 둘러싸인 멋진 가정' 이상의 무언가를 위하여 우리를 부르셨다는 사실을 알고 있었다. 재물과 재능, 교육, 세계를 풍미할 정도의 명성을 모두 맛보았던 그였다. "하지만 스스로에게 이렇게 묻곤 했다. '그래, 고골(우크라이나 출신의 러시아 문학가—옮긴이)이나 푸시킨, 셰익스피어, 몰리에르, 또는 세계의 모든 작가들보다 내가 더 유명해질 수도 있겠지. 그래서, 그게 뭐 어쨌다는 거지?' 나는 한 마디도 대꾸할 수 없었다." 톨스토이는 예수님의 진지하기 이를 데 없는 질문을 내놓는다. "만일 온 천하를 얻고도 자기 목숨을 잃으면 무엇이 유익하리요?"

누군가 그저 예수님 명령에 순종하겠다는 마음 하나로 소유하고 있던 농노들을 기꺼이 풀어주고 자기 소유를 나눠주었다면, 그는 세상의 기억 속에 오래 남게 마련이다. 다른 러시아 귀족들은 마치 소 떼를 구입하듯 농노를 사고팔았으며 고분고분 말을 듣지 않는 노예들은 지독한 매질로 다스렸다. 스스로 그리스도의 순전한 교회를 보유했다고 믿고 있던 나라에서 바로 이런 일들이 벌어졌던 것이다. 톨스토이는 자발적으로 농노들을 해방시켜주었다. 다른 귀족들이 톨스토이의 모범을 따라 정의를 실현했더라면 저 끔찍한 1917년 혁명은 일어나지도 않았을 것이다.

톨스토이라도 자신의 이상에 따라 살아갈 수 있었다니 그나마 다행이라 해야 할 것이다(나도 그렇게 이상에 따라 살 수 있다면!). 그는 스스로 많은 계율들을 만들어냈지만 결코 천박한 율법주의에 빠지지 않았다. 그의 책 《하나님나라는 네 안에 있다》의 제목이 이것을 잘 말해준다. 그는 스스로 자신 안에 이상적 도덕률을 흡수하려고 노력했던 것이다. 그는 통일된 신앙 체계는 결국 외면적 계율을 만들어내는 경향이 있다고 말한다. 유대교가 그렇고, 불교가 그랬으며, 힌두교나 이슬람교도 마찬가지였다. 그러나 예수님께서는 외면적 계율을 만드는 걸 거부하심으로써 기존 신앙 체계와는 전혀 다른 접근 방식을 소개하셨다. 예수님께서 구체적 계율을 만드셨더라면, 주님을 따르던 사람들은 그걸 지키는 것만으로 스스로 의롭게 되었다는 생각에 빠질 수도 있을 것이다. 톨스토이는 《하나님나라는 네 안에 있다》의 핵심부에서 그리스도의 접근 방식과 다른 종교들의 방식을 다음과 같이 구분하고 있다.

외면적 신앙의 경우, 가르침을 따르고 있는지 검증해볼 수 있는 기준은 계율(주일 성수, 할례, 십일조 따위의)을 행동으로 지키고 있느냐의 여부다. 그런 식의 검증은 얼마든지 가능하다.

  그리스도의 가르침의 경우, 검증의 기준은 완전함을 추구하는 이상에 도달하는 데 실패했다는 자각이다. 완전함에 얼마큼이나 다가갔는지는 눈에 보이지 않는다. 눈으로 볼 수 있는 것은 완전함에서 벗어난 정도뿐이다.

  외면을 규정하는 율법을 좇는 사람은 기둥에 걸린 등잔 불빛 아래 서 있는 것과 같다. 지금은 자신을 둘러싸고 있는 빛 가운데 있지만, 거기서 한 걸음도 더 멀리 나갈 수 없다. 그리스도의 가르침을 따르는 사람은 저만치 앞을 비출 수 있도록 긴(혹은 짧지 않은) 막대기에 등잔을 매달아 들고 있는 것과 같다. 불빛을 쫓아가면 마른 땅을 디딜 수 있으므로 먼 곳까지 걸어 나갈 용기를 얻을 수 있을 것이다.

톨스토이의 신앙고백

한 구절 한 구절에 소중한 지혜가 담겨 있지만 톨스토이의 신앙 산문들은 대체로 어수선하고 불안정하다. '얼마나 완전함에서 탈선했는가' 외에는 특별한 인식을 찾아보기 어렵다. 자기 내면의 움직임을 진단할 때마다 톨스토이는 도덕적 실패와 위선, 불신 따위를 확인하고 주체할 수 없는 메스꺼움을 느꼈다. 오늘날 그의 영적 수상록을 즐겨 읽는 독자가 거의 없는 이유도 거기에 있을 것이다. 상담자로서 톨스토이는 희망을 제시하기보다 절망을 내놓는다. 스스로도 어찌할 수 없는 인간이 어떻게 다른 사람들을 도와줄 수 있겠는가?

그런 비난에 대해서 톨스토이는 그가 하나님의 거룩한 계획을 충족시켜드리지 못했다 해서 그것으로 주님의 이상 자체를 판단해서는 안 된다고 응수한다. 주님의 이름을 품고 있으나 아직 완전에 이르지 못한 사람들로 그리스도를 평가해서는 안 된다는 것이다. 특별히 어느 개인 서신 가운데 한 대목은 그가 세상을 뜰 날까지 이런 비평들에 어떻게 대처했는지를 잘 보여준다. 이 글은 톨스토이가 이끌어 온 영적 순례의 간추린 줄거리 같아서, 자신이 온 마음을 다해 믿는 진리를 소리 높여 외치는 동시에 한 번도 깊이 실감해보지 못한 은혜를 구슬프게 호소한다.

당연히 나올 법한 질문이며 실제로 자주 듣게 되는 질문이 있다. 흔히들 내 입을 다물게 만들 방법을 찾기라도 했다는 듯 득의양양해서 묻는다. '그럼 레프 니콜라예비치 톨스토이, 당신은 어떤가요? 전도는 잘하시는 것 같습니다만, 본인은 말씀대로 살고 계신가요?' 그런 질문을 받으면, 비록 간절히 바라는 일이기는 하지만 나는 복음을 전하지 않을뿐더러 그럴 줄도 모른다고 대답한다. 나는 그저 행동을 통해서 전도할 수 있을 따름인데, 그나마 내 행동이라는 것도 창피하기 이를 데가 없다. 그리고 나는 죄인이고 추악한 인간이며 말씀대로 살지 못했으므로 경멸을 받아 마땅하다고 대답한다. 동시에 무슨 변명을 하고 싶어서가 아니라 그저 내게 일관성이 부족하다는 사실을 설명하고 싶은 마음에 이렇게 이야기한다.

'현재의 삶과 이전의 삶을 비교해보면, 내가 말씀대로 살려고 노력한다는 사실을 알게 될 겁니다. 그동안 그리스도의 가르침을 1천분의 1만큼도 지키지 못하는 건 사실이고 그걸 대단히 부끄럽게 생각합니다만, 그건 내가 원해서가 아니라 그럴 능력이 없기 때문입니다. 사방에서 죄어 들어오는 유혹의 그물에서 벗어날 방법을 알려주십시오. 말씀을 실천할 수 있도록 도와주십시오. 설령 아무런 도움을 받지 못한다 할지라도 그렇게 살게 되기를 간절히 소망합니다.

잘못을 저지른 것은 바로 이 사람이므로 나를 공격하십시오. 지금까지 내가 걸어왔던 길, 그리고 어디로 가야 할지 의견을 물어온 사람들에게 내가 가르쳐주었던 길을 공격하지는 마십시오. 집으로 가는 길을 알고 있지만 술에 취해 비틀거리며 걷고 있다면 아마 정도에서 살짝 비껴난 길을 가고 있는 게 아닐까요? 이쪽저쪽 휘청휘청 걷고 있을 테니까요. 내가 잘못된 길로 가고 있다면 부디 다른 길을 알려주십시오. 하지만 그저 비틀거리거나 길을 잃어버렸다면 나를 도와주셔야만 합니다. 내가 언제라도 당신을 원조할 수 있도록 준비를 갖추고 있는 것처럼, 당신도 내가 진리의 길을 갈 수 있도록 지켜줘야 합니다. 나를 잘못된 길로 더려가지 마십시오. 내가 길을 잃어버린 걸 기뻐하지 마십시오. 쟤 좀 봐라, 집으로 간다더니 시궁창에서 기어 다니고 있구나 하며 소리치며 즐거워하지 마십시

오. 고소하다는 듯 쳐다볼 게 아니라 도와주고 밀어주십시오.'

톨스토이가 쓴 신앙 산문들을 읽으면 슬픈 마음이 든다. 엑스선 투시기처럼 인간의 마음을 읽어내는 능력 덕분에 위대한 소설가의 반열에 올랐지만, 동시에 번민에 시달리는 크리스천이 되었다. 마침내 도덕적 탈진 상태에 빠질 때까지 산란기에 접어든 연어처럼 흐름을 거슬러 오르려고 발버둥 쳤던 것이다. 어린 시절, 톨스토이는 "인간의 마음속에 자리 잡은 모든 악을 쳐부수고 착한 생각을 가져다준다"는 글이 적힌 도깨비 방망이가 있다고 믿었다고 한다. 끝까지 그런 도깨비 방망이를 찾아낼 수는 없었지만, 자신을 포함해서 누구의 것이든 타락한 인간성 앞에 진정으로 굴복한 적은 한 번도 없었다. 스스로의 의지만으로도 악을 몰아내기에 충분하다고 생각했던 그는 결국 좌절하고 말았다. 마지막으로 쓴 소설 《부활》에서 주인공들은 "인류가 저지른 끔찍한 죄에서 구원받는 유일하고도 확실한 방법은 하나님 앞에서 모든 사람이 죄인이며 따라서 아무도 벌하거나 개조할 수 없음을 깨닫는 것"이라는 사실을 분명히 알게 된다.

끊임없이 바른 신앙을 추구했던 자세가 결코 지울 수 없는 영향을 주었기에, 나는 톨스토이에게 고마운 마음을 품고 있다. 그의 소설을 처음 만난 것은 '교회로부터 받은 학대'의 영향이 서서히 나타나 괴로워하던 시기였다. 어렸을 때 다니던 교회들은 실제로 수많은 오류를 내포하고 있었거나 최소한 그 또래 아이의 교만한 눈으로 보기에는 그렇게 비쳤다. 복음의 이상과 복음을 따른다는 사람들이 보여주는 결점들 사이의 간격을 인식하면서 어차피 실현할 수 없는 이상이라면 그만 포기하고 싶다는 유혹이 강렬하게 다가왔다. 그러던 차에 톨스토이를 발견하게 된 것이다. 내가 아는 한 톨스토이는 선을 악만큼 매력적이고 믿어볼 가치가 있는 것으로 만드는 까다롭기 짝이 없는 과제를 성공적으로 수행해낸 첫 번째 작가다. 나는 톨스토이의 장편 소설과 우화, 단편들에서 도덕적 힘의 원천을 찾았다.

현대 소설은 부패한 인간상을 드러내는 게 대부분이다. 톨스토이는 부패에 젖어 살기는 했지만, 인간이 살아낼 수 있고 또 마땅히 그렇게 살아가야 할 비전, 또는 자신이 그렇게 갈망하면서도 결코 실천할 수 없었던 사랑의 계율을 끊임없이 추구해나갔다. 이런 톨스토이의 헛수고를 통해 나는 한 가지 확신을 갖기 되었다. 진리를 깨닫는 데 완전히 실패했다 하더라도 그것이 진리 자체의 가치를 떨어트리는 게 아니며, 지속적으로 하나님의 사랑 아래 자아를 내려놓을 필요가 있음을 지적해줄 뿐이라는 사실이다. 추종자들이 잘못을 이상 그 자체에 전가할 수는 없다. 비판적인 이들에게 할 말이 톨스토이 덕분에 생겼다.

"내가 걷는 길이 아니라 나를 공격하십시오."

한동안 방탕한 시절을 보냈던 탓에 톨스토이는 다른 길로 가봐야 진리에서 멀어질 뿐이라는 걸 잘 알고 있었다.

톨스토이와 같은 시대에 존재했던 가장 재능 있는 인물 가운데 하나인 막심 고리키는 "그가 살아 있는 한, 나는 이 땅에서 고아가 아니다"라고 말했다. 톨스토이는 자신이 속한 민족 전체의 사유 수준을 끌어올렸으며 오늘날까지도 그의 작품들은 세상을 향해 메시지를 전하고 있다. 대학에서 문학을 가르치고 있는 내 친구는 몇 년 전에 편지 한 통을 받았다. 태국의 처참한 난민 수용소에서 봉사 활동을 하고 있던 옛 제자에게서 온 서신이었는데, 절대적으로 도움을 갈구하는 내용이었다. 날마다 그녀는 캄보디아와 베트남에서 도망쳐 나온 사람들을 만나서 인간이 얼마나 잔혹하고 악한지를 보여주는 이야기들을 들었다고 했다. 이제는 인간 본성이 선하다는 말을 믿지 못하게 되었다고 토로했다. 그녀로서는 하나님이 살아 계신다는 사실을 신뢰할 수가 없었다. 친구는 제자가 신앙을 회복하는 데 도움이 되도록 책을 몇 권 부쳐주기로 마음먹었다. 그리고 다섯 권의 책을 골랐는데, 처음 선택한 책이 바로 톨스토이의 《부활》이었다. 심한 상처를 입은 전직 매춘부의 무차별적이고 무제한적인 사랑과 그녀에게 상처를 입혔던 남자의 죄에 대해 이야기하는 톨스토이 최후의 소설 《부활》은 그가 이해한 은혜를 가장 정확하게 묘사하고 있는지도 모른다.

  톨스토이의 수작 가운데 하나인 《안나 카레니나》는 두 단락에 걸쳐 주인공 레빈의 영적 자각을 묘사하는 것으로 끝을 맺는다. 레빈은 이렇게 말한다.

    이 새로운 감정은 나를 갑자기 변화시키지도 못할 것이고 순식간에 행복하게 만들거나 마음이 밝아지게 해줄 수도 없을 것이다. 진작부터 그럴 줄 알았다. 아들에 대해 느끼는 감정과 똑같다. 역시 뜻밖의 선물은 없었던 것이다. 이 느낌이 신앙인지 아닌지 알 수 없지만(난 신앙이 무엇인지 모른다), 고통을 통해서 부지불식간에 영혼 속에 스며들어 힘차게 뿌리를 내리고 말았다.

앞으로도 여전히 마부 이반에게 화를 내고 토론을 하거나 논리에 맞지 않는 주장들을 해대겠지. 더할 나위 없이 거룩한 내 영혼과 다른 사람들의 영혼 사이에는 변함없이 벽이 존재할 거야. 설령 아내라도 말이야. 결국 마음의 두려움을 감추려고 아내를 야단치고 금방 돌아서서 후회하겠지. 또 무엇 때문에 기도하는지도 모르면서 계속 기도할 거야. 그러나 지금부터는 생활 중에 무슨 일이 생기더라도 내 삶은 옛날처럼 무의미해지지는 않을 거야. 당연히 살아갈 힘을 주는 선한 의미를 갖게 되겠지.

레빈의 마지막 말을 읽을 때마다 어쩔 수 없이 주인공 속에 투사된 톨스토이 자신의 모습을 보게 된다. 절박한 소망과 이루지 못한 꿈 모두를 보는 것이다. 인간은 완전치 못하다는 엄연한 현실과 부인할 수 없는 하나님의 선하심을 동시에 인정하는 톨스토이의 신앙고백, 나는 그걸 내 것으로 받아들일 수 있었다.

도스토옙스키가 체험한 부활

톨스토이와 도스토옙스키의 작품을 읽으면서 글에 어떤 내용을 담을 것인가 하는 문제에 대한 생각이 달라졌다. 이전에는 신학과 변증학 서적을 많이 읽었는데, 유익한 점이 없었던 건 아니지만 좌절감을 느낄 때가 더 많았다. 특히 무신론 철학자들의 주장을 보면 누구나 똑같은 수준의 이성을 가져야 한다고 강요하는 것 같았다.

하지만 그 두 러시아 작가들의 작품들을 읽는 동안 기독교 진리의 정수가 마음 깊은 곳까지 스며들었다. 나는 이야기에 담긴 힘, 누구라도 왈가왈부할 수 없을 만큼 구체적인 형태로 표현된 진리의 힘을 알게 됐다. 신학 서적들에서는 복음의 핵심을 이루는 은혜나 용서 같은 개념이 제대로 드러나지 않는다. 비로소 예수님께서 그토록 이야기라는 형식에 의존하셨던 까닭을 알 수 있을 것 같았다. 탕자는 구속하심에 대해 알아야 할 모든 것을 말해준다. 선한 사마리아인은 도덕 원리에 관해 기억해야 할 것들을 대부분 설명해준다. 예수님은 신학적으로 정연한 논리를 갖춘 바리새인과 눈물을 흘리며 도와달라고 간청하는 죄인을 대비시키셨다. 물론 하나님께서는 죄인의 부르짖음을 들으셨다.

톨스토이의 글들은 형식을 달리해가며 똑같은 주장을 펴고 있다. 신앙적 산문은 서로 모순되거나 노골적 합리화에 치우치는 경우가 많다. 하지만 그가 만들어낸 탁월한 이야기들 속으로 들어서면 특정한 주장을 홍보하려 한다는 냄새는 증발돼버리고 만다. 그의 소설들은 추상적 이념을 통해서가 아니라 실감나는 인물들로 구체화된 삶을 통해 교리라든가 도덕 원리 등을 보여준다.

더할 나위 없이 예리한 눈으로 관찰하여 파악한 남성과 여성에 관한 사실을 동원해서 톨스토이가 묘사해내는 인생들은 이성적 탐색으로는 포착할 수 없던 복음의 핵심을 담고 있다. 톨스토이에게는 구원을 설명하는 것보다 그려내는 편이 훨씬 나았던 것이다.

안타깝게도 톨스토이는 복음을 통해서 삶에 위로를 얻은 적이 한 번도 없었다. 전기 작가인 A. N. 윌슨은 "결국 톨스토이의 신앙은 은혜보다는 율법에, 타락한 세상을 관통하는 하나님에 대한 비전보다는 인간 개조 계획에 가까운 것이었다"라고 표현했다. 톨스토이는 유리알처럼 맑은 명민함으로 하나님의 이상이라는 빛에 비추어볼 때 자신이 너무나 부족하다는 사실을 알았지만, 그 모든 부족함을 채워주시는 하나님의 은혜에 의지하는 다음 단계까지는 나가지 못했던 것이다.

톨스토이의 작품을 섭렵한 지 얼마 안 돼서 역시 러시아 출신인 표도르 도스토옙스키를 알게 됐다. 러시아 작가들 가운데 가장 유명하고 뛰어났던 이들은 역사상 같은 시기에 생존했고 활동했다. 둘은 무릎을 쳐가며 상대방의 작품을 탐독하면서도 한 번도 직접 대면해서 만나지는 못했다. 마치 공전하는 행성들처럼 서로의 관심을 끌고 때로는 강렬한 영향을 주면서 똑같은 도시들을 순회했지만, 그들의 공전 궤도는 결코 겹치는 법이 없었다. 아마 톨스토이와 도스토옙스키가 모든 면에서 서로 상반되는 작가였기 때문이라고 해도 크게 틀린 말은 아닐 것이다.

톨스토이가 밝고 환한 소설들을 썼다면 도스토옙스키는 관조적이고 내면적인 작품을 내놓았다. 톨스토이가 자기 수양을 위해서 수도사적 일과를 지켰던 반면, 도스토옙스키는 애정 행각과 술, 도박으로 건강과 재산을 탕진하기를 되풀이했다. 톨스토이는 작업 일정을 지키는 게 몸에 밴 사람이었지만 도스토옙스키는 도박 빚을 갚기 위해 밤을 새워가며 엄청난 속도로 소설을 써냈다. 톨스토이의 집에는 수천을 헤아리는 순례자들이 지혜를 구하기 위해 몰려들었지만, 언제나 부스스한 머리를 하고 있는 도스토옙스키에게 가서 지식을 얻어야겠다고 생각하는 사람은 아무도 없었다. 사회적으로 그는 미숙아였다. 재산을 얼마나 형편없이 관리했던지, 가끔은 완성된 소설을 출판사에 보내고 싶어도 우편 요금이 없을 지경이었다. 더구나 간질로 고통을 받고 있던 터라, 간혹 극심한 발작이 일어나면 그후로 며칠 동안은 자포자기 상태에서 보내곤 했다.

도스토옙스키는 삶 속에서는 허다한 실수를 저질렀지만, 예술 분야에서만큼은 놀라운 위업을 이루었다. 그의 소설은 톨스토이에 필적하는 설득력을 갖춘 채 그리스도 복음의 핵심인 은혜와 용서를 전달한다. 도스토옙스키는 톨스토이가 드러낸 처절한 실패로부터 구원받을 수 있는 방법을 가르쳐주었다.

도스토옙스키는 생애 초기에 실제로 부활을 경험했다. 그는 차르 니콜라이 1세가 반역 단체로 규정한 조직에 소속되었다는 죄목으로 체포되었다. 니콜라이 1세는 구속된 청년들의 죄상이 대단치 않다고 판단하고 일단 이들 말뿐인 급진주의자들을 모의 사형mock execution에 처하라고 명령했다. 판결을 기다리며 여덟 달째 감옥에 갇혀 있던 어느 날, 갑자기 도스토옙스키 일행은 감옥에서 끌려나와 광장으로 가는 마차에 태워졌다. 크리스마스를 사흘 앞둔 지독하게 추운 아침이었다. 광장에서는 정부 관리가 사형을 집행한다는 판결문을 낭독했다. 겁을 주려는 조처였다. 죄인들로서는 정보를 수집해서 사태를 파악할 시간은 물론, 구명을 호소해볼 여지도 전혀 없었다. 사형을 집행할 소총 분대가 자리를 잡았다. 집행관들이 죄인들의 모자를 벗기고 옷도 하얀색 수의로 갈아입혔으며 손을 뒤로 돌려 단단히 결박했다. 그들은 멍하니 바라보고 있는 구경꾼들 앞에 일렬로 섰다. 때마침 눈이 쏟아지고 있었다.

"죄의 삯은 사망이요…." 임석臨席 신부가 성경 말씀을 낭독하고 십자가를 내밀어서 죄인들이 마지막 입맞춤을 할 수 있게 해주었다. 이어서 먼저 사형이 집행될 죄수 세 명이 불려나가서 기둥에 묶였다. 이윽고 "사격 준비!"라는 구령이 떨어지고 북소리가 우르르 울려 퍼졌다. 병사들은 공이를 뒤로 젖히고 총을 어깨에 댔다. 바로 그 마지막 순간, 전령이 미리 준비해둔 차르의 조서를 들고 광장으로 바람처럼 달려 들어왔다. 차르가 자비를 베풀어서 형량을 사형에서 중노역 형으로 경감한다는 조서였다. 귀족 출신이었던 도스토옙스키는 칼을 들어 머리를 두드렸다. 수치스러움의 표시였다. 어떤 죄수는 무릎을 꿇고 "덕이 많으신 황제 폐하 만세!"를 외쳤다. 또 다른 죄수는 심한 정신적 충격을 입고 다시는 회복되지 못했다.

전혀 다른 형태이기는 하지만, 도스토옙스키 역시 죽는 날까지 당시의 경험을 떨쳐버릴 수 없었다. 그는 죽음의 깊은 구덩이를 똑똑히 목격했으며, 그때부터 그에게 삶이란 값으로 따질 수 없을 만큼 소중한 것이 되었다. 감옥으로 돌아온 도스토옙스키는 생명을 다시 얻은 순수한 기쁨을 노래하며 방 안을 서성거렸다. 형에게는 "지금처럼 영적 생명력이 풍성하고 건강하게 용솟음쳤던 적은 여태까지 한 번도 없었습니다. 제 인생은 변화될 것입니다. 새로운 모습으로 거듭날 것입니다"라고 적힌 편지를 보냈다. 그리고 기념물로 간직하기 위해 수의를 잘 개켜 넣어두었다.

이제 도스토옙스키 앞에는 시베리아 이송을 포함한 시련들이 기다리고 있었다. 크리스마스 자정을 알리는 종소리와 함께 간수들이

들어와서는 발에 4.5킬로그램짜리 족쇄를 채운 뒤에 지붕 없는 썰매로 데려갔다. 그로부터 18일 동안, 도스토옙스키는 고된 마차 여행을 견뎌내야 했다. 살을 에는 듯한 추위로 곳곳에 동상을 입은 상태였다. 목적지에 도착한 호송대는 죄수들을 마지막으로 분산 배치하기 전에 시베리아에서 며칠 동안 머물기로 했다. 호송 책임자는 그곳 여성 세 명이 도스토옙스키 일행을 면회할 수 있도록 허락해주었다. 이들은 모두 다른 정치범들의 아내로서 남편 근처에 살겠다는 생각으로 시베리아로 이주한 여인들이었다. 여인들은 새로 온 죄수를 반겨주는 걸 소명으로 여기던 터여서 어떻게든 그들을 편안하게 해주려고 애를 썼다. 그들 가운데 독일 철학을 공부했고, 성경을 외우다시피 잘 알고 있는 어느 경건한 부인이 도스토옙스키에게 신약성경을 쥐여 주었다. 성경은 감옥에서 소지할 수 있는 유일한 책이었다. 부인은 조그만 목소리로, 성경책을 찬찬히 뒤져보면 10루블짜리 지폐를 찾을 수 있을 것이라고 속삭였다.

소명을 이룰 수 있도록 하나님께서 두 번째 기회를 주셨다고 믿은 그는 유형 생활을 하는 동안 성경을 열심히 읽고 또 읽었다. 세월이 한참 흐른 뒤에 도스토옙스키의 딸은 당시의 정황을 이렇게 기록했다.

"아버지는 그 소중한 책을 처음부터 끝까지 한 장도 빼놓지 않고 연구했습니다. 한 단어 한 단어를 깊이 묵상했으며 상당 부분은 외우기까지 해서 결코 잊어버리지 않았습니다. 무슨 작품을 쓰든지 성경 말씀이 깊이 스며들도록 했는데, 아마 이것이 아버지의 작품에 힘을 주었던 것 같습니다."

유형 생활에서 풀려난 뒤에도 도스토옙스키는 여행을 할 때마다 성경을 가지고 다녔으며, 집에 있는 동안에는 언제라도 꺼내볼 수 있도록 늘 앉아서 글을 쓰는 책상 서랍에 넣어 두었다.

도스토옙스키는 중노동을 하면서 4년을 보냈고 그후로도 6년씩이나 유형 생활을 했다. 그렇게 10년 형기를 마칠 즈음에는 흔들림 없는 신앙을 가진 크리스천이 되어 있었다. 도스토옙스키의 신앙은 시베리아에 처음 도착하던 날 그에게 신약 성경을 건네주었던 부인에게 써 보낸 신앙 고백 가운데 잘 나타나 있다.

"제 신앙 고백은 대단히 단순합니다. 그리스도보다 아름답고, 심오하며, 사랑이 넘치고, 정당하고, 용맹스럽고, 완전한 분은 전혀 없습니다. 설령 누군가가 증거를 들이대며 그리스도는 진리가 아니라고 주장한다 할지라도, 나는 진리와 함께 있기보다 그리스도와 더불어 사는 쪽을 택할 것입니다."

은혜와 마주치다

감옥에 있는 동안 도스토옙스키는 말할 수 없는 고통을 겪었다. 신경계를 파고든 병 때문에 간질이 얼마나 심해졌던지, 한번 발작이 일어나면 땅에 쓰러져서 입에 거품을 물고 비명을 지르며 몸부림쳤다. 여러 차례 감옥 안의 병원에 입원해서 간질은 물론 류머티즘 치료까지 받아야 했다. 읽을 만한 책을 몹시 그리워했으며 툭하면 벌어지는 싸움과 이미 일상이 돼버린 고함 소리에 넌더리를 냈다. 족쇄에 살이 쓸려 피부가 벗겨졌다. 잠깐만이라도 귀가 멍멍하도록 시끄러운 소리에서 벗어나서 혼자 있기를 항상 갈망했다. 그에게는 이것이 먹고 마시는 것만큼이나 긴급한 필요였다. 감옥에서 몇 년을 보내는 동안 가족들로부터는 한 통의 편지도 받아보지 못했다.

동료 죄수들 가운데는 자신이 받은 형벌에 대해 반감을 품고 복수의 기회만 노리는 이들도 적지 않았다. 하지만 놀랍게도 도스토엡스키는 새로운 삶의 기쁨과 인성에 대한 낙관을 품은 채 문명 사회로 돌아갔다. 그는 담장 안 좁은 공간에 몇 시간씩 서 있었던 기억들을 마음 한구석에 잘 감춰두었다. 울타리 말뚝에 머리를 기대고 초록색 풀밭과 그윽하게 푸른 하늘을 쳐다보았었다. 그 작업장은 '깨끗하고 환하게 빛나는 지평선과 항상 텅 비어 있어서 특이한 느낌을 주던 광활한 초원 등 하나님께서 만드신 세상을 볼 수 있는 유일한 장소'였다.

도스토엡스키는 신약 성경을 전해주었던 여인의 친절함과 아울러, 언젠가 간수들의 호위를 받으며 걸어가고 있을 때 쪼르르 달려와서 "불쌍한 아저씨, 예수 그리스도의 이름으로 이 동전을 드릴게요!"라고 외치던 어느 꼬마 계집아이의 고마움을 잊을 수가 없었다. 그는 신약 성경과 수의처럼 그때 받은 동전도 기념물로 소중하게 간직했다. 외롭게 감방에 갇혀 지내던 시절도 잊지 않았다. 매일 저녁 감방의 덧창을 열면 밖에서 누군가가 숨죽인 목소리로 외쳤다.

"형제여, 용기를 내게! 힘들기는 바깥도 마찬가지야!"

훗날 그는 소설을 쓰면서 고통의 한복판에서 자신이 만났던 은혜의 편린들을 곳곳에 끼워넣었다.

도스토옙스키는 삶이 주는 진정한 선물을 마음껏 향유했다. "삶은 선물이다." 모의 사형 집행이 있고 나서 몇 시간 흐른 뒤, 그는 그렇게 적었다. "삶은 행복이다. 1분에 불과한 시간도 영원한 행복이 될 수 있다. 생명은 어디에나 있다. 생명은 밖에 있는 게 아니라 바로 우리 안에 존재한다." 다시 자유를 찾은 뒤에 쓴 글에는 이런 것도 있다.

나뭇잎 한 장, 빛 한 줄기까지 모두 사랑하라.
짐승들을 사랑하고, 초목들을 사랑하라.
모든 존재를 낱낱이 다 사랑하라.
모두를 사랑하노라면,
하나하나마다 하나님의 신비를 볼 수 있으리니.

나는 도스토옙스키의 글에서 이런 기쁨의 물결을 기대하지 않았다. 실존주의 소설들을 섭렵한 지 얼마 안 되는 시점에서 그의 소설들을 읽게 되었던 것이다. 정서적으로는 광활한 초원에 사는 한 마리 짐승 같았다. 항상 남들과 얼마쯤 거리를 두고 살면서 그들을 판단했으며, 낯선 친구들에게 접근할 때는 경계를 늦추지 않았다. 누구라도 나를 짓밟을 수 있었다. 아니 정확하게 말해서 지금 짓밟혀 가는 중이었다. 도스토옙스키의 《지하생활자의 수기》에서 나는 그처럼 짓눌린 성격 유형을 발견했으며, 이어서 그가 만들어낸 다른 인물들을 하나씩 만나기 시작했다. 《지하생활자의 수기》의 주인공과는 정반대로 선량함이 흘러넘치는 인물들이었다. 차츰 한 가지 역설적인 점이 눈에 들어왔다. 모든 것을 가졌던 톨스토이는 쉽게 분노하고 상처를 입혔던 데 반해, 모든 것을 잃어버렸던 도스토옙스키는 범사에 감사하고 원기 왕성하게 살았다는 사실이다.

처음에는 저주스럽게만 여겨지던 수형 생활은 그에게 독특한 기회가 되었다. 그는 감옥이라는 닫힌 공간에서 절도범, 살인범, 알코올 중독에 걸린 농노들과 같이 살았다. 훗날 도스토옙스키는 감옥에서 견뎌내야 했던 가장 큰 고통은 농노 출신 죄수들이 자신을 그들이 경멸하는 상류층으로 여기고 드러내던 원색적 증오였다고 회상했다. 감옥에서 농노 출신 죄수들과 함께 지냈던 경험은 나중에 소설을 쓰면서 《죄와 벌》의 라스콜리니코프처럼 세상에 적응하지 못하는 인물을 묘사할 때 사용되었다.

인간은 천부적으로 선하다는 도스토옙스키의 자유주의적 관점으로는 감방 동료들에게서 보았던 원색적 악을 설명할 수 없었으며, 이제 새로운 현실에 맞게 그의 신학을 수정할 필요가 있었다. 그러나 세월이 흐르면서 도스토옙스키는 천하고 천한 죄수들 속에서 하나님의 형상을 감지했다. 톨스토이처럼 도스토옙스키도 농노 출신 죄수들에게 전통적 기독교의 흔적이 남아 있다는 사실을 발견했던 것이다. 도스토옙스키는 그것이야말로 천한 죄수들이 새롭게 출발할 수 있는 유일한 희망이라고 생각하기 시작했다. 사랑을 받아본 사람만이 사랑할 줄 아는 사람을 길러낼 수 있다고 믿게 된 것이다. 그는 하층민을 '일으켜 세우는 것'을 자기 과업의 일부로 여겼다. 도스토옙스키는 재기발랄하고 복잡한 소설들을 계속 발표하면서 교육받은 러시아인의 관점으로 비천한 농노 계급과 버림받은 죄인들을 구제하는 과업을 수행해나갔다.

고향에서 멀리 떨어진 촌에서 천박하고 야비한 인간 군상들 속에 섞여 살면서 도스토옙스키는 자신을 탕자라고 생각하기 시작했다. 그리고 모든 죄수들이 고향을 떠나 낯선 땅에 와 있는 탕자의 처지에 공감할 것이라고 결론지었다. 희망, 감옥을 둘러싼 울타리 너머에 무언가가 기다리고 있는 것 같아서 '묘한 조바심과 열정으로 달뜨게 만드는' 희망이야말로 죄수들이 목숨을 부지하게 만드는 진정한 힘이었다. 도스토옙스키에게 창살 너머를 향한 희망은 곧 지난날 광장 한복판에서 사형 선고를 듣는 순간 언뜻 눈앞을 스쳐 지나갔던 영원한 소망의 상징이었다. 목전에 닥친 죽음 앞에서 그는 나란히 선 친구에게 본능적으로 속삭였었다. "우리는 그리스도와 함께 있게 될 걸세!" 무신론자였던 친구의 대꾸는 짧고 분명했다. "흥, 한 줌 흙이 될 뿐이겠지." 도스토옙스키는 영원한 생명을 믿게 됐다. 사실 그렇게 믿을 때만 이 땅에서의 삶은 결코 무가치하지 않다고 생각할 수 있다.

당시 러시아의 지식인들은 허무주의라는 새로운 철학의 유희에 빠져 있었다. 허무주의적 관점에 따르자면, 세상에 가치 있는 일이란 없으며 도덕이란 언제라도 바뀔 수 있는 가변적인 것이고 세상을 다스리는 사랑의 하나님은 존재하지 않는다. 또 모든 행동은 생물학적으로 미리 결정되어 있으며 사랑이란 것도 성적 욕구와 분리할 수 없는 신체의 감각에 지나지 않는다고 생각했다. 유형 생활에서 풀려난 뒤에 도스토옙스키는 소설을 통해 이러한 허무주의의 주장들을 하나하나 받아쳤다. 허무주의자들과 논쟁을 벌이기보다는 허무주의적 삶이 어떤 결말을 맺는지를 보여주었던 것이다. 이를테면 그의 소설 《악령》은 실제 일어났던 사건을 토대로 하고 있는데, 입장을 달리하는 조직원을 살해하는 가장 간편한 방법으로 의견 차이를 해결하는 열성 혁명가들의 이야기를 치밀하게 전개하고 있다. 《죄와 벌》은 통상적 도덕규범을 초월하여 그저 경험을 쌓기 위해서 두 건의 살인을 저지른 니체 식 '초인'의 최후를 보여준다.

반면, 그의 작품들은 항상 은혜의 소리에 예민한 반응을 보인다. 사실 내가 신학적 개념으로서가 아니라 율법이 지배하는 세상 속에 생생하게 살아 움직이는 현실로서 은혜를 이해할 수 있게 해준 것은 도스토옙스키의 작품이었다. 《죄와 벌》은 끔찍한 죄를 저지른 비열한 인간을 그려내고 있다. 하지만 회개한 매춘부 소냐라는 인물을 통해 그처럼 망가진 라스콜리니코프의 삶에도 은혜의 치료제가 주입된다. 소냐는 주인공의 시베리아 유형 길을 끝까지 따라가서 결국 그를 구원으로 이끌었던 것이다. 도스토옙스키는 이렇게 썼다. "그들을 부활시킨 것은 사랑이었고, 한 사람의 마음속에 다른 사람의 마음을 위한 삶의 무한한 원천이 간직되어 있었다." 《백치》에서 도스토옙스키는 비정상적이고 예측 불가능한 간질 환자인 어느 귀족의 형태로 그리스도의 모습을 구현한다. 미쉬킨 공작은 조용하고 신비스럽게 러시아 상류 사회를 돌아다니며 그들의 삶을 선량하고 진실한 눈으로 조명하는 한편, 그 안에 감추어진 위선을 여지없이 폭로한다. '백치' 공작이 방금 자신이 사랑하는 여인을 살해한 범인을 동정심에 가득 차서 껴안는 이 작품의 마지막 장면은 아마도 모든 문학 작품 가운데 은혜를 가장 감동적으로 묘사한 글로 꼽을 수 있을 것이다.

율법이 지배하는 세상에서 은혜란 모순의 상징일 따름이다. 사람들은 '공평'을 원하지만, 복음은 아무런 죄 없이 십자가에 못 박혀 죽으면서 "아버지여 저들의 죄를 용서하소서"라고 외쳤던 한 인물을 제시한다. 세상은 고결한 인격자를 원하지만, 복음은 세리와 창녀, 사마리아인을 높이 치켜세운다. 사람들은 성공을 원하지만, 복음은 가난하고 짓밟힌 사람들을 성공하고 유명한 사람들보다 앞세움으로써 그 개념 자체를 뒤바꿔놓았다. 지옥 같은 시베리아 감옥, 그가 가진 기득권을 경멸하고 허약함을 조롱하는 동료 죄수들 틈에서 도스토옙스키는 그리스도를 받아들였다. 은혜와는 가장 거리가 멀 것 같은 상황에서 도리어 은혜를 가장 깊이 이해했던 것이다. 이렇게 받아들인 은혜의 개념은 그의 소설 곳곳에 아무런 예고 없이 조용하게 투입돼서 무신론자들을 잠잠케 만드는가 하면 견유학파의 논객들을 무장 해제시키기도 한다. 무신론자들이든 견유학파 사람들이든 어느 날 갑자기 숨이 멎을 정도로 순수한 은혜와 딱 마주치는 순간, 비로소 삶을 제대로 이해하게 될 것이다.

도스토옙스키 자신에게도 그런 일이 일어났다. 도박에 빠진 데다가 잡지사 운영에도 실패해서 빚에 몰리게 된 그는 어느 파렴치한 출판업자의 음모에 걸려들었다. 정해진 기한 안에 새로운 소설을 써내지 못하면 그때까지 발간된 모든 작품의 판권을 넘겨주기로 했던 것이다. 마감 날짜를 고작 3주 남겨둔 시점까지, 도스토옙스키는 소설의 실마리를 찾지 못해 끙끙거리며 차일피일 세월만 축내고 있었다. 날짜에 맞춰 소설을 써낸다는 건 불가능해 보였고, 도스토옙스키는 삶을 포기하고 싶은 유혹으로 괴로워했다.

그때 열아홉, 나이 어린 속기사 처녀 안나가 도움의 손길을 내밀었다. 간질 발작에 시달린 지 며칠 지나지 않은 터라 아직 구역질이 날 것 같은 낌새가 가시지 않았을 때였다. 처음 얼마 동안, 도스토옙스키는 안나를 함부로 대했다. 야단을 치기도 했고 속도가 느리다고 불평을 해대기도 했다. 안나는 늦은 밤까지 도스토옙스키가 불러주는 단어를 하나도 놓치지 않고 받아적었을 뿐만 아니라 그걸 집으로 가져가서 다음 날이면 그에게 교정된 원고를 넘겨주었다. 안나는 초인적 노력으로 도스토옙스키를 달래가며 그에게서 《노름꾼》이라는 소설을 일궈냈다. 마감까지는 불과 두 시간이 남았을 뿐이었다.

그제야 속기사 아가씨의 매력을 제대로 알아차린 도스토옙스키는 안나에게 청혼을 했다. 안나는 자기보다 스물다섯 살이나 연상인 데다가 소문난 주정뱅이에 노름꾼인 대머리 홀아비 도스토옙스키에게서 눈곱만큼도 육체적 매력을 느낄 수 없었다. 다만 불쌍하다는 생각이 들었고 상대가 자신을 필요로 하고 있음을 잘 알았다. 결국 안나는 살림을 합치기로 했다. 이제 직장과 가정이 하나가 된 것이다. 대단한 자기희생이었다. 그날로부터 15년 동안 안나는 그에게 행복을 가져다주었다. 전기 작가들은 도스토옙스키의 모든 걸작들이 쏟아져나왔던 그 무렵을 주저 없이 '기적의 시기'로 부른다.

허무주의냐 사랑이냐

　도스토옙스키의 마지막 작품이자 인류 역사상 가장 위대한 소설 가운데 하나인 《카라마조프 씨네 형제들》은 명석한 불가지론자 이반과 신앙이 돈독한 동생 알료샤를 대조시키고 있다. 이반은 인간의 실패를 분석하고 그런 실패를 보완하기 위해 인류가 만들어낸 모든 정치 제도를 비판하지만 그렇다고 합당한 해결책을 가지고 있는 것도 아니다. 알료샤는 이반이 제기하는 지적 문제들에 대해서는 아무런 대답도 하지 못하지만, 인간과 관련된 문제에 대해서는 '사랑'이라는 해법을 제시한다. 알료샤는 이렇게 말한다. "악의 문제라면 해답을 모르겠어요. 하지만 사랑에 대해서는 알죠." 이반은 욥 이후로 아무도 그래보지 못했을 만큼 논리 정연하게 하나님을 분석한다. 그러나 알료샤는 동정심에 가득 차서 말없이 일어나 형에게 입맞춤할 뿐이다. 이반의 대서사시 '대심문관'에서 그리스도께서 자신을 괴롭히는 사람에게 그렇게 하셨던 것처럼 말이다.

　농노의 손에 잔인하게 살해된 아버지의 죽음, 주류 문단에서 쫓겨난 경험, 체포에 이은 모의 처형, 수용소에서 쿠낸 세월, 불륜, 짝사랑의 아픔, 간질, 폐기종, 각고 끝에 이룬 결혼, 병으로 자식을 잃는 고통, 빚에 몰려 겪은 중압감, 도박 등 《카라마조프 씨네 형제들》에는 도스토옙스키 자신이 살았던 비극적 삶의 주요 요소들이 모두 담겨 있다. 이 책을 쓰기 전부터 그는 욥기를 공부하고 있었으며 개인적 고민거리 가운데 아무것도 해결되지 않은 상태였다. 그리고 소설 탈고 후 두 달 남짓 지나서 이제 더 이상 할 말이 없다는 듯 실제로 동전 한 푼 남기지 않고 세상을 떠났다. 눈을 감는 순간 도스토옙스키의 무릎에는 여러 해 전 시베리아 유형 길에 받았던 신약 성경이 놓여 있었다.

작가 프레드릭 뷰크너는 이 책을 다음과 같이 요약했다. "《카라마조프 씨네 형제들》은 펄펄 끓는 부야베스(bouillabaisse, 생선과 조개 따위의 재료에 향료를 넣고 뜨겁게 쪄내는 프랑스 요리—옮긴이)와 같은 책이다. 많고 많은 인물들이 등장해서 이야기가 곁길로 한참 빠지는가 하면 느릿느릿 기어가기도 한다. 또 작가가 무엇이든 담을 수 있는 여지를 남겨둔 탓에 순전히 성령의 능력으로 여기저기를 채워간 책일 수도 있다. 이런 이유에서 나는 《카라마조프 씨네 형제들》을 신앙적 체험에 '관한' 소설이라기보다는 눈에 보이지 않는 하나님의 임재와 하나님 없는 삶의 두려움 양면에 걸쳐 신앙 체험을 해석하는 소설이라고 생각한다."

《카라마조프 씨네 형제들》을 처음 읽으면서, 내가 이반 쪽에 서 있음을 깨달았다. 내게는 세상에 대한 불만이 끝없이 많았다. 하나님은 정의롭고 공평하신 분이 아니라는 주장에 귀가 솔깃해지기도 했다. 하나님에 대해 분노와 원망을 품고, 도스토옙스키의 말처럼 "어차피 멸망당할 거라면, 굳이 나를 파멸시키는 존재를 찬양할 필요가 있을까?"라는 회의에 빠졌다. 사랑 없는 세상에 넌더리를 내기는 했지만, 그렇다고 세상을 위해 무언가를 하는 것도 아니었다. 알료샤가 가지고 있던 인류가 공통적으로 지닌 본성, 다시 말해서 동정 어린 반응을 보일 만큼의 덕성조차도 내게는 결핍되어 있었다.

다음으로 내가 주목한 것은 도스토옙스키가 감옥에서 얻은 교훈,

즉 무슨 논쟁이나 이성적 주장을 통해서가 아니라 주로 사랑이라는 행동을 통해 은혜의 복음이 세상에 들어왔다는 깨달음이었다. 폴 브랜드 박사나 로버트 콜스 교수처럼 내가 사모하고 동경하는 인물들 역시 행동을 통해 구체적으로 자신의 신앙을 표현했다. 브라질, 네팔, 필리핀, 케냐 등 여러 나라들을 여행하면서, 날마다 인간의 보편적 문제들과 상상 이상으로 첨예하게 부딪히면서도 무기력하게 주저앉거나 분통을 터트리는 게 아니라, 오히려 연민과 사랑으로 대응하는 겸손한 사람들을 많이 보았다. 도스토옙스키는 허무주의와 회의에 토대를 둔 인생이 어떤 결과에 이르게 되는지 논리적으로 보여주었다. 반면에 깨어 있는 그리스도의 종들은 믿음과 사랑에 기초한 삶이 어떤 열매를 맺게 되는지를 논리 정연하게 보여주었다. 여기서 나는 예수를 따른다는 것이 곧 인간의 모든 문제를 해결할 수 있다는 뜻은 아니며(예수님께서도 그런 식으로 문제를 해결하려 하시지 않았다), 오히려 주님이 보여주신 대로 최소한의 조건조차 갖추지 못한 이들에게까지 은혜와 사랑을 베푸는 일을 의미한다는 사실을 배웠다.

도스토옙스키가 활동하던 시절의 지식인들은 전반적으로 그의 생각에 수긍하지 않았다. 하층민들 안에 내재된 신앙에 대해 신뢰를 보내고 사랑과 연민의 마음을 가지라고 호소했으며 최신 사회공학 이론들을 불신했던 탓에 지식인들은 도스토옙스키를 근대 러시아의 문제들을 다룰 능력이 전혀 없는 한물간 도덕주의자쯤으로 생각했던 것이다. 그들은 하나님의 초월성을 버리고 실용주의 윤리라는 다른 길을 선택했다. 《카라마조프 씨네 형제들》에서 도스토옙스키는 "하나님을 배제하면, 무슨 일이 벌어질지 모른다"고 경고한다. 20세기는 그가 얼마나 정확하게 앞날을 내다보았는지를 보여주는 기간이었다 해도 과언이 아니다. 그는 또 "사람들이 물질 앞에 절할 수밖에 없을 것"이라고도 했다. 실제로 20세기 러시아에서는 레닌을 장대한 무덤에 안치하고 마르크스와 스탈린을 예언자처럼 대접하는 등 인간이 인간을 경배하는 사태가 벌어졌다. 무신론자들은 인간으로 오신 하나님(神人) 대신 신처럼 행세하는 인간(人神)을 예배하는, 인류 역사상 유례를 찾아볼 수 없을 만큼 비극적인 결과를 가져왔던 것이다.

도스토옙스키가 세상을 떠난 지 102년째 되는 1983년, 알렉산드르 솔제니친은 템플턴상 수상 연설에서 20세기 러시아의 비극적 역사를 회고했다. 그는 자신이 물질보다 정신이 우월하다는 사실을 깨닫기 시작한 것은 도스토옙스키의 작품을 읽으면서였다고 했다. 이러한 깨달음은 솔제니친을 회심의 체험으로 이끌었고, 결국 개인적 인생행로는 물론 조국 러시아의 운명에도 영향을 미쳤던 수용소 생활에까지 이르게 했다. 다음은 솔제니친의 템플턴상 수상 연설의 한 대목이다.

> 50여 년 전이면 제가 아직 어렸을 때지만, 여러 어른들이 모여서 러시아가 엄청난 재앙에 직면하게 된 까닭을 설명하는 걸 들었던 기억이 납니다. "사람들이 하나님을 잊어버렸어. 그래서 이 모든 일들이 일어나게 된 거야." 그날로부터 오늘까지 대략 반세기 동안 혁명이 진행되어왔습니다. 그 과정에서 저는 수많은 책을 읽었고, 숱한

사람들의 증언을 들었으며, 격변의 세월이 남긴 파편을 말끔히 쓸어낸다는 마음가짐으로 여덟 권의 책을 써내기도 했습니다. 하지만 무려 6천만 명이나 되는 인명을 삼켜버렸던 혁명이 오늘날 철저하게 실패로 돌아간 요인을 가능한 한 정확하지 지적해달라는 요청을 받는다면, "사람들이 하나님을 잊어버렸어. 그래서 이 모든 일들이 일어나게 된 거야"라는 이야기를 되풀이하는 것 외에 달리 덧붙일 말이 없습니다.

왜 신앙이 사람을 변화시키지 못하는가

"왜 신앙이 사람을 변화시키지 못하는가?" 제6장 초입에서 나는 교회를 향하여 그렇게 물었다. 교회는 내가 여러 가지 근원적 회의를 품게 만든 진원지였다. 기독교의 이상은 예수를 믿지 않는 사람들조차 탄복할 만큼 매력적이지만, 그 이상을 실천할 수 없다면 무슨 소용이 있겠는가? 믿음으로 가는 길을 가로막는 이 난제에 대해 러시아의 위대한 작가 톨스토이와 도스토옙스키는 각기 다른 해답을 내놓았다.

톨스토이는 인간 본성은 완전하다는 믿음을 기초로 자신의 철학 체계를 구축했다. 톨스토이는 인간의 착한 본성이 발현되지 못하는 것은 스스로 노력하지 않기 때문이라고 결론지었다. 하지만 다른 사람은 덮어두고 톨스토이 자신만 봐도 누구보다 열심히 노력했지만 자기 내부의 모순을 전혀 해결하지 못했다. 도스토옙스키는 10년에 걸친 시베리아 유형 생활을 통해서 그런 환상을 말끔히 지워버렸다. 이반 카라마조프의 입을 통해서 그는 "물론 모든 사람들 속에는 악마가 숨어 있지"라고 말한다. 러시아가 추구해야 할 이상에 대해서는 도스토옙스키와 톨스토이 사이에 아무런 이견이 없었지만, 이상에 도달하는 방법에 대해서는 많은 차이를 보였다.

도스토옙스키는 시베리아에서 유형 생활을 하는 동안 아들 하나를 데리고 혼자 살던 마리아라는 여인과 깊은 생각 없이 결혼한 경험이 있었다. 안나와 만나 결혼하기 전의 일이었다. 형기를 마친 뒤에 함께 상트페테르부르크로 돌아왔지만, 그들 역시 톨스토이의 경우보다 결코 낫다고 할 수 없는 결혼생활을 영위했다. 마리아는 도스토옙스키의 간질병과 총체적 너저분함을 참아내지 못하고 가끔씩 발작적으로 분노를 터뜨리곤 했는데, 그래 봐야 남편의 간질 증세만 악화시킬 뿐이었다. 결국 도스토옙스키는 유럽으로 긴 여행을 떠났다. 고질병을 치료할 길을 찾아본다는 목적도 있었지만, 마리아에게서 도망가고 싶다는 심리도 십분 작용했다. 둘은 함께하기 어려운 한 쌍이었다.

결혼한 지 7년 만에 마리아 도스토옙스키는 폐결핵으로 숨졌다. 아내가 오랜 시간 병을 앓는 동안 남편은 갓 20대에 접어든 젊은 연인과 유럽 각지를 여행하고 있었다. 도스토옙스키다운 처사였다. 이제 부음을 듣고 달려온 그는 아내의 주검 곁에 앉아서 비탄에 잠긴 채 지난날 행복했던 순간들을 떠올리며 자기가 했던 짓에 대해 심한 가책을 받고 있었다. 도스토옙스키는 가끔씩 촛불에 의지해서 무슨 글인가를 긁적거리며 아내의 관 옆에서 밤을 꼬박 새웠다.

"마샤가 테이블 위에 누워 있다. 마샤를 다시 볼 수 있을까?"

글은 그렇게 시작되고 있었다.

그날 밤, 우울한 추억들에 사로잡힌 덕분에 도스토옙스키는 영원한 생명에 대해 독특한 생각을 정리할 수 있었다. 과연 아내를 다시 볼 수 있을지 스스로 묻고 답하면서 도스토옙스키는 전통적 주장들(예수님의 부활에 힘입어서라든가, 착한 일을 많이 한 정도에 따라서라든가 하는)을 전부 무시하고 쪽지에다 자기 고백을 써내려갔다. 그는 우선 아무도 이상을 따라갈 수 없다는 사실을 시인했다. 아무도 이웃을 자기 몸처럼 사랑할 수 없다. 아무도 그리스도께서 정하신 법을 지킬 수 없다. 그러나 하나님께서는 인간에게 '많이'를 요구하지 않으시고 '조금'을 찾아내서 높이 평가해주신다. 인간은 스스로 감당하기엔 너무 커다란 목표를 위해 지음받았다. 바로 그런 이유에서 도스토옙스키는 영원한 생명을 믿지 않을 수가 없었다.

그런 믿음이 없다면 미미하나마 그리스도의 법을 지키려는 노력은 지향점을 상실하게 될 것이다. 열망과 좌절, 스스로 불완전한 존재임을 인정하는 깨달음만이 인간을 하나님의 사랑에 전적으로 의지하게 만들 수 있다. 지금 세상에서 누리는 자신의 삶이 불완전한 것임을 깨닫게 되면, 하나님의 이상이 더욱 완전하게 구현된 내세의 삶을 소망할 수밖에 없다.

그런 까닭에 톨스토이와 동일한 기독교 이상을 가졌지만, 거기에다 갈망과 은혜라는 자신만의 주석을 덧붙일 수 있었던 것이다. 이제 나는 톨스토이와 도스토옙스키를 내 영혼의 안내자라고 감히 이야기할 수 있다. 크리스천의 삶이 가지고 있는 핵심적 갈등을 조명

함으로써 내가 가지고 있던 근원적 의문을 푸는 데 도움을 주었기 때문이다. 톨스토이에게서는 스스로 내면을 들여다보고 하나님나라가 내 안에 있음을 인식할 필요가 있다는 사실을 배웠다. 그런 성찰을 통해서, 복음의 높은 이상과 비교할 때 내가 얼마나 형편없이 부족한 사람인지를 깨달았다. 도스토옙스키에게서는 한없이 넓은 은혜를 배웠다. 하나님나라가 내 안에 있을 뿐만 아니라 하나님께서 친히 내 안에 거하심을 깨달았던 것이다. 사도 바울은 로마서에서 이것을 염두에 두고 "죄가 더한 곳에 은혜가 넘쳤나니"라고 표현했다.

  복음의 높은 이상과 인간의 엄연한 현실 사이의 긴장을 해소하는 방법은 단 하나뿐이다. 인간은 자기 힘으로는 결코 하나님의 이상에 도달할 수 없으며 그럴 필요도 없다는 사실을 받아들이는 것이다. 하나님의 윤리 기준에 비추어 마음에 거리낌이 없다든지 "이만하면 됐어"라는 느낌은 비열한 속임수일 뿐이라는 톨스토이의 깨달음은 아직 절반의 진실에 불과하다. 사도 바울은 "그러므로 이제 그리스도 예수 안에 있는 자에게는 결코 정죄함이 없나니"라고 주장하는데, 레프 톨스토이는 이 메시지를 전혀 이해하지 못했다.

  톨스토이와 도스토옙스키를 통해서 절대 이상과 절대 은혜라는 대위법적 교훈을 얻고 나서 예수께로 돌아가보니 주님의 가르침 가운데도 똑같은 메시지가 가득 들어 있었다. 예수님께서는 부자 청년의 질문에 답하거나 선한 사마리아 사람의 비유를 말씀하시면서, 또는 이혼과 재물 등 여러 윤리적 문제들에 대해 언급하시면서 하나님께서 세우신 이상을 낮은 수준으로 경감해주신 적이 없다. 주님은

"하늘에 계신 너희 아버지의 온전하심과 같이 너희도 온전하라"고 말씀하셨다. "마음을 다하고 목숨을 다하고 뜻을 다하여 주 너의 하나님을 사랑하라"고도 하셨다. 톨스토이는 물론, 아시시의 성 프란체스코나 마더 테레사를 비롯하여 그 누구도 이러한 계명들을 완전히 따르지는 못했다.

하지만 예수님께서는 또한 부드러운 음성으로 기독교 신앙의 가장 큰 특징인 절대 은혜를 말씀하신다. 하나님께서는 인간의 됨됨이라든가 지금까지 쌓아온 공로를 보고 우리를 사랑하시는 게 아니다. 오직 그분의 성품 때문에 우리를 사랑하실 뿐이다. 은혜는 그걸 받아들이는 모든 이에게 넘쳐흐른다. 주님은 간음한 여인이라든가, 나란히 십자가에 달렸던 강도, 도무지 알지 못하노라고 예수님을 부인했던 제자들을 다 용서하셨다. 은혜는 절대적이며 전방위적이다. 심지어 은혜는 예수님을 십자가에 못 박았던 사람들에게까지 미쳤다. "아버지여 저희를 사하여 주옵소서 자기의 하는 것을 알지 못함이니이다"라는 기도는 주께서 세상에서 남기신 마지막 말씀들 가운데 하나다.

이제는 10대 시절과는 다른 마음으로 신약 성경, 특히 산상수훈 같은 말씀들을 읽는다. 예수님께서 이 고귀한 말씀을 선포하신 것은 모든 인간들이 톨스토이처럼 스스로 완전해지지 못하는 데 낙심해서 얼굴을 잔뜩 찌푸리고 살게 하시려는 것이 아니었다. 주님은 한편으로 끊임없이 추구해야 할 하나님의 이상을 알려주시고 또 다른 한편으로는 아무도 거기에 도달할 수 없다는 사실을 보여주시기 위해 그처럼 거룩한 말씀을 선포하셨던 것이다. 산상수훈은 하나님과 인간 사이에 가로놓인 커다란 격차를 인식하게 해준다. 하나님께서 요구하는 기준을 어떻게든지 낮춤으로써 그 격차를 줄여보려는 시도는 반드시 실패하게 돼 있다. 인간은 너나없이 자포자기 상태다. 하지만 하나님을 알고 싶어 하는 인간에게는 그런 절망적 상태야말로 가장 바람직한 상태이기도 하다. 톨스토이처럼 절대 이상에 도달하지 못하고 추락한 인간은 도스토옙스키가 발견했던 절대 은혜라는 안전한 그물 외에는 그 어디서도 발붙일 곳을 찾지 못하게 된다.

톨스토이, 도스토옙스키와의 더 깊은 만남을 위하여

SOUL SURVIVOR

톨스토이 최대의 걸작으로는 《전쟁과 평화》와 《안나 카레니나》를 꼽을 수 있다. 하지만 둘 다 분량이 너무 방대해서 처음 접하는 사람이라면 단편을 택하는 편이 더 매력적일 수 있겠다. 몇 편의 우화들과 아울러 《이반 일리치의 죽음》이나 《주인과 하인》 또는 《크로이체르 소나타》를 권하고 싶다. 톨스토이에 관한 전기 작품은 여러 종류가 나와 있다. A. N. 윌슨의 최근 작품이 좀 더 경쾌하고 주관적인 느낌을 주기는 하지만, 앙리 트로야가 쓴 전기가 고전으로 알려져 있다. 윌리엄 시러가 제목을 잘 잡은 책 《애증 Love and Hatred》은 톨스토이의 뒤틀린 결혼생활 등 독자들이 일반적으로 궁금해하는 이야기들을 더 많이 다루고 있다. A. N. 윌슨은 톨스토이의 신앙적 글들만 추려서 《사자와 꿀벌집 The Lion and the Honeycomb》이란 얇은 책으로 편집해냈는데, 이 글을 쓰면서 거기서 몇 구절을 인용한 바 있다.

도스토옙스키는 더 많은 전작 장편 소설들을 내놓았는데, 《카라마조프 씨네 형제들》, 《백치》, 《죄와 벌》, 《악령》 등을 가장 중요한 작품들로 꼽을 수 있다. 《죽음의 집의 기록》은 감옥 생활을 통해 얻은 통찰을 묶은 책이며 《지하 생활자의 수기》는 훗날 실존주의 문학에 심대한 영향을 미쳤다. 조셉 프랭크는 모두 다섯 권으로 기획된 도스토옙스키의 전기 가운데 네 권을 이미 출간했다. 역사·문화적 배경을 충분히 설명하는 등 도스토옙스키의 삶에 대해 어느 한쪽으로 치우치지 않는 분석을 가하고 있으며 도스토옙스키 이후 러시아에서 일어난 상황들까지 조명한다.

SOUL SURVIVOR 7

낯선 땅에 울린 메아리

마하트마 간디
MAHATMA GANDHI

MAHATMA
GANDHI

　어느 젊은이가 레프 톨스토이의 작품을 읽다가 주님의 단호한 말씀과 부닥쳐 그때부터 "예수님이라면 어떻게 하셨을까?"라는 질문을 진지하게 받아들인다면, 어떤 일이 일어나게 될까? 집 없이 떠도는 거리의 걸인이든, 백만장자든, 관청의 높은 사람이든, 그 고관의 화장실을 치우는 아줌마든 누구를 만나든지 신중하고 품위 있게, 존경하는 마음으로 대하겠다고 작정했다면 어떻게 될까? 자기 재산 가운데 꼭 필요한 물건들만 배낭 하나를 채울 만큼 최소한도로 남겨두고 나머지는 모두 가난한 사람들에게 나눠준다면 어떻게 될까? 날마다 오랜 시간 동안 묵상에 잠긴다면, 그래서 제아무리 화급한 일이라도 깊은 침묵과 고독의 시간을 방해할 수 없다면 무슨 일이 벌어질까? 현대적 편의 시설을 마다하고, 최신 스타일이라든가 유행 따위에 영향을 받지 않으며, 다만 내면세계를 가꾸고 영적인 힘을 키우는 일에 삶을 투자한다면 어떻게 될까?
　한술 더 떠서, 은둔 생활을 하는 사람이 남다른 생활 태도에도 불구하고 세계적 유명 인사가 되는가 하면, 지구상에서 두 번째로 많은 인구를 보유한 나라의 정신적 지도자 반열에 오른다면 어떻게 될까? 그리고 평생 예수님을 본받아 살았던 사람이 한사코 기독교의 울타리 바깥에 머물기를 고집한다면 어떻게 될까? 이것이 바로 굵은 선을 그리며 살았던 인간, 모한다스 K. 간디(1869~1948)의 생애였다.

간디와 같은 인간은 세상에 없었다. 간디는 세상 누구보다도 잘 훈련된 사람이며, 완고하면서도 지조가 없으며, 창의적이면서 동시에 난해하고, 사랑스러우면서도 화를 잘 내는 사람이었다. 오늘날 주목받는 정치 원리들 가운데 상당 부분은 세계 인구의 5분의 1을 독립으로 이끌었던 간디의 정신세계에 뿌리를 두고 있다. 간디는 정치 교과서에 나오는 규칙들을 산산이 깨트려버리고 인류 역사상 가장 방대한 규모로 민주주의를 정착시켰다.

간디가 세상을 떠난 지 벌써 수십 년의 세월이 흘렀다. 최소한 정신없이 돌아가는 인터넷 사이트라든가 순항 미사일의 세상과 어떤 관련이 있는지 묻고 답함으로써 간디에 대한 평가를 시작해볼 수 있는 시점이 된 것이다. 폴 브랜드 박사와 인도를 여행하면서 이 시대를 살아가는 간디의 동포들이 그 탁월한 인물에 대해 어쩌면 그렇게 무지할 수 있는지 놀라움을 금할 수 없었다. 서방 세계에 사는 우리 크리스천들은 간디가 전하는 메시지를 곰곰이 생각해볼 필요가 있다. 간디라면 이른바 성자(분명 힌두교의 성자이긴 하지만 전략적으로 기독교를 공부했던 인물이기도 하다)로 불리는 인물이 아닌가. 간디는 마치 초자아superego처럼 서방 교회의 어깨 위에 걸터앉아 톨스토이가 자신에게 물었던 것과 똑같은 질문을 던지고 있다.

"왜 우리는 자신이 전하는 메시지를 스스로 실천하지 않는가?"

간디는 미국이 일본에 원자폭탄을 투하한 지 3년 만에 숨을 거뒀다. 원폭 투하 사건은 지구의 멸망을 막으려면 동방에서 해법을 찾아야 한다는 그의 신념을 더욱 굳어지게 만들었다. 간디의 생각에 서방 세계는 인류를 이끌어갈 능력을 상실했으며 타락과 물질주의, 무력 충돌로 점철된 미래를 대표할 뿐이었다. (로버트 콜스 박사는 의과대학에 다니던 시절 가톨릭 노동자 운동 단체에서 봉사하면서 보았던 광경을 회상하곤 했다. 함께 일하던 어떤 노동자가 빈민가에 있는 어느 건물 벽에 풍자적인 낙서를 하던 모습이었다. "간디 선생, 서구 문명에 대해 어떻게 생각하십니까?"라고 묻자 간디는 "멋진 아이디어가 될 수 있을 겁니다!"라고 대답하는 내용이었다.)

그는 물질의 힘이 아니라 영혼의 힘을 토대로 한 새로운 길을 모색하고 있었다. 오늘날 그 외침에 반응하는 사람은 너무 적어서 거의 없다고 말하는 편이 정확하다. 이제 미국은 세계 유일의 초강대국으로 자리 잡았으며 섹스와 돈으로 범벅이 된 문화를 온 세상에 계속 퍼트리고 있다. 현대화된 인도조차 간디를 존경하기는 하지만 뒤따르려 하지는 않는다. 거대한 방적 공장이 간디의 나무 물레를 밀어냈다. 하이테크 연구 단지에서는 세계의 컴퓨터를 움직이는 소프트웨어들을 쏟아내고 있다. 또 간디가 세상을 떠나고 난 뒤 인도는 세 번에 걸친 피비린내 나는 전쟁을 치르면서, 그가 가장 두려워하던 핵무기를 두고 세력 다툼을 벌였다. 하지만 여태까지 열거한 모든 사실에도 불구하고 인도는 몸집 왜소하고 묘하게 생긴 간디라는 존재를 의식에서 완전히 지워버릴 수는 없었다.

 세계를 이끄는 지도자로 가장 어울릴 것 같지 않은 인물을 뽑는 대회를 개최한다면 간디는 어렵잖게 1등을 차지할 것이다. 150센티미터가 될까 말까 한 키에 몸무게는 50킬로그램을 살짝 넘긴 정도고, 영양실조에 걸린 아이의 사지처럼 비쩍 다른 팔다리가 몸에 연결되어 있는 생김새 때문이다. 귀는 빡빡 밀어버린 머리에서 불쑥 튀어나왔고, 복판에 자리 잡은 코는 너무하다 싶게 커서 마치 가면무도회용 안경에 달린 고무코처럼 모조품으로 보일 정도다. 간디의 철테 안경은 코에서 입 쪽으로 끊임없이 흘러내렸다. 음식을 먹을 때만 틀니를 사용한 탓에 입 모양도 기묘했다. 입술은 치아가 다 빠져버린 잇몸 위로 오그라들었다. 인도가 아직 영국 식민지이던 시절 마지막 총독을 지낸 마운트배튼 경은 이렇게 말했다.

 "간디는 작은 새 같았습니다. 상냥하지만 슬픔을 간직한 참새가 내 방 안락의자에 앉아 있는 듯했어요."

 걸어 다닐 때는 대나무 지팡이를 짚거나 종종 '버팀목'이라는 애칭으로 불렀던 종손녀의 어깨를 의지했다. 입는 옷도 매일 똑같았다. 허리에 두르는 헐렁한 인도 전통 의상에다가 가끔 무명 솔을 걸치는 게 전부였다. 둘 다 직접 물레질을 해서 얻은 재료로 만든 것이었다. 간디는 어디를 가든지 자기 소유물 모두를 조그만 가방에 담아갔지만 단 하나, 잉거솔Ingersoll 회중시계만은 예외여서 보란 듯이 늘 시곗줄을 늘어뜨리고 있었다. 또 정해진 일과를 엄격하게 지켰기 때문에 대영제국의 국왕이나 인도의 지도자, 혹은 아주 친한 친구라도 그의 시간표를 바꿀 수 없었다.

간디는 매일 새벽 2시에 일어나서 힌두교 경전이나 성경을 읽고 기도를 한 뒤에 조용히 각종 문서와 편지들에 답장을 쓰며 시간을 보냈다. 다음에는 목욕재계로 시작해서 소금과 물을 이용한 관장으로 의식을 끝마쳤다. 정오에는 건강을 유지하기 위해 일을 멈추고, 발이 성긴 무명 주머니에다 물에 으깬 진흙을 담아 배와 이마에 올려놓는 독특한 섭생법을 시행했다.

저명 인사들에게 흠집을 내고 싶어 하는 현대 역사가들은 간디가 동료들에게 요구했던 사소한 일들, 이상야릇한 습관, 괴팍스러운 고집 따위를 물고 늘어진다. 간디는 벌거벗은 젊은 여인과 함께 잠자리에 드는 방법으로 자신이 금욕의 맹세를 얼마나 지킬 수 있는지 시험했다. 수많은 사람들의 마음에 생기를 불어넣었던 간디였지만, 한 가정의 가장으로서는 낙제생이었다. 아내에게 쌀쌀하게 굴고 자식도 제대로 가르치지 못해서 공금을 횡령한 사기꾼, 도박꾼, 비렁뱅이 알코올 중독자가 되게 만들었다. 간디의 아내가 심한 기관지염으로 생명이 위태로운 지경에 빠지자 영국인들은 환자의 생명을 구하도록 당시로서는 희귀한 약재인 페니실린을 공수해 보냈다. 하지만 간디는 주삿바늘을 꽂는 폭력이 아내의 몸을 더럽힌다는 이유로 페니실린 투여를 허락하지 않았다. 결국 환자는 목숨을 잃고 말았다.

그러나 이처럼 갖가지 뒷공론이 일어나거나, 이미지가 손상되거나, 인도 민중들이 그가 죽는 순간까지 부르짖던 대의를 저버린 뒤에도(아니, 이 모든 일들이 한꺼번에 닥친 뒤에도) 간디는 특유의 감화력을 잃지 않았으므로, 그를 만나는 이들은 누구나 감동을 받았다.

내전이 인도를 휩쓸던 무렵, 노련한 육군 지휘관이었던 마운트배튼은 간디의 도덕적 힘을 군사 용어를 동원해 다음과 같이 간략하게 요약했다.

"서부 전선에서는 10만 명의 정예 부대와 피투성이 전쟁을 치르는 한편, 동부 전선에서는 단 한 명의 노인과 무혈 전투를 벌이고 있다."

어쨌든, 간디는 추종자들을 독려해 무려 수백만 명에 이르는 사람들을 세계 역사상 유례를 볼 수 없었던 모종의 개혁 운동에 끌어들였다. 간디는 그들에게 이렇게 경고했다.

"우리와 한편이 되면, 맨땅에서 자고, 거친 옷을 입으며, 새벽같이 자리에서 일어나야 하고, 마음에 들지 않는 일을 하며 생계를 꾸리고, 소박한 음식을 먹으며, 자기 집 화장실을 스스로 치울 각오를 해야 합니다."

간디와 그를 따르는 사람들은 기도와 금식, 투옥과 두들겨 맞아 온몸이 멍드는 경험들을 무기로 싸웠으며, 마침내 그런 비정통적 방식들로 5억 민중을 해방시키는 데 결정적 공헌을 했다.

마틴 루터 킹 목사는 간디가 가르쳤던 방식을 적용해 미국 남부에서 비슷한 성과를 거두었다. 간디의 전략은 남아프리카공화국과 동유럽에서 다시 한 번 수면 위로 떠올랐다. 동유럽에서는 어느 날 밤 수천 명의 시위대가 촛불을 들고 찬송을 부르며 40년 동안이나 굳게 서 있던 철의 장막을 무너트렸다. 베니그노 아키노 상원의원이 암살범의 흉탄이 기다리는 마닐라 공항에 내려섰을 때에도 간디의 말을 인용한 연설 원고를 들고 있었다.

"오만한 폭군에 대응하는 방법으로 결백한 사람의 자발적 희생은 하나님과 인간이 생각해낼 수 있는 가장 강력한 무기입니다."

필리핀의 피플 파워People Power는 곧 간디의 주장을 다시 한 번 몸으로 입증해냈다. 길 한복판에 주저앉은 비무장 시위대의 손가락질 앞에서 군대가 동원한 50톤짜리 탱크는 덜컥 멈춰 설 수밖에 없었다.

인도를 다녀온 이후로 나는 간디에게 매혹됐다. 인도에 살고 있거나 한때 거기 머물다가 서방 세계로 나온 크리스천들 사이에서 이 조그마한 체구를 가진 인물에 대한 평가는 극단적으로 엇갈렸다. 세간의 평가를 들으면서 나는 사람들이 간디를 깨끗하게 잊어버리고 싶어도 마음에서 완전히 지워버리지 못하고 있다는 사실을 깨달았다. 그의 자취가 워낙 넓고 커서 쉽게 모르는 척할 수가 없는 것이다. 간디에 관한 이야기를 쓰는 것은 그가 세상의 문제를 해결할 해답을 알고 있기 때문이 아니다. 오히려 그가 가장 도발적으로 질문을 던지고 있기에 간디에 주목하는 것이다. 간디가 제시하는 해답은 얼마든지 거부해버릴 수 있지만, 그가 제기하는 질문에 대해서는 한 번쯤 생각해보아야 하지 않겠는가?

간디는 믿음으로든 행위로든 크리스천이 아니었지만, 예수님께서 가르쳐주신 몇 가지 원리대로 살아보려고 상당한 수준까지 노력했다. 기독 교회는 동방에서 태어난 뒤에 서방에서 크게 유행하면서 전반적으로 서구 문명이 가지고 있는 여러 위기를 공유하고 있다. 몇몇 기독교 지도자들의 거듭된 경고에서 불구하고, 크리스천들은 교회 내부의 선지자들이 외치는 소리에 너무나 익숙해진 나머지 그들이 전하는 말 따위에는 더 이상 귀를 기울이지 않게 됐다. 소리가 너무 크면 오히려 메아리를 통해 그 의미를 더 잘 분간할 수 있는 것과 같은 이치다.

비폭력으로 세상을 변화시키다

간디의 공로 가운데 가장 널리 알려진 시민 불복종 기술은 서서히 발전을 거듭해 현재의 모습에 이르게 된 것이다. 인도에서 태어난 그는 영국에서 변호사 훈련을 받고 남아프리카공화국으로 갔다. 거기서 시위 대열에 참여하며 폭행을 당하고 수백 일 동안 감옥에 갇히는 경험을 하면서 가혹한 정권에 대한 저항의 대가로 시원찮은 결과를 얻는 걸 지켜보았다. 하지만 인도로 돌아오자 전혀 다른 상황이 그를 기다리고 있었다. 외국에서 사는 소수 인도 사람들의 공동체가 아니라 대륙과 맞먹는 넓은 땅에 사는 5억 인구 전체가 영국의 지배를 받고 있었던 것이다. 인도인들은 1차 세계대전에서 자신들이 충성스럽게 싸워준 대가로 영국 정부가 최소한 독립 정도는 보장해주리라고 기대했지만, 식민 정부는 미국 남부의 인종차별 법안이나 다름없는 일련의 가혹한 법률들로 백성들을 압박했다.

대영제국의 압박이 더욱 심해지자 간디는 적절한 대응 방안을 찾아 오랜 명상에 들어갔다. 그러던 어느 이른 아침, 비몽사몽간에 그는 해답을 찾았다. 하루 날을 잡아서 일체의 활동을 중단하기로 했던 것이다. 인도 사람들은 단순히 협조를 거부하는 방식으로 상전 노릇을 하는 식민 정권에 대응하기로 했다. 그 하루 동안, 상가들은 철시를 단행하고 대중교통은 운행을 중지하는 등 온 나라가 문을 닫아걸었다. 전 세계에 걸쳐 이미 수십 차례 이와 유사한 운동들을 지켜보면서 그 발자취를 여실히 알고 있는 현대인들은 시민 불복종 운동이 가지고 있는 놀라운 특성들을 놓쳐버리기 십상이다. 하지만 간디 이전에는 시민 불복종 운동이란 꿈도 꿔보지 못하던 일이었다.

다음으로 간디는 식민지 경제 정책에 제동을 걸고 나섰다. 영국은 인도에서 원재료인 면화를 재배해 본국으로 가져다가 실을 잣고 가공해 최종적으로 생산된 제품을 다시 원산지로 가져다가 비싼 값에 팔았다. 그런 순환 고리를 끊기 위해 간디는 인도 사람이라면 농촌에 사는 사람이든 도시에 사는 사람이든 상관없이 누구나 하루에 최소한 한 시간 면화에서 실을 잣는 일을 해야 한다고 주장했다. 자신부터 본을 보이기 위해 낡은 나무 물레를 가져다가 죽는 날까지 사용했다.

식민 정부가 누구에게나 없어서는 안 될 소금을 독점하는 전매 정책을 고수하자, 장장 380여 킬로미터를 힘들게 걸어서 바다에 이르는 그 유명한 소금 행진으로 응수했다. 런던의 식민 관리들이 간디의 걸음걸음을 예의 주시하는 가운데 백만 명에 이르는 인도 농부들이 몰려들어 행진을 마칠 때까지 그를 에워쌌다. 바닷가에 도착한 간디는 물이 찰랑거리는 염전에 들어가서 영국에 대한 도전의 상징으로 소금 한 줌을 집어 들어 머리 위로 치켜들었다. 영국이 만든 소금을 거부하는 동시에 인도 사람들로 하여금 자신이 먹을 소금을 만들 수 있도록 허용하라는 요구였다.

간디가 역사에 미친 영향을 제대로 평가하려면 소금 행진과 미국 개척자들이 영국의 인지세에 대한 반응을 비교해보는 게 좋다. 미국인들은 인지세를 거부하기 위해서 전쟁을 벌였던 것이다. 유럽, 특히 기독교가 지배하는 유럽의 역사를 연구하는 과정에서 간디는 인종적 차이, 미세한 교리 차이, 국경선 획정, 식민지 개척 따위를 목적으로 하는 일련의 전쟁이 있었다는 것을 보았다. 예수님께서는 원수를 사랑하라고 말씀하셨고 희생과 비폭력의 정신을 몸소 보여주시기까지 했음에도 말이다. 간디는 예수님의 정신에 더 근접한 새로운 변화의 길을 모색했다.

일반적 통제 수단들로는 간디의 변칙적 저항 운동을 도무지 어찌해볼 도리가 없었으니, 영국의 입장에서 보자면 그는 눈엣가시 같은 존재였다. 경찰관들이 곤봉을 휘둘러서 시위대를 저지하려 들면 군중들은 한 줄로 늘어서서 얻어맞을 차례를 기다렸다. 얼마 지나지 않아 인도의 감옥들에는 죄수들이 꽉꽉 들어차서 더 이상 감당할 수 없는 지경에 이르렀다. 이것이야말로 간디와 그를 따르는 사람들이 바라던 일이었다. 당국에서는 간디를 끌어다가 법정에 세우고 감옥에 집어넣겠다고 위협했지만, 그는 침착하게 최고 형량을 내려달라고 요청했다. 간디에게 감옥에 갇힌다는 것은 형벌이 아니었다. 오히려 바깥에 있을 때에 비하면 호사스러운 생활을 할 수 있었으며 명상하고 글을 쓸 시간이 부쩍 늘어났던 것이다. 간디는 이렇게 통산 2,338일을 영국 감옥에 갇혀 지냈다.

시위대를 향해서 실탄을 발사하는 등 영국 측에서 더 잔인한 방법으로 압박을 가하기 시작하면서 간디 진영에서는 수많은 순교자들이 생겨났으며, 인도 국민들은 누가 시키지 않아도 똘똘 뭉쳐 식민 당국에 저항하기 시작했다. 악명 높은 암리차르 사건에서만 1,516명의 사상자가 발생했다. 영국군으로부터 사격 훈련을 받고 그들의 지휘에 따르는 식민지 군대가 여성과 어린이들이 포함된 비무장 군중들의 평화적 불법 집회를 향해 약 10분에 걸쳐 무려 1,650발의 총탄을 발사했던 것이다. 하지만 이런 탄압에도 불구하고 독립 운동은 날로 기세를 더해갔다.

  만년에 들어선 간디는 그 어떤 수단보다 효과적인 새로운 저항 형식을 고안해냈다. 무작정 식사를 거부했던 것이다. 간디는 사령관이 군사 전략을 수립하는 것처럼 주도면밀하게 단식 계획을 세웠다. 기간을 구체적으로 설정해놓고 단식에 들어가는 경우도 있었지만, 특정한 요구가 관철되지 않는 한 죽을 때까지 음식을 입에 대지 않겠다고 선언하고 투쟁을 시작하기도 했다. 굶주린 사람들로 가득 찬 나라에서 자발적으로 식사를 거부하겠다고 나서다니, 그리고 개인이 혼자서 자기희생을 무기로 역사상 가장 광대한 영토를 소유한 제국에 도전하다니 도저히 이해할 수 없는 아이러니였다.

  온갖 장애가 있었지만, 간디의 전술은 차츰 먹혀들었다. 처칠은 "전직 이너 템플(Inner Temple, 영국의 4대 로스쿨 가운데 하나—옮긴이) 출신 변호사가 이제 선동적 고행자가 되어 대영제국 황제의 사절들과 동등하게 협상하고 담판하기 위해 반쯤 벌거벗은 모습으로 총독 관저의 계단을 걸어 올라가는 이 구역질나고 굴욕적인 모습을 보라"며 으르렁거렸다. 하지만 간디는 조국 인도 민중들로부터는 '마하트마Mahatma', 즉 위대한 영혼이라는 명성을 얻었다. 간디가 공개적으로 협상 성과와 자신의 목숨을 맞바꾸겠다고 나섰을 때, 감히 아무도 그 위대한 영혼을 죽게 내버려두었다는 책임을 감수하고 싶어 하지 않았다. 장군들과 총독들에서부터 여러 수상들과 궁극적으로는 황제에 이르기까지 반라의 수도자가 벌이는 단식 앞에 무릎을 꿇었다.

간디가 비폭력 원칙에 눈뜨게 된 것은 남아프리카공화국에서 변호사로 일하던 시절이었다. 시민권 쟁취 투쟁을 벌이던 그는 기차에서 강제로 밀려나거나 호텔과 식당에서 쫓겨나는가 하면 기마경찰에 붙들려 감옥에 들어가기도 했다. 스스로는 그 규정들에 저촉받지 않는 것처럼 보이는 사람들이 만들고 집행하는 일체의 법률에 대해 간디는 저항했다. 《하나님나라는 네 안에 있다》를 읽고 나서야, 그리고 그 책을 쓴 러시아 작가(톨스토이—옮긴이)와 몇 차례 편지를 주고받은 뒤에야 비로소 간디는 산상수훈의 원리들, 특히 '화평케 하는 자'와 '원수를 사랑하는 자'에 대한 말씀을 있는 그대로 받아들일 수 있었다.

리처드 아텐보로 감독이 만든 영화 〈간디〉에는 주인공 간디가 장로교 선교사 찰리 앤드루스에게 자신이 갖게 된 새로운 철학에 대해 설명하려고 애쓰는 모습이 잘 묘사되어 있다. 남아프리카공화국의 어느 도시를 함께 걷고 있던 두 사람 앞에 아직 어려 보이는 불량배들이 나타나 길을 막아섰다. 앤드루스 목사는 패거리들의 위협적인 모습을 보자마자 도망갈 궁리부터 했다. 간디가 그런 그를 잡아 세웠다.

"신약 성경에 원수가 오른뺨을 치거든 왼뺨도 돌려 대라고 하지 않았던가요?"

앤드루스가 우물쭈물 그건 비유적으로 사용된 표현이라고 대꾸하자 간디는 다시 말했다.

"난 그렇게 생각하지 않아요. 당신이 용기를 보여야 한다는 말씀이라는 생각이 드는군요. 때리는 사람을 향하여 마주 주먹을 휘두르거나 곁길로 피해 가지 않는다는 걸 입증할 수 있도록 기꺼이 한 대, 아니 여러 번이라도 얻어맞을 용기 말입니다. 그렇게 행동한다면 인간 본연의 성품에서 미움을 줄어들게 하고 대신 존경심이 커지게 만드는 무언가를 끌어낼 수 있을 겁니다. 그리스도는 바로 그걸 찾아냈던 것 같아요. 나도 그 무언가가 살아 움직이는 걸 본 적이 있습니다."

간디의 마음 깊은 곳을 흔들었던 그 느낌은 점차 확고한 원칙으로 자리 잡아갔다. 비록 상대가 비무장 군중을 향해 방아쇠를 당기는 군인이라 할지라도, 다른 인간을 향한 폭력은 모든 인간은 존엄하다는 자신의 생각에 정면으로 대치된다는 신념이었다. 간디는 한 인간이 가지고 있는 신념을 폭력으로 바꿀 수는 없다고 믿었다. 폭력은 인간을 잔인하게 만들고 분열시킬 뿐, 결코 화해를 이끌어내지 못한다. 설령 지지자들이 시위 도중에 폭력적 방향으로 기울어지려 한다 해도 간디는 그들을 말렸을 것이다.

어떤 이유로도 유혈이 정당화될 수는 없다. 얼마나 정의로운가는 문제가 아니다. 간디는 "이런 신념 때문에 죽게 될지도 모르지만, 그것이 다른 사람을 죽일 준비를 갖출 이유가 되지는 못한다"고 결론 지었다(그 뒤로 간디는 이 문제에 대해서 확고부동한 입장을 견지했다. 제2차 세계대전이 벌어지자 1차로 나치 군대의 침공을 받은 에티오피아 백성들에게, 그리고 이어서 유대인들과 영국인들을 향해 적을 물리치려 하지 말고 평안하고 정결한 마음으로 학살자들 앞에 서라고 충고했다. 동료들에게는 누군가 인도에 원자탄을 떨어트리러 온다면 '아무런 두려움도 없이 폭격기 조종사를 쳐다보며 그들을 위해 기도하는 사람들'을 목격하게 될 것이라고 말했다).

간디 이래로 여러 정치 지도자들이 그의 전술을 도입했다. 간디의 정신적 후계자로 자처했던 마틴 루터 킹 목사는 인도를 방문해 비폭력 원칙을 미국으로 수입해 갔다. 킹 목사를 비롯한 지도자들은 상대적으로 열린 사회에서는 비폭력 원칙으로 산을 옮길 수도 있다는 사실을 입증해냈지만, 나치 독일이라든가 오늘날의 중국이나 미얀마처럼 군사 정권이 모든 저항을 말살하는 지역에서는 어떻게 될 것인가? 아이러니하게도 간디와 똑같은 신앙을 가진 힌두교 지도자들 가운데도 비폭력주의는 기독교의 영향으로 성장한 개념이며 힌두교에는 그런 것이 없다고 주장하는 이들이 있다. 윤리학자들과 정치가들, 신학자들은 무력이 옳은 것이지 그른 것인지, 또 언제 무력이 정당화될 수 있는지에 대해서 계속 논란을 벌이고 있다. 그러나 간디 이후 비폭력이 변화에 영향을 미칠 만한 힘을 가지고 있다는 사실만큼은 아무도 부인할 수 없게 되었다.

간디의 신념

간디가 활동하던 시절, 인도에서는 전 인구의 6분의 1정도가 인간이라기보다는 짐승에 가까운 삶을 이어가고 있었다. 그들은 모두 지저분한 빈민굴에서 살았으며, 마을 한복판을 흐르는 하수도에는 덮개조차 없어서 쥐 떼는 물론이고 병균을 옮기는 온갖 생물들이 득실거렸다. 힌두교의 카르마karma 교리는 5천 종류나 되는 하층 계급에 속한 사람들을 묶어두는 정교한 신분 체계에 신학적 근거를 제공했다. 인도 백성들은 종족이라든가 인종보다 더 근원적으로 인간을 분류하는 체계인 카스트에 무려 5천 년 동안이나 순응해왔으며 별다른 이의를 제기하지 않았다. 카스트 가운데 가장 낮은 신분인 불가촉천민들은 거리를 치우고 공중 화장실과 하수도를 청소하는 등 사회를 위해서 꼭 필요한 일들을 감당한다. 물론 상위 카스트에 속한 인도인은 절대로 그런 일을 하지 않는다.

　불가촉천민들은 대개 거무스름한 피부와 마치 얻어맞은 짐승처럼 굽실거리는 몸가짐 때문에 어렵잖게 알아볼 수 있다. 그들의 위상이 어떠한지는 '불가촉천민'이라는 이름에 고스란히 들어 있다. 다른 계급에 속하는 힌두교 신자가 불가촉천민을 만지는 경우는 말할 것도 없고, 그들이 오염시킨 물 한 방울이 묻기만 해도 당장 진저리를 치며 돌아가서 복잡하기 그지없는 정결 의식을 시작할 것이다.

　불가촉천민들은 상위 계급 사람들과 만나면 옆으로 피해주어야 한다. 상대편이 불가촉천민의 그림자를 밟고 부정해지는 일을 막기 위해서다. 1930년 어간에 인도로 진출한 영국인들은 당시까지 근 3백 년 동안 그 존재조차 알려지지 않았던 이른바 '불가시천민'이라는 새로운 하층 계급이 존재한다는 사실을 발견했다. 불가촉천민들의 빨래를 해주는 걸 업으로 삼고 살아가는 이 불쌍한 사람들은 흘낏 보기만 해도 상위 계급 사람들을 더럽힌다고 믿었으므로 항상 밤중에 돌아다니며 외부인과의 접촉을 극도로 기피했다.

별다른 소득도 없이 동료들의 거부감만 높일 것이라는 사실을 알면서도 마하트마 간디는 불가촉천민들의 주장을 대폭 수용했다. 우선 그들에게 새로운 이름을 지어주었다. 더 이상 '불가촉천민'이라고 부르지 말고 '하리잔Harijan', 즉 '신의 자녀들'로 호칭하게 했다. 남아프리카공화국에 머물던 시절 간디는 자신이 처음으로 세운 생활 공동체 아쉬람에 불가촉천민들을 초대함으로써 저항의 폭풍을 일으켰다. 생활 공동체를 재정적으로 뒷받침하던 핵심 인물이 지원을 중단하자 간디는 하리잔들이 사는 지역으로 아예 이주할 계획을 세웠다. 급기야 간디는 자청해서 불가촉천민들이 쓰는 공동 화장실을 청소했다. 힌두교도들의 입장에서 보자면 세상에서 가장 부정한 일을 시작한 것이다. 인도로 돌아온 뒤에도 간디는 불가촉천민들을 '형제들'이라고 불렀으며, 기회가 닿는 대로 그들이 사는 집에 가서 묵었다.

오랜 세월이 흘러 독립을 얻은 후, 인도의 지도자들이 마운트배튼 경에게 명예 총독 직책을 받아들여달라고 간청하는 모습을 본 간디는 다른 후보를 추천했다. '굳센 마음과 유혹에 물들지 않는 수정 같은 정결함을 지닌' 불가촉천민 소녀 청소부였다. 물론 간디가 내세운 후보는 지명을 받는 데 실패했지만, 그런 상징적 행동을 통해서 인도 전역에 걸쳐 불가촉천민에 대한 인식을 바꿔놓았다. 법률은 완화되고 엄격한 규제는 사라졌다. 인도에는 오늘날까지 카스트 제도가 과거에 비해 훨씬 부드럽고 덜 억압적인 형태로 지속되고 있다. 그러나 이제는 1억 명에 이르는 사람들이 '불가촉천민'이라는 저주의 이름이 아니라, '신의 자녀들'이라는 축복의 이름으로 자신을 부른다.

간디는 모든 인간은 천부적 존엄성을 가지고 있다는 사실을 인식시키기 위해 노력했다. 그는 자신이 인도에 세운 아쉬람에 또 다른 소외 계층인 한센병 환자들을 받아들였다. 그리고 날마다 붕대를 갈아주고 몸을 씻어주었다. 간디는 인도 총독과 면담할 때와 똑같은 정성으로 한센병 환자들을 위해 진흙 습포를 만드는 일을 하고 싶다고 말하곤 했다. 뿐만 아니라 간디는 유능한 여성 동료들과 가깝게 지내면서 여성의 지위 향상에도 힘을 보탰다.

간디는 자신의 신념을 다음과 같이 세 가지로 간단히 요약했는데, 스스로는 그걸 빅토리아 시대의 작가인 존 러스킨에게서 배운 바가 크다고 말했다.

1. 개인의 행복이 모여서 전체의 행복을 이룬다.
2. 누구나 자기 일을 통해서 먹고사는 데 필요한 수입을 거둬들일 권리가 있으므로, 변호사가 하는 일이나 이발사가 하는 일 모두가 똑같은 가치를 갖는다.
3. 땅을 파는 농부나 수공업자들처럼 노동하는 삶이야말로 진정으로 살아갈 가치가 있는 삶이다.

간디는 이러한 원칙들을 몸소 실천하려고 노력했다. 뭄바이나 콜카타 같은 도시에 머물게 되면 호텔을 찾기보다는 청소부들이 몰려

사는 골목의 어느 집에 묵는 걸 더 좋아했다. 연필 하나를 쓰더라도 도저히 손에 잡히지 않을 만큼 토막이 될 때까지 사용했는데, 그걸 만든 사람에 대한 존경심에서 나온 행동이었다.

존 러스킨은 크리스천 작가였으며, 간디 역시 교회가 여러 가지 면에서 인간의 존엄성을 존중하는 일에 앞장서고 있다는 사실을 잘 알고 있었다. 인도를 찾는 방문객이라면 사회적으로 소외된 민중들을 위해 선교사들이 세운 병원과 고아원, 한센병 환자 요양소, 학교 등의 시설을 쉽게 만날 수 있을 것이다. 하지간 구제 사업을 한다는 것과 한 인간의 자기 인식을 바꾸어놓는 일의 차이에 대해서는 아직도 배워야 할 것이 많다. 물론 전자보다는 후자가 더 힘든 일이다. '학대받는 계층'이라든가 '최하층' 따위의 용어에서 보듯 온정주의의 냄새가 물씬 나는 동기를 가지고 접근하는 경우가 얼마나 많은가? 마치 "어이구 불쌍한 녀석, 네가 발전할 수 있도록 공부도 많이 하고 돈도 많은 내가 밀어주마"라고 이야기하는 것과 같다. 크리스천이라면 당연히 예수님 입장에 서서 가난한 사람들에게 필요한 것을 나눠주어야 한다. 성경은 주님이 가난한 사람의 편이며 크리스천들은 가장 낮은 사람들을 예수님의 자리에 앉히고 극진히 섬겨야 한다고 지적한다.

마더 테레사는 콜카타 거리에서 죽어가는 걸인들을 자기 집에 불러들인 뒤에 측근들에게 "나는 예수님의 변장한 얼굴을 보고 있습니다. 어떤 때는 가장 비참한 모습을 하고 계십니다"라고 말했다 한다. 간디처럼 테레사 수녀도 올바른 구제를 위해서는 자신을 낮추는 게 아니라 상대를 높이는 방향으로 나가야 한다는 사실을 알고 있었던 것이다. 병들고 가난한 사람들을 섬기는 가운데 우리는 하나님을 대접하는 특권을 갖게 된다.

간디는 가난한 사람들과 하나가 되기 위해 열심히 노력했다. 자신과 가난한 사람들 사이에 놓인 장애물은 무엇이든 없애버렸다. 인도를 다녀온 사람들에게 나는 간디의 여행 이야기를 꼭 들려준다. 기차를 타고 여행하는 경우에 간디는 항상 삼등칸만을 고집했다. 행색 지저분한 농부들이나 그들이 데려온 가축들과 딱딱한 좌석에 끼어 앉은 채 혼잡스러움과 소음, 불결함, 서구인들로서는 도저히 상상할 수조차 없는 냄새 등을 고스란히 감내하며 다녔던 것이다. 언젠가 꼭 삼등칸을 타고 다닐 이유가 뭐냐고 묻는 이에게 간디는 이렇게 대답했다. "사등칸이 없기 때문입니다"(이 이야기를 할 때마다 나는 비행기 탑승 마일리지가 쌓여 비즈니스 클래스를 탈 수 있게 된 순간 내가 얼마나 흥분하며 좋아했는지를 곁들이곤 한다).

그렇다고 해서 간디가 천성적으로 고생을 즐겼던 것은 아니다. 오히려 남아프리카공화국에 머물던 시절, 단지 유색 인종이라는 이유로 기차의 일등칸의 칸막이 객실에서 쫓겨나는 경험을 한 뒤로 자신의 권리를 단호하게 주장하며 살아왔다. 하지만 힌두교와 이슬람교의 경전들과 기독교의 성경을 깊이 연구하는 가운데 모든 종교의 신들이 한결같이 종처럼 섬기는 자세를 요구하고 있다고 확신하게 되었다. 그때부터 간디는 유럽인의 옷을 벗어버리고, 물질적인 것들에 대한 소유를 포기했으며, 가난하고 고통받는 사람들의 이웃이 되려고 노력했다. 간디는 말한다.

"지도자란 그가 이끄는 사람들의 그림자에 지나지 않는다."

제아무리 고관대작이라 하더라도 간디가 스스로 선택한 생활 방식을 바꿔놓을 수 없었다. 한번은 마운트배튼 경이 중요한 회합에 초청하면서 자가용 비행기를 보내주겠다고 제의했지만, 간디는 예의 삼등칸 기차를 택했다. 의회를 방문하고 조지 국왕을 만나러 영국에 갔을 때도 세간에 물의를 일으키긴 마찬가지였다. 화려한 팡파르와 기자들의 취재 열기 속에 도착한 간디를 본 영국 국민들은 경악했다. 무명천 한 장으로 대충 몸을 가린 채 비틀비틀 증기선에서 내리는 그의 모습 때문이었다. 손에는 영국 체류 기간 동안 젖을 제공해줄 염소를 묶은 끈을 꼭 쥐고 있었다. 뿐만 아니라 영국 정부에서 제공하는 최고급 호텔을 마다하고 이스트엔드 지구 빈민가에 숙소를 정했다. 기자들이 왜 그렇게 '반쯤 벌거벗은' 모습으로 영국 국왕을 만나려고 하는지 설명해달라고 요청하자, 간디는 웃으면서 대답했다.

"대신에 국왕께서 우리 둘이 입고도 남을 만큼 넉넉히 입고 계시잖소."

간디는 한 번도 정치 지도자들이 자신처럼 좁고 힘든 길을 걸어야 한다고 주장하지 않았다. 간디의 행로는 도덕적·종교적 십자군의 길이지 정치가가 갈 수 있는 길은 아니었다. 하지만 인도가 독립을 쟁취한 뒤에 간디는 정부 각료들에게 하인도 자가용 승용차도 없는 단출한 살림을 유지할 것과 하루에 한 시간씩 규칙적으로 육체노동을 할 것, 그리고 저마다 자기 화장실을 치울 것을 주문했다. 그가 세상을 떠난 한참 뒤까지도, 인도 의회 지도자들은 간디의 모범에 따라 계속해서 수수한 면직 유니폼을 입었으며, 물레를 돌려 무명실을 자으면서 공식 회합을 가졌다.

　오늘날 간디의 철학은 낡고 한물간 것처럼 보인다. 간디는 불가촉천민 출신 청소부를 국가 관리로 추천하는가 하면, 시간을 내서 빈민굴과 한센병 요양소를 찾아다녔다. 서구 세계에서는 이와는 대조적으로 닷컴.com 재벌들이나 늘씬한 슈퍼모델을 떠받드는 형편이다. 경기장을 굴러다니는 공을 쫓는 맛에 프로 운동선수들에게 엄청난 몸값을 지불한다. 인도 같은 나라에서 그만한 돈이면 병원을 수십 개씩 세우고 운영할 수 있을 것이다. 한편, 살림이 넉넉한 나라의 빈민가에 거주하는 이들은 인도 시골에서는 꿈도 꿀 수 없는 각종 가전제품과 상수도를 비롯한 편의 시설을 갖추고 살지만 역시 탐욕과 분노, 불안에 시달리고 있다. 부자들과 미인들, 권력자들을 높이 받드는 동안 돈 없고, 못생기고, 힘없는 이들의 존엄성을 지키기 위해서 우리는 무슨 일을 했는가? 다른 길을 택했던 간디에게서 무엇을 배울 수 있겠는가?

　복음이 가장 광범위하게 노출되어 있는 오늘날의 서구 사회에서 기독교의 메시지는 문화적 흐름을 고스란히 따라가고 있다. 그런 교회들은 "하나님께서 당신을 위해 선한 것을 준비해두셨습니다"라고 이야기하면서 자아실현을 약속한다. 반면, 자기를 부인함으로써 참된 자아를 찾으라는 예수님의 말씀쯤은 가볍게 간과해버린다. 미국에서라면 성공에 기반을 둔 신학이 그럴듯하게 떠들어댈 말이 많을 수도 있겠지만, 그건 단지 국부가 그만큼 넉넉하기 때문이다. 날이 갈수록 기독교 신앙에 쏟아지는 고난이 도를 더하고 있는 중국이라든가 인도네시아, 이란 같은 나라들에서 그런 유의 신학은 발붙일 곳이 없을 것이다.

간디는 독학으로 신약 성경을 연구하다가, 전심으로 진리를 추구하되 결과가 어떻게 되든지 아무것도 기대하지 말아야 한다는 사실을 깨달았다. 고향 사람들에게서까지 배척을 당하던 시절, 간디는 인도의 옛 시구를 읊으며 논길을 따라 걸었다

"소리쳐 불러도 대답이 없거든 혼자 걷거라, 혼자 걷거라."

솔직히 미국 같은 나라에서는 이런 메시지가 별다른 반향을 얻지 못할 것이다.

콜카타의 기적

최근 세계 정세는 한 사람의 도덕적 힘이 얼마나 큰 일을 할 수 있는지를 잘 보여준다. 대다수 전문가들이 내전이 벌어질 것이라고 생각했지만, 넬슨 만델라는 조용하게 국가의 지도자 자리에 올랐다. 화해 분위기를 조성함으로써 마침내 전문가들의 예측이 잘못된 것임을 입증해냈던 것이다. 알렉산드르 솔제니친, 레흐 바웬사, 코라손 아키노, 바츨라프 하벨…. 이들은 모두 용감하게 떨쳐 일어나서 도덕적 권위를 가지고 역사를 변화시켰던 인물들이다. 그러나 도덕적 리더십을 갖춘 인물이 없었던 수단이나 르완다, 유고슬라비아, 콩고 등지에서는 처참한 살육이 벌어졌다.

1947년 독립의 기쁨이 물결처럼 인도 전역을 휩쓸고 지나가자, 그동안 드러나지 않았던 해묵은 원한이 표면으로 분출됐다. 힌두교

도와 이슬람교도들이 서로 등을 돌린 채 잔혹한 짓을 서슴지 않았던 것이다. 이슬람교도들은 힌두교도들이 사는 이웃집을 불태우고, 힌두교에서 신성하게 여기는 소를 잡아 그 고기를 억지로 먹이는가 하면, 여성들을 성폭행하고 그들의 남편을 학살했다. 힌두교도들 역시 자신들이 받은 대로 이슬람교도들에게 앙갚음하는 바람에 독립을 전후한 한 달 동안 무려 수천 명의 무슬림들이 목숨을 잃었다. 점점 더 인도 전국이 화염에 휩싸여갔다.

정치가들이 뉴델리에 있는 우아한 집무실에 앉아 권력과 국토를 맞바꾸는 흥정을 벌이는 동안, 간디는 상처를 아물게 만드는 이른바 '연고$_{ointment}$' 순례를 계속했다. 대화로 사태를 풀어가자고 권유해가며 군중, 그것도 서로를 향해 비열하기 짝이 없는 공격을 일삼는 성난 무리들을 직접 찾아다녔던 것이다. 일흔일곱 살 나이에도 간디는 폭력 사태가 가장 극렬한 지역을 향했다. 힌두교의 하층 계급 출신 제자들을 이끌고 온갖 조롱과 돌멩이와 빈 병이 난무하는 가운데 앞장서서 무슬림들이 사는 마을로 들어갔다. 동네에서 쫓겨나는 경우에는 적당한 나무를 찾아 그 아래서 하룻밤을 묵었다. 들어와도 좋다고 허락해주는 마을에서는 바가바드기타(Bhagavad Gita, 고대 인도의 대서사시—옮긴이), 코란, 신약 성경 같은 경전들을 읽어주고 건강과 보건 위생의 기초 원리들을 가르친 다음, 터벅터벅 다음 마을로 향해 길을 떠났다. 그런 식으로 모두 47개 마을을 돌았으며 맨발로 약 187킬로미터 정도를 걸어 순례했다.

마을을 방문할 때마다 간디는 힌두교 지도자 한 사람과 이슬람교 지도자 한 사람이 같은 집으로 이사해 함께 살면서 평화를 지키는 보증인 역할을 하도록 주민들을 설득했다. 보증인으로 선발된 지도자들에게는 만일 자신과 같은 종교를 믿는 주민이 상대 종교의 신도를 공격하는 일이 벌어지면 스스로 죽을 때까지 단식하겠다는 맹세를 하게 했다. 믿을 수 없는 일이지만, 이런 방법은 곧 효험을 나타냈다. 델리에서는 권력자들이 벌이는 논쟁이 계속되고 있는 동안, 간디라는 한 인간이 발라주는 연고는 방방곡곡 깊이 팬 상처들을 가라앉히기 시작했다. 치열하던 살육전은 이렇게 잠시나마 진정 국면을 맞았다.

하지만 곧 간디의 연고만으로는 치료할 수 없는 파국이 닥쳤다. 정치인들이 나라를 인도와 파키스탄으로 양분하기로 결정했던 것이다. 문자 그대로 강물을 붉게 물들이고 시체를 노리는 까마귀 떼가 하늘을 덮게 만드는 유혈 참극을 막자면 연고 정도가 아니라 엄청나게 큰 붕대가 필요했다. 나라를 쪼개는 짓을 하지 말라고 호소하면서 간디가 예견했던 대로 분열은 사상 유례가 없는 엄청난 파장을 몰고 왔다. 국경선이 최종적으로 선포되자 상당수의 힌두교도들이 그들에게 적대적인 신생국 파키스탄의 영역에 들어가게 됐고, 반대로 힌두교가 지배적인 인도에도 그만큼의 이슬람교도들이 존재하게 됐다. 결국 최대 규모의 인구 이동이 일어났다. 무려 1천만 명이나 되는 사람들이 고향 땅을 뒤로한 채 허둥지둥 새로운 삶의 터전을 찾아 산 넘고 광야를 지나는 행군에 나섰다.

인도의 독립 과정을 지켜보았던 영국 총독 마운트배튼 경은 두 개의 지역에서 엄청난 재난이 발생할 가능성이 있음을 알고 있었다. 인도와 서파키스탄이 국경을 맞대고 있는 서쪽에서는 확실하게 교전이 벌어졌다. 한편 구불구불 동파키스탄(현재의 방글라데시) 국경을 따라 펼쳐지는 동부 지역에는 전투보다 더 위협적인 요소가 잠재되어 있었다. 국경에 인접한 콜카타는 아시아에서 가장 폭력적인 도시가 되었다. 가난과(무려 40만 명의 거지들이 들끓었다), 신앙적 완고함, 주체할 수 없는 열정이라는 점에서 콜카타와 비견될 수 있는 도시는 세상 어디에도 없었다. 콜카타는 힌두교의 신들 가운데, 허리에 해골을 엮어 만든 장식을 두르고 다니는 파괴의 여신을 요란하게 섬겼다. 어느 날인가는 마치 장차 일어날 더욱 처참한 변란을 예고하기라도 하듯 대규모 폭력 사태가 콜카타를 휩쓸어서 하루에 무려 6천 명이나 되는 인명이 목숨을 잃고 시신은 강물에 던져지거나 하수구에 처박히고, 또는 그냥 거리에 방치된 채 썩어갔다. 대부분 얼어맞고 짓밟혀서 죽은 사람들이었다.

  콜카타 지역에서 엄청난 잔혹 행위가 자행되고 있다는 보고를 받고 마운트배튼 경은 날로 확산되는 폭력 사태를 진정시킬 수 있도록 정예 국경 수비대를 동부 접경 지역에 파견했다. 그리고 간디에게 그들과 함께 콜카타와 그 주변 지역에 가서 과거 그가 기꺼이 형제로 받아들였던 불가촉천민들과 만나달라고 간청했다. 마운트배튼은 일종의 기적을 기대하고 있었다. 타락한 정치인으로 소문이 자자하던 콜카타의 한 무슬림 지도자가 그와 함께 가장 가난한 빈민가에 비무장으로 들어가 사는 데 동의하자 간디는 곧바로 총독의 간청을 받아들였다. 간디는 만일 단 한 명의 무슬림이라도 힌두교도의 손에 죽으면 죽을 때까지 단식하겠다고 맹세했다.

  독립을 이틀 앞둔 어느 날, 모한다스 간디는 시인 러디어드 키플

링이 '무서운 밤의 도시'라고 일컬었던 콜카타에 도착했다. 그가 가는 곳이면 언제나 엄청난 군중이 몰려들었지만, 이번에는 환호와 박수가 아니라 분노의 고함이 그를 맞고 있었다. 모두 복수를 다짐하는 힌두교도들이었고, 그들에게 간디는 무슬림의 불법 행위에 무조건 항복하라고 부추기는 존재에 불과했다. 그들이야말로 이슬람교도들에게 일가친척이 처참하게 살해되고 아내와 딸이 능욕당하는 현장을 지켜봤던 사람들이 아닌가?

간디는 차에서 내려 돌멩이와 유리병 따위가 소나기처럼 쏟아지는 길 한복판으로 나섰다. 그리고 평화를 기원하는 가냘픈 몸짓으로 한 손을 들어올린 채 혼자서 군중 속으로 걸어 들어갔다. 간디가 입을 열었다.

"저를 해코지하고 싶으십니까? 제가 여기 있습니다."

순간 군중들 사이로 침묵이 흘렀다.

"저는 힌두교를 믿는 동포와 무슬림 동포를 똑같이 섬기려고 이곳에 왔습니다. 지금부터 여러분의 보호 아래 저를 맡길 것입니다. 여러분이 원한다면 얼마든지 저를 공격하셔도 좋습니다. 어차피 저는 삶이라는 여정을 마감할 시점에 이른 사람입니다. 제게는 앞으로 가야 할 길이 많이 남아 있지 않습니다. 하지만 여러분이 또다시 이성을 잃는다면 저는 더 이상 살아서 그 꼴을 보지는 않을 겁니다."

그날로 콜카타에는 평화가 찾아왔다. 인도가 독립을 맞이하기 하루 전날에도, 다음 날도, 그다음 날도…. 그렇게 열엿새가 지날 때까지 평온한 상태는 계속됐다. 간디가 사는 빈민가 골목 밖에는 매일 밤 수많은 사람들이 기도 모임에 참석하러 몰려들었다. 처음에는 1천 명 정도가 참석했지만 곧 1만 명이 됐고 마침내 1백만 명에 육박하는 군중들이 빈민가로 통하는 길을 꽉 메우고 스피커를 통해 평화와 사랑, 형제애에 대한 그의 강의를 들었다. 이른바 '영혼의 힘'을 무기로 간디는 다시 한 번 정치적 위기와 맞섰다. 영혼의 힘이란 천부적으로 타고난 인간의 영성을 설명하는 간디식 용어였다. 수백만 명에 이르는 사람들이 집을 버리고 피난길에 오르고 수십만 명이 목숨을 잃는 등 인도의 모든 주에서 분쟁의 불길이 타올랐지만, 가장 폭력적인 도시라던 콜카타에서는 단 한 건의 폭력 행위도 일어나지 않았다. 세계는 이 사건을 '콜카타의 기적'이라고 불렀다. 겨우 마음을 놓게 된 마운트배튼 경은 간디를 '단독 국경 수비대'라고 부르며 기뻐했다.

하지만 기적은 오래 계속되지 않았다. 17일째 되던 날 무슬림 두 명이 살해됐다. 곧 어느 힌두교도가 벌인 복수극이란 소문이 퍼졌다. 채 숨을 돌리기도 전에 정체불명의 괴한이 무슬림으로 가득 찬 버스에 수류탄을 던지는 사건이 터졌다. 사람들이 맹세를 저버린 것이다. 간디는 죽기를 각오하고 단식을 시작했다. 이제는 영국을 향한 단식이 아니라 자기 동포를 겨냥한 단식이었다. 간디는 그런 만행을 저지른 사람이 죄를 뉘우치고 다시는 폭력을 휘두르지 않겠다고 굳게 다짐하지 않는 한, 결코 음식을 입에 대지 않기로 작정했다.

단식을 시작할 때는 아무도 신경 쓰지 않았다. 종교와 가족과 명예 앞에서 쭈글쭈글 주름진 늙은이의 생명 따위가 도대체 무엇이란 말인가? 당시 정황으로는 용서보다는 복수가 훨씬 더 어울리는 것처럼 보였다. 간디가 단식에 들어간 당일에도 콜카타 거리에는 총성이 메아리쳤다. 원래 건강 상태가 엉망이었던 터라 채 24시간이 지나기도 전에 그의 맥박은 평소의 75퍼센트 수준으로 떨어졌고 혈압도 눈에 띄게 낮아졌다. 다음 날 그의 건강 상태가 급속하게 나빠지자 비로소 폭도들도 간디의 혈압과 심장 박동에 관한 뉴스에 귀를 기울였다. 금세 모든 콜카타 시민의 관심이 간디가 누운 짚자리에 집중되었다. 그에겐 이제 말할 기운조차 남아 있지 않았다. 더 이상 폭력은 없었다. 아무도 감히 나서서 위대한 영혼의 목숨을 죽음으로 몰아갈 짓을 저지르려 하지 않았다.

이튿날 무슬림을 살해한 범인이 간디에게 찾아와 범행을 자백하고 용서를 구하는 한편, 무기를 그의 발 앞에 내려놓았다. 이어서 트럭 한 대가 사람들이 스스로 반납한 총기와 수류탄을 가득 싣고 간디의 집에 도착했다. 콜카타에 존재하는 종교 집단의 지도자들은 다시는 인명을 살상하지 않겠다는 선언문에 빠짐없이 서명했다. 그들의 움직임을 확인한 간디는 오렌지 주스를 꿀꺽 마시고 기도를 시작했다. 다시 기적이 계속됐고 콜카타는 안전했다.

간디는 건강이 회복되는 대로 서부로 갈 계획을 세웠다. 벌써 50만 명 이상이 목숨을 잃은 폭력의 심장부로 들어가고 싶어 했던 것이다.

단순한 생활 방식을 추구하다

마하트마 간디의 개인사와 기독교 교회사를 나란히 읽어가며 도대체 무언가 잘못되었다는 생각을 떨쳐버릴 수가 없었다. 어떻게 힌두 교도가 화해와 겸손, 대신 형벌을 받는 자기희생의 원리를 받아들일 수 있다는 말인가? 이런 원리들이야말로 예수님께서 확실하게 몸소 본을 보이시지 않았는가? 간디는 스스로 밝혔듯이 이런 생활 원리를 예수님에게서 얻었으며 마치 훈련된 병사처럼 그 하나하나를 철저하게 실천했다. 그런데 왜 많은 크리스천들이 자기를 부인하는 예수님의 삶을 따라가지 못하는 것일까?

사실 그런 예가 없는 것은 아니다. 아시시의 성 프란체스코는 십자군 전쟁을 중지시키려고 노력했고, 간디보다 훨씬 철저하게 금욕주의를 실천했던 수도사들도 여럿 있었다. 많은 선교사들이 고통받는 사람들을 섬겼고, 퀘이커 교도들이나 재세례파 신도들은 일체의 폭력을 거부하기도 했다. 하지만 유럽 기독교의 역사는 전반적으로 부와 권력, 특권에 의지하는 동시에 그러한 기득권을 강화하기 위해서는 강압이나 전쟁도 불사했던 교회에 관한 기록이다.

물론 세상은 변했다. 유럽과 북미 지역에는 이제 전 세계 크리스천 가운데 3분의 1 내외가 살고 있을 뿐이고 아시아와 아프리카가 교회의 중심이 됐다. 그동안 서방 세계가 주도하는 밀레니엄이 두 차례 지나갔다. 그렇다면 지금까지 서방 세계가 그토록 다양한 방식으로 실천해온 신앙과 관련해서 이제 동방에서 지혜를 구해야 할 시점이 된 것인가?

간디의 자서전을 읽으면 마음에 서늘한 느낌이 절로 난다. 그가 역사 속에 존재하는 어떤 운동이라든가 지도자들에게 쏠리던 세상의 관심을 전환시켜서 자신에게 초점을 맞추게 만드는 탓이다. 간디에게 가장 중요한 문제는 다른 크리스천이나 힌두교도, 무슬림들이 과거에 어떻게 행했느냐가 아니라 자신이 현재 어떻게 행하고 있는가 하는 것이다. 간디와 마주 설 때마다 나는 안락의자에 앉아서 기독교 역사를 굽어보는 자세를 버리고 예수님을 따르는 개인으로 돌아가 자신을 관찰하는, 보다 고통스러운 과정을 밟을 수밖에 없다. 역사가들은 그의 행동이 불러온 외형적 결과에 주목하겠지만, 정작 간디는 자신의 내면적 삶으로 파고들었다.

자서전은 균형을 무시한 채 갖가지 사건들을 보여주고 있다. 직접 제목을 붙인 《나의 진리 실험 이야기 The Story of My Experiment with Truth》라는 이 책에서 간디는 현실 세계에서 벌어진 여러 사건들을 그저 내면적 인성 개발 드라마의 무대로만 그려내고 있다. 본인의 일생은 물론 인도 역사의 전환점이 되었던 소금 행진에 대해서는 한 단락 정도를 할애하면서 넉 장章을 내리 채식주의자로서 염소젖을 먹을 것인가 말 것인가에 대한 내적 고민을 다루는 식이다. 간디는 스스로 살아온 삶을 영혼이 조금씩 다듬어지는 과정으로 보고 정리했던 것이다.

간디는 자서전에서 단순한 생활 방식을 갖게 된 과정을 더듬어 올라간다. 법학도로 런던에 머물던 시절에는 화려한 야회복에 비단으로 만든 굽 높은 모자, 에나멜 구두, 흰 장갑, 은장식을 박아넣은 지팡이 따위의 서양식 옷차림을 했다. 인도로 돌아갈 때까지만 해도 전형적인 영국 신사의 모습을 유지하고 있었지만, 남아프리카공화국으로 가면서 변화가 생기기 시작했다. 우선 법과대학 동기들의 비웃음을 무릅쓰고 손수 자기 셔츠를 다려 입었다. 다음에는 제 손으로 이발을 했다. 당연히 들쭉날쭉 쥐가 뜯어먹은 것 같은 자국이 남아서 더 큰 웃음거리가 됐다. 더 많은 수입을 올리려고 애쓰지 않고 살림살이와 관련된 씀씀이를 줄이고 또 줄였다. 하루를 마감하기 전에는 반드시 그날의 지출 내역을 동전 한 푼까지 꼼꼼하게 정리했다.

이런 실험을 통해서 간디는 돈을 덜 쓰고 재산 소유를 줄이는 과정들이 삶을 단순하게 해주며 마음에 평안을 가져온다는 사실을 깨달았다. 아울러 그렇게 살 때, 자신이 법정에서 변호해야 하는 가난한 사람들과 더욱 가까워져서 결국 하나가 될 수 있다는 사실도 알았다. 시간이 지날수록 간디의 소유는 줄고 줄어서 결국 안경과 시계, 샌들, 노래책 한 권, 그릇 하나 정도만 남게 되었다. 서신을 보낼 일이 있으면 다른 데서 온 편지 봉투를 뜯어서 만든 종이를 사용했다. 밥을 먹을 때는 부러진 손잡이 대신 대나무 조각을 덧대고 단단히 묶어 고친 숟가락을 썼다.

간디의 이야기를 읽으면서 지난번 시카고에서 콜로라도로 이사할 때 짐꾼들이 살림살이의 분량을 6톤 정도로 산정했던 사실이 아프게 떠올랐다. 책 짐이 절반이라 해도 여전히 3톤만큼의 재물이 남아 있지 않은가! 그렇게 많은 짐을 가지고 나는 간디보다 눈에 띌 만큼 더욱 풍부한 삶을 살았는가?

어제는 차고 문을 열어주는 장치를 고치기 위해 자동차 위를 기어다니는 통에 한 시간 동안이나 글을 쓸 수 없었다. 또 서툰 솜씨로 씩씩거리며 팩시밀리를 작동시키는 소프트웨어를 고치느라 다시 시간을 까먹었다. 게다가 핸드폰 배터리까지 다 떨어져버렸다. 물질적인 것들이 얼마나 내 삶을 지배하고 있었는지 실감할 수 있었다. 물론 이런 상황을 정당화하거나 최소한 합리화할 근거는 얼마든지 있다. 특히 일과 관련해서라면 말할 것도 없다. 하지만 온 천하를 얻고도 영혼을 잃어버리는 위험에 대한 예수님의 경고에 얼마나 주의를 기울이며 살고 있는가? 주님의 생활 방식이 내 삶보다는 간디의 생활과 훨씬 더 공통점이 많다는 사실을 나는 인정하지 않을 수 없다.

요즘에는 서구에서도 단순한 생활로 돌아가야 한다는 목소리가 많이 나오고 있다. 일부 크리스천들은 단순한 생활 방식의 가치를 찬양하고 불공평한 세계라는 관점에서 서구적 표준에 내재된 도덕성에 의문을 제기한다(물론 그들이 제시하는 단순성의 수준은 간디의 만년보다는 초년의 생활 방식에 더 가깝다). 하지만 생활 방식의 도덕성 문제는 누군가 더 자격 있는 인물이 거론하도록 남겨두려고 한다. 내가 간디에게서 배운 것은 단순함의 수준이 아니라 단순한 생활 방식을 가져야 할 이유들이다. 간디는 죄책감에서가 아니라 자신의 영적 건강을 지켜야 한다는 절박한 필요에 따라 단순한 생활 방식을 추구했다.

간디는 내로라하는 지도자들과 식사를 할 기회가 많았다. 그리고 그때마다 권력의 유혹이라든가, 손가락 하나 까딱 않고 하인을 찾는 의존성, 끝 간 데 모르고 소용돌이쳐 올라가는 사치의 계단, 투자한 돈을 되찾을 걱정, 홍수를 이루며 쏟아지는 온갖 편지와 초대장, 추천서, 전화 따위를 생생하게 목격했다. 명성에 뒤따르는 부담을 잘 알았기에 간디는 그 짐을 떨쳐내는 방법은 오직 진심으로 단순한 삶을 추구하는 것뿐임도 명심하고 있었다. 그렇지 않았더라면, 영혼의 힘, 다시 말해서 그로 하여금 도덕적 싸움을 계속해나갈 수 있도록 활력과 용기를 주었던 내면의 힘은 하나로 응집되지 못하고 다 흩어져버렸을 것이다. 간디는 현대 첨단 과학에 대해 의혹을 품고 있었다. 자동차와 라디오, 음식이 차곡차곡 들어찬 냉장고, 여러 벌의 옷이 걸려 있는 옷장 등을 소유한 인간은 정신적으로 불안정해질 뿐만 아니라 도덕적으로도 순결함을 지킬 수 없다고 생각했다.

토양 보존에 관해서도 조예가 깊어서 이른바 첨단 농법으로 땅을 혹사한다면 인도의 토양은 불과 수십 년도 못 버티고 황폐해질 것임을 분명히 인식하고 있었다(지난 150년 동안 아이오와 주에서는 인도에서 5천 년 동안 유실된 것보다 더 많은 양의 표토가 씻겨나갔다). 간디는 지구에 현존하는 에너지 자원으로 인류가 얼마나 더 오랫동안 살아갈 수 있을지에 대해서도 의문을 품었다. 그는 우유와 요구르트, 비료를 생산해내는 트랙터가 개발되지 않는 한 끊임없이 소를 이용한 농사법을 주장하겠노라고 말했다. 아이러니하게도 간디가 단순한 생활 방식에 몰두하도록 만든 자극제는 서구인들의 글이었다. 톨스토이와 러스킨, 헨리 데이비드 소로 등의 작가들은 부는 곧 짐이며 몸을 움직여 노동하는 생활만이 가치 있는 삶이라는 확신을 심어주었다. 간디는 자기가 세운 첫 번째 공동체에 존경의 의미를 담아 톨스토이 농장이란 이름을 붙였다.

서방 세계는 물론 인도까지도 앞서 다룬 여러 문제들에 대한 간디의 생각을 무시했다. 현대 세계는 자본주의가 지배하고 있으며, 지속적 성장에 의존하는 경제 구조를 가진 사회는 구성원들에게 필요와 욕구를 한없이 확장해가도록 요구하게 마련이다. 유럽인들 가운데 간디의 생각에 동의하는 1천만 명 정도가 지극히 고상한 동기에서 자동차를 타지 않고, 유행에 맞춰 옷을 입지 않으며, 각자의 먹을거리를 직접 키우고, 가전제품들을 없애는 등 단순한 생활을 하기로 돌연히 결정한다면 당장 경제적 공황 상태가 닥치는 한편, 수천 명의 사람들이 직장을 잃게 될 것이다.

간디는 어떻게 해서든지 인도가 그런 딜레마에 빠지지 않도록 이끌고 싶어 했다. 서방 세계를 장악하고 있는 '국민총생산의 무한 성장'이라는 도그마를 변화시키려면 간디에 필적할 만한 영혼의 힘을 갖춘 인물이 필요하다. 언젠가 토양이 모두 유실되고 지하수가 고갈되는 한편, 만년설이 녹아내리고, 유정이 메마르게 되면 그때 가서는 어쩔 수 없이 흥청망청 낭비하는 생활 방식을 바꿀 수밖에 없을 것이다. 하지만 위기는 고작 50년 남짓 유예된 상태고, 우리는 아직 태어나지 않은 세대에게 문제를 고스란히 물려줄 판이다.

한 달이 멀다 하고 나와 나머지 세계를 연결시켜주는 새로운 발명품들이 나왔다는 소식에 접하게 된다. 언제라도 전원을 켜면 케이블 텔레비전 방송국 세 곳에서 24시간 전달하는 뉴스를 볼 수 있다. 언제 어디서나 무선 전화로 인터넷에 접속해 이메일을 보낼 수 있다. 하다못해 핸드폰을 통해서도 뉴스나 스포츠 소식, 주식 시황 따위의 정보를 쉽게 얻을 수 있다. 값을 치르고 그런 장비들을 구입할 때마다 나는 스스로 중요한 인물이 된 것 같은 느낌을 갖는 한편, 자신의 존재를 확인한다. 통신 산업의 도움으로 나는 바쁜 삶을 살아가고 있다. 갖가지 통신 장비들 덕분에 더 많은 상대와 더 효과적으로 접촉할 수 있는 것이다.

하지만 어찌된 일인지 마하트마 간디는 고물 전화기 한 대 갖추지 않고서도 모든 일을 아주 효과적으로 처리했다. 간디의 멘토 격인 소로는 이렇게 말했다. "새로운 발명품이란 게 꼭 어여쁜 장난감 같아서 인간의 관심을 진지한 것으로부터 돌려놓기 십상이다. 신발명품은 아직 손이 닿지 않는 한계에 이르기 위해 개량된 수단에 불과한 것인데, 그 한계라는 것도 알고 보면 이미 도달해 있거나 어렵잖게 도달할 수 있는 경우가 다반사다. 미국인들은 정신없이 서둘러서 메인 주와 텍사스 주 사이에 자석식 전신망을 깔았지만, 그 두 지역 사이에는 급전을 보낼 만큼 중요한 일은 전혀 없었다"(그때로부터 150년 가까운 세월이 흘렀지만, 가상 공간의 대화방에 들어가서 마우스를 한 번만 클릭해보면, 소로가 했던 말의 의미를 알 수 있을 것이다). 간디는 또한 매주 월요일을 침묵의 날로 지켰다. 성대를 쉬게 하고 내면적 삶에 조화를 가져오기 위한 결정이었다. 심지어 인도의 장래가 걸린 협상이 한창 진행 중인 회의에 나가서도 간디는 침묵의 날이라는 이유로 침묵을 지켰다.

저널리스트로 일한 덕에 나는 오늘날 크리스천들이 신앙의 리더들에게 요구하고 있는 여러 가지 불안스러운 경향들을 내면으로부터 조망해볼 수 있었다. 우리는 박수갈채와 인기로 신앙의 리더들을 대접한다. 너도나도 무언가 새로운 계약을 맺자고 유혹하고 강의 예약과 미디어 출연 요청이 쇄도한다. 결국 크리스천 대중이 목회자들에게 심리 치료사, 강사, 최고 경영자 노릇을 하도록 압박하고 있는 셈이다. 유달리 통찰력이 반짝거리는 리더가 있다 싶으면 당장 라디오나 텔레비전 프로그램 출연이라는 미끼로 유혹해내서 종내는 어떤 조직을 띄우는 데 필요한 재정을 모으는 모금 기계로 마감하게 만든다.

간단히 말하자면 미디어를 통한 과대 포장과 기업 성장이라는 세속 모델을 교회 안에서 그대로 답습하고 있다는 말이다. 크리스천들이 나서서 영적 지도자들이 월요일을 자기 성찰과 묵상, 개인적 연구에 몰두할 수 있는 침묵의 날로 지킬 수 있도록 뒷받침해준다면 지금보다 훨씬 큰 영향력을 발휘할 수 있을 것이라는 생각을 할 때마다 아쉽기가 그지없다.

간디의 최후

개인적 기질에 따라 간디는 자기 통제를 넘어 자기 포기 단계에 이르렀다. 감각적 즐거움이 자리 잡을 여지를 남겨두지 않아서, 자서전을 보더라도 음악을 듣는다든가 자연을 감상하면서 유쾌해하거나 맛있는 음식을 먹고 좋은 향기를 맡으며 즐거워했다는 이야기는 전혀 나오지 않는다. 통상적 식사는 포도 몇 알, 굳힌 염소젖, 레몬 수프가 전부였다. 뿐만 아니라 평생 동안 욕망을 제어하기 위한 싸움을 계속했다. 나이 서른일곱에 결혼한 몸이었음에도 불구하고, 일체의 성관계를 중단하고 금욕 생활을 하기로 굳게 맹세했다. 성적 욕구를 자극하는 성분이 가장 적게 들어 있는 음식을 찾아내는 일에도 많은 노력을 기울여서, 일상적으로 먹는 음식에 소금과 매운 맛이 나게 하는 향료, 차, 외국에서 들어온 채소와 과일 따위를 전혀 넣지 못하게 했다.

교회사 속에도 수도사들이 비슷한 금욕 생활을 실천했던 사례가 있지만, 현대 서구인들의 시각에는 간디의 그런 엄격한 생활이 낯설게만 보인다. 하지만 동양에는 인간의 강렬한 욕구를 힘써 제어하려 했던 '도사'들에 얽힌 전설이 무척 많다. 금욕 생활을 혹평하는 이들에게 간디는 "그렇게 스파르타식 훈련을 하는 것은 모두 나를 위한 일입니다. 육신의 본능에 굴복한다면 장차 더욱 고통스러운 삶을 살게 될 테니까요"라고 설명했다.

  사우스캐롤라이나 주에서 열린 회의에 참석했다가 마하트마 간디의 손자 아룬 간디의 강연을 듣게 됐다. 아룬 간디는 열두 살 때 할아버지를 만나러 남아프리카공화국에서 인도까지 여행했던 이야기를 했다. 망나니로 자라고 있는 아들이 걱정된 나머지, 당시 남아프리카공화국 민권 운동을 이끌고 있던 아룬의 아버지가 주선한 여행이었다. 그러나 그 유명한 할아버지와 손자의 첫 대면은 만족스럽지 못했다.

  마하트마 간디는 어린 손자에게 꼬박꼬박 '분노의 일기'를 쓰도록 가르치고 싶어 했다. "분노를 느낀다는 건 아주 당연한 일이란다. 문제는 그걸 처리하는 방법이지." 간디는 분노의 느낌이 들 때마다 잠깐 숨을 돌리고 화가 머리끝까지 났을 때의 감정과 생각을 적어보라고 아룬에게 권유했다. 그리고 다음 날 감정이 식은 뒤에 어제 적은 일기를 다시 읽으면서 분노의 힘을 어떻게 선한 방향으로 돌릴 것인지 깊이 생각해보라는 것이다. "자, 가서 한번 해보거라. 너를 화나게 만드는 것이면 무엇이든 적어보거라." 할아버지가 손자에게 말했다.

12세 소년 아룬은 분노 같은 것을 기록하는 일 따위에 시간을 낭비하는 게 너무나 화가 나서 연필을 동강 내 멀리 던져버렸다. 할아버지는 부드럽게, 그러나 단호하게 손자를 자리에 앉히고 타일렀다.
　"네가 부러트린 연필은 조그만 나무토막 하나에 지나지 않는다. 하지만 전 세계 2천만 아이들이 그렇게 연필을 내버린다고 생각해봐라. 연필을 만들기 위해 잘려나가야 할 나무들과 연필심을 만드는 데 쓸 흑연을 캐내는 광부들을 떠올려보거라. 불필요한 소비에 대해서도 생각해보거라."
　말을 마친 간디는 손전등을 빌려왔다. 그리고 노인과 어린아이는 함께 무릎을 땅에 대고 손으로 더듬어가며 한 시간 동안이나 연필토막을 뒤지고 다녔다.
　그 뒤로 몇 주 동안 마하트마 간디는 손자에게 감정 표현을 통제하는 법을 지도했다.
　"할아버지는 자신을 다스리도록 가르치셨습니다. 실제로 그렇게 되기까지는 집에 돌아온 뒤로도 여러 달에 걸쳐 자기 통제 훈련을 해야 했어요. 하지만 얼마 되지 않아서 그런 훈련이 저를 자유롭게 만들어준다는 사실을 알았습니다. 저는 그동안 속에서 끓어오르는 자기 열정에 무기력하게 휘둘리는 희생자에 불과했습니다. 이제는 스스로 자신의 주인이 되는 법을 배웠습니다."
　남아프리카공화국으로 돌아간 뒤에 아룬 간디는 아버지의 뒤를 이어 민권 운동의 지도자가 되었으며 나중에는 미국으로 건너가서 모한다스 간디 비폭력 기구Mohandas K. Gandhi Institute of Nonviolence의 대표가 되었다. 아룬 간디는 이렇게 말한다.

"열두 살 때 할아버지에게 가르침을 얻지 못했더라면 남아프리카공화국에서 민권 투쟁을 하는 과정에서 받았던 온갖 학대와 물리적 폭력을 견뎌낼 수 없었을 것입니다."

다음 날, 나는 같은 회의에 패널로 참석해 에미넴이 공연하는 랩 음악이라든지 〈사우스 파크South Park〉(미국 TV 애니메이션-옮긴이)나 〈비비스 앤 벗헤드Beavis and Butthead〉(1992년 미국 MTV에서 방영되어 폭발적 인기를 얻었던 애니메이션-옮긴이) 따위의 텔레비전 프로그램에 나오는 것처럼 외설과 분노를 지향하는 문화적 경향에 대해 토론했다. 부모들은 아내와 경찰관을 향한 살의라든지 인종 간의 미움을 묘사하는 노래 가사는 물론이고, 10대 청소년들이 느끼는 대로 여과 없이 감정을 표출할 권리를 격렬하게 지키려 한다는 점에 대해서도 걱정이 컸다. 어느 18세 청소년은 "그런 프로그램이나 랩 음악은 우리가 느끼는 적대감을 해소하는 통로일 뿐이에요"라고 주장한다. 반면 부모들은 "그런 것들을 없애버리지 못하면 아이들이 폭력으로 기울어지게 될 겁니다"라고 말한다. 인간의 열정을 보는 이 두 가지 접근 방식, 즉 서구적 접근과 동양적 접근 방식의 차이가 그 어느 때보다도 뚜렷하게 드러나는 상황이었다.

마하트마 간디는 스스로 자신을 통제할 수 있는 경우에만 다른 사람들을 향해 도덕적 힘을 나타낼 수 있다는 사실을 잘 알고 있었다. 언젠가 간디와 같은 마을에 사는 어떤 여인이 자식을 데려와 아이에게 설탕을 그만 먹도록 이야기해달라고 부탁한 적이 있었다. 설탕이 아이에게 나쁘다는 이유였다. 여인은 아이가 자신의 말은 듣지 않아도 간디의 말에는 순종할 것이라고 했다. 간디는 "일주일 뒤에 오십시오. 제가 아이와 이야기하겠습니다"라고 말하고 여인을 돌려 보냈다.

일주일이 지난 뒤 여인은 아이와 함께 다시 간디를 찾았다. 간디는 아이를 팔에 안고 설탕을 먹어서는 안 된다고 타이르고는 작별 인사를 했다. 아이 엄마는 아쉬운 듯 머뭇거리다 물었다.

"선생님, 왜 일주일 뒤에 다시 오라고 하셨습니까? 지난번에 왔을 때 말씀해주실 수도 있지 않았나요?"

간디가 대답했다.

"그렇지 않습니다. 지난주에는 저도 설탕을 먹고 있었거든요."

상대방에게 모범을 보이고 다른 사람 대신 고난을 당함으로써 도덕적으로 설득하는 것. 간디가 단식을 통해 완전한 형태로 연마하고 싶어 했던 원리는 바로 이것이었다. 본격적으로 활동을 시작한 지 얼마 되지 않았을 무렵, 함께 데리고 살던 두 젊은이가 부도덕한 짓을 저지르자 간디는 대응 방안을 놓고 며칠 동안 고민에 고민을 거듭했다. 아쉬람의 구성원들은 대부분 규칙을 어긴 젊은이들에게 따끔한 벌을 주어야 한다고 주장했지만, 간디는 피보호자나 학생들이 잘못을 저지른 데는 부분적으로나마 보호자나 교사의 책임도 있다고 생각했다. 아쉬람의 보호자요 교사인 자신이 벌을 받지 않는다면 어떻게 다른 학생들이 죄의 고통이나 심각성을 깨닫겠는가 하고 자문했다.

마침내 간디는 학생들이 저지른 잘못을 갚는 의미에서 일주일 동안 아무것도 먹지 않는 단식에 들어갔으며 그 뒤로도 넉 달 반 동안은 하루에 한 끼만 먹기를 계속했다. 훗날 간디는 이렇게 결론

지었다.

"나의 고행은 모든 사람들에게 고통이 되었지만 동시에 분위기를 쇄신시켜주었습니다. 죄를 짓고 산다는 게 얼마나 끔찍한 일인지 모두 실감했던 것입니다. 이 사건은 나와 학생들의 유대가 더욱 공고하고 진실하게 해주는 접착제가 되었습니다."

단식은 점차로 간디의 가장 강력한 무기가 되었다. 앞에서 콜카타에서 벌어진 폭력 사태에 대해 그가 단식을 벌였던 이야기를 했지만, 그는 그 뒤로도 뉴델리에서 한 번 더 단식을 선포한 적이 있었다. 신생 인도를 대표하는 수도였던 뉴델리는 1948년 초만 하더라도 전운이 가시지 않은 상태였다. 5백만 명이나 되는 피난민들이 펀자브와 파키스탄 지역에서 수도를 향해 밀려들었고 그들 가운데 대다수는 임시변통으로 세운 난민촌에 자리를 잡았다. 무슬림의 손에 무자비한 약탈과 강간과 폭행을 당했던 이들 힌두교도들은 마음의 칼날을 세우고 복수의 순간만을 손꼽아 기다리고 있었다.

난민촌을 둘러보고 증오의 분위기를 감지한 간디는 죽음을 불사한 단식을 선포했다. 콜카타에서의 단식으로 죽음의 문턱까지 갔던 게 불과 얼마 전의 일인지라 주치의들은 간디를 만류했다. 군중들은 노인 간디, 그리고 그의 평화와 동포애에 대한 환상을 익히 알고 있었다. 처음 이틀 동안 군중들은 짚자리 위에 초라하게 누운 간디를 조롱했다. 그의 집 주변을 행진하며 마치 새로 익힌 노래 가사를 읊조리듯 "간디에게 죽음을! 간디에게 죽음을!"이라고 외쳐댔다. 단식 사흘째에 접어들면서 신장 기능이 중단됐고 심장 박동이 약해졌으며 호흡 곤란 증세가 나타났다. 인도의 모든 라디오 방송이 간디의 병세를 매시간 속보로 내보냈다.

 단식 나흘째 되는 날, 파시스트와 공산주의자를 비롯해 그 사이에 속한 여러 정당 등 인도의 권력 집단을 이끄는 대다수의 지도자들이 절박한 심정으로 간디를 찾아와서 무슬림을 보호하고 폭력을 포기하겠노라고 굳게 맹세했다. 여러 트럭 분량에 해당하는 무기들을 수거해 폐기했으며, 시민 대표들이 나서서 무슬림에게서 빼앗은 가옥과 상점, 모스크들을 합법적인 소유주에게 돌려주겠다고 확약했다. 인도 의회는 불구대천의 원수로 여기던 파키스탄에 현재 시가로 약 1천억 원 정도를 지원하는 법안을 투표에 부쳤다. 타협의 여지를 남기지 않고 간디가 내세운 조건들이 모두 받아들여지고 나라에 평화가 찾아오자 간디는 단식을 풀었다. 총 121시간에 걸친 단식이었다.

 그로부터 2주 후, 마를 대로 마른 간디의 몸은 다시 짚자리 위에 누여졌다. 단식 때문이 아니라 간디가 조국을 배신했다고 믿는 어느 힌두교 광신자가 발사한 총탄 세 발을 맞고 절명한 것이다. 죽음이라는 마지막 행동으로 간디는 수천 명의 경찰관과 군인들이 펀자브 지역의 마을들을 뒤지고 다니는 헛수고를 하면서도 이루지 못했던 위업을 성취했다. 간디의 죽음에 인도 전체가 멈춰 섰고, 지역 단위로 벌어지던 학살 행위도 완전히 중단됐다. 신생 인도는 커다란 충격에 빠져들었다. 세간에서 성인으로 존경받던 사람 가운데 하나는 "위대한 영혼이 세상을 떠났다. 이제 얼마나 기다려야 그만한 이가 다시 나타나겠는가!"라고 외치며 뭄바이 거리를 돌아다녔다.

간디는 왜 개종을 거부했는가

간디가 이룩했던 많은 성과들은 그의 죽음과 함께 무너져내렸다. 그토록 사랑했던 조국 인도는 생전에 그가 주장했던 것과는 전혀 다른 길을 갔고 세상 역시 그의 가르침과 동떨어진 방향으로 흘러갔다. 간디가 떠난 이래로 세계는 날이 갈수록 호전적으로 변했으며 그의 핵심적 신념들은 설 곳을 잃었다. 그러나 이 기묘하고 종잡기 어려운 인물은 세상에 살아 있는 동안 평범하기 그지없던 여러 남성과 여성들의 자아의 수준을 끌어올려놓았다. 그는 공직에 나서지도 않았고, 그를 따르는 사람들은 순전히 자발적으로 그렇게 했다. 간디가 지도력을 가질 수 있었던 유일한 근거는 영혼의 힘, 그것뿐이었다.

간디는 이렇게 말한다. "일상적 행위야말로 위대한 진보이며 아름다운 타협입니다. 오늘의 양보가 어제의 타협보다 덜 불순하다면 거기에 일상적 행위의 아름다움이 있습니다. 행위 그 자체를 보지 않고 그것이 지향하고 있는 방향을 본다면, 무언가 아름다운 것을 똑바로 바라보는 우리 눈 속에도 그것은 존재합니다."

인도에서 돌아온 직후이며 리처드 아텐보로 감독의 영화 〈간디〉가 개봉되었던 1983년, 〈크리스채너티 투데이〉의 부탁을 받고 간디를 소개하는 글을 썼다. 기사가 나가자 몇 년 동안이나 악의에 찬 편지들이 엄청나게 날아들었다. 하지만 나로서는 간디에 대한 기사 때문에 수없이 몰려드는 증오의 서신들에 답할 준비가 되어 있지 않았다. 기사를 읽은 독자들은 간디가 지금쯤은 펄펄 끓는 지옥에서 불타고 있을 것이며, 마귀라 할지라도 하나님의 존재를 믿으며 성경을 인용할 수 있다는 사실을 지적했다. 어느 독자는 "이번 달 표지 인물이 간디더구먼. 좋다고. 그럼 다음 달은 아야툴라 호메이니를 내보낼 거요?"라고 다그쳤다. 간디를 '그 누구보다도 서구 문명의 영향을 훼손한 이방 종교의 앞잡이'라고 부르는 이도 있었다. 기독교계에서 널리 이름이 알려진 어떤 강사는 잡지를 반송 조치했다. "예수님 대신 마하트마 간디를 표지에 싣다니!"라는 이유에서였다.

여러 가지 항의가 있었지만, 결국 "크리스천들이 다른 신앙을 가진 인물에게서 배울 만한 것이 있는가?"라는 질문 하나로 요약된다. 간디가 기독교 신학이 주장하는 바를 공식적으로 인정한 적은 한 번도 없지만, 그의 생활 철학은 주님으로부터 얻은 가르침들에 기초하고 있다. 다소 특이한 방식이기는 했지만, 내 경우에는 간디의 삶이 끼친 감화가 기독교 신앙이 진리임을 확신하는 데 도움을 주었다. 예수님께서 새로운 형태의 힘, 역사의 가장 기본적 전제를 뒤엎는 힘을 세상에 보여주셨음을 인식하게 된 것이다.

주님께서는 "먼저 된 자로서 나중 되고 나중 된 자로서 먼저 될 자가 많으니라"고 말씀하시고 소외된 사람, 가난한 사람, 고통받는 사람에게 손을 내미심으로써 그 원리를 몸소 삶으로 실천해 보이셨다. 지금껏 생존했던 인물들 가운데 가장 큰 영향을 끼친 예수님은 사무실을 가지신 적도 없고, 정치적 권력에 좌우되지 않는 태도를 취하셨으며, 허름한 옷 한 벌 외에는 아무런 물질적 소유를 남기지 않으셨다.

주님은 죄인들에게 용서를, 적들에게는 사랑을, 생각이 달랐던 무리들에게는 선지자적 연민을 보여주셨다. 소수 민족, 여성, 장애인, 죄수, 환자 등 현대 세계 곳곳에 존재하는 모든 비주류 집단들은 주님의 가르침을 따르느냐의 여부와 상관없이 예수 그리스도를 도덕적 영감의 근원이자 선택 가능한 행동 모델로 생각한다. 간디를 통해서 나는 예수님께서 교회의 기초를 세우셨을 뿐만 아니라 포로 된 자를 풀어주시고 눌린 자를 자유롭게 하시며 폭력적이고 경쟁적인 세상을 진정시키는 도덕적 권위의 물결을 흘려보내셨다는 사실을 알게 됐다. 교회가 그 흐름에 합류하든지 또는 둑을 쌓고 가로막는 쪽을 선택하든지 관계없이, 그 물결은 도도히 흘러갈 것이다.

독특한 성장 배경을 가진 탓에, 지난날 나는 그러한 흐름을 가로막는 교회들을 정죄하기에 바빴다. 간디는 복음에는 그 자체에 생명력이 있다는 사실을 가르쳐주었다. 경우에 따라서 그 생명력이 천천히, 조금씩 역사하기도 한다. 간디는 크리스천들이 주장하는 방식대로 예수님을 영접한 적은 없지만, 열정과 폭력이 난무하던 국가에서 진리가 흘러갈 수 있는 물길을 냄으로써 주님의 가르침이 진리임을 입증해냈다.

간디에게는 선교사 찰리 앤드루스나 스탠리 존스처럼 절친한 크리스천 친구들이 있었다. 그가 남긴 글에도 잘 나타나지만, 간디는 웬만한 크리스천들보다도 기독교의 진리를 소상하게 꿰고 있었다. 그런 간디가 궁극적으로 진정한 크리스천이 되기를 거부한 까닭은 무엇인가?

간디는 어린 시절을 인도에서 살았으므로 크리스천과 접할 기회가 거의 없었다. 마을에는 만일 힌두교도가 기독교로 개종을 하면 아무리 싫어도 고기를 먹고 독한 술을 마시며 유럽식 옷을 입어야 한다는 소문이 떠돌았다. 간디 자신에게도 어느 기독교 선교사가 마을 한 모퉁이에서 힌두교의 교리와 여러 신들을 비웃는 걸 보았던 불쾌한 기억이 남아 있었다.

런던에서 법과대학에 다니면서 기독교와 접하는 시간이 더욱 늘어났다. 친구들이 하도 권하는 바람에 성경을 처음부터 끝까지 통독하기도 했다. 그는 훗날 구약을 읽을 때는 감동적인 이야기도 없고 그저 졸음이 쏟아졌을 뿐이지만 신약에서는 깊은 감명을 받았다고 털어놨다. 간디는 평생에 걸쳐 예수님의 가르침을 되새겼다. 주님이야말로 비폭력과 단순한 삶의 모델이었다. 그 밖에도 수없이 많은 기독교 서적과 주석을 읽었는데 그 가운데는 피어슨이 쓴 《여러 가지 분명한 증거들 Many Infallible Proofs》(간디는 이 책이 "아무런 영향도 주지 못했다"고 했다)이라든가, 버틀러의 《신앙의 유사성 The Analogy of Religion》 따위의 책들도 들어 있었다. 하지만 아무리 많은 책을 읽어 봐도 그리스도와 크리스천들 사이의 괴리에 대한 해답은 여전히 얻을 수가 없었다.

간디는 일생 중에 인격이 결정적으로 형성되는 시기를 남아프리카공화국에서 보냈다. 거기서 겪은 몇 가지 유쾌하지 못한 사건들 때문에 기독교에 대한 생각은 특별히 달라지지 않았다. 무늬만 기독교 사회였던 남아프리카공화국에서 간디는 기차에서 팽개쳐지고 호텔과 식당에서 쫓겨나는가 하면 일부 크리스천 모임에 참석하려다 제지당하는 등 비열한 인종차별을 경험했던 것이다.

주일 만찬에 꼬박꼬박 그를 초청하던 어느 백인 여성은 다섯 살배기 아들아이가 간디의 영향으로 채식주의에 기우는 걸 본 뒤로는 반갑지 않다는 뜻을 분명히 했다. 그런 일이 벌어지기 전에는 간디도 매 주일 그 집 식구들과 함께 웨슬레파 교회에 빠짐없이 출석했었다. 그 교회는 간디에게 호감을 주지 못했다. 설교는 단조롭고 지루했으며 교인들 역시 세속적 생각에 사로잡혀서 레크리에이션을 즐길 목적이 아니면 그저 습관적으로 교회를 찾고 있었다.

 자서전에서 간디는 자신을 개종시키고 싶어 했던 크리스천들에 얽힌 몇 가지 에피소드를 적고 있다. 어느 친절한 신사는 그를 부흥회에 데리고 가서 앤드루 머리 목사의 설교를 들려주었다. 간디는 머리 목사가 들려주는 영국 고아원의 창시자 조지 뮬러 박사의 신앙 이야기에 깊은 감동을 받았다. 간디는 그 경험을 이렇게 술회한다.

 베이커 씨는 나처럼 유색 인종과 함께 다닌다는 이유로 곤란을 겪고 있었다. 그는 오직 나 때문에 온갖 불편함을 감수하며 고통을 당했다. 여행 도중에 일요일을 맞게 되면 우리는 여행을 멈췄다. 베이커 씨 일행은 안식일에는 이동하지 않았기 때문이다.
 집회는 독실한 기독교 신자들의 모임이었다. 참석자들의 뜨거운 신앙을 보니 마음이 즐거워졌다. 머리 목사도 만났다. 많은 이들이 나를 위해 기도했다. 나는 그들이 부르는 찬송가 가운데 몇 곡을 좋아했는데, 대단히 감미로운 곡들이었다.
 집회는 사흘 동안 계속됐다. 나는 집회 참석자들의 돈독한 신앙을 이해하고 높이 평가했다. 하지만 나의 신념과 신앙을 바꿔야 할 이유를 알 수 없었다. 크리스천이 되기만 하면 구원을 얻고 하늘나라에 간다는 사실이 도무지 믿어지지 않았다. 몇몇 훌륭한 크리스천 친구들에게 그런 이야기를 솔직하게 털어놓자, 그들은 충격을 받았다. 하지만 그뿐, 내게 아무런 도움도 줄 수 없었다.

내가 느끼는 어려움은 점점 더 깊어만 갔다. 예수가 인간의 몸을 입고 세상에 오신 하나님의 독생자라든가, 예수를 믿기만 하면 영원한 생명을 얻게 된다는 이야기는 믿을 수가 없었다. 만약에 하나님의 자녀라는 것이 존재한다면 우리 모두가 그분의 자녀일 것이다. 예수가 하나님과 동등하거나 같은 존재라면 모든 인간이 하나님과 같거나 더 나아가서 하나님 자체가 될 수 있을 것이다. 나의 이성은 아직 예수가 자신의 죽음과 피로 세상의 죄를 대속했다는 말을 곧이곧대로 믿을 준비를 갖추지 못했다. 은유적 의미로는 기독교 안에도 어느 정도 진리가 존재한다.

다시 말하지만, 기독교에서는 오직 인간만이 영혼을 가지고 있으며 다른 생물에는 영혼이 없다고 말한다. 죽음은 완전한 단절을 의미한다. 나는 그것과는 정면으로 대치되는 신앙을 가지고 있다. 예수를 순교자라든가, 자기희생의 화신이라든가, 거룩한 스승으로는 인정할 수 있지만 인류 역사상 가장 완벽한 인간으로는 받아들일 수 없다. 예수가 십자가에 달려 죽은 사건은 온 세상을 위해 커다란 귀감이 되겠지만, 그것을 통해 무슨 신비롭거나 기적적인 능력이 나타난다는 이야기는 납득이 가지 않는다. 크리스천들이 경건한 삶을 산다 하지만 다른 종교를 믿는 신자들도 똑같은 삶을 살지 않는가!

나는 기독교 이외의 다른 신앙을 가진 이들의 삶 속에서도 크리스천의 삶에 나타나는 것과 똑같은 변화가 일어나는 걸 보았다. 철학적으로 본다면 크리스천들의 생활 원리에 특별하다고 할 만한 건 전혀 없다. 자기희생만 하더라도 내가 보기에는 힌두교 신자들이 크리스천보다 한 수 위라는 생각이 든다. 기독교가 완전한 신앙이라든가 모든 종교들 가운데 가장 탁월하다고는 전혀 믿을 수 없다.

기회가 있을 때마다 친구들과 기독교에 대한 심적 갈등들을 나눠 보았지만, 누구에게서도 흡족한 대답을 듣지 못했다.

_《간디 자서전》에서

간디는 "나는 그리스도에게 유일한 보좌를 내어줄 수가 없다"는 말로 자신의 입장을 정리했다.

슬픈 일이지만, 간디의 저작물 가운데는 하나님께서 주시는 은혜와 용서라는 개념이 나타나지 않는다. 힌두교는 은혜라는 개념에 부딪혀 비틀거리고 있는 것이다. 간디는 "구원에 이르려면 해변에 앉아서 지푸라기 한 줄기로 바닷물을 한 방울씩 찍어 나르되 대양이 다 마르도록 계속할 만한 인내가 있어야 한다"고 말했다. 자서전의 끄트머리에 이르러서도 생각과 말과 행동이 여전히 욕구에서 자유롭지 못하다고 한탄하고 있다. "무에 이를 때까지 자아를 비워야 한다." 이것이 간디가 내린 결론이었다.

남아프리카공화국 시절에 관해서 간디는 또 하나의 뼈아픈 기억을 가지고 있었지만 너그럽게도 자서전에는 기록하지 않았다. 남아프리카공화국에 거주하던 인도 사람들은 C. F. 앤드루스 선교사를 유달리 존경했다. 심지어 그의 영문 이니셜인 C. F. A.를 따서 '그리스도의 신실한 사도Christ's Faithful Apostle'라는 별명까지 지어 부를 정도였다. 앤드루스 선교사의 명성을 익히 들어서 알고 있던 간디는 그를 만나보고 싶어 했다. 하지만 막상 앤드루스 선교사의 메시지를 들을 수 있는 기회가 생겼을 때는 집회가 열리는 교회당에 들어갈 수가 없었다. 백인이 아니라 유색인이기 때문이었다. 나중에 앤드루스와는 아주 가까운 친구가 됐지만, 간디는 당시 느꼈던 격심한 아픔을 결코 잊을 수가 없었다.

E. 스탠리 존스 선교사는 간디가 남아프리카공화국에서 겪었던 일들에 대해서 이렇게 결론지었다.

"인종주의는 여러 가지 묵과할 수 없는 죄를 양산해냈지만, 그 가운데 최악은 아마도 여인이 낳은 사람 중에 가장 위대한 영혼을 가졌던 한 인간이 결단을 내리려는 순간 그리스도의 모습을 가려버린 일일 것이다."

변화를 희망한다면

언젠가 한번 인도에 간 길에 나는 뉴델리에 있는 크리스천 공동체를 찾은 적이 있었다. 제자를 모으시는 주님의 근원적 부르심에 공동체를 이루어 따르려는 젊은이들로 구성된 일종의 아쉬람이었다. 한참 동안 우리는 간디와 예수님을 비교해가며 이야기를 나누었다. 앞서 말한 것처럼 간디는 중요한 원리들을 모두 예수님의 가르침에서 빌려왔다. 그런데 간디가 인도 전체에 걸쳐서 지대한 영향을 끼첬음에도 불구하고 기독교는 별다른 감화를 주지 못하고 있다. 전체 인구의 3퍼센트에도 미치지 못하는 사람들만이 자신을 크리스천으로 고백하고 있는 것이다. 함께 여러 가지 사실들을 검토하면서 우리는 그 수치에 담긴 의미는 인도에서 기독교의 실상을 보여주는 것일 뿐 진정한 그리스도에 대한 반응을 나타내는 것은 아니라는 판단을 내렸다.

함께 기독교관에 대해 이야기를 나눈 젊은이들은 모두 평균적 교육을 받은 사람들이었다. 미국에 가본 인도인들은 그렇게 많은 교회들이 있다는 사실에 충격을 받고 돌아온다. 그리고 텔레비전 전도자들과 그들이 후원자들에게서 거두고 있는 엄청난 헌금에 대해 이야기한다. 기독교 지도자들이 대통령을 만나기도 하더라는 말도 하고 스스로 거듭난 크리스천이라고 주장하는 정치가 이야기도 한다. 서구의 영적 지도자들은 인도 사람들이 생각하는 것처럼 금욕 생활을 하는 성자가 아니라 말쑥한 차림의 중산층이기 십상이다. 미국에서는 누구도 '위대한 영혼'이라는 별칭으로 불리지 않는다. 하지만 미국 기독교를 돌아보고 난 인도의 크리스천들은 십중팔구 교회의 힘과 성공을 거론한다. 예수님의 삶이라든지 그분이 세운 원칙 따위에 대해서는 거의 아무런 언급도 하지 않는다.

뉴델리의 크리스천 친구들을 격려해주고 싶은 마음에서 나는 세계가 당면한 문제를 해결하는 실마리는 서방이 아닌 동방에서 찾아야 한다고 했던 간디의 연설 가운데 한 구절을 끄집어냈다. 간디는 "변화를 희망한다면 우리 자신이 변화의 주체가 되어야 합니다"라고 부르짖었다. 나는 젊은이들에게 인도 대륙이 만들어낸 최고의 상품, 즉 간디의 마음을 움직였던 것과 똑같은 이상을 찾아내고 그것에 기독교적 근거가 있는지 찾아보라고 권면했다. 그들 인도의 젊은 크리스천들은 미국인인 나로서는 택할 수 없는 방식으로 서방 세계에 도전을 줄 수 있을 것이다. 경우에 따라서는 서방의 젊은이들이 예수님의 말씀을 경청하기 전에, 먼저 간디 같은 사람들의 말에 귀를 기울일 수도 있기 때문이다. 세상은 간디 같은 인물의 메시지에 민감하다.

한쪽에서 오가는 이야기를 조용히 듣고만 있던 생각이 깊어 보이는 인도 청년 하나가 불쑥 물었다.

"이해가 가지 않습니다. 일반적으로 서방 세계에서는 간디처럼 문화와 일정한 거리를 유지하는 성자들의 이야기를 잘 받아들인다고 말씀하시는 것 같습니다만, 그럼 교회도 그런 메시지를 쉽게 수용하는 편입니까? 선생께서는 미국 기독교는 간디와 같은 궤적을 좇는 성인을 배출한 적이 없다고 하셨습니다. 모든 크리스천 지도자들이 간디와는 다르다는 말씀이죠. 만약에 오늘날 미국 교회에 간디 같은 인물이 나타난다 해도 대부분의 크리스천들이 대수롭지 않게 여기거나 심할 경우 조롱하고 거부할 것으로 보시는 것 같습니다. 그렇다면 그런 크리스천들이 어떻게 예수 그리스도를 경배한다고 이야기할 수 있습니까? 왜 예수님은 거부하지 않죠? 예수님도 단순한 삶을 사셨고, 사랑과 비폭력을 선포하셨으며, 세상 권력과 타협하기를 거절하셨습니다. 그리고 제자들을 불러서 '십자가를 지고' 세상이 주는 고통을 감내하라고 말씀하셨습니다. 왜 미국의 크리스천들은 주님을 거부하지 않죠?"

좋은 질문이다. 그리고 아직도 대답을 찾지 못한 질문이기도 하다.

인류는 오랫동안 선지자들을 돌로 쳐 죽이고 나서 한참 뒤에 그들을 기념하여 교회를 세우는 짓을 되풀이해왔다. 오늘 우리가 그리스도를 경배하지만, 그리스도의 육신은 이미 십자가에 못 박혔다.

_ 마하트마 간디

마하트마 간디와의
더 깊은 만남을 위하여

SOUL SURVIVOR

여러 작가들이 정치적, 심리적, 사회적 관점에서 간디의 전기를 썼다. 에릭 에릭슨이 쓴 《간디의 진리 Gandhi's Truth》는 그 가운데서도 가장 읽어볼 만한 책이다. 인기 작가인 래리 콜린스와 도미니크 라피에르의 《한밤중의 자유 Freedom at Midnight》는 인도의 독립을 전후한 시대정신을 잡지 글 형식의 접근 방식으로 잡아내고 있다. 간디가 직접 쓴 《간디 자서전 Autobiography》은 이 복잡다단한 인물을 일별할 수 있도록 도와준다. 또 스탠리 존스의 작품 《간디 Gandhi》는 간디와 필자인 감리교 선교사 사이의 남다른 우정을 그리고 있다. 인터넷을 살펴보자면, 아룬 간디가 미국에서 웹사이트 www.gandhiinstitute.org 를 운영하고 있는데, 마하트마 간디에 대한 풍부한 자료와 인도에서 운영되는 다른 사이트들을 검색할 수 있는 훌륭한 엔진을 한꺼번에 갖춰놓고 있다.

쿠프는 정치에 냉소적인 많은 사람들에게 복음주의 그리스도인이자 정직한 정치인이라는 신선하고도 새로운 본보기를 제공했다. 그것도 많은 유명 복음주의자들이 그들의 부정직함으로 세간의 관심을 끌었던 시기에 말이다. 〈타임〉의 평을 인용해보자. "애매함의 회색 제단 앞에 무릎 꿇은 이 도시가, 옳고 그름이 분명한 사람에게도 설 자리가 있음을 알게 되었다."

SOUL SURVIVOR

뱀처럼 지혜롭고 비둘기처럼 순결한 그리스도인

8

C. 에버릿 쿠프
DR. C. EVERETT KOOP

DR.
C. EVERETT
KOOP

어린 시절의 내게 '정치'는 더러운 단어였다. 그리스도인들은 미국에 종교의 자유가 있다는 사실에 감사하면서도 스스로를 세속적 인본주의자들이 주도하는 사회에 에워싸인 소수 세력으로 여겼고, 주류 문화에 대항하는 미약한 세력으로 자처하며 체념에 빠져 살았다. 우리는 주일학교에서 국가와 기독교 신앙에 충성을 맹세했고, 어느 쪽이 더 우선인지 결코 의심하지 않았다. 워싱턴 정가에서 도덕적 지침을 구하는 사람은 아무도 없었고, 우리 교회에서 선거 유세에 적극 참여하는 사람은 손에 꼽을 정도였다.

1960년, 존 F. 케네디의 대선 출마를 계기로 우리는 정치에 대한 무관심에서 깨어났다. 한 집사는 《가톨릭 신자가 미국 대통령이 된다면》이라는 무시무시한 제목의 책자를 교인들에게 나눠주었고, 담임 목사는 가톨릭 대통령은 국민이 아니라 교황의 명령을 받게 될 거라고 넌지시 암시했다. 케네디는 대통령으로 선출되었고 그 무시무시한 예언들은 하나도 이루어지지 않았다. 1964년, 나는 '배리 골드워터 후보 대통령 당선을 위한 청년 공화당 모임'에서 주州위원을 맡았다. 그러나 그 후보는 참패했다. 투표할 나이가 되었던 다음 대선에서 나는 정치적 성향이 완전히 바뀌어 진보적 민주당 후보 허버트 험프리를 지지했는데—정말 마음에 들었던 후보는 시인이었던 유진 매카시 상원의원이었다—우리 주에서는 조지 월리스 후보가 압도적 표차로 승리를 거두었다. 그러나 전국적으로는 리처드 닉슨이 승리를 거두어 대통령이 되었고, 그가 빌리 그레이엄 목사와 어울리기 시작하자 기독교인들은 원기를 회복했다(나중에 그레이엄 목사는 워터게이트 녹음 기록을 통해 닉슨의 진면목을 알고 난후 그 시절을 두고두고 후회하게 된다).

다음 대선에서는 조지아 주 토박이 지미 카터가 당선되어 그의 중생重生 신앙이 전 국민의 관심을 끌었다. 〈타임〉은 '복음주의자의 해'를 선포했고, 일부 정치인들은 하룻밤 새 생겨난 듯 보이는 이 거대한 유권자 집단에 대해 무엇이든 알아내려고 전담 보좌관들을 임명했다. 그러나 많은 복음주의자들은 경건한 지미 카터를 달가워하지 않았고 4년 후 로널드 레이건을 지지했다. 그것은 의외의 선택이었다. 레이건은 교회에 거의 나가지 않았고 자선단체에도 거의 기부하지 않았으며 '가족의 가치' 운운했지만 이혼 경험이 있는 최초의 대통령이었다. 게다가 사이가 좋지 못한 자녀들 중에는 동성애자도 있었다. 레이건은 복음주의자들에 대한 보답의 뜻으로 보수적 사회 정책을 추진했고 그들 중 몇몇을 주요 직책에 임명했다.

레이건의 후임 조지 부시는 기독교계의 열렬한 호응을 얻지 못했고 재선에도 실패했다. 백악관의 다음번 주인은 남침례교 신자로 교회에도 착실히 다녔고 우드로 윌슨 이후 어느 대통령보다 성경을 잘 알았으며 토니 캠폴로, 빌 하이벨스, 조지 맥도널드 등의 복음주의자들을 절친한 조언자로 곁에 두었다. 미국 현대사를 통틀어 기독교인들 사이에서 빌 클린턴만큼 많은 경멸과 노골적 혐오를 받은 대통령은 일찍이 없었다. 그의 불륜이 세간의 화제가 되기 전부터 그랬다. 정치와 기독교는 참으로 묘한 인연으로 엮여 있다.

다른 나라로 가면 그 양상이 더욱 기묘하다. 유럽, 오스트레일리아, 뉴질랜드 같은 곳의 복음주의자들은 정치적 성향이 상당히 좌파로 기울어 있고, 남미에서는 가톨릭 지도자들이 그렇다. 역사를 돌이켜보면 한술 더 떠 기독교인들이 권력을 쥐었을 때 국민을 억압하는 법률들이 통과되었고, 이교도들과의 성전聖戰이 일어났고, 기독교 이단자들이 박해를 당했다. 그러나 세속 정부가 권력을 쥐고 기독교인들을 억압할 때면 교회는 자주 부흥을 경험했다. 지난 수십 년간 중국에서는 기독교인들의 숫자가 유례 없이 급증했다. 예배를 엄격히 제한하고 목회자들을 투옥하는 정부 치하에서 일어난 부흥이었다.

신앙과 정치의 문제들은 최근 미국에서 계속해서 관심의 초점이 되었다. 유대인 부통령 후보 조지프 리버먼은 공개적으로 신에 대해 말했고 그로 인해 유대인 정치 집단의 비판을 샀다. 오순절파에 속한 법무장관 존 애슈크로프트는 낙태와 동성애에 대한 입장 때문에 엄격한 심사를 받았다. 부시 대통령은 종교계 자선 단체에 대한 보조금을 늘렸고, 바우처(Voucher, 마케팅에 활용되는 바우처의 대표적 예는 도서의 판매 촉진을 위한 도서 상품권이다. 교육 보조에 바우처 제도가 등장하는 이유는 저소득층 자녀의 진학을 위한 교육 보조를 현금으로 할 경우, 기타 소비를 위해 교육 보조금을 낭비할 가능성이 크기 때문이다—옮긴이)를 활용해 종교계 사립학교에 진학하도록 권장했다.

신앙인이 자신의 신앙에 대한 중대한 타협 없이 정치에 뛰어들 수 있을까? 앞서 나는 톨스토이, 간디, 킹 목사 등 정치계를 바꾸는 데 일조한 저명한 종교인들을 살펴보았다. 나는 이 위인들에게서 많은 것을 배웠지만, 평범한 시민의 역할에 대해서는 아직 많은 궁금증이 남아 있다. 아우구스티누스의 용어를 빌려보자. 우리는 과연 '하나님의 도성'과 '사람의 도성'을 동시에 효과적으로 섬길 수 있을까? 한쪽을 섬기면 다른 쪽은 자연히 밀쳐내게 되는 건 아닐까?

나는 이 문제에 대한 균형감각을 잃지 않으려 최선을 다한 평범한 시민을 가까운 곳에서 지켜보았다. 그는 정치 경험이 없는 외과 의사였다. 내가 그를 처음 알게 된 것은 1971년, 레지던트 자격에 대한 국제 기준을 감독하는 위원회에서 일하게 되면서부터였는데, 그가 그 단체의 의장직을 맡고 있었다. 레이건 행정부 시절 그는 가장 유명한 고위직 복음주의자가 되었다. 그는 우리 시대 가장 중요한 도덕적 사안들에 대해 깊은 확신을 갖고 있었고 전례 없이 솔직하게 자신의 입장을 말했다. 그 결과에 모두가 놀랐지만 가장 많이 놀란 사람은 바로 그 자신이었다.

우리에 갇힌 사자

C. 에버릿 쿠프 박사는 필라델피아 아동 병원에서 30년 동안 일하면서 조산아와 손상을 입은 아기들을 구하고 회복시키는 방법을 연구했다. 한편, 같은 병원의 다른 한쪽에는 그가 한두 명의 아기를 살리는 동안 열에서 열다섯 명의 아기를 제거할 수 있는 낙태 시술소가 생겼다. 쿠프 박사는 낙태를 명백히 부도덕한 행위로 여기고 강력하게 반대했다. 또, 낙태를 합법화한 '로 대 웨이드Roe vs Wade' 판결을 "남북전쟁 이래 미국사에서 가장 중요한 사건"이라 불렀다. 쿠프 박사는 한동안 저명한 소아과 의사로서의 활동을 접어둔 채, 복음주의 저술가 프랜시스 쉐퍼와 함께 강연을 다니며 인간 생명의 문제에 대해 미국인들에게 경고했다. 쉐퍼가 제작한 영상물, 〈대체 인류에게 무슨 일이 벌어졌는가?Whatever Happened to the Human Race?〉의 한 극적인 장면에서 쿠프는 사해의 소금 황무지에 널린 수천 개의 벌거벗은 인형을 내다보며 이렇게 선언한다. "나는 소돔의 터, 악과 죽음의 장소에 서 있다."

쿠프는 신학도 흑백논리를 가지고 바라보았다. 그는 성인이 된 후 장로교회를 다니다 헌신적인 그리스도인이 되었고, 그의 신앙의 중심에는 하나님의 절대주권 교리가 자리 잡았다. 그는 지휘 계통의 권위를 존중하는 자신만만한 외과 의사로서, 명령을 내리고 생사를 좌우하는 판단을 순식간에 내리는 데 익숙했기 때문에 키르케고르식의 고뇌에 시달리는 일은 거의 없었다. 하나님이 전능하시다면, 당연히 세상에서 벌어지는 모든 일, 그야말로 모든 일이 언제나 그분의 완벽한 통제 아래 있다. 이것이 그의 생각이었다.

1968년, 쿠프 박사는 그 잔잔한 믿음이 시험대에 오르는 일생일대의 비극을 겪었다. 그 사건으로 인해 쿠프 박사는 정서적으로도 큰 변화를 겪었다. 그는 의사가 슬픔에 빠진 환자들과 함께 우는 모습을 나약함의 표시 정도로 생각했지만 그 일이 있은 후엔 더 이상 그런 식으로 생각할 수 없었다. 스무 살의 다트머스 대학교 학생이던 그의 아들 데이비드가 등반 사고로 목숨을 잃었던 것이다. 게다가, 사고 후 구조대가 데이비드의 시신을 회수할 때까지의 52시간은 쿠프 가족에게 또 한 번의 견디기 힘든 시련이었다. 그러나 후에 《때로는 산이 움직인다 Sometimes Mountains Move》라는 제목의 책으로 출간된 당시 쿠프의 일기 속엔 하나님과 씨름한 흔적이 보이지 않는다. 그 책은 신약 성경 유다서의 인용문 "여러분을 넘어지지 않게 지켜주실 능력을 가지신 분"에 이어 쿠프 자신의 신앙을 선포함으로 끝을 맺는다. "하나님은 능력이 있으셨으나 그분의 주권 가운데 그 능력을 쓰지 않기로 결정하셨다."

1980년, 하나님의 절대주권에 대한 쿠프의 신앙은 중대한 전화 한 통으로 또 다른 시험대에 올랐다. 쿠프의 저서 두 권을 읽고 낙태를 반대하는 그의 강한 확신을 존경하게 된 로널드 레이건이 그를 미 공중 위생국 장관으로 임명하기 원했던 것이다. 그렇게 되면 낙태를 반대하는 유권자들, 특히 누구보다 쿠프를 잘 아는 복음주의자들 사이에서 레이건에 대한 지지는 더욱 굳건해질 것이었다. 레이건 대통령은 취임 직후 쿠프를 보건부 차관보 겸 공중 위생국 장관 후보로 임명했다. 그러나 당시 쿠프는 예순넷으로 해당 직위에 대한 연령 제한을 1백 일 넘겼기 때문에 그의 임명에는 의회의 승인이 필요했다. 본인은 물론이고 레이건 대통령을 포함한 행정부 관리 거의 모두가 형식적 절차로 여겼던 의회 승인 과정이 뜻밖에도 정치권의 폭풍을 만났다.

쿠프의 솔직함이 오히려 그를 괴롭히는 덫으로 작용했는데, 오순절 계통의 한 단체가 좋은 의도에서 쉐퍼의 영상물을 워싱턴 D.C.의 한 방송국을 통해 방영한 후 문제가 더욱 심각해졌다. 가족계획협회, 미국여성위원회NCW, 그리고 낙태에 찬성하는 여러 단체들이 앞장서서 낙태와 여성의 권리와 동성애에 대한 쿠프의 극단적인 말을 집중 공격했다. '용공容共'이라는 한 가지 기준으로 사람을 매도한 매카시즘과는 정반대로, 그들은 쿠프의 신념뿐 아니라 의사로서의 자질, 정서와 정신 상태에 대해서까지 의문을 제기했다. 근엄한 〈뉴욕타임스〉는 '무자격 박사'라는 제목의 논설을 실었고, 〈워싱턴 포스트〉지는 '쿠크(Kook, 괴짜) 박사'라는 모욕적인 별명을 지어냈다. 헨리 왝스먼 의원은 그를 무시무시하고 편협한 인간으로 낙인찍었다. 다른 사람들은 그를 극우 괴짜, 야비한 돌아이, 종교 광신자로 불렀다. 미 공중보건협회는 협회 설립 후 1백 년 만에 처음으로 공중 위생국 장관 후보자에 대한 반대 입장을 공식화했다. 공중보건협회 전무이사는 "쿠프를 공중 위생국 장관으로 두느니 차라리 공중 위생국 장관이 없는 편이 낫다"고 말했다.

워싱턴에 들어온 쿠프 부부는 아무것도 모른 채 우연히 교전 지대로 들어선 여행객과도 같았다. 필라델피아에서 쿠프 박사는 샴 쌍둥이 분리 수술, 얼굴 기형 회복 수술, 튀어나온 심장의 복원 수술 등으로 명성을 얻었다. 그는 프랑스의 레종 도뇌르 훈장을 포함한 많은 상을 받았고 여러 신문에서 필라델피아의 '가장 유명한 지역인사'로 자주 소개되었다. 그러나 이제는 지역 언론마저 그에 대한 비난에 동참하여 쿠프를 머리 두 개 달린 괴물로 묘사하는 잔인한 카툰을 싣기 시작했다. 다른 도시에서 일하는 쿠프의 아들은 아버지의 비방 기사가 빨간 펜으로 표시된 신문이 사무실 문틈에 놓인 것을 매일 아침 발견했다.

쿠프와 그의 아내 베티는 아직 짐을 풀지 않은 상자들이 가득한 임시 거처에서 살고 있었다. 쿠프는 매일 넓은 사무실로 출근했다. 그곳에서 의자 깊숙이 기대앉으면 돔 모양의 국회의사당과 커다란 성조기가 보였다. 권좌 근처까지 갔으나 그에게는 도시 전체의 조롱 외에는 아무것도 잡히는 게 없었다. 40년 동안 하루에 열두 시간씩 미친 듯이 일해온 그였는데 검토할 서류 한 장 없고, 전화도 오지 않고, 아무 일정도 잡혀 있지 않았으니, 마치 사무실에 혼자 감금된 심정이었을 것이다. 당시 그를 방문했던 폴 브랜드 박사가 내게 이렇게 말했다.

"여러 해 동안 쿠프 박사는 의학계의 뉴스거리를 만들어왔어요. 사명감이 투철한 활동가였지요. 하지만 말 그대로 일거리가 없어 사무실 안을 서성이는 그를 보는 순간, 엄청난 힘을 갖고 있으면서도 우리에 갇혀 꼼짝 못하는 사자처럼 느껴졌습니다. 상처 입은 사람, 위로가 필요한 사람으로도 보였어요."

쿠프 자신의 회상을 들어보자. "하나님이 풍온하고 생산적이었던 제 삶을 왜 망가뜨리시는지 이해할 수 없었습니다. 저는 공직을 추구한 적이 없었습니다. 마치 하나님이 저를 필라델피아에서 쑥 뽑아다가 워싱턴에 내던져놓으신 것 같았습니다. 왜 그러셨냐고 하나님께 수없이 여쭤보았습니다! 아홉 달 동안의 괴로운 지명 과정 동안, 저는 책상에 놓인 성경을 바라보며 무슨 일이 벌어진 것인지 이해하려 애썼습니다. 어느 날 오후 집에 돌아가 보니 반쯤 내린 베네션 블라인드 사이로 햇볕이 들고 있었지요. 열쇠로 문을 열고 들어가니 아내 베티가 서서 눈물을 흘리며 〈워싱턴 포스트〉를 읽고 있었습니다. 그날이 가장 힘들었어요."

"다 필요 없어!" 쿠프는 노여움을 참을 수가 없었다.

"지금까지 난 이런 대접을 받은 적이 없어. 그리고 우리 가족에게 이런 일을 겪게 하는 건 옳지 않아." 그러나 그들의 어그러진 삶 배후에 주권자이신 하나님의 뜻이 있을 것임을 상기시켜준 사람은 바로 베티였다. 그녀는 말했다. "당신이 지금 그만두면 결코 그 이유를 알 수 없을 거예요." 그녀는 묘한 미소를 머금고 이렇게 덧붙였다. "그리고 명심하세요. 이제 필라델피아엔 일자리가 없어요."

국민 주치의

1980년대에 텔레비전이나 신문, 라디오를 접한 사람이라면 누구나 알다시피 에버릿 쿠프는 결국 공중 위생국 장관직을 얻었고, 모두의 예상을 완전히 뒤엎고 미국에서 가장 유명하고 화려하고 존경받는 공직자 중 한 사람으로 떠올랐다. 1989년에 그가 사임 의사를 발표하자 이전의 비판자들은 한목소리로 한때 비방했던 그에게 찬사를 보냈다. 뉴스 진행자 댄 레더(미 CBS 저녁뉴스 앵커-옮긴이)는 쿠프가 "사상 최고의 공중 위생국 장관"이라 선언했다. 쿠프의 열렬한 팬으로 돌아선 왝스먼 의원은 댄의 평가에 기꺼이 동의했다. "그는 참으로 고결한 사람입니다. 공중 위생국 장관으로서 해야 할 일뿐 아니라 그보다 더 많은 일들을 해냈습니다." 쿠프의 장관 지명에 결사적으로 반대했던 미 공중보건협회는 그의 탁월한 직무 수행을 치하하며 최고의 상을 수여했다. 묘하게도, 처음에 쿠프의 편을 들었던 복음주의자들을 제외하고 거의 모두가 그에게 박수갈채를 보냈다.

무엇 때문에 쿠프의 이미지가 그토록 확 달라졌을까? 쿠프에 대한 언론의 근본적 오해가 풀린 까닭도 있고, 그가 공중 위생국 장관직을 솜씨 좋게 잘 꾸려나간 탓도 있고, 아무 할 일 없이 커다란 사무실에 앉아서 지옥 같은 아홉 달을 보냈기 때문이기도 하다. 자신을 비판하는 복음주의자들에 대해 쿠프는 공중 위생국 장관으로서 자신이 한 일을 그들이 하나같이 오해했다고 생각한다. 그는 꾀바른 선지자 다니엘처럼 세속 행정부를 섬기려 노력했지만, 그들은 아모스나 예레미야 같은 선지자를 기대했던 것이다.

세속 비판자들이 쿠프의 경력을 좀 더 자세히 살폈더라면 그가 틀에 박힌 보수주의자가 아님을 알았을 것이다. 그의 확고한 신념은 사실 인간에 대한 연민에서 생겨난 것이었다. 정신없이 바쁜 외과의 초년 시절에도 그는 시간을 쪼개어 시내 구빈원의 노숙자들을 치료했다. 측근의 설명을 들어보자. "사람들은 쿠프 박사님이 낙태 반대자 정도가 아니라 진심으로 생명을 귀하게 여긴다는 사실을 헤아리지 못했습니다. 저는 쿠프 박사님이 영양실조에 걸린 아이들을 비롯해 워싱턴의 명사들, 죽어가는 에이즈 환자들, 학대받은 아내들, 임신 중절 합법화 운동가들 등 수천 명의 사람들과 함께 있는 모습을 봤습니다. 박사님이 그들을 대하는 모습을 보고 있으면 저분이 정말 저들 모두를 하나님의 형상으로 창조된 사람으로 믿는구나, 그런 생각이 들었습니다. 박사님은 불안에 떠는 사람들이 '최고위 의사'와 얘기를 해야겠다고 우기면 바쁜 일정을 쪼개어 그들을 만났습니다. 박사님은 모든 인간 생명을 진정으로 귀하게 여깁니다."

낙태에 대한 쿠프의 강경한 반대 입장은 결국 수많은 소아 환자들을 치료한 경험에서 나온 것이었다. 그중에는 한 손으로 들 수 있을 만큼 작은 아이들도 많았고, 다른 의사들은 손도 대기 싫어할 만큼 기형이 심한 아이들도 많았다. 세월이 흐르면서 쿠프 박사는 그 아이들이 각각의 이름과 분명한 개성을 가지고 사연 많은 온전한 성인들로 자라가는 모습을 보았다. 얼굴과 복부에 서른일곱 차례나 수술을 받았던 폴은 지금 웨스트체스터대학교 대학원을 다니고 있다. 크리스는 몸 밖으로 나온 심장을 원위치로 돌리고 폐 기능을 정상화하기 위해 열다섯 차례의 수술을 받았다. 쿠프가 결장의 일부를 잘라 식도를 만들어주었던 머라이어는 자라서 박사 학위를 받고 소아과 의사가 되었다. 쿠프는 낙태나 방치로 목숨을 잃은 아기들이 모두 폴, 크리스, 머라이어처럼 자랄 수 있었음을 알았다.

쿠프는 무력한 작은 생명에 깃든 그 무언가에 이끌려, 미국 전역의 소아과 전문의가 손에 꼽을 정도였던 시절, 소아 외과 분야로 뛰어들었다. 그는 약자와 소외 계층을 사랑했다. 장관 임명 청문회 기간 동안 그는 워싱턴 사무실에 앉은 채 생전 처음으로 약하고 소외된 자가 된 듯한 느낌을 받았다. 승승장구를 거듭하며 자신만만했던 사람이 갑자기 콧대가 꺾이고 외톨이가 되었다. 몇 주가 지나면서 여러 특정 이익집단들이 하나둘씩 장관 후보자를 떠보기 위해 전화를 걸어왔다. 그들 대부분은 신문에서 읽었던 과장된 기사 외에는 쿠프에 대해 아는 바가 거의 없었다. 그러나 그들은 힘없고 가망 없는 공중 위생국 장관 후보가 한 가지만은 넉넉하다는 것을 알게 되었다. 그에게는 그들의 우려에 귀 기울일 시간이 많았다.

그 아홉 달 동안 쿠프는 미국 전역에서 울리는 다양한 목소리를 들었다. 그중에는 동성애권 옹호자들이나 낙태 찬성론자들처럼 그의 장관직 임명에 거세게 반대하는 이들도 있었다. 그러나 그들 또한 쿠프 자신이 치료를 책임져야 할 미국의 일부였다. 쿠프는 이제 그 기간이 놀라운 선물이었다고 회상한다. "저는 미국의 보건 문제들을 살펴볼 기회를 얻었고 내가 장관으로 취임하면 그 문제들에 대해 어떤 일을 할 수 있을까 궁리했습니다. 저는 장관직을 활용해 장애아동, 노인, 장기이식이 필요한 사람들, 매 맞고 학대받는 여성과 아동 등 소외 계층의 권익을 신장하는 데 주력하기로 마음먹었습니다. 그 아홉 달 동안 저는 앞으로 해야 할 일을 자세하게 정리했습니다. 그전의 어떤 공중 위생국 장관도 하지 못했던 일이었지요. 결국, 제가 장관 재임 중에 할 수 있었던 모든 일은 극도의 좌절을 겪었던 그 기간 덕분에 가능했습니다. 지금 생각하면 그때야말로 하나님이 절대주권을 가지고 일하시던 시기였습니다!"

한마디로 쿠프는 고통의 시간을 보내며 공중 위생국 장관이 일으킬 수 있는 변화를 꿈꿨다. 그리고 악의에 찬 상원 청문회가 끝나고 장관으로 취임한 후, 그는 그간의 악명 덕분에 하는 말, 쓰는 글마다 언론의 집중적 관심을 받았다. 역설적이게도 그에게 해를 가하려는 비방자들의 노력 덕분에 쿠프는 목표를 달성하는 데 필요한 대중적 지명도를 얻게 되었던 것이다.

장관 취임 후 그는 자신이 지휘할 배가 없는 해군 제독과 같다는 걸 알게 되었다. 우선 공중 위생국 장관직 자체가 그 역할이 모호한 데다 거의 무시되다시피 했다(닉슨 대통령은 공중 위생국 장관을 임명하지도 않았다). 쿠프에겐 의사 결정권이 거의 없었고, 예산권도 없고, 부하 직원도 적었다. 공중 위생국 직원들의 사기는 완전히 바닥이었다. 사기 진작의 일환으로 쿠프는 직원들에게 유행이 한참 지난 제복을 입도록 권했다. 그는 솔선해서 무늬와 견장, 리본과 금빛 끈으로 장식된 제복을 빳빳하게 풀을 먹여 입었다. 제복 착용이 정착되기까지는 상당한 시간이 필요했다. 비행기 승객들이 쿠프를 승무원으로 착각하고 짐을 올리고 내릴 때 도와달라고 한 적도 여러 번 있었다. 시사 만화가들로서는 새로운 조롱거리를 찾은 셈이었다. 그들은 소설 《모비 딕》의 주인공 에이해브 선장 같은 턱수염에다 유람선 제복을 갖춰 입고, 명품 서류가방이 판치는 도시에서 촌스럽고 커다란 토트백을 메고 다니는 이상한 의사를 비웃었다.

그러나 남들과 확연히 구별되는 쿠프의 스타일이 오히려 언론의 관심을 끌었다. 186센티미터의 키에 90킬로그램이 넘는, 그야말로 제복에 딱 어울리는 체격의 쿠프가 강한 브루클린 억양으로 미국의 보건 문제에 대해 말하기 시작하자 조롱은 매혹으로 바뀌었다. 한 기자의 말을 빌려보자.

"텔레비전에 등장한 억센 턱수염과 공중 위생국 제복의 금박 견장은 방종의 해악을 호되게 나무라는 엄한 비판자의 모습으로 비쳤다."

직접 쿠프를 만난 기자들은 신임 공중 위생국 장관의 정중함과 솔직함에 깊은 인상을 받았다. 얼마 후 그는 워싱턴 정가에서 가장 인기 있는 인터뷰 상대가 되었다. 그의 엄한 얼굴이 잡지 표지에 실렸고, 〈투나잇 쇼Tonight Show〉의 조니 카슨의 독백에 그의 이름이 등장했다. 엘리자베스 테일러가 멀리서 그에게 키스를 보내는가 하면, 텔레비전 드라마 〈골든 걸스The Golden Girls〉에서는 카메오 출연을 요청해왔다.

"쿠프가 있는 곳에 논쟁이 있다"는 어느새 워싱턴의 슬로건이 되었다. 그는 음주 운전자를 거세게 비난했고, 아동 학대와 배우자 학대에 대한 대책반을 소집했으며, 미국인들의 식습관을 비판했다. 쿠프의 상급자들은 어찌할 바를 몰랐다. 위계 질서를 무시한 채 행정부의 정책에 반기를 들고 나설 때는 더욱 그랬다. 예를 들면, 로널드 레이건은 제시 헬름스 같은 남부 상원의원들에게 흡연은 크게 문제 삼지 않기로 약속한 바 있었다. 그런데 이제 레이건 행정부의 공중 위생국 장관이 담배 회사들을 상대로 "뻔뻔한 거짓말쟁이"에다 "야비하기까지 하고" 제3세계에 죽음을 수출한다며 비난하고 있었다. 백악관의 반대에도 불구하고 쿠프는 니코틴이 헤로인처럼 중독성이 있다고 선언했고, 담배 광고 전면 금지를 제안했으며, 담배 없는 사회를 촉구하기까지 했다. 레이건 행정부는 당혹감을 감추지 못했다. 한때 쿠프를 강력히 지지했던 노스캐롤라이나 출신 제시 헬름스 상원의원은 기겁을 했다.

엄청난 압력에도 불구하고 쿠프는 물러서지 않았다. 하루에 천 명 가량의 미국인이 담배 관련 질병으로 사망하고 있었고, 그는 미국의 최고위 의사인 자신이 사실을 말할 의무가 있다고 생각했다(쿠프는 흡연율 감소를 공중 위생국 장관 시절의 가장 큰 공적으로 내세운다. 그의 임기 동안 2천만 명의 미국인이 담배를 끊었다). 흡연, 성교육, 중독자들을 위한 주삿바늘 무료 배포 등을 포함한 여러 사안들에서 쿠프는 자신만의 독자 노선을 추구했다.

정직한 지도자에 굶주려 있던 국민들에게 쿠프는 진정한 영웅이 되었다. 별 볼일 없어 보이던 직책이, 쿠프의 표현을 빌리면, 점차 '도덕적 권고'의 중심 무대가 되었다. 그의 말을 들어보자. "나는 옳고 그름에 대한 감각이 있습니다. 그러나 이 도시의 많은 사람들에겐 그것이 없습니다." 본질적으로 쿠프는 주치의에 대한 미국인들의 기대에 부응하려 애썼다. 주치의는 안 좋은 소식을 전하거나 나쁜 습관에 대해 잔소리를 늘어놓을 수 있지만, 그래도 우리는 주치의가 말을 고르지 않고 솔직하게 말해주길 바라고, 무엇보다 우리의 건강을 가장 중요하게 여기길 원한다. 미국인들에게 비친 쿠프의 이미지는 바로 국민의 주치의였다.

침묵은 끝나야 한다

이전의 비판자들이 쿠프의 독립성과 정직함을 존중하고, 대중이 그를 친근한 영웅으로 존경하는 사이, 원래의 지지층은 그의 처신을 배신으로 여기고 불쾌히 여겼다. 여기 보수주의자들이 매긴 쿠프의 성적표가 있다.

- "쿠프는 레이건 행정부 내에서도 줄곧 가장 실망스러운 인물로 손꼽힌다." _〈내셔널 리뷰〉
- "쿠프는 입에 단추를 채워놓고 있어야 했다." _필리스 슐라플라이, 보수 논객
- "쿠프는 부끄러운 줄 알아야 한다. … 그는 자신을 공중 위생국 장관에 오르게 한 원칙들을 내다버렸다." _마이클 슈워츠, 자유의 회수호재단 Free Congress Foundation
- "자신의 신념에 충실할 수 없다면 사임했어야 마땅하다. 그는 양심보다 대중적 인기를 더 중히 여기는 위인임을 스스로 드러냈다." _하워드 필립스, 보수주의자 협의회 Conservative Caucus

한때 쿠프에게 정치적으로 큰 기대를 걸었던 일부 복음주의자들도 비슷한 불쾌감을 표시했다. 평론가 캘 토머스는 이렇게 불평했다. "쿠프 박사의 오랜 지지자들이 씁쓸하고 우울해하고 있다. … 그는 어느 무신론자 못지않게 좌파를 위해 열심히 일했다." 당시 쿠프 박사는 내게 이렇게 말했다. "그런 유의 비판을 받자 이상한 기분이 들었어요. 더 이상 교회에 가고 싶지가 않더군요. 캘이 마침 나와 같은 교회에 다녔거든요."

신학자 해럴드 O. J. 브라운은 복음주의자들의 우려를 압축해서

보여주었다. 10년도 더 전, 설령 아주 어려운 경우라 해도 낙태는 분명한 잘못이라는 확신을 쿠프에게 심어주었던 사람이 바로 해럴드 브라운이었다. 1975년, 미니애폴리스에 있는 빌리 그레이엄의 집에서 그와 쿠프는 개신교 낙태 반대 운동의 설립을 돕기도 했다. 브라운은 쿠프에 대한 존경심을 다음과 같이 공개적으로 털어놓은 바 있다. "윌리엄스 제닝스 브라이언 이후 고위 공직자들 중에는 쿠프 박사만큼 영적 가치들을 실천에 옮길 만한 명료성과 솔직함과 결단력을 갖춘 복음주의자가 없었다." 그러나 브라운마저도 쿠프가 낙태 반대 주장을 갉아먹고 있다는 우려를 공개적으로 드러내기 시작했다.

보수주의자들의 불평은 '이름 모를 아기', 에이즈, 낙태의 영향에 대한 보고서, 이 세 가지 커다란 중대 국면을 중심으로 형성되었다. '이름 모를 아기' 논쟁은 쿠프의 장관 임기 초반(1982~1983)에 터졌는데, 의사와 부모가 선천적 기형이 있던 아기에게 영양분 공급을 중단하기로 결정하면서 불거져 나왔다. 쿠프 박사에게 그보다 더 심각한 문제는 없었다. 이름 모를 아기에게 있던 바로 그 문제를 바로잡기 위해 475번의 수술을 했던 그였다. 그의 입장에서 그런 아기를 방치한다는 것은 두말할 것도 없는 영아 살해였다. 먹을 것도, 돌봐주는 사람도 없이 엿새가 지난 후, 이름 모를 아기는 죽었다. 그후 동일한 사태의 재발 방지를 위해 쿠프가 내놓은 엄격한 규제안은 법정에서 폐지되었고, 쿠프는 해당 규제안에 대한 찬반 양측(의료계는 그 규정에 결사 반대하고 있었다)을 모두 만나 병원 내의 "환자보호심의위원회"에 기초한 타협안을 내놓았다.

그러나 대법원에선 결국 그 타협안도 위헌으로 판결하여 이 문제를 둘러싼 논쟁 자체가 무의미해지고 말았다. 그런데 타협의 와중에 공중 위생국 장관과 교조적 낙태 반대론자들 사이에 균열이 생겨났다. 그들은 쿠프의 환자보호심의위원회 수용 입장을 의료계에 굴복한 것으로 보았다. 낙태 반대론자들이 쿠프에게 다소 환멸을 느끼게 되었다면, 쿠프는 그들의 '전부 아니면 전무' 식의 사고방식에 아주 넌더리가 났다. 낙태에 대한 소신은 여전했지만, 그는 입법을 위한 타협이 필요하다고 보았다.

'이름 모를 아기' 문제의 열기가 사그라지자마자 새로운 위기가 불발 수류탄처럼 쿠프의 품에 떨어졌다. 행정부 관료들은 이르게는 1981년부터 '위험한 행동'을 저지르는 집단, 특히 동성애자들과 마약 상용자들 사이에서 집중적으로 발생하는 심각한 전염병의 소문을 감지하고 있었다. 대통령은 동성애자들의 항변을 무시하고 향후 '에이즈'로 알려지게 되는 그 질병에 대해 일체의 언급을 회피했다. 쿠프는 5년 동안 에이즈에 대한 정보에 접근할 수 없었고 그에 대해 말하는 것조차 금지되었다. 1만 명의 환자가 확인된 1986년이 되어서야 비로소 레이건 행정부는 공중 위생국 장관에게 에이즈에 대한 보고서를 작성하도록 요청했다.

지금 우리는 한때 에이즈 위기를 둘러싼 히스테리에 가까운 사회 분위기를 거의 잊었다. 당시 히스테리의 출처는 상당 부분 종교적 우파였다. 저명한 복음주의자들은 에이즈가 모기나 화장실 변기를 통해서도 전염된다고 주장하는 사람들을 라디오 프로그램에 초청했다. 당시 보건부 직원의 말에 따르면, 에이즈 연구와 교육 기금

조성에 반대하는 보수주의자들이 보낸 편지가 미 보건부에 한 주에 5천 통씩 쏟아져 들어왔다. 그들은 '하나님의 심판'이 그 소임을 다 하도록 내버려두어야 한다고 주장했다. 당시의 전반적 정치 풍토를 고려할 때, 복음주의자 공중 위생국 장관으로부터 비난과 도덕주의적 훈계가 가득한 보고서 이상을 기대하는 사람은 거의 없었다. 동성애권 지도자들은 냉소적 입장을 드러냈다.

그러나 쿠프는 자신의 임무를 심각하게 받아들였다. 그는 전미동성애자특위부터 남침례교단에 이르기까지 스물다섯 개의 상이한 집단들과 두 시간에 걸친 비공개 인터뷰를 계획했다. 그리고 보고서를 직접 작성할 권한을 요청했다. 관료주의의 일반적 경로를 거치는 과정에서 보고서의 내용이 흐려지는 것을 막기 위해서였다. 그는 사가私家의 입식 책상에서 작업하면서 스물일곱 번을 새롭게 고쳐 썼다. 보고서의 논조를 말해주는 다음 한 부분을 보자.

"에이즈 창궐 초기의 많은 미국인들은 에이즈 환자들에 대해 거의 동정하지 않았다. 어쨌건, 특정 집단의 사람들은 그 질병에 '걸려도 싸다'는 정서가 팽배했다. 이제 그러한 생각은 제쳐두자. 우리는 사람이 아니라 질병과 싸우고 있다."

에이즈 보고서는 놀랄 만큼 공정했고 그 질병의 위험을 하나하나 자세히 다루면서 '가능한 한 낮은 학년부터의' 성교육을 촉구했다. 금욕과 일부일처 부부간의 성관계를 가장 안전한 길로 제시하면서도, 여러 상대와 성관계를 갖는 사람이나 동성애자들에게는 콘돔을 권장했다. "침묵은 끝나야 한다." 이것이 쿠프의 선언이었다.

침묵은 정말 끝났다. 레이건 행정부의 관료들은 에이즈 강제 검사에 반대하고 조기 성교육에 찬성하는 쿠프를 비난했다. 테드 케네디와 헨리 왝스먼 등의 진보적 정치인들은 보고서 내용이 공정하고 에이즈의 보건적 측면에 집중한 점을 높이 평가했다. 동성애권 활동가들은 쿠프를 '에이즈 분야의 영웅'으로 선언했다. 의회는 쿠프의 입장을 지지했고 전례 없는 조치로 미국의 1억 7백만 모든 가정에 에이즈에 대한 교육용 책자를 우편 발송했다. 미국 사상 최대 규모의 대량 우편 발송이었다.

일부 정치적 보수주의자들은 격분했다. 종교적 우파의 설립자 폴 와이리치와 여성 보수 논객 필리스 슐라플라이는 쿠프에 대한 반대 운동을 벌여 그를 위해 워싱턴에서 예정된 만찬을 조직적으로 방해했다. 그들의 공개 서한 중 일부를 살펴보자. "쿠프는 공개적으로 낙태 반대 원칙을 철회했다. 게다가 많은 사람들은 에이즈에 대한 그의 주장이 동성애자들에 대한 비호라고 믿는다. 지난 11월에 나온 그의 에이즈 보고서는 마치 전미동성애자특위에서 작성한 것처럼 보일 정도이다. … 에이즈 퇴치를 위한 쿠프 박사의 제안은 가족 수호 운동이 아니라 동성애자들의 입장을 대변하고 있다." 그들의 압력에 밀려 세 명의 공화당 대통령 후보가 워싱턴 만찬에 대한 공식 후원을 철회했다.

에이즈 보고서를 둘러싼 소동이 한창일 때 어려운 일이 발생했다. 오후 낮잠을 자고 일어난 쿠프가 졸지에 팔다리를 움직일 수 없는 사지 마비 환자가 된 것이다. 여러 해 동안 몸을 숙이고 유아 환자들을 수술한 탓에 과거 스키 사고로 인한 부상이 악화된 데다가, 낮잠을 자다가 베개 뒤로 머리가 미끄러지는 바람에 그 압력으로 동맥이 막혔던 것이다. 의사들이 손상된 동맥의 대부분을 복구시켰지만 회복하기까지 몇 주 동안 자리에 누워 있어야 했다.

쿠프는 꼼짝없이 누워 있어야 했던 그 기간 역시 장관 지명까지의 9개월처럼 하나님의 섭리에 따른 선물로 회상한다. 그는 에이즈를 도덕가와 과학자가 협력할 수 있는 문제로 보았고, 협력해야만 막을 수 있는 전염병의 하나로 보았다. "7주 동안 언론을 통해 어떤 일이 벌어지는지 지켜보았습니다. 나는 내 몫의 일을 하는 것이 나의 의무라고 생각했고 이제껏 어느 공직자도 하지 않았던 일을 하기로 결정했습니다. 1987년 첫 7주 동안 나는 종교인들만을 대상으로 강연했습니다. 제리 폴웰의 교회와 자유 대학교Liberty University의 채플에서 시작해 전미기독교방송국협회로 갔고, 유대교의 보수적인 사람들에 이어 로마 가톨릭 신자들에게 강연했습니다. 그리고 마지막으로 무디 방송국의 라디오 프로그램에 연속 출연했습니다."

제복을 갖춰 입고 목에 부목을 댄 채 진행한 그 강연들에서 쿠프는 금욕과 일부일처 결혼의 필요성을 분명히 했다. 그러나 그는 이렇게 덧붙였다.

"모든 사람이 완전히 금욕하는 것은 현실적 요구 사항이 아닙니다. 그리고 저는 한 사람의 목숨이라도 포기할 수 없습니다. … 저는 이성애자와 동성애자, 젊은이와 노인, 도덕적인 사람과 부도덕한 사람 모두의 공중 위생국 장관입니다." 그는 친숙한 용어를 써가며 동료 그리스도인들에게 권고했다.

"죄는 미워해야겠지만 죄인은 사랑해야 합니다."

쿠프는 자신이 난교亂交를 얼마나 끔찍하게 여기는지 밝히고 동성

연애를 두고 계속해서 '남색sodomy'이라는 단어를 쓰면서도 또한 이렇게 말했다.

"저는 목사 장관이 아니라 공중 위생국 장관입니다."

자신의 입장을 설명하기 위해 그는 응급실 의사 비유를 자주 사용했다. 앰뷸런스가 들이닥쳐서 경비원을 쏜 은행 강도와 대응 사격한 경비원, 이 두 부상자를 실어 내린다면, 의사는 어느 쪽을 먼저 치료해야 할까? 의사는 더 좋은 사람이 아니라 부상이 더 심한 사람을 먼저 치료해야 한다. 쿠프는 몸이 바짝 마르고 쇠약해진 데다 자줏빛 종기로 뒤덮인 에이즈 환자들을 수없이 보았다. 그는 가장 치료가 절실한 사람이 누구인지 알 수 있었다. 그는 약자와 소외 계층을 돌보겠노라 맹세한 바 있었고, 미국에서 에이즈 환자들보다 더 약하고 소외된 계층은 없었다. 아무리 커다란 정치적 대가를 치러야 한다 해도 그들이 치료받을 권리와 이 죽음의 질병을 예방하기 위한 교육의 필요성을 포기할 순 없었다.

공중 위생국 장관 쿠프는 에이즈 문제로 정치적 보수주의자들 사이에서 상당한 지지층을 잃었다. 그러나 그는 지역 교회들의 태도를 회상하고 뿌듯해한다. "우리가 이 문제에 대한 교인들의 생각을 바꿔놓았다고 봅니다. 남침례교 목사들로부터만 스무 통의 지원 편지를 받았습니다. 그 교단은 내가 에이즈 보고서를 쓰기 전에 인터뷰했던 집단 중 하나이기도 합니다. 그들은 내가 얘기하는 성행위에 대해 들어본 적도 없었습니다. 나는 집무실에서 그들에게 문제가 뭔지 설명하려고 애썼습니다. 예를 들면 목욕탕 섹스가 어떤 건지 설명해야 했지요. 그들은 도무지 어찌할 바를 모르더군요. 비명을 질러야 할지, 달아나야 할지, 울어야 할지, 고개를 파묻어야 할지 말입니다. 그러나 그들은 마음을 돌이켰고 적극적으로 협조했습니다. 나는 이렇게 말했습니다. '자녀들이 성교육을 받는다는 사실을 걱정하는 여러분의 입장은 충분히 이해합니다. 그렇다면 2천6백만 교인이 있는 남침례교에서 커리큘럼을 직접 짜는 건 어떻겠습니까?' 아홉 달 후, 그들은 그 커리큘럼 제작을 도와달라며 나를 초청했습니다."

논쟁의 한복판에서

'이름 모를 아기'와 에이즈 논쟁이 있는 동안에도 쿠프의 편을 들었던 보수주의자들은 1989년 초, 쿠프가 낙태에 관해 레이건 대통령에게 보낸 서한이 언론에 보도되면서 다시 한 번 큰 충격을 받았다. 그 전해 가을, 레이건 대통령은 낙태 반대론자인 고문 한 사람의 제안으로 공중 위생국 장관이 낙태가 여성의 건강에 미치는 영향을 조사해야 한다는 확신을 갖게 되었다. "조사 결과는 너무나 치명적이어서 로 대 웨이드 판결을 뒤엎을 것입니다." 대통령의 고문은 그렇게 예견했다. 낙태 찬성 활동가들은 낙태에 대한 쿠프의 절대적 입장을 알고 있었기 때문에 최악의 결과를 각오했다. 1989년 1월, 쿠프가 자신이 발견한 내용을 담아 대통령에게 제출한 편지의 결말은 이러했다. "대통령 각하, 공중 위생국과 민간 부분의 자료를 충실하게 검토해봤으나 애석하게도 과학적 연구 결과는 낙태가 여성의 건강에 미치는 영향에 대해 결정적 자료를 제시하지 못하고 있습니다." 낙태 찬성 운동의 지도자들은 그 메시지를 약간 왜곡하여 대대적으로 보도했다. "쿠프 박사는 낙태가 여성에게 해롭지 않다고 말한다."

"낙태의 영향에 대한 쿠프의 입장, 친구와 적 모두를 놀라게 하다." 다음날 〈뉴욕 타임스〉의 머리기사였지만, 상황을 제대로 보여주기에는 아무래도 역부족이다. 쿠프의 편지는 일부 복음주의자들에게 더 이상 참을 수 없는 최후의 일격이었다. 그 일은 그간 쿠프가 지켜오던 원칙들을 포기한 것처럼 보였기 때문이다. 그 논쟁은 쿠프의 경력에 지울 수 없는 오점을 남겼고, 어쩌면 그가 공직에서 물러나도록 만든 원인이기도 했다.

쿠프 자신은 그 문제로 인해 배신감을 느꼈다. 그는 낙태가 여성의 건강에 미치는 영향에 대해 255개의 보고서를 검토했다. 일부 보고서는 낙태의 유해성을 "증명했고" 일부는 무해성을 "증명했다." 그러나 하나같이 방법론적 결함이 있어 보였다. 게다가 낙태를 한 여성 가운데 설문에서 그 사실을 인정한 사람은 절반에 불과했고, 기존 연구는 나머지 절반을 고려하지 않고 있었다. 쿠프는 낙태가 산모의 심리에 해로운 영향을 끼치는 사례를 많이 알고 있었지만, 그 사실을 뒷받침할 만한 엄밀한 과학적 데이터가 없었다. 사실 그는 대통령에게 보낸 서한에서 바로 그런 연구의 필요성을 지적했고 (후에 그는 5년의 연구 기간과 1억 달러의 예산이 소요될 것이라 추산했다)—그 연구는 대통령이 원한 대로 낙태가 여성에게 미치는 영향을 증명해줄 것이다—당장의 통계 자료가 불충분함을 인정할 수밖에 없었다. 그는 개인적 의견이 아닌 과학적 판단을 요청받았던 것이다.

쿠프는 그 서한을 직접 백악관에 전달했고, 대통령의 회신이 있기 전까지 아무에게도 그 내용을 밝히지 않겠다는 약속을 받아냈다. 그러나 몇 시간 후 쿠프가 집에 도착했을 때 당황한 아내가 차도에서 그를 맞았다. 그녀는 저녁 뉴스 앵커 피터 제닝스, 톰 브로커, 그리고 댄 레더가 '기밀' 서한을 인용 보도하는 기사를 보고 나온 참이었다. 더욱이 그들은 "공중 위생국 장관은 낙태가 심리적으로 해롭다는 증거를 찾을 수 없었습니다"라고 딱 잘라 보도했다. 쿠프는 자신의 입장을 해명하느라 새벽 한 시까지 전화통을 붙잡고 있어야 했고, 잘못 전달된 부분을 바로잡기 위해 다음날 아침〈굿모닝 아메리카Good Morning America〉에 출연했다. 그러나 이미 엎질러진 물이었다. 낙태 찬성론자들은 계속해서 그의 발견을 왜곡 인용했고 낙태 반대론자들은 배신감을 느꼈다.

쿠프의 회상을 들어보자.

"그 문제를 둘러싸고 너무나 많은 오해가 있었습니다. 한 여성이 내게 달려와 이렇게 말하더군요. '쿠프 박사님, 낙태에 대한 입장을 바꾸셨다니 정말 기뻐요.' 그래서 내가 말했습니다. '부인, 저를 완전히 오해하셨습니다. 저는 낙태에 대한 입장을 바꾼 것이 아닙니다. 그저 통계 자료를 정직하게 분석하고자 했을 뿐입니다.' 그동안 제가 낙태에 관해 말하고 쓴 내용을 볼 때 누가 그에 관한 제 입장을 의심할 수 있겠습니까? 사실 어디를 가건 제가 은근히 기대하는 대화가 있습니다. 사람들이 다가와 자신이 생후 3일 만에 내게 수술을 받았다고 말하는 겁니다. 그리고 또 다른 사람들이 내게 다가와 이렇게 말하는 겁니다. '박사님께 정말 감사드리고 싶어요. 저는 인간 생명의 문제에 관심이 없었는데, 박사님이 프랜시스 쉐퍼와 나누는 대화를 듣고 생각이 달라졌어요.' 당시 나는 낙태 반대론자들에게 이렇게 말했습니다. '낙태에 맞서 싸우면서 무엇보다 그 문제를 태아의 생명이 걸린 윤리적 문제로 만든 것은 정말 잘하신 일입니다. 산모의 건강 문제로 논점을 옮기지 마십시오. 그렇게 되면 지고 맙니다.'"

그 후 쿠프가 워싱턴에서 보낸 몇 달은 처음 몇 달만큼이나 불쾌한 기간이었다. 조지 부시가 이끄는 신임 행정부가 들어섰고 쿠프가 희망하던 각료직에는 다른 사람이 임명되었다. 아무도 그에게 떠나라고 말하지 않았지만 공중 위생국 장관으로 재임명하지도 않았다. 그리고 일련의 소소한 압박 전술을 겪게 된 쿠프는 자신이 환영받지 못하고 있음을 깨달았다. 그는 고위직 전용식당 출입을 거부당했다. 보건부 소속 고위공직자 연수회에도 제외되었다. 그리고 그의 수석 보좌관이 해임되었다. 백악관 직원들은 더 이상 그의 전화에 일일이 답하지 않았다.

쿠프 박사는 제복에 달린 메달들의 출처를 묻는 질문에 이렇게 답한 적이 있다. "윗줄의 메달들은 진보 진영에게서 받은 것이고, 아랫줄의 메달들은 보수 진영이 준 겁니다." 결국, 끝없는 반대와 엄청난 언론의 편견을 극복하고 공중 위생국 장관직을 행정부 내에서 가장 존경받는 보직으로 변화시킨 쿠프는 조용히 사임했다.

제복을 벗었다고 해서 쿠프의 공직 생활이 끝난 것은 아니었다. 오히려 그는 더 많은 관심을 받았다. 그는 계속해서 담배 정책이나 부분 출산 낙태(태아의 머리 전체나 몸통 일부분이 산모의 몸 밖으로 나온 상태에서 아기를 지우는 낙태—옮긴이) 등의 현안에 대해 의회에서 증언했다. 〈의학 박사 에버릿 쿠프〉라는 텔레비전 시리즈로 에미상을 수상하기도 했으며, 신임 대통령 빌 클린턴은 그에게 전화를 걸어 도움을 호소했다. 힐러리 클린턴은 보건 위기에 대한 정보수집차 미국 전역을 다니며 모임들을 계획했고 쿠프에게 의료계 인사들의 소개를 요청했다. 그 요청에 동의한 그는 그런 식으로 열린 여러 모임에서 그녀 옆에 앉아 일부 보수주의자들을 다시 한 번 격분시켰다. 그후 쿠프는 대형 담배 회사와 정부의 화해를 지지하는 의회 로비를 끈질기게 계속했다. 그러나 그 두 가지 행동 모두 정치적 공방의 희생물이 되고 말았다.

진저리가 난 쿠프 부부는 그의 모교 다트머스 대학으로 돌아갔는데, 그 대학에는 건강 관리 전문가들을 훈련하는 에버릿 쿠프 연구소가 설립되어 있었다. 그는 여전히 전 세계를 다니며 강연을 계속했고 생활은 나이에 걸맞게 조금씩 여유로워졌다. 그런데 인터넷 혁명이 여든한 살의 쿠프를 따라잡으면서 상황은 다시 달라졌다. 1998년, 신설 회사 Drkoop.com이 건강 관리에 대한 조언을 제공하는 의료 포털 사이트로 주식을 상장하면서 공동 소유주 쿠프는 갑자기 재산의 50배가 불어난 백만장자가 되었다. 대부분의 닷컴 재산처럼 그가 보유한 회사 주식도 폭락하여 결국 원래 가치의 99퍼센트가 날아가버렸지만, 그 사이트의 한 달 접속자 수는 여전히 5백만 명에 육박한다. 많은 미국인들이 한때 공중 위생국 장관이던 주치의로부터 계속해서 조언을 받고 있다. 그리고 쿠프는 그의 웹사이트가 상업적 이해관계로 의사의 소견을 더럽혔다는 비판과 싸우며 여전히 논쟁의 한복판에 서 있다.

진실보다 목표가 중요한가

30년 동안 쿠프 박사를 알고 지내면서 나는 정치권에 뛰어든 크리스천 시민의 사례 연구로 그의 경력을 바싹 추적해왔다. 1981년 공중 위생국 장관으로 임명된 그가 도덕적 현안들에 애매한 입장을 취했다고 비난할 수 있는 사람은 아무도 없다. 그는 모든 낙태에 반대했다. 강간으로 인한 임신이나 심각한 결함이 있는 태아의 경우도 예외는 아니었다. 그는 일체의 혼외 정사와 동성애를 반대했다. 그의 장관 임명에 진보주의자들은 한목소리로 반대했고 보수주의자, 특히 복음주의자들은 환호를 보냈다. 그러나 결국 배신감을 느낀 쪽은 복음주의자들이었고 진보주의자들은 힘을 얻었다.

상충하는 두 영역에서 동시에 똑같이 하나님을 잘 섬기고자 애썼던 한 신앙인의 이 좌충우돌 모험담에서 도대체 뭐가 잘못되고 뭐가 잘된 걸까? 나는 이 문제를 놓고 쿠프 박사와 장시간 의견을 나누었고 그의 경험에서 많은 것을 배웠다. 나는 사회 전반, 특히 정치 분야에서 영향력을 발휘하는, 본이 될 만한 그리스도인을 거의 보지 못했다. 파벌 정치는 사랑과 화해라는 복음의 원칙과 정면으로 대치하며 권력과 반목으로 굴러간다. 나는 사랑으로 권력을 행사하는 것, 또는 사람을 반대하지 않으면서 그의 행위만 반대하는 것이 과연 가능한지 의아스러웠다. 그리고 세속 문화와 따로 노는 신앙이 무슨 의미가 있을까? 예수님은 제자들을 세상으로 보내시면서 "뱀처럼 지혜롭고 비둘기처럼 순결하라"고 주의를 주셨다. 그러나 정치권의 그리스도인들에게선 기껏해야 비둘기의 어리석음과 뱀의 독살만이 피어오른다.

우선, 쿠프는 회의적인 대중이 그의 정직함을 믿을 수 있게 만들었다. 그와 의견을 달리했던 사람들조차 그를 신뢰하며 그의 진심을 받아들이게 되었다. 쿠프는 자신들의 정치적 목적을 위해 진실마저 기꺼이 왜곡하려 들었던, 행정부 내의 다른 그리스도인들의 이야기를 들려준다. 예를 들면 그가 에이즈 보고서를 썼을 때, 한 백악관 직원은 "대부분의 미국인은 동성애와 일체의 난교, 그리고 매춘에 반대한다"는 쿠프의 글을 "모든 미국인은…"으로 바꾸려 했다. 그 직원은 그런 표현이 명백한 거짓이란 사실에 전혀 신경 쓰지 않았다. 그와 유사하게, 쿠프가 낙태의 영향에 관한 기존 연구에 결함이 있다는 결론을 내렸을 때 보수주의자들은 펄쩍 뛰었다. 그들의 생각에 분명한 근거가 있음을 보증해주지 않았기 때문이다. 그가 통계적 결함을 발견했다는 사실은 그들에게 전혀 문젯거리가 되지 않았다. 쿠프가 볼 때 그들은 진실보다 자신들의 목표를 더 중히 여기고 있었다.

나는 쿠프 박사에게 나처럼 미국의 법에 영향을 끼치고 싶어 하는 시민들을 위한 조언을 구했다. 그는 이렇게 대답했다. "돌이켜볼 때 나를 무엇보다 성가시게 했던 건 그리스도인들의 단순 무식함이었습니다. 그들은 신학적 원칙에 따르기만 하면 현실과 좀 어긋나도 상관없다고 생각하는 듯했습니다. '맹목적 진보주의자'라는 말이 있습니다. 그런데 나는 진보주의뿐 아니라 맹목적 보수주의자도 있음을 알게 되었습니다. 그리스도인들은 정치에 참여해야 하고 그 과정에서 자신들의 신앙적 원칙과 도덕과 윤리에 충실해야 합니다. 그러나 그들은 중간 과정은 건너뛰고 자신들의 신념을 단 하나뿐인 결과로 내세웁니다."

쿠프는 자신의 도덕적 견해가 장관 재임 시절에 근본적으로 달라지지 않았고 그의 모든 행동은 신앙이 밑바탕이 되어 나온 것이라고 주장한다. 그런데 장관직을 사임한 후, 그에게는 놀라울 정도로 많은 지원과 갈채가 쏟아졌다. 여러 대학의 명예 학위, 고별 연회석상의 기립박수, 여러 신문 사설에 실린 공개 사과, 그리고 대통령이 수여하는 민간 최고의 훈장 '자유의 메달'. 쿠프의 결정들이 자신들의 정치적 목표에 부합한다는 사실만 가지고 마냥 좋아하는 이들도 있었다. 그가 어떤 동기에서 그런 결정을 내렸는지는 전혀 개의치 않는 사람들이었다. 그러나 쿠프는 정치에 냉소적인 많은 사람들에게 복음주의 그리스도인이자 정직한 정치인이라는 신선하고도 새로운 본보기를 제시했다. 그것도 많은 유명 복음주의자들이 그들의 부정직함으로 세간의 관심을 끌었던 시기에 말이다. 〈타임〉의 평을 인용해보자.

"애매함의 회색 제단 앞에 무릎 꿇은 이 도시가, 옳고 그름이 분명한 사람에게도 설 자리가 있음을 알게 되었다."

건강 문제에는 도덕가와 과학자가 서로 협력해야 한다는 게 쿠프의 한결같은 주장이다. 교회는 담배와 술에 대한 그들의 의혹을 과학자들이 입증하기 오래전부터 술과 담배 모두에 반대했다. 그리고 성병과의 전쟁의 경우, 쿠프는 성생활이 문란한 청소년의 행동을 바꾸는 데는 성교육보다 신앙심에서 우러난 윤리 의식이 더욱 효과적이라고 인정한다. 이제 공직에서 물러난 입장인지라 그는 성욕의 절제와 부부간의 정절의 필요성을 자신 있게 주장할 수 있다. 그가 공중 위생국 장관 재임 시절 쌓아둔 신뢰 덕분에 사람들은 그의 말에 귀를 기울인다.

사실 쿠프의 경험은 미국 사회의 문화 조류를 염려하는 그리스도인들에게 하나의 본이 될 수 있다. 성경을 존중하지 않는 사람들에게 성경 구절을 인용하거나, 하나님을 믿지 않는 사람들에게 하나님의 심판으로 위협해봐야 소용없다. 쿠프가 보여준 바처럼, 더 나은 대화 방법이 있다. 미국이 안고 있는 주요 건강 문제의 다수는 도덕적 선택에 의한 것이다. 스트레스로 악화되는 심장병과 고혈압, 흡연으로 인한 폐기종과 폐암, 산모의 음주와 마약 남용으로 인한 태아의 손상, 당뇨병과 기타 식생활 관련 질환, 폭력범죄, 에이즈, 성병, 음주운전으로 인한 교통사고. 이 모두가 미국 사회의 의료 전문가들이 걱정하는, 미국 특유의 유행병이다.

대부분의 전염병들을 용감하게 물리친 후, 우리는 이제 많은 경우 도덕적 선택을 따라 생겨나는 새로운 건강 문제에 직면하고 있다. 그리스도인들은 하나님이 주신 명령들이 그분의 독단이 아니라 우리의 유익을 위한 것이라고 믿는다. 그리고 현대인들의 건강 상태가 그러한 믿음을 뒷받침해준다. 우리가 잔소리꾼 도덕군자로서가 아니라 환자를 걱정하는 주치의로서 사람들에게 다가갈 수 있다면, 자멸의 길로 내달리는 이 사회의 관심을 끌 수 있을 것이다.

많은 사람들이 쿠프의 장관 시절을 요란한 논쟁들과 연결지어 기억하겠지만, 쿠프의 생각은 다르다. 그가 가는 곳마다 평범한 시민들이 다가와 진심 어린 감사의 말을 전한다. "저는 이제 아내를 때리지 않게 되었습니다." "박사님이 제 아기를 살려주신 겁니다." "제 아들은 에이즈 환자입니다. 박사님은 에이즈에 대해 정말 훌륭한 일을 하셨어요." "제게 담배를 끊을 수 있는 용기를 주셨습니다." 그들 덕분에 쿠프는 8년의 공직 생활을 별다른 후회 없이 만족스럽게 회상할 수 있다. 사람들은 그를 신뢰하게 되었고 그의 말에 귀를 기울였다. 그중엔 행동까지 달라진 사람들도 많았다.

요즘, 미국의 인터넷 주치의로서 그의 정직성이 의심받고 있다. 기자들은 그의 웹사이트에 실린 추천병원들이 그 명단에 오르기 위해 4만 달러의 수수료를 지불한 사실과 쿠프가 자신을 컨설턴트로 고용한 화학 제조사들을 대변하여 과학자로 증언한 사실을 발견했다. 쿠프는 자신의 행동이 정당한 것이라고 강변하고 있지만, 어쨌거나 이번 논쟁은 도덕가나 과학자 모두 정직에서 출발해야 한다는 요점을 다시 한 번 강조해주고 있다.

숭고한 이상과 가없는 은혜

공직에 취임했을 때 쿠프는 부도덕과 불법을 구분하는 법도 배워야 했다. 그가 부도덕하다고 믿는 모든 것이 불법이 될 수는 없었다.

많은 다른 보수주의자들은 그 차이를 파악하지 못했다. "탐내지 말지니라"는 도덕적으로 너무나 심각한 사안이라 십계명에 올라가 있다. 그런데 어떤 지자체나 국가가 탐심을 금지하는 법률을 집행할 수 있겠는가? 교만은 가장 몹쓸 죄이지만, 교만을 불법으로 만들 수 있을까? 예수님은 구약 성경의 율법을 다음 한 가지 명령으로 요약하셨다. "네 마음을 다하고 목숨을 다하고 뜻을 다하고 힘을 다하여 주 너의 하나님을 사랑하라." 그러나 어떤 권력 기관이 이 계명의 위반 여부를 단속할 수 있겠는가? 그리스도인들은 하나님의 명령에 순종해야 할 의무가 있다. 그러나 그 도덕적 명령들을 국가가 집행할 수 있는 법으로 만들어야 한다는 결론이 자동적으로 따라 나오는 것은 아니다. 칼뱅의 제네바도 산상수훈의 법조문을 채택할 엄두를 내진 못했다.

예를 들어보자. 그리스도인들은 지금 동성애권의 찬반 양론을 놓고 논쟁을 벌이고 있다. 그것은 분명 도덕적 쟁점이다. 동성애가 부도덕한 관행이라고 믿는다면 그것을 불법으로 만들어야 할까? 그리 멀지 않은 옛날, 영국교회는 이에 비견할 만한 쟁점인 이혼을 놓고 논쟁을 벌였다. 성경에는 혼인의 신성함과 이혼의 부당함에 대한 말씀이 동성애보다 더 많이 등장한다. 당시 C. S. 루이스는 이혼을 합법화하는 쪽을 편들어 많은 사람에게 충격을 주었다. 우리 그리스도인들에겐 우리의 도덕을 사회 일반에 강요할 권리가 없다는 근거에서 나온 판단이었다. 그는 이혼을 반대하는 설교를 하고 도덕적 이유를 들어 이혼에 반대했지만, 도덕성과 적법성 간의 차이점을 파악하고 있었다.

물론 우리는 윤리적 의사로서 기술을 발휘해 어떤 도덕 원칙이 사회 전반에 적용되는 것인지 판단해야 할 것이다. 이 기술을 제대로 발휘하지 못하면, 자칫 하나님의 나라와 세상의 나라, 이 두 나라를 혼동할 위험이 있다. 구약 성경의 선지자들은 심판을 선포할 때 두 가지 기준을 사용했다. 자신들의 조국인 이스라엘을 향해서는 안식일 준수와 성전 제사 의식을 포함해 하나님의 언약을 모두 지키도록 촉구했다. 주위의 세속 국가들에 대해서는 전쟁 범죄와 불의, 타락상 등의 '관습법'을 근거로 비판했다. 신약 성경에서 바울은 이렇게 묻는다. "교회 밖에 있는 사람들은 내가 판단할 일이 아닙니다만 교회 안에 있는 사람들에 대해서는 여러분이 판단해서 처리해야 되지 않겠습니까? 교회 밖에 있는 사람들은 하나님이 판단하실 것입니다"(고전 5:12-13,《현대인의 성경》).

장관 재임 시절 쿠프는 도덕에 대해 '전부 아니면 전무' 식의 입장을 취한 보수주의자들로부터 많은 비판을 받았다. 그들은 '이름 모를 아기' 문제를 놓고 쿠프가 타협했다며 그를 공격했다. 그가 내놓은 최초의 엄격한 지침들이 법원의 판결로 폐기된 후의 일이었지만 그들에게 그런 건 상관없었다. 그들은 낙태에 대한 일체의 타협에 반대했다. 쿠프는 말한다. "낙태 반대 운동의 문제 중 하나는 그들이 백 퍼센트가 아니면 만족하지 못한다는 데 있습니다. 역사적으로 볼 때도 그렇습니다. 예를 들어 1970년이나 1972년에 낙태 반대론자들이 낙태 찬성론자들과 함께 협상 테이블에 앉았더라면, 우리는 산모의 생명이 위험한 경우, 기형아, 강간과 근친상간에 의한 임신의 경우를 제외한 모든 낙태를 금지하는 것으로 타결을 볼 수 있었을 것입니다. 그랬더라면 그후 발생한 낙태의 97퍼센트를 막을 수 있었을 겁니다. 2천5백만의 97퍼센트면 상당한 숫자의 생명입니다."

쿠프는 낙태와 동성애 등의 쟁점에 대해 입장이 너무도 분명했지만 공중 위생국 장관으로 있으면서 기독교의 절대 기준을 기독교 신앙을 알지 못하는 이들에게 언제나 강요할 수는 없다는 걸 배웠다. 그리고 짓밟힌 자들에 대한 자비와 연민, 그리고 원수를 향한 사랑을 배웠다. 세상이 그의 태도에 관심을 기울였다. 〈마드무아젤〉지는 쿠프에 대한 기사를 이런 말로 시작했다. "일상생활에서 눈에 띄는 선행을 만나기는 쉽지 않다. 정치에서 그런 일은 황금 타조알만큼이나 드물다." 그 기사는 쿠프의 지적·도덕적·윤리적 정직성을 높이 평가했다. "쿠프 박사는 가난한 자들과 상처 입은 자들, 소외 계층의 아픔에 공감하고 동정함으로써 그의 신앙과 직업을 놀라울 만큼 성공적으로 통합시켰다. 그는 기독교인이지만 분파주의자가 아니다."

쿠프는 죄와 죄인을 구별하는 일, 죄는 거부하되 죄인은 용납하는 일이 참으로 가능함을 입증해 보였다. 장관직을 사임한 후 그는 여러 대화에서 에이즈 위기와 많은 교인들의 어처구니없는 반응에 대해 거듭 얘기했다. "에이즈 문제 앞에서 내 의무는 아주 명백했습니다. 에이즈 환자들의 생활 방식은 혐오스러웠지만 나는 공중 위생국 장관으로서 에이즈 감염자들을 우선 병자로 봐야 했습니다. 뚱뚱한 여성이 무절제한 식습관 때문에 담낭 질환에 걸려 병원을 찾았을 때, 그녀 스스로 자초한 병이라며 치료를 거부할 수 없는 것과 같은 이치입니다. 나는 죽어가는 에이즈 환자들의 머리맡에 앉아 있었습니다. 그들을 보고 있자면 새끼 고양이가 떠오르곤 했습니다. 울고 싶어 입을 벌려도 너무나 고통스럽고 약해질 대로 약해져서 아무 소리도 나오지 않았습니다. 그런 사람을 어떻게 돕지 않을 수 있겠습니까? 그러니 '하나님이 그들을 벌하고 계신다. 나는 하나님의 형벌을 지지한다'는 식의 태도를 접하면 분통이 터질 수밖에요."

"여러 번 말했다시피, 많은 미국인들이 남색을 법적·영적으로 잘못된 행동으로 봅니다. 나 역시 같은 생각입니다. 그러나 에이즈 문제에 대해 사람들이 잘못 생각하도록 자꾸만 유도하는 자들 중 일부는 동성애 공포증을 가지고 있습니다. 사실 여기에는 신조어가 필요합니다. 동성애 공포증은 '프랑스 공포증' 등과는 전혀 다릅니다. 이들은 두려움에다 동생애자들에 대한 믿기 어려운 증오를 함께 갖고 있습니다. 나는 수단 방법을 가리지 않고 동성애자들을 제거하고 싶어 하는 사람들과 대화를 나눈 적이 있습니다."

공중 위생국 장관 시절 쿠프는 계속해서 동성애 행위를 '비역질'이라는 단어로 표현했고 그것이 건강에 미치는 위험에 대해 경고했다. 그러나 그가 보스턴에서 1만 2천 명의 동성애자들을 상대로 연설했을 때, 그들은 열광적으로 "쿠프! 쿠프! 쿠프!"를 외쳤다. 쿠프의 개인적 신념에는 도무지 동의할 수 없었던 그들이지만, 그 자신이 모든 사람의 공중 위생국 장관이라고 한 말은 신뢰하게 되었던 것이다. '모든 사람'이라는 말에는 그가 생활방식을 인정할 수 없는 사람들까지 모두 포함되어 있었다. 쿠프는 일반 대중에게 병든 동성애자들에 대한 연민을 호소하고 그들을 보살필 자원 봉사자들을 요청함으로써 동성애자들의 마음을 얻었다. 그러나 쿠프는 신앙의 선배들의 전통을 따랐을 뿐이다. 그는 병원들도 초기에는 호스피스나 고아원처럼 교회의 후원을 받았다는 사실을 비판자들에게 상기시켰다.

복음은 숭고한 이상과 가없는 은혜를 모두 제시한다. 그러나 교회는 어느 한쪽으로만 치우칠 때가 너무도 많다. 이상을 낮추어 도덕기준을 하향조정하고 예수님의 강력한 명령을 약화시켜 행동을 합리화하거나, 은혜의 범위를 줄여 어떤 죄는 다른 죄보다 더 나쁘다고 말하고 어떤 죄인은 가망이 없다고 선언한다. 복음의 숭고한 이상과 그 한없는 은혜에 모두 충실한 교회는 거의 없다. 에버릿 쿠프 박사의 공직 생활은 둘 사이에서 균형을 잡기가 얼마나 어려운지 잘 보여준다. 그럼에도 나는 우리가 이 두 메시지를 모두 붙들지 않으면 예수님이 세상에 가져다주신 복음을 배신하게 될 거라 확신한다.

"그리스도인들은 자신과는 다른 죄를 짓는 사람들에게 격분하는 경향이 있더군요." 에이즈 감염자들을 상대로 사역하는 사람이 내게 한 말이다. 나는 그런 경향을 직접 보았다. 나는 한때 유명 그리스도인들의 대필 작가였고 지금은 동성애 활동가로 나선 멜 화이트와의 우정에 대해 쓴 적이 있다. 그후 그와의 우정을 이어간다는 이유로 나를 매도하는 수많은 편지를 받았다. "도대체 어떻게 그런 죄인과 친구로 지낼 수 있나요?" 편지마다 그렇게 따지고 있었다. 나는 그 문제에 대해 오랫동안 골똘히 생각했고, 성경적이라 믿는 몇 가지 답변을 찾아냈다. 그러나 가장 간결한 대답은 또 다른 질문이었다.

"도대체 멜 화이트는 어떻게 나와 같은 죄인과 친구로 지낼 수 있을까?" 우리가 짓는 죄가 어떤 것이건, 우리 모두의 유일한 소망은 죄인들을 향한 하나님의 설명할 수 없는 사랑을 믿는 굳은 믿음이다. 우리와 다른 죄를 짓는 사람들도 예외는 아니다.

에버릿 쿠프 박사와의
더 깊은 만남을 위하여

SOUL SURVIVOR

쿠프 박사는 회고록 《쿠프Koop》에서 자신의 이야기를 하고 있다. 그 책에서 쿠프는 공직 시절을 주로 다루며 숱한 논쟁을 불러일으켰던 결정들을 하나씩 설명하고 그가 다루었던 윤리적 쟁점들에 대한 풍부한 통찰을 제공한다. 그보다 훨씬 짧은 책 《때로는 산이 움직인다》는 아들의 죽음을 둘러싼 고뇌를 담고 있다. 그의 웹사이트 www.drkoop.com에는 풍부한 의학적 조언과 정보가 담겨 있다. 신앙과 정치의 관계에 관심을 가진 독자들에게는 리처드 니버, 스티븐 카터, 제임스 데이비슨 헌터, 그리고 리처드 존 뉴하우스의 책들을 권한다.

SOUL SURVIVOR   9

누워서
죽음을
기다리며

존 던
JOHN DONNE

JOHN
DONNE

　에이즈로 수많은 동성애자들이 목숨을 잃고 그들에 대한 동정 어린 태도 때문에 쿠프 공중 위생국 장관이 비판을 받던 1980년대 후반, 내 친구 한 명이 에이즈에 걸렸다. 나는 고전 음악을 통해 데이비드를 알게 되었다. 시카고 심포니의 이사였던 그는 몇 차례 우리 부부를 콘서트에 초대했고 관현악 단원들을 소개해주었다.
　친분을 쌓게 되자 데이비드는 우리에게 그의 인생 여정을 들려주었다. 그는 기독교 가정에서 자랐고 보수적인 기독교 대학에 다녔다. 그러나 그가 처음으로 동성애 관계를 가진 곳이 바로 그 대학이었다. 나중에 그는 동성애자들을 향해 '커밍아웃'을 했고 그들 중에서 평생의 반려자를 골랐다. "나는 지금도 내 자신이 복음주의 크리스천이라고 생각해요." 그가 말했다. "나는 성경에 나오는 거의 모든 말씀을 믿어요. 동성 접촉에 대한 성경의 두세 구절에 대해서는 어떻게 생각해야 할지 모르겠어요. 어쩌면 내가 죄를 짓고 있는 건지도 몰라요. 또 어쩌면 그 구절들에 뭔가 다른 해석의 여지가 있는지도 모르지요. 그 구절들과 내 생활을 어떻게 조화시켜야 할지는 모르겠어요. 하지만 난 분명 예수님을 사랑하고 그분을 섬기고 싶어요."

나 역시 그 둘을 어떻게 조화시켜야 할지 골랐다. 데이비드는 자신의 신앙을 다른 사람들에게 전했고 기독교 사역에 많은 액수의 돈을 기부했다. 그중에는 그가 출석하던 우리 교회의 도시 빈민 선교 활동도 포함되어 있었다. 후에 그는 무디 기념 교회로 옮겼다. 그곳에서 여타 활동들을 자제하며 예배만 참석했는데 강단에서 목사가 동성애를 정죄할 때마다 움찔거리곤 했다. 그러나 그는 그곳에서 부르는 찬양을 무척 좋아했고 무디 교회는 그간 다녀본 여러 교회들 중 그의 신학적 입장에 가장 근접한 교회였다. 그는 이렇게 설명했다.

"동성애자 크리스천들 대부분은 신학적으로 아주 보수적이에요. 교회에서 하도 많이 시달린 터라, 복음이 진리라고 정말 믿지 않는다면 아예 교회에 발걸음도 하지 않을 겁니다."

아내와 나는 데이비드와 달랐지만 그의 충실한 친구로 남으려 애썼다. 에이즈는 서서히 그의 몸을 끔찍하게 망가뜨렸다. 그는 마지막 몇 주를 병원에서 보냈고, 우리는 힘이 닿는 한 자주 그를 찾아갔다. 그의 기억이 온전하고 제정신일 때도 있었지만 때론 환각을 일으켜 우리 부부를 자신의 친척이나 과거에 알던 다른 사람으로 착각하기도 했다. 임종이 다가오자 그의 몸은 자줏빛 종기로 뒤덮였고, 혀가 부풀어 오르고 입안에는 아구창이 가득해서 말조차 할 수 없었다.

마침내 데이비드가 죽었을 때, 상심한 그의 반려자는 내게 장례식에서 말씀을 전해달라고 부탁했다.

"하고 싶은 말씀을 하시면 됩니다. 하지만 한 가지 간청이 있습니다. 부디 심판에 대해서만은 설교하지 말아주세요. 장례식에 참석할 사람들 대부분은 여러 해 동안 교회를 찾지 않은 사람들입니다. 그들은 교회에서 내내 심판 얘기만 들었습니다. 그들은 은혜와 자비의 하나님에 대해 들어야 합니다. 데이비드가 섬겼던 하나님 말입니다. 그들에게는 소망이 필요합니다."

그다음 이틀 동안 나는 일을 거의 하지 못했다. 장례식 추도사를 몇 번이나 썼다가 다시 찢어버렸다. 장례식 전날, 문득 떠오른 생각이 있어 서가로 손을 뻗어 몇 년 동안 들여다보지 않았던 작은 책을 집어 내렸다. 존 던이 쓴 《비상시의 기도문 *Devotions Upon Emergent Occasions*》이었다. 책 모서리가 접혀 있고, 밑줄이 그어져 있고, 여백에 적어놓은 메모도 많았다. 나는 그 책을 다시 살펴보다가 거의 4백 년 전, 엘리자베스 여왕 시대 시인의 저작이 현대의 어떤 작품보다 더 '현대적'이고 이 시대에 적절한 메시지라는 걸 깨달았다.

데이비드의 장례식이 있던 날 저녁, 나는 연단에 서서 청중을 바라보았다. 그는 세련되고 재미있는 사람들과 즐겨 어울렸던 터라 그의 생애를 기리기 위해 많은 사람들이 모였다. 시카고 심포니의 몇몇 음악가들은 저녁 콘서트장을 일찍 떠나 서둘러 교회에 도착해서 데이비드에게 바치는 음악을 연주했다. 찬송가 몇 곡을 부르는 동안 모인 이들을 지켜봤더니 많은 사람들이 찬송을 부르기는커녕 찬송가집을 펴기도 불편해하는 것 같았다. 그들은 정말 교회 사람들이 아니었다. 그러나 슬퍼하고 있었다. 또, 작고 무력한 새들처럼 위로와 소망의 말에 굶주려 있었다. 그들 대부분은 지난 몇 년 동안 에이즈로 친한 친구들을 잃은 경험이 있었다. 슬픔과 죄책감, 혼란스러움이 그들을 괴롭혔다. 슬픔이 안개처럼 내려앉아 예배당 안의 우리를 하나로 묶어주었다.

나는 존 던(1573~1631)의 이야기로 추도사를 시작했다. 그는 슬픔을 잘 아는 사람이었다. 그가 런던의 가장 큰 교회인 세인트폴 성당의 수석 사제로 지내는 동안, 대역병의 물결이 런던을 세 번이나 휩쓸었다. 마지막 대역병 때만 4만 명이 목숨을 잃었다. 그 일로 런던 인구의 3분의 1이 죽었고 3분의 1은 지방으로 내려가버려 런던은 유령도시가 되었다. 도로에는 풀이 무성하게 자랐다. 더러운 옷을 걸친 예언자들이 반쯤 미친 채로 인적 없는 거리를 활보하며 심판을 부르짖었고, 도시의 거의 모든 사람들은 하나님께서 런던의 죄에 대한 벌로 역병을 보내셨다고 믿었다. 그러한 위기의 시기에 런던 사람들은 던 사제에게 몰려가 당시의 고난에 대한 설명을, 하다못해 위로의 말이라도 듣고자 했다. 그러던 중 던의 몸에도 질병을 알리는 첫 번째 반점이 나타났다.

의사들은 역병이라고 말했다. 남은 시간이 별로 없었다. 그는 6주 동안 죽음의 문턱에서 헤맸다. 의사들이 고안해낸 치료법은 질병 자체만큼이나 고약했다. 피 짜내기에다 독 찜질, 그리고 '나쁜 김'을 제거하기 위해 독사와 비둘기까지 동원했다. 그 암울한 시기 동안 던에겐 읽기와 연구가 금지되었고 쓰기만 가능했다. 그 상태에서 그는 《기도문》을 작성했다. 그는 자신이 죽을 거라고 확신하고서 침대에 누워 전능하신 하나님과 허심탄회하게 씨름했고 후세를 위해 그것을 기록했다.

그 오래된 책은 고통을 탐구하던 내게 없어선 안 될 안내서 노릇을 해주었다. 친구가 죽을 때, 밀려오는 고통을 감당할 수 없을 때마다 나는 그 책을 펴든다. 존 던의 글은 솔직하되 불경스럽지 않고, 심오하되 추상적이거나 비인격적이지 않다. 그는 고통과 죽음에 대한 나의 생각과 그 불가피한 위기 앞에서 흔들리던 내 믿음을 완전히 바꿔놓았다.

당신께서 침상에 못 박아두신 자들이 어떻게 당신에게 갈 수 있겠나이까?

나는 글의 출발점이 어디건 막바지에는 대개 고통에 대해 쓰고 만다. 친구들은 나의 이런 성향에 대해 여러 가지 이유를 제시했다. 어린 시절의 깊은 상처 때문이라고 하는가 하면 우울질 성향이 너무 강한 탓이라고도 했다. 나는 모르겠다. 내가 아는 거라곤 하루살이의 투명한 날개처럼 사랑스러운 대상에 대해 쓰기 시작해도 얼마 후 어느새 다시 그늘로 돌아와 하루살이의 덧없고 비극적인 생애에 대해 쓰고 있다는 사실뿐이다.

내가 내놓을 수 있는 최선의 설명은 이렇다. "어떻게 다른 것에 대해 쓸 수 있단 말인가?" 인간 존재에게 고통보다 더 근본적인 사실이 있을까? 나는 찢어진 피투성이 피부 조직 사이를 비집고 나와 고통 중에 태어났고, 살아 있다는 최초의 증거로 울음을 터뜨렸다. 아마 죽을 때도 고통을 겪게 될 것이다. 인간은 그 두 고통의 사이에서 절뚝거리며 고통과 그다음 고통을 전전하는 나날을 보내게 된다. 던과 동시대 시인 조지 허버트는 같은 의미로 이렇게 표현했다. "나는 태어날 때 울음을 터뜨렸다. 그리고 매일 그 이유를 알게 된다."

존 던은 병에 걸리기 전에도 유달리 고통스러운 일들이 많았다. 아버지는 네 살배기 존을 두고 세상을 떴다. 그의 가족이 믿는 가톨릭 신앙은 개신교의 박해가 심하던 시절, 사회생활에 큰 어려움을 주는 부담이었다. 가톨릭 신자는 공직에 오를 수 없었고, 미사에 참석했다는 이유로 벌금을 물어야 했다. 가톨릭 신앙 때문에 고문을 받은 사람들도 많았다〔영어 단어 oppressed(박해받는)는 당시 유행하던 고문 기술에서 유래된 말이다. 뉘우치지 않는 가톨릭 신자들을 판자 밑에 넣고 그 위에 무거운 바위들을 쌓아 말 그대로 그들을 눌러press 죽였다〕. 던은 옥스퍼드와 케임브리지에서 우수한 성적을 거두고도 가톨릭 신앙 때문에 학위를 받지 못했다. 그의 형은 가톨릭 사제를 숨겨준 혐의로 형을 살다가 감옥에서 죽었다.

처음에 던은 이러한 어려움에 대한 반항으로 모든 신앙을 거부했다. 그는 악명 높은 난봉꾼이 되었고 영문학사에서 가장 노골적이고 관능적인 시들로 자신의 여성편력을 과시했다. 그러다 마침내 죄책감에 사로잡혀 그때까지의 문란한 생활을 모두 청산하고 결혼을 하기로 작정했다. 너무나 영민하고 밝아 태양빛을 연상시키는 열일곱 살 미녀, 앤 모어의 매력에 사로잡혔던 것이다.

그런데 무슨 운명의 장난인지 던이 새롭게 시작하기로 마음먹은 바로 그때, 그의 생애는 불행으로 치닫기 시작했다. 앤 모어의 아버지는 사위를 주제도 모르는 불한당으로 여겼고 그에게 벌을 주기로 단단히 결심했다. 그는 던을 귀족의 비서직에서 쫓겨나게 했고, 결혼식 주례를 맡은 목회자와 함께 감옥에 투옥시켰다. 수심에 잠긴 던은 그곳에서 간단명료한 시를 지었다.

"존 던, 앤 던, 파멸하다Johe Donne, Anne Donne, Undone."

감옥에서 풀려난 던은 계속되는 배척으로 더 이상 일자리를 구할 수 없었다. 제임스 왕의 궁전에서 일하고자 했던 그의 야심은 모든 기회를 완전히 상실했다. 거의 10년 가까이 그와 그의 아내는 가난에 시달려야 했다. 그의 비좁은 집에는 1년에 한 명꼴로 태어나는 아이들로 가득했다. 앤은 주기적으로 우울증에 시달렸고, 출산 과정에서 여러 번 죽을 고비를 넘겼다. 존도 지독한 두통과 장 경련과 통풍에 시달렸다. 그 기간 동안 존이 남긴 가장 긴 글은 자살의 장점에 대한 에세이였다.

우울한 10년 세월을 보내며 존 던은 영국 국교회로 개종했다. 그러나 그의 진로는 도처에서 막혔고 결국 마흔두 살의 나이에 국교회 사제의 길을 가기로 결정했다. 사람들은 그의 '정략 개종'에 대해 수군거렸고 그가 사실은 "하나님의 대사가 아니라 베네치아의 대사가 되기를 원했다"며 조롱했다. 그러나 던은 자신이 진정한 소명을 받았다고 생각했다. 그는 케임브리지에서 신학 박사 학위를 받았고 시작詩作은 접어두고 성직과 교구를 돌보는 데만 전념하기로 약속했다.

던이 첫 번째 교회를 맡은 이듬해, 앤이 죽었다. 그녀는 모두 열두 명의 자녀를 낳았고, 그중 다섯이 어릴 때 죽었다. 존은 아내의 장례식장에서 그의 생애를 보여주는 듯한 예레미야애가의 '고난당한

자'(애 3:1)를 본문으로 설교했다. 그는 계모가 아이들에게 더 큰 슬픔을 안겨주는 일이 없도록 앞으로 재혼하지 않겠노라 엄숙하게 맹세했다. 그것은 그가 많은 가사를 떠맡아야 하고 금쪽같은 돈을 써서 사람을 사야 한다는 뜻이었다.

그 후 1621년에 던은 세인트폴 성당의 사제로 임명되었다. 그는 평생을 우울증에 시달렸고, 젊은 날의 죄에 대한 죄책감으로 괴로워했고, 모든 야심은 실패로 돌아갔으며(시는 예외였지만, 그는 문학마저 포기했다), 불순하다는 비난을 들어야 했다. 어느 모로 보나 그는 역병에 휩싸인 나라의 쇠락한 기운을 소생시킬 사람으로 보이지는 않았다. 그러나 던은 전심을 다해 새로운 임무에 몰두했다. 그는 런던을 떠나는 많은 사람들 틈에 끼지 않고 교구민들과 함께 남았다. 그리고 매일 아침 새벽 4시에 일어나 10시까지 공부했다. 킹제임스 성경과 윌리엄 셰익스피어 시대의 런던 지식인들은 달변과 웅변을 높이 평가했는데, 그 점에선 존 던을 당할 자가 없었다. 그의 설교가 너무도 힘이 넘쳤던 까닭에 런던의 인구가 계속 줄어드는 와중에도 거대한 성당은 예배 참석자들로 붐볐다. 그때 그의 몸에 병이 찾아들었고 사형 선고가 내려졌다.

몇몇 작가들의 말에 따르면, 죽음이 임박했음을 알게 되면 간질 발작의 경우처럼 집중도가 높아진다. 던이 병중에 일기를 쓸 때 그런 상태였던 듯하다. 당시에 쓴 글들은 평소와 달리 좀 느슨하다. 자유로운 연상으로 얽힌 난해한 문장들 속에는 여러 가지 개념들이 한꺼번에 실려 있어 열에 들뜬 정신 상태를 잘 보여준다. 그는 머리에 떠오른 중요한 생각과 느낌을 모조리 글에 쏟아부어야 하는 사람처럼 펜을 휘둘렀다.

그의 《기도문》은 이렇게 시작된다. "변덕스러움, 인간을 비참하게 만드는 상태여! 순간 건강했다가 순간 허물어지는구나."

며칠만이라도 병상에 갇혀본 사람은 던이 이어서 묘사하는, 사소하지만 감당하기 어려운 일들에 공감할 수 있다. 잠 못 드는 밤, 지루함, 자기들끼리 쑥덕이는 의사들, 괜찮아지는가 하면 다시 밀려오는 끔찍한 고통.

병세가 진행되면서 글의 분위기는 급격히 달라진다. 두려움, 죄책감, 슬픔이 차례로 밀려들면서 마음의 평안은 어디론가 달아나버린다. 던은 자신의 과거를 염려한다. 하나님은 그가 과거에 저지른 성적인 죄들 때문에 그를 조롱하시며 "침상에 못 박아두신" 걸까? 그는 기도 가운데 찬양과 감사를 드리고자 애써보지만 그것마저 여의치가 않다. 예를 들어보자. 던은 스치는 한 가지 단상을 통해 희망을 품고 씩씩하게 운을 뗀다. "하나님은 잠을 통해 우리가 죽음에 익숙해지게 하셨다. 우리는 의식을 잃고 잠들지만 다음 날 아침 생생하게 회복되어 다시 일어난다. 이것은 죽음 후에 일어날 일을 보여주는 그림이 아닐까?" 그러나 그 순간 그는 자신이 질병으로 이러한 소망의 상징조차 빼앗겼다는 사실을 깨닫고 흠칫 놀란다. "나는 낮에도 밤에도 잠들지 못한다. … 왜 내 마음의 무거움은 조금도 눈꺼풀로 전해지지 않을까?" 불면증으로 인해 그는 쉬지도 못하고 끊임없이 죽음에 대한 염려에 시달리며 시들어갔다.

던은 스스로를 폭풍이 치는 대양의 치솟은 파도에 이리저리 까불리는 선원으로 묘사한다. 가끔씩 먼 육지의 모습이 흐릿하게 보이지만, 이내 왕창 밀려오는 파도에 그만 시선을 놓치고 만다. 던 이외에도 병세의 호전과 악화에 따른 만감의 교차를 탁월하게 묘사한 작가들은 많다. 그러나 던의 작품은 하나님을 중심으로 여기고 썼다는 점에서 구별된다. 던은 욥, 예레미야, 그리고 시편 기자들의 전통을 이어, 자신의 시련을 씨름판으로 삼아 전능자와 한판 씨름을 벌인다. 그는 평생을 혼란 속에서 방황하다 겨우 하나님을 좀 섬길 수 있는 위치에 도달했다. 그러나 바로 그 순간, 치명적 병마에 사로잡히고 말았다. 그의 시야엔 발열, 고통, 죽음 외엔 아무것도 보이지 않았다. 그 상황을 어떻게 이해해야 할까?

《기도문》에서 존 던은 하나님께 따진다. "나는 욥처럼 의로운 사람이 아니다. 그러나 그가 그랬듯 전능하신 분께 항변하고 싶다. 왜 이런 일이 내게 일어나는지 이유를 묻고 싶다." 그는 하나님께 시비를 걸기도 하고, 자신을 낮춰 용서를 구하기도 하고, 매섭게 따지고 들기도 한다. 그러나 결코 하나님을 빼놓지는 않는다. 보이지 않는 무대감독이 그의 모든 생각, 모든 문장의 배후에 그림자처럼 자리 잡고 있다.

오 주님, 제가 두려워하지 않도록 제게 두려움을 주소서

나는 고통으로 얼룩진 삶을 살아가는 많은 사람들과 대화를 나눠보았다. 그들은 하나같이 세 가지 위기에 대해 말했다. 고통이 주는 두려움, 고통의 의미, 그리고 죽음이다. 데이비드의 장례식이 있던 날처럼 내가 거듭해서 던의 《기도문》으로 되돌아가는 데는 이유가 있다. 무엇보다 《기도문》을 통해 고통으로 인한 위기를 자세히 살필 수 있고, 고통의 신비와 마주하는 그 위기들에 대해 계속 새로운 깨달음을 얻을 수 있기 때문이다.

나는 병문안을 위해 병원 문을 열고 그곳의 익숙한 방부제 냄새를 맡을 때마다 두려움을 느낀다. 친구 데이비드는 자신의 비참한 신세 외에는 몰두할 거리가 전혀 없이 하루 종일 독방에 누워 있는 게 어떤 건지 내게 말해주었다. 그는 죽으면 잃게 될 모든 것과 사는 동안 잃어버렸던 모든 것을 되새겼다. 병실 바깥 복도에서는 간호사와 의사들이 그의 병세에 대해 나지막이 의견을 나누었다. 그들은 매일 그를 찌르고 쑤셨고 알지 못할 검사를 해댔다.

존 던은 의사들이 환자 위를 맴돌 때 생기는 외떨어진 느낌을 묘사했다. 의사의 두려움을 감지할 때 그의 두려움도 표면으로 떠올랐다. "나는 두려움에서 그를 추월하고 압도한다." 환자인 그는 자신이 마치 탁자 위에 펼쳐진 채 지리학자의 관찰대상이 되는 지도처럼 느껴졌다. 그는 자신의 몸에서 빠져나와 공중에 떠오른 채 침상에서 분해되는 자신을 내려다보는 광경을 상상했다. 병세가 악화되면서 자신의 모습은 마치 점토상처럼 보였다. 팔다리와 몸뚱이가 부스러지면서 마침내 한 줌의 흙만 남는. 이내 뼈 몇 조각을 빼고는 아무것도 남지 않게 될 것이었다.

던은 대부분의 시간을 그 같은 두려움과 혼자 싸워야 했다. 당시에는 의사들이 전염병 환자들을 격리수용하고 병실 문 앞에 경고 푯말을 달았기 때문이다(오늘날에도 데이비드 같은 에이즈 환자들을 동일한 방식으로 취급하길 요구하는 이들이 있다). 던은 격리된 방 안에 누워서 하나님도 그 격리에 동참하신 건 아닌지 의아해했다. 부르짖어도 대답은 없었다. 함께하신다는 하나님의 약속은 어디로 갔는가? 그분의 위로는 어디에 있는가? 스물세 편의 기도문에서 던은 자신의 고통 근저에 놓인 주요 문제로 연거푸 되돌아간다. 진정한 두려움의 대상은 온몸의 통각세포에서 나오는 아우성이 아니었다. 그는 하나님이 두려웠다.

던은 고통받는 사람 모두가 품었던 질문을 던졌다. "왜 접니까?" 당시만 해도 하나님의 절대 주권을 강조하는 칼뱅주의가 생소했던 터라, 던은 역병과 전쟁을 '하나님의 천사들'로 여기는 개념에 대해 숙고하다가 이내 고개를 저었다. "그것은 당신이, 당신의 손길이 아님이 분명합니다. 도륙하는 칼, 하늘에서 내려온 불, 광야에서 불어오는 바람, 신체의 질병, 욥을 괴롭힌 그 모두는 사단의 손에서 나온 것이었습니다. 당신이 아니었습니다." 그러나 그는 확신하지 못했고, 모르는 까닭에 더 많은 마음의 고통에 시달렸다. 부끄러운 과거에 대한 죄책감이 음흉한 귀신처럼 똬리를 틀었다. 어쩌면 그는 정말 과거의 죄 때문에 고통받는지도 몰랐다. 만약 그렇다면, 하나님이 주시는 상처를 받는 것과 아예 버림받는 것 중에 어느 쪽이 나을까? 어떻게 그런 하나님을 사랑, 아니 경배할 수 있을까?

나는 데이비드의 장례식장에서 위의 구절들 중 일부를 인용했다. 당시 에이즈 환자들은 교회가 선포하는 심판만을 끊임없이 듣고 있었기 때문이다. 던이 그랬듯, 나는 예수님이 고통받는 사람을 두고 "넌 당해도 싸다!"라고 비난하신 적이 한 번도 없다는 사실에서 위로를 얻었다. 그분은 용서와 치유를 베푸셨다.

던의 책은 "왜 접니까?"라는 문제를 해결해주지 않는다. 여러 해 동안 고통의 문제를 탐구한 결과, 나는 우리 중 누구도 그 문제를 해결할 수 없다고 믿게 되었다. 성경은 결코 명확한 답을 주지 않는다. 고통에 대한 모든 성경 말씀을 자세히 연구해봤지만, 답변을 간청한 욥에게 마침내 나타나신 순간에도 하나님은 말씀을 삼가셨다. 예수님은 잘못을 저지른 사람에게 고통이 찾아온다는 바리새인들의 빈틈 없는 이론을 반박하시되 고통의 원인에 대한 직접적 답변은 피하셨다. "왜?"라는 질문의 답은 인간의 한계 너머에 놓여 있다. 그것이 욥에게 주신 하나님의 요점이 아니었나?

《기도문》 속엔 철학적 질문에 대한 해답은 없지만, 던의 마음이 풀어지고 점차 평안을 얻어가는 과정이 기록되어 있다. 침상에 갇힌 채 대답 없는 기도를 되풀이하고, 죽음을 생각하고, 죄책감을 토해내는 동안에는 두려움에서 벗어날 수 없었다. 그는 괴로운 심정으로 '두려움'이라는 단어가 나오는 성경구절을 다 찾아본다. 그러는 동안, 인생에는 두려움을 일으키는 상황이 언제나 있을 거라는 생각이 떠오른다. 질병이 아니어도 가난, 외로움, 실패가 기다리고 있다. 그런 세상에서 던은 선택을 내려야 한다. 하나님을 두려워할 것인가, 아니면 나머지를 몽땅 두려워할 것인가.

로마서 8장의 바울의 기도("내가 확신하노니 사망이나 생명 … 이라도 우리를 … 하나님의 사랑에서 끊을 수 없으리라")를 연상시키는 시구에서 던은 두려움의 대상들을 점검한다. 원수들은 궁극적 위협이 되지 못한다. 하나님은 어떤 원수라도 무찌르실 수 있기 때문이다. 기근도 아니다. 하나님이 공급하실 수 있다. 죽음? 인간이 가장 두려워하는 그것조차 결국 하나님의 사랑을 가로막진 못한다. 던은 자신이 살 길은 주님에 대한 올바른 두려움을 기르는 것이라고 결론을 내린다. 그것이야말로 다른 모든 두려움을 몰아낼 수 있기 때문이다. "제 후회를 막으시고자 회개를 주신 것처럼, 오 주님, 제가 두려워하지 않도록 제게 두려움을 주소서." 던에게서 나는 의심이 들 때 대안을 검토하는 법을 배웠다. 어떤 이유에서건, 하나님을 신뢰하지 않는다면 나는 무엇을 신뢰할 수 있을까?

하나님과 씨름하는 동안 던의 질문은 달라졌다. 처음에 그는 원인에 대해 물었다. "누가, 왜 이 질병, 이 역병을 일으켰을까?" 그 질문에는 답을 찾지 못했다. 그의 단상은 점차 고통받는 사람이라면 누구도 피해 갈 수 없는 본질적 문제, 반응에 대한 것으로 옮겨 간다. 나는 위기와 그로 인한 두려움에도 불구하고 하나님을 신뢰할 것인가? 아니면 앙심을 품고 분통을 터뜨리며 하나님을 등지고 떠날 것인가? 던은 자신의 질병이 징벌이건 그저 자연적 사건이건 중요하지 않다는 판단을 내렸다. 어느 쪽이건 그는 하나님을 신뢰할 것이었다. 결국 신뢰만이 주님을 올바르게 두려워하는 태도이기 때문이다.

던은 이러한 과정을 의사들에 대한 그의 태도 변화에 비유했다. 의사들이 새로운 징후가 있는지 그의 몸을 살피고 밖에 나가 자기들끼리 수군거릴 때, 처음에 그는 두려움에 떨지 않을 수 없었다. 그러나 시간이 지나면서 그들의 동정 어린 관심이 느껴졌고 그들을 믿을 수 있다는 확신이 찾아왔다. 이 상황이 하나님께도 그대로 적용된다. 우리는 하나님의 방법과 그 배후에 놓인 이유들을 알지 못할 때가 많다. 그러나 가장 중요한 질문은 이것이다. "하나님은 믿을 수 있는 '의사'인가?" 던은 그렇다는 결론을 내렸다.

데이비드의 장례식장에서 내 추도사를 들었던 이들을 포함해 많은 사람들이 하나님을 믿을 만한 분으로 여기지 않는다. 교회는 대체로 그들은 정죄하기만 했다. 그래서 나는 던이 그랬던 것처럼, 하나님을 신뢰할 수 있는 주된 근거로 그분의 아들 예수님을 바라본다. 자기 잘못의 결과로 죽어가는 자들을 바라보며 하나님은 어떤 느낌을 받으실까? 존 던 시대의 거리 예언자들과 오늘날 일부에서 주장하는 바처럼, 하나님은 정말 오만상을 찡그리고 계실까? 하나님은 우리가 느끼는 상실감과 분노와 두려움에 관심이나 있으실까? 우리는 하나님의 기분을 추측할 필요가 없다. 그분이 예수님 안에서 친히 얼굴을 보여주셨기 때문이다.

하나님이 이 땅의 고통을 어떻게 생각하시는지 알려면 중풍병자, 과부, 나병환자들 사이를 다니시던 예수님의 얼굴을 보기만 하면 된다. 당대의 사람들과 달리 예수님은 성적인 죄를 저질렀던 이들을 유난히 부드럽게 대하셨다. 우물가에서 만난 사마리아 여인, 머리털로 그분의 발을 씻겼던 평판 나쁜 여인, 간음하다 현장에서 붙잡혀 온 여인을 예수님이 어떻게 대하셨는지 보라. 던은 예수님을 일컬어 우리의 '위대한 의사'라고 말했다. 그분은 "우리의 연약함을 아신다. 인간이 되어보셨기 때문이다. 우리 죄의 무게를 아신다. 우리 죄의 값비싼 대가를 치르셨기 때문이다."

그럼 우리가 두려워하는 하나님께 어떻게 나아갈 수 있을까? 이에 대한 답변으로 던은 예수님이 부활하신 흔 빈 무덤을 발견한 여인들을 묘사한 마태복음의 한 구절을 제시한다. 그들은 "무서움과 큰 기쁨"을 동시에 느끼며 현장에서 서둘러 떠났고 던은 "무서움과 기쁨으로 후들거리는 그들의 두 다리"에서 자신을 위한 지침을 발견했다. 그 여인들은 불멸의 하나님과 필멸의 인간 사이의 거대한 간격을 직접 목격했다. 그러나 그 간격은 또한 기쁨을 불러일으켰다. 하나님이 그 크신 능력으로 마지막 원수, 사망을 이기셨던 것이다. 바로 거기서 마침내 존 던은 우리가 두려워할 필요가 없는 두려움을 찾아냈다.

이 … 실의와 낙담을 강력한 강심제로 삼으라

나치 수용소에서 살아남은 빅터 프랭클은 고통을 겪는 사람들이 직면하는 두 번째 위기, 고통의 의미를 잘 표현했다. "절망은 무의미한 고통이다." 그는 그렇게 말했다. 고통 안에 의미와 삶의 희망이 있는 경우, 동료 수감자들은 그 고통을 능히 견뎌냈다. 그는 수용소 안에서 그런 광경들을 직접 목격했다. 그러나 그곳과는 딴판으로 온갖 위로가 넘쳐나는 우리 사회에서 무자비한 침입자 같은 고통에 어떤 의미를 부여할 수 있을까?

에이즈 같은 질병의 의미는 뭘까? 데이비드와 나는 바로 그 문제를 탐구했다. 당시 사회에선 에이즈에 대한 요란한 논쟁이 진행 중이었다. 데이비드가 다니던 교회는 에이즈에 걸린 아이들을 주일학교에서 내쫓았다. 데이비드는 자신의 질병이 자신의 행동의 결과임을 기꺼이 시인하고 회개했지만, 에이즈에 감염된 채 태어난 아이들이나 수혈을 통해 에이즈 바이러스에 감염된 환자들은 어떤가? 그들이 어떤 선택을 내렸단 말인가?

존 던의 시대에는 하나님의 분노가 전 지구에 쏟아지는 듯했다. 매일 밤하늘에는 두 개의 밝은 혜성이 나타났고, 어떤 사람들은 그것이 역병 배후에 하나님의 손이 있다는 확실한 증거라고 말했다. 예언자들은 거리를 다니며 요나의 외침을 되풀이했다. "40일이 지나면 런던이 무너지리라!" 그들과 비슷한 현대의 예언자들은 전염병과 재난이 하나님의 심판에 대한 구체적 신호라고 서둘러 해석한다. 우리는 과거를 통해 교훈을 배우고 주의해야 한다. 유럽의 신학자들은 대역병 속에 나타난 하나님의 메시지에 대해 4세기 동안 논쟁을 벌였지만, 결국 작은 쥐약의 개발로 그들의 모든 억측은 잠잠해지고 말았다.

노화 과정을 촉진시켜 여섯 살배기를 80세 노인 같은 모습과 상태로 만드는 '선천성 조로증'에는 어떤 의미가 있을까? 대뇌마비나 담낭섬유증의 의미는 뭘까? 인도에서의 지진이나 방글라데시에서 만 명의 목숨을 앗아간 해일의 의미는? 하나님은 아프리카에 대한 불쾌감의 표시로 그곳에 비를 내리지 않으시는 걸까?

우리 대부분에게는 고통의 부정적 의미만 보인다. 건강을 해치고 생명, 자유, 행복을 가로막는 불청객으로 여겨진다. 카드 가게에 가보면 그 점을 분명히 알 수 있다. 고통받는 사람들을 향해 우리가 할 수 있는 인사는 "쾌유를 빕니다!"뿐이다. 말기 암으로 호스피스의 간호를 받고 있는 한 여성이 이렇게 말했다. "이런 카드들은 우리와 아무 상관이 없어요. 우리는 낫지 않을 거니까요. 우리 모두는 곧 죽을 거예요. 세상 사람들의 눈에 우리는 '시한부 인생'에 지나지 않아요. 그게 무슨 뜻인지 생각해보세요. 쓸모없다는 거죠."

말기 암에는 어떤 의미가 있을까?

존 던은 자신이 죽을병에 걸렸다고 생각했고 고통의 의미를 묻는 질문들을 던졌다. 그리고 그의 책에는 한 가지 답변의 가능성이 담겨 있다. 첫 번째 단서는 그가 누워 있던 병실의 열린 창문 사이로 죽음을 알리며 쓸쓸하게 울리던 교회 종소리와 함께 찾아왔다. 잠시 동안 던은 그의 병세가 예상보다 훨씬 심각함을 알게 된 친구들이 그를 위해 조종弔鐘을 울린 게 아닌가 생각했다. 그러나 곧 그 종소리가 역병에 희생된 또 다른 사람의 죽음을 알리는 것임을 깨달았다.

얼마 후 장례식장에서 부르는 찬양 소리가 거리의 소음에 섞여 들려왔다. 던은 쉰 목소리로 장례식의 시편 찬양을 가냘프게 따라 불렀다. 그런 후, 그는 교회 조종의 의미에 대한 "명상 제17"을 썼는데, 그것은 《기도문》에서도 가장 유명한 부분이며 영문학사에서 가장 손꼽히는 작품이다("인간은 누구도 섬이 아니다…"). "명상 제17"은 품위 있고 생생한 시어로 누군가의 죽음에 대해 우리가 느끼는 상실감을 그려 보인다. "흙덩이가 바닷물에 씻겨 내려가면 유럽이 그만큼 작아지듯 … 인류의 일부인 나는 어느 누구의 죽음에도 그만큼 줄어든다. 그러니 누구를 위하여 종이 울리는지 알고자 사람을 보내지 마라. 종은 그대를 위해 울리는 것이다." 우리가 다른 사람의 죽음을 슬퍼하는 이유는 그로 인해 우리 자신이 줄어들기 때문이다.

죽음이라는 사건을 통해 우리는 다른 사람들과의 깊은 유대와 분열을 동시에 느낀다.

고통에는 특별한 힘이 있어서 일상에 젖은 안일함을 깨뜨리고 죽을 수밖에 없는 우리의 상태를 일깨운다. 한동안 나는 친구를 따라 불치병 환자 지원 모임에 갔다. 병원 대기실에서 한 달에 한 번씩 모이는 모임이었다. 그 모임이 즐거웠다고 말할 수는 없지만, 모임을 마칠 때마다 나는 참으로 의미 있는 시간이었다는 느낌을 안고 집으로 돌아갔다. 그곳에서 우리는 의례적 인사치레는 건너뛰고 참석자 모두에게 가장 절실한 문제에 대해 토의했다. 삶과 죽음, 그리고 남은 시간을 가장 잘 보내는 방법은 무엇인가.

같은 맥락에서 던은 이렇게 말했다. "저는 당신의 천둥이 필요합니다. 오 하나님. 당신의 음악으로는 충분하지 않습니다." 던에게 종소리는 다가오는 죽음을 알리는 메아리였고, 죽은 사람에게 그것은 인생의 끝을 알리는 마침표였다. 삶에 매달리는 던에게 그것은 통렬한 물음표였다. 나는 하나님을 뵐 준비가 되었는가?

예수님은 당시에 일어난 한 비극적 사건에 대해 질문을 받고 이렇게 대답하셨다.

이 갈릴리 사람들이 이런 변을 당했다고 해서, 다른 모든 갈릴리 사람보다 더 큰 죄인이라고 생각하느냐? 그렇지 않다. 내가 너희에게 말한다. 너희도 회개하지 않으면, 모두 그렇게 망할 것이다. 또 실로암에 있는 탑이 무너져서 치여 죽은 열여덟 사람은 예루살렘에 사는 다른 모든 사람보다 더 많이 죄를 지은 사람이라고 생각하느냐? 그렇지 않다. 내가 너희에게 말한다. 너희도 회개하지 않으면, 모두 그렇게 망할 것이다.

_ 눅 13:2-5, 새번역

예수님은 이 말씀에 이어 하나님의 오래 참으시는 긍휼에 대해 비유를 드셨다. 위의 말씀은 재해의 구경꾼인 우리도 희생자들 못지않게 그 사건에서 배워야 할 것이 많다는 뜻인 듯하다. 그렇다면 나는 역병이나 우리 시대의 재난에서 어떤 교훈을 배워야 할까? 우선 겸손을 들 수 있다. 지금 살아 있음에 대한 감사도 빠뜨릴 수 없다. 그리고 긍휼, 예수님이 모든 슬퍼하는 자와 고통받는 자들에게 베푸셨던 긍휼이 있다. 마지막으로, 재난은 인생의 덧없음을 순식간에 상기시킴으로써 피해자와 구경꾼 모두를 일시에 회개로 부른다.

조종 소리를 듣고 던의 생각에는 흥미로운 변화가 일어났다. 그때까지 그는 질병의 의미와 그로부터 배워야 할 교훈에 대해 생각해왔다. 그러나 어느덧 그는 건강의 의미에 대해 숙고하기 시작했다. 조종은 그가 평생을 어떻게 보내왔는지 묻게 만들었다. 나는 건강이라는 선물을 거룩하게 사용하여 다른 사람들과 하나님을 섬겼던가? 인생을 다가올 보다 길고 훨씬 중요한 삶에 대한 준비 과정이자 훈련장으로 보았던가, 아니면 그 자체를 목적으로 여겼던가?

던은 자신의 생애를 재점검하기 시작하면서 놀라운 깨달음을 얻게 되었다. 그는 아내의 장례식장에 모인 회중에게 스스로를 '고난 당한 자'라고 말한 바 있었지만, 이제는 그 고난의 시간들, 당시에는 치를 떨었던 상황들이 영적 성장의 계기들로 바뀌어 있었다. 시련으로 인해 죄가 씻기고 인격이 다듬어졌다. 가난 덕분에 하나님을 의지하는 법을 배웠고 탐욕을 버리게 되었다. 실패와 대중적 치욕은 교만과 야심을 떨치는 데 도움이 되었다. 당시에는 물론 실망이 이만저만이 아니었으나, 그를 목회자로 준비시키시고자 하나님의 손이 친히 그의 진로를 막으셨던 것은 아닐까? 그는 한 가지 분명한 패턴을 발견했다. '고통은 변화될 수 있고 심지어 보상받을 수 있다. 외견상 안 좋은 일이 때론 큰 유익을 낳기도 한다.' 고통은 그대로 남되 하나님의 도구로 쓰일 수 있다.

던은 자신의 생애를 체계적으로 검토한 끝에 현재의 처지를 살피는 데까지 이르렀다. 그렇다면 지금 나의 고통도 선용될 수 있을까? 그는 병 때문에 마음대로 움직일 수 없었지만, 영적 성장의 길이 아예 막혀버린 것은 분명 아니었다. 기도할 시간이 많았고, 조종 소리는 보다 불행한 이웃들, 고통받는 다른 많은 런던 사람들을 떠올리게 해주었다. 그는 겸손과 신뢰, 감사와 믿음을 배울 수 있었다. 몸은 꼼짝없이 누워 있었지만 자신의 영혼이 힘을 얻어 자리에서 일어나 방 안을 거니는 모습을 상상했다.

한마디로, 던은 자신이 '쓸모없는 존재'가 아님을 깨닫게 되었다. 그는 영적 훈련에 힘을 쏟아 기도하고, 죄를 고백하고, 일기(이것이 《기도문》이 되었다)를 썼다. 자신에게 몰두하던 데서 주의를 돌려 다른 사람을 바라보았다. 《기도문》은 고통에 대한 던의 태도가 결정적으로 달라졌음을 보여주고 있다. 처음에 그는 고통을 없애달라고 기도했으나 끝에 가서는 고통이 보상받고 "고난의 교훈을 배울 수 있도록" 기도했다. 그 보상은 그의 변함없는 소망처럼 기적적 치유로 나타날 수도 있지만, 그렇지 않다고 해도 하나님은 고통이라는 제련의 용광로를 통해 순금 같은 신자를 만들어내실 수 있다.

**제가 비록 불순종하는 종으로, 죽기를 두려워하오나
당신처럼 자비로운 주인께 나아가길 두려워할 수는 없나이다**

던의 병으로 인해 생겨난 두 가지 큰 위기, 두려움의 위기와 의미의 위기는 세 번째이자 마지막 위기인 죽음에서 한데 모인다. 자신이 머지않아 죽을 거라고 생각했던 시인의 두려움은 《기도문》의 각 장마다 먹구름처럼 드리워 있다. 그는 이렇게 썼다. "나는 여기 문 앞에서 내 악기를 조율한다." 그것은 죽음의 문이었다.

현대인들은 죽음의 위기에 대처하는 기법들에 숙달되어 있다. 존 던이 그 기법들을 알게 된다면 틀림없이 상당한 당혹감을 느낄 것이다. 우리 대부분은 죽음을 통째로 회피하는 정교한 방법을 생각해낸다. 건강 식품점과 헬스클럽이 호황을 누린다. 우리는 육체의 건강을 종교처럼 떠받드는 동시에, 죽음을 연상케 하는 영안실, 응급실, 묘지 등을 일상에서 차단한다. 던은 대역병 시대에 살았기에 죽음을 부정할 사치마저 부릴 수 없었다. 매일 밤, 말이 끄는 수레들이 덜컹덜컹 거리를 다니며 그날 역병 희생자들의 시체를 실어 날랐고, 역병이 최고조에 달했을 때 하루에 천 명이 넘던 그들의 이름이 다음 날 신문에 기다랗게 실렸다. 누구도 죽음이 존재하지 않는 것처럼 살 수는 없었다. 당대의 다른 사람들처럼 던 역시 책상 위에 '죽음의 상징*memento mori*'으로 해골을 올려두었다.

한편, 현대 의료인들 중에는 기존과는 다른 방침을 택해 죽음을 부정하지 않고 받아들이는 것이 이상적 태도라고 권장하는 이들이 있다. 엘리자베스 퀴블러로스는 불치병 환자가 경험하는 심정 변화의 마지막 단계가 수용이라고 밝혔다. 불치병 환자들이 수용의 단계에 이르도록 돕기 위한 수십 개의 모임들이 우후죽순처럼 생겨났다. 존 던의 저작을 조금만 읽어봐도 그런 발상이 그에게 얼마나 낯선 것일지 알 수 있다. 던이 죽음에 대한 강박관념에 사로잡혔다(쉰다섯 편의 노래와 소네트 중 서른두 편의 중심 테마가 죽음이다)며 비난하는 사람들이 있었지만, 죽음은 던에게 인생 여정의 자연스러운 일부로 환영할 친구가 아니라 저항해야 할 무서운 원수로 다가왔다. 친구나 가족의 병세가 하루가 다르게 악화되는 것을 지켜본 후부터 나 역시 죽음을 원수로 알고 있다.

《기도문》은 죽음을 수용하지 않으려는 던의 적극적 노력을 드러내고 있다. 아무리 애를 써보아도 그는 내세를 상상할 수가 없었다. 그에게 너무도 친숙한 즐거움, 그의 저작을 가득 채운 즐거움은 모두 몸과 오감으로 맛볼 수 있는 것들이었다.

던은 '죽음학의 대가'이신 예수님을 바라보며 다소 위로를 얻었다. 겟세마네 동산의 기록을 볼 때 그분이 죽음을 담담히 수용하신 장면은 보이지 않기 때문이다. 그때 예수님은 핏방울 같은 땀을 흘리시며 하늘 아버지께 다른 길을 허락해주십사 간청하셨다. 예수님도 던을 괴롭혔던 외로움과 두려움을 느끼셨다. 그렇다면 그분은 왜 그 죽음을 택하셨을까? 그리스도께서 죽으신 목적을 떠올리며 던은 위로를 받았다. 그분은 우리를 온전히 치료하시기 위해 죽으셨던 것이다.

죽음을 바라보는 시각이 바뀌면서 던에게 전환점이 찾아왔다. 그는 죽음을, 삶을 영원히 망쳐놓는 질병으로서가 아니라 삶의 질병에 대한 유일한 치료제, 우리를 하나님께로 데려다주는 인생 여정의 마지막 단계로 보기 시작했다. 악은 타락한 이 세상의 모든 생명에게 영향을 끼치고 우리는 죽음—그리스도의 죽음과 우리 자신의 죽음—을 통해서만 치료를 받을 수 있다. 던은 《기도문》 외에 병상에서 쓴 시로 전해지는 유일한 작품, "성부 하나님께 바치는 찬양"에서 그러한 사상을 드러냈다.

> 태어날 때부터 지은 죄,
> 오래전의 일이나 분명 나의 것인 그 죄들을 용서하시렵니까?
> 예전에 헤매던 죄,
> 분명 뉘우치면서도 지금도 여전히 헤매고 있는 그 죄,
> 그 죄를 용서하시렵니까?
> 용서하셔도 용서하신 게 아닙니다When thou hast done, thou hast not done.
> 제겐 더 많은 죄가 있으니.
>
> 다른 사람들을 죄짓게 만들고, 그들에게 죄악의
> 문을 열어준 제 죄를 용서해주시렵니까?
> 한두 해는 간신히 피했으나 수십 년 동안
> 뒹굴었던 죄를 용서해주시렵니까?
> 용서하셔도 용서하신 게 아닙니다When thou hast done, thou hast not done.

제겐 더 많은 죄가 있으니.

제겐 두려움의 죄가 있습니다.
제 명줄이 다했을 때 이생의 해변에서 스러지고 말 거라는.
그러나 당신 자신을 두고 맹세하소서.
제 죽음의 때에 당신의 아드님이
예전처럼, 또 지금처럼 빛을 비추실 거라고.
그리고, 그렇게 맹세하시면,
이미 실행하신 것이니 And, having done that, thou hast done
더 이상 두려워 않겠습니다.

시인의 이름을 이용한 말놀이("thou hast done")는 마침내 그가 모종의 수용을 했음을 보여준다. 죽음을 자연스러운 결말로 받아들인다는 뜻보다는, 무슨 일이 닥쳐도 미래를 하나님께 기꺼이 맡길 수 있게 되었다는 뜻이다. "이제 내 죽음을 알리는 자는 유죄 판결을 내리는 재판장이 아니라 완쾌를 알리는 의사이다."

공교롭게도 존 던은 1623년의 병으로 죽지 않아 모두가 놀랐다. 그의 병명은 임파선종 페스트가 아니라 발진 티푸스로 밝혀졌다. 그는 의사들의 기괴한 치료도 모두 견디고 살아남아 회복되었고 세인트폴 성당의 수석 사제로 8년을 더 봉직했다.

던의 이후 설교들과 저작들에도 《기도문》에서 다룬 테마들, 특히 죽음이 자주 등장하지만 그때와 같은 내적 혼란은 보이지 않는다. 던은 위기를 겪으면서 죽음에 대한 '거룩한 무관심'에 이르게 되었던 것이다. 그것은 죽음의 공포를 가볍게 여겼기 때문이 아니라—이후 설교들에는 죽음의 공포가 생생하게 그려진다—부활에 대한 확신을 다진 결과이다. 삶을 끊어놓는 듯 보이는 죽음이 실제로는 새로운 삶으로 가는 문을 열어준다. "죽음아, 너의 승리가 어디에 있느냐? 죽음아, 너의 독침이 어디에 있느냐?"

던이 현대로 시간여행을 할 수 있다면 틀림없이 내세에 대한 우리의 무관심에 기막혀 할 것이다. 오늘날 사람들은 내세 신앙을 논하는 것조차 당혹스러워한다. 우리는 선조들이 지옥을 두려워한 것처럼 천국을 두려워한다. 천국을 이 세상의 문제들로부터 도피하려는 겁쟁이의 기괴한 발상으로 여긴다. 영혼 소멸에 대한 믿음을 용감한 것으로 추켜세우고 영원한 행복에 대한 소망을 비겁한 생각으로 치부하게 되다니 도대체 그동안 가치관이 어떻게 뒤집힌 걸까? 천국은 지상에서의 시간보다 훨씬 더 길고 의미 있는 시간, 온전하고 정의롭고 즐겁고 평화로운 시간을 약속한다. 우리가 그 약속을 믿지 못한다면, 사도 바울이 고린도전서 15장에서 주장한 바와 같이, 굳이 그리스도인이 될 이유가 없다. 우리가 정말 믿는다면, 그 믿음으로 인해 우리의 삶이 달라져야 할 것이다. 존 던이 그랬듯 말이다.

던은 설교 중에 하나님이 세상의 모든 압박과 짐과 그 무게를 아신다고 말했다. "그리고 그 무게를 제압할 장래 영광의 무게가 없다면, 우리 모두 허무 속으로 빠져들게 될 것이다."

죽음아 뽐내지 마라, 어떤 이들은 너를
강하고 두렵다 했으나, 너는 그렇지 못하니…

…한숨 자고 나면, 우리는 영원히 깨어나
더 이상 죽음은 없으리라, 죽음아 네가 죽으리라.

질병을 앓으며 《기도문》을 쓴 지 7년 만에 던은 또 다른 병에 걸렸다. 그 병은 그가 고통에 대해 배웠던 이전의 모든 교훈을 시험하는 혹독한 무대가 되었다. 1630년 겨울, 던은 강단에 거의 오르지 못한 채 에식스의 집에 갇혀 있다시피 했다. 그러나 교회력의 고난 주간이 다가오자 그는 런던에 가서 사순절 첫 금요일의 말씀을 전하겠노라 고집했다. 마중 나온 친구들은 바짝 말라 쉰여든의 나이보다 훨씬 늙어 보이는 그의 모습을 보았다. 평생의 고통이 그의 몸을 갉아먹었던 것이다. 친구들이 설교 일정을 취소하라고 간청했지만 던은 거절했다.

던과 동시대인이자 그의 첫 번째 전기 작가인 아이작 월튼은 던이 최후의 설교를 하던 날, 화이트홀 궁의 상황을 보여준다.

분명 많은 사람들이 에스겔에 등장하는, "이 뼈들이 능히 살 수 있겠느냐?"(겔 37:4)는 질문을 속으로 던졌을 것이다. 저 사람이 제대로 말을 할 수 있을까? … 물론 불가능한 일이었다. 그러나 잠시 멈춰 열정적인 기도를 드린 후, 그는 쇠약한 몸이었지만 말씀을 전하고픈 강한 갈망에 힘을 얻어 죽음에 대해 묵상한 바를 쏟아냈다. 본문은 "사망에서 벗어남은 주 여호와로 말미암거니와"(시 68:20)였다. 당시 그의 눈물과 가늘고 힘없는 목소리를 보고 들었던 많은 사람들은 던 박사가 자신의 죽음을 예견하고 본문을 골라 본인의 장례식 설교를 직접 전한 것이라 생각했다.

_《존 던의 생애》에서

강단에서 죽고 싶다고 자주 말해왔던 던의 소원이 거의 이루어진 셈이었다. 그의 설교 중 최고로 손꼽히는 최후의 설교 '죽음의 결투'는 그것을 들었던 사람들의 기억에 오래도록 남아 좀처럼 잊히지 않았다. 존 던에게 죽음은 그의 몸에 힘이 남아 있는 한 싸워야 할 원수였다. 그는 그 원수가 결국 패배할 것이라는 확고한 믿음을 갖고 싸웠다.

집으로 실려간 던은 마지막 다섯 주 동안 죽음을 준비했다. 편지를 구술하여 친구들에게 보냈고, 몇 편의 시를 지었고, 자신의 비문을 작성했다. 친지들이 그의 집을 방문했고 그는 그들과 함께 추억을 회상했다. 던은 한 친구에게 이렇게 말했다.

"내가 순결한 삶을 살았다고 할 순 없네. 젊은 시절엔 더욱 그렇다네. 하지만 나는 내 잘못을 보지 않으실 자비로운 하나님의 심판을 받을 것일세. 나로 말하면 죄와 참담함 외에는 하나님께 드릴 것이 없지만, 나는 그분이 내 자신이 아니라 구세주 안에 있는 나를 보신다는 걸 안다네…. 그러므로 나는 이루 말할 수 없는 기쁨을 누리고 있고 평화롭게 죽을 걸세."

아이작 월튼은 마지막 나날들을 보내는 존 던의 모습—몸은 수척하고 쇠약하나 영혼은 안식을 누리는—과 화려한 장신구로 꾸미고 검을 치켜든 씩씩한 18세 소년 던을 그린 초상화를 비교했다. 월튼은 던의 고단한 인생을 예언하듯 그 초상화에 얄궂게도 이런 글이 새겨져 있었다고 덧붙인다.

"내가 얼마나 달라져야 진정 달라질 것인가!"

그 마지막 몇 주 동안, 던의 기념물을 만들라는 교회의 주문을 받고 조각가가 찾아왔다. 던은 그를 위해 수의를 두르고 두 눈을 감고 양손을 포개어 죽은 사람 포즈를 취했다. 그렇게 해서 흰 대리석으로 그의 조상彫像이 만들어졌고, 그가 죽은 후 세인트폴 성당에 있는 그의 묘 위에 세워졌다.

존 던의 기념물은 아직도 그 자리에 있다. 내 눈으로 직접 보고 돌아왔다. 사실 그것은 1666년 런던 대화재로 세인트폴 성당이 소실되었을 때 유일하게 보존된 기념물이다. 크리스토퍼 렌의 설계로 재건된 세인트폴 성당의 성가대석 뒤쪽 복도에 서면, 오래된 회색 돌 받침대 위에 세워진 그 상앗빛 기념물을 지금도 볼 수 있다. 안내자들은 런던 대화재 때 생긴, 묘지 위의 갈색 그을음을 가리켰다. 생전에 맛보지 못한 평화를 죽어서 마침내 얻은 듯 던의 얼굴은 평온하기 그지없다.

우리의 마지막 날이 바로 우리의 첫째 날입니다. 토요일이 바로 주일입니다. 크리스마스이브가 바로 크리스마스입니다. 석양이 바로 아침입니다. 우리가 죽는 날이 영원한 삶의 첫째 날입니다. 그다음 날 … 우리의 진짜 모습을 보게 될 겁니다. 이 세상에서 저는 가면을 쓴 제 모습밖에 보지 못했습니다. 그러나 그때 그곳에서 저는 제 자신뿐 아니라 하나님도 보게 될 것입니다. … 여기서는 한 가지를 깨닫는다 싶으면 여전히 무지몽매한 다른 면들이 어김없이 드러납니다. 때로 이해력이 트인다 싶으면 의지가 뒤틀립니다. 그러나 어둠 없는 그곳에서 저는 환하게 빛날 것입니다. 제 영혼이 기쁨의 빛에, 제 몸은 영광의 빛에 둘러싸일 것입니다.

_ 존 던, 《설교집》에서

던의 저작들 속에는 또 다른 기념물이 살아 있다. 나는 고통의 문제에 대한 많은 글을 읽었고 직접 그에 관한 글도 썼다. 그러나 존 던이 질병에 걸린 몇 주 동안 침상에 누워 죽음을 준비하면서 썼던 일기만큼 인간의 고통에 밀도 있고 현명하게 접근한 작품은 어디서도 보지 못했다. 하나님과 씨름할 마음의 준비를 단단히 했다가 어느새 그는 자신이 자비로운 의사의 품에 안겨 있음을 알게 되었다. 그분은 던이 위기를 이겨내고 다른 사람들에게 위로와 소망을 줄 수 있도록 그를 이끄셨다.

데이비드의 장례식 후, 시카고의 한 증권 중개인이 내게 다가오더니 추도사에서 인용한 책을 볼 수 있느냐고 물었다. 그는 닳아빠진 《기도문》을 훑어보고는 말했다. "이런 기독고인이 있는 줄 정말 몰랐습니다."

존 던과의
더 깊은 만남을 위하여

SOUL SURVIVOR

《비상시의 기도문》은 거의 4세기 동안 계속 출판되고 있다. 이것은 그 책이 고전으로서 갖는 확고한 위치를 잘 보여준다. 인터넷 사용자라면 http://www.ccel.org/d/donne/devotions/에서 《기도문》의 전문을 볼 수 있다. 던의 시와 산문은 서점의 문학 코너에서 여러 문집 형태로 접할 수 있다. 불행히도 그의 설교 전집과 믿을 만한 전기들은 절판이 되어서 도서관이나 중고 서점에서만 구할 수 있다. 기회가 된다면 무슨 수를 써서라도 마거릿 에드슨의 퓰리처상 수상 희곡 《위트 *Wit*》를 보길 바란다. 난소암으로 죽어가는 존 던 연구자의 말년을 그린 작품이다. 영국의 유선 방송 HBO에서는 그 희곡을 토대로 에마 톰슨 주연의 영화를 제작하기도 했다.

여기서 내가 처음 책을 내려고 했던 때의 경험을 이야기하지 않을 수 없다. 1973년, 〈캠퍼스 라이프〉의 편집자로 있던 나는 《기도문》을 현대어로 풀어 써 보았다. 내가 《기도문》을 선물로 주었던 친구들 중에는 제임스 왕 시대의 고어를 어려워하는 이들이 많았기 때문이었다. 다른 사람들이 그 시대에 쓰인 성경 역본을 쉽게 풀어쓰듯이 나는 고통에 대한 이 고전의 개정판을 만들기로 했다.

《현대인을 위한 존 던 John Donne Redone》 정도로 보면 되겠다. 나는 스물세 편의 기도문 중에서 여섯 편을 골라 손을 본 후 제안서를 첨부해 출판사로 보냈다. 그리고 몇 주 후 세 단락으로 이루어진 답신을 받았다. 첫 번째 단락은 편집부 직원들은 내 작품을 마음에 들어 하는데 영업부에서 시장성이 없을 것으로 판단해 아쉽게 되었다는 내용이었다. 아마도 거절할 때 쓰는 상투적 표현일 것이다. 두 번째 단락은 이랬다. "이 부분에서 친근함과 고심한 흔적이 느껴져야 해요. 중요한 잡지 편집자거든요." 세 번째 단락은 향후 내고 싶은 책이 생기면 자기들에게 연락해달라는 내용이었다. 나는 두 번째 단락이 무슨 말인가 싶어 몇 번이나 되풀이해서 읽었다. 이윽고 어떻게 된 일인지 감이 왔다. 편집장이 편지를 구술하면서 속기사에게 그 말을 했고, 속기사는 거절 편지에 친근함과 고심한 흔적이 담기도록 해야 했을 것이다. 그러나 속기사는 그 말을 그대로 받아써버린 것이다! 10년 후 나는 그 편집장에게 편지를 보여주었다. 모르긴 해도 그는 작가들에게 보내는 편지를 구술하면서 속기사에게 한 말이 그런 식으로 와전된 경우가 또 있지는 않은지 애태우며 며칠 밤잠을 설치지 않았을까 싶다.

작가 딜라드는 기억하는 행위를 일종의 신성한 사명으로 받아들인다. "애니, 이 광경을 기억해둬." 거듭거듭 스스로에게 그렇게 말하는 그녀의 모습이 그려진다. "이 일을 기억해두고, 오늘 아침에 벌어진 일처럼 다른 사람들도 생생하게 알 수 있도록 적어놓는 거야."

SOUL SURVIVOR

10

평범한 것의 광채

애니 딜라드
ANNIE DILLARD

ANNIE
DILLARD

 1977년 애니 딜라드를 처음 만났을 때, 그녀에 대해 갖고 있던 생각이 완전히 바뀌었다. 작품을 통해서만 그녀를 알았던 나는 에밀리 디킨슨 같은 이상스러운 신경과민증 시인이나 시몬 베유처럼 수척한 신비주의자를 예상했다. 우리는 그녀의 사무실에서 만나기로 약속을 했는데, 나는 그곳이 전나무 숲 속에 자리 잡은 단칸 오두막일 거라 생각했다.
 뜻밖에도 그녀의 사무실은 저층 강의동에 있는 번쩍번쩍한 연구실이었다. 장식물이 전혀 없는 연구실 한쪽 벽은 주황색으로, 또 다른 벽은 파란색으로 칠해져 있었다. 서른도 안 돼 보이는 딜라드는 청바지와 수놓인 셔츠를 입고 있었다. 그녀는 재미있는 사람이었다. 말을 할 때 속어를 섞어 썼고 줄담배를 피웠다. 탁구와 급류 타기와 댄스를 좋아했으며 재미있는 농담을 즐겼다. 은둔자형도 아니고 학자연하지도 않는, 한마디로 만찬회의 분위기를 살리기 위해 초청객 명단에 넣을 법한 사람이었다.

딜라드도 나름의 기대치가 있었다. "당신이라서 너무 기뻐요." 그녀는 사무실로 들어서는 나를 보고 말했다. "〈크리스채너티 투데이〉라는 잡지에서 어떤 사람이 올지 몰랐거든요. 캠퍼스 저편에서 60대의 대머리 신사가 걸어오는 것을 보고 '이런, 내가 뭘 약속했었지?' 생각하던 참이었어요." 당시 내 나이는 그 대머리 신사의 절반이었고 숱 많은 머리는 수세미 형상을 하고 있었다. 딜라드가 약속했던 건 그 잡지를 위한 장시간의 인터뷰였다.

당시 나는 존 던에 대한 연구를 끝내고 《내가 고통당할 때 하나님은 어디 계십니까?》를 출간했고, 브랜드 박사와의 공저를 쓰기 시작한 참이었다. 내 공책에는 고통의 문제, 자연, 자연신학적 신 존재 증명, 저술 생활 등 그녀에게 물어볼 질문들이 가득 적혀 있었다. 우리는 약속한 시간이 훨씬 넘어갈 때까지 대화를 나누었는데, 끝에 가서 그녀가 한숨을 내쉬며 말했다. "같은 분야에서 일하는 분과 사상에 대해 논하는 건 정말 즐거운 일이에요. 대부분의 기자들은 내 은행 잔고와 성생활에 대해 알고 싶어 하거든요." 물론 그렇게 해서 전혀 새로운 질문들의 물꼬가 터졌다.

당시 잡지 저널리스트로 일하던 내게 글쓰기란 빠듯한 마감 시한에 맞춰 최대한 잘 쓰면 되는, 직업이자 취미였다. 그러나 딜라드는 글쓰기를 거룩한 소명으로 여겼다. 그 점은 그녀의 책 《일상의 거룩함 Holy the Firm》의 다음 구절에 잘 드러나 있다.

> 수업을 듣고 있는 사람들에게 물었다, 여러분 중에 평생을 바쳐서 작가가 되고 싶은 사람이 있나요? 나는 떨그 있었다. 커피 때문이었

을까, 담배를 많이 피운 탓이었을까, 주위 사람들의 얼굴이 너무 가까워서였을까. … 내 질문에 모든 손이 올라갔다. 나는 그들에게 그 선택이 무엇을 뜻하는지 말해주려 했다. 다른 진로는 막혀버린다. 도끼를 휘두르듯 저돌적으로 살아가야 한다. … 그러나 그들은 내가 하는 말을 이해하지 못했다(…글이라면 저녁마다, 스키를 타고 난 후, 은행에서 집으로 돌아오는 길에, 아이들이 잠든 후에 쓰면 되지…). 그들은 내가 또 헛소리를 한다고 생각했다. 그리 틀린 생각도 아니었다.

그후 애니 딜라드와 나는 딱 한 번 얼굴을 보았다. 우리는 계속해서 가끔씩 서신을 교환했고, 나는 관심을 갖고 그녀의 활동을 지켜보았다. 사실은 열광적인 관심을 갖고 그렇게 했다. 지금도 그녀는 여전히 단어, 문장, 단락과 사상에 관심을 기울이는 작가들의 길잡이 역할을 하고 있다. 특히 믿음의 작가들에게는 유일무이한 지침이 되고 있다. 그녀와 대화를 나눈 이후, 나는 다시는 글쓰기를 취미로 여기지 않았다. 그녀는 내게 새로운 눈으로 글쓰기와 세상을 바라보게 했다.

곧 다시 돌아오게 될 거야

딜라드는 회고록 《애니의 유년 시절 An American Childhood》에서 어린 시절을 자세히 그리고 있다. 펜실베이니아 주 피츠버그의 중상류 가정에서 자라난 그녀는 부모의 사랑을 받으며 사립 여학교를 다니고 컨트리클럽의 회원으로 편안한 생활을 했다. 저녁 식탁에서 그녀의 부모는 사상을 논하곤 했다. 애니를 상류층이 모이는 장로교회에 데려갔고, 아이의 지적 호기심을 제약하지 않았다. 1960년대 초반, 애니는 흡연으로 퇴학당하고 폭주暴走 사건으로 병원 신세를 지는 등 아슬아슬한 청소년기를 보냈다. 물론 자연에 대한 애착은 그때도 여전했지만, 야구와 '프렌치·인디언전쟁(French-Indian War, 1754년부터 1763년까지 영국과 프랑스가 북아메리카에서 주도권을 놓고 벌인 싸움. 프랑스가 인디언 부족과 동맹하여 영국의 식민지를 공격했기 때문에 이렇게 이른다―옮긴이)'도 좋아했다. 고등학생 시절엔 한 교사로부터 "관심 있는 주제만 공부하느냐"는 꾸지람을 듣기도 했다. 부모의 뜻대로 버지니아 주의 홀린스 대학에 입학한 그녀는 2학년 때 문예창작 담당 교수와 결혼했다.

딜라드는 지금까지도 자신이 최초로 지었던 시를 외워 읊는다. 그것은 프랑스의 상징파 시인 아르튀르 랭보의 마력에 빠졌던, 숨 가쁜 사춘기의 산물이었다.

한때, 내 기억이 맞다면,
내 육체는 지옥에 갇힌 채 누워 있었다.
어둡고 습기 찬 감옥의 독방,
불과 램프가 필요한 독방.
손은 늘어지고, 몸은 쓰러져
나는 더러운 상태로 가만히 누워 있었다.

이 시로 보나 어린 시절을 보나 딜라드가 서른도 되기 전에 퓰리처상을 수상하고 현대 최고의 자연주의 작가로 부상하리라는 조짐은 보이지 않았다. 그러나 그녀는 자신의 영성이 눈을 뜨고, 이후 작품들의 뼈대가 되는 추상적 테마들에 흥미를 갖게 된 시기로 사춘기를 꼽는다. 그녀의 회고록은 시편 26편의 이 말씀으로 시작된다.

"여호와여 내가 주께서 계신 집과 주의 영광이 머무는 곳을 사랑하오니"(시 26:8).

딜라드의 가족들에게 교회란 일요일마다 말쑥하게 차려입고 "품위 유지를 위해 눈도장을 찍어야 할" 사회적 환경 정도였다. 그러나 애니는 여름만 되면 여동생과 함께 솔숲에서 열리는 교회 캠프로 달려갔다. 그녀의 회상담을 들어보자. "그 캠프가 얼마나 경건하고 복음을 강조했는지 부모님이 아셨더라면, 당장 우리를 끌어내셨을 거예요. 우리는 성경 구절을 암송했고, 하루 종일 신나게 찬양을 불렀고, 밤마다 즉흥 기도가 포함된 집회를 열었고, 주일엔 두 번씩 흰색 반바지 차림으로 숲을 빠져나가 예배에 참석했어요. 텐트에서 반 발짝만 나가도 믿음에 대한 얘기를 들을 수 있었어요. 지금도 그때의 톱밥 냄새가 나는 것 같아요."

그녀와 나의 성장 환경을 비교해보니, 같은 보수 기독교 캠프라도 여름 한철 잠깐 발을 들여놓는 것과 톱밥 냄새가 떠나지 않는 그 텐트 속에 사실상 갇힐 때의 느낌이 얼마나 다른지 알 수 있었다. 복음주의 캠프들은 내게 기독교에 대한 거부감만 강화시켰다. 그에 반해 딜라드는 그 캠프들을 통해 기독교 사상에 끌렸고, 그에 비하면 "다른 사상들은 보잘것없어 보였다"고 했다. 그녀는 킹제임스 성경의

긴 구절들을 암송하고 그 운율을 흉내 낸 시들을 썼다. 피츠버그의 근엄한 교회로 다시 돌아오면, 그녀는 때때로 "나도 모르게, 신자석에서 피어오른 희미하고 가느다란 영혼의 물결이 앞으로 흘러가는 걸" 느꼈다.

애니는 잠시 하나님께 반항한 적이 있다고 말했다. 4년 연속으로 교회 캠프에 참석하자, 그녀는 옷 자랑이나 하러 교회에 오는 사람들의 위선에 그만 진력이 났다. 그 문제를 확실하게 짚고 넘어가리라 마음먹은 그녀는 목회자를 붙잡고 직접 따져보기로 했다. 담임목사("영화 〈스타 탄생A Star Is Born〉의 악당 제임스 메이슨처럼 생긴 분이었는데, 그분의 설교는 주로 남의 책을 씹어대는 거였어요")는 너무 무서웠기 때문에 그녀는 부목사실로 씩씩하게 걸어 들어가 신자들의 위선에 대해 연설을 늘어놓았다.

지혜로운 그 목회자는 하나님과 교회를 분리시켜 생각해야 함을, 그것도 모멸감이 아니라 자긍심을 심어주는 방식으로 가르쳐주었다. 그 덕분에 애니는 내가 여러 해를 고민한 끝에 깨달았던 그 부분을 단번에 깨우칠 수 있었다. "조끼 정장 차림의 노련하고 차분한 분이셨어요. 콧수염을 기르고 안경을 쓰셨지요. 나는 세상에서 교회에 불만을 품은 사람이 나뿐이라 생각했던 풋내기 고등학생이었고요. 목사님은 내 말을 끝까지 다 듣고선 이렇게 말했어요. '그래, 사실이다. 위선이 아주 많아.'" 애니는 그만 할 말을 잃었다. 부목사는 그녀에게 C. S. 루이스의 책을 잔뜩 건네주며 고3 수업에 필요한 숙제를 하는 데 유용할 거라고 말했다.

"교회를 그만 다니기엔 다소 이른 것 같구나."

그는 헤어질 때 악수하면서 이렇게 말했다.
"너는 곧 다시 돌아오게 될 거야."
애니는 그럴 리가 없다고 생각했지만, 결국 그의 말이 옳았다. C. S. 루이스의 책 네 권을 연달아 정독한 후, 그녀는 기독교의 품으로 다시 돌아왔다. 반항 기간은 고작 한 달이었다.

순례자의 일상의 거룩함

지금까지 애니 딜라드의 이름으로 나온 책은 열두 권이다. 몇 권의 시집과 에세이집, 회고록, 중국 기행문, 역사 소설과 문학 비평서가 한 권씩 있다. 장르별로 완성도의 차이는 있지만, 모든 작품에 그녀의 특징인 예리한 시선, 훌륭한 문장, 신비적 긴장감, 글쓰기에 대한 소명 의식이 담겨 있다.

다른 어떤 업적을 이루게 되더라도 딜라드는 틀림없이 평생 '자연 문학가'라는 꼬리표를 달고 살아야 할 것이다. 1974년 출간된 새로운 장르의 책 《자연의 지혜*Pilgrim at Tinker Creek*》는 대기권 밖에서 불붙어 그 파편들을 흩뿌리는 혜성처럼 나타나 독서계를 강타했다. 이어서 그 책은 〈이달의 북 클럽Book-of-the-Month Club〉에 크게 실렸고 퓰리처상을 수상했으며 프랑스에서 '최고의 외서'로 꼽혔고 놀라운 베스트셀러가 되었다(50만 부 가까이 팔렸다). 딜라드는 문단의 총아로 떠올랐다. 평론가들은 그녀의 작품을 버지니아 울프, 제러드 맨리 홉킨스, 윌리엄 블레이크, 헨리 데이비드 소로의 작품들에 비교했다.

숱이 적은 금발에 파란 눈, 펠트 모자를 즐겨 쓰는 날씬하고 젊은 여성 작가 딜라드의 외모는 대중의 호감을 사기에 충분했다.

《자연의 지혜》는 시력視力에 대한 이야기로 시작한다. 다른 작품에서는 애팔래치아 산맥의 오두막에 사는 70대의 은둔자, 노아 베리가 들려준 이야기를 회상한다. "아이들이 아직 어릴 때였지." 노아는 그녀에게 말했다.

> …그리고 이곳에 우리 모두 같이 살 때, 창문을 내다보면 아이들이 강가에서 노는 모습이 보였어. 강둑에 자그마한 모래사장이 있었거든. 아이들은 모두 아주 어리고 작았는데, 양동이를 갖고 놀면서 물을 붓고 서로의 발 위에 모래를 쌓았지. … 나는 스스로에게 이렇게 말했어. "노아, 이 광경을 기억해둬. 바로 이 아침, 아직 어린 아이들이 강가에서 어울려 놀고 있잖아. 이 광경을 기억해두는 거야." 난 그 장면을 오늘 아침에 있었던 일처럼 생생히 기억하고 있어. 계절은 여름이었을 거야. 그다음 20년은 아무것도 기억나지 않아.
> _《돌에게 말하는 법 가르치기 Teaching a Stone to Talk》에서

작가 딜라드는 기억하는 행위를 일종의 신성한 사명으로 받아들인다. "애니, 이 광경을 기억해둬." 거듭거듭 스스로에게 그렇게 말하는 그녀의 모습이 그려진다. "이 일을 기억해두고, 오늘 아침에 벌어진 일처럼 다른 사람들도 생생하게 알 수 있도록 적어놓는 거야." 아닌 게 아니라 그녀는 너무도 또렷한 기억으로 자신이 본 바를 우리에게 고스란히 가르쳐준다. 독자들이 계속해서 그녀의 작품으로

되돌아오는 이유가 있다. 4층 건물에서 자유 낙하하는 앵무새, 절벽 위 둥지로 '쏜살같이' 내리꽂히는 슴새, 일식과 함께 그물처럼 밀려드는 그림자, '빛을 품고서 반짝이는 나무' 등 아무도 알아채지 못한 바를 너무도 예리하게 묘사하기 때문이다. 딜라드는 우리가 좀 더 느긋하고 세심하게 자연을 관찰하고 깊이 호흡하면서 그 안을 거닐 수 있도록 도와준다. 그녀는 그러한 경험들이 "관찰의 주체가 아니라 객체가 되어 강렬한 시선을 처음으로 접하고 숨이 턱 막히는 것 같은" 느낌을 줄 수 있다고 말한다.

  에밀리 디킨슨은 친구에게 보낸 편지에서 자신이 한 번도 어긴 적이 없는 계명이 하나 있다고 말했다. 그것은 "들의 백합화가 어떻게 자라는가 생각하여보라"(마 6:28)였다. 내게 그 계명을 지키는 법을 가르쳐준 사람은 다름 아닌 애니 딜라드였다. 일리노이 주 시카고 교외의 황무지, 알루미늄 트레일러 안에서 살 때 나는 《자연의 지혜》를 처음 읽었다. 막 시작한 저널리스트 생활로 신혼살림을 꾸리고 학비 융자금도 거의 다 갚아가던 시절이었다. 나는 잎이 뾰족한 소나무, 인동덩굴, 말채나무, 그리고 숲을 뒤덮은 박태기나무 등 남부의 초목이 그리웠다. 일리노이 주에 살 때는 웬만해선 별 볼일 없이 외출하지 않았다. 나가봐야 볼 만한 게 없기 때문이다. 기껏해야 옥수수밭? 더러운 눈길 위에 찍힌 바큇자국? 그러나 모험 소설보다 더 신나는, 자연에 대한 딜라드의 기록을 읽으면서, 그녀가 묘사하는 모든 것이 버지니아의 별 특징 없는 들녘을 흐르는 진흙탕 시내 옆에서 벌어지는 일이라는 생각이 떠올랐다. 그녀의 말을 들어보자. "그건 우리가 눈을 뜨고 있느냐의 문제이다. 우리가 감지하건 못하건 미와 은혜의 공연은 펼쳐진다. 하다못해 우리가 그곳에 자리만 지키고 있어도 … 자연이 텅 빈 객석을 상대로 공연할 필요가 없어진다."

《자연의 지혜》를 읽은 후, 나는 '일리노이 대초원길Illinois Prairie Path'이라는 자갈길을 매일 30분씩 산책하기로 결심했다. 그 길은 집 근처의 대초원과 습지를 관통하는 옛 철길로 향하고 있었다. 특별한 거라곤 아무것도 보이지 않는 날도 있었다. 그러나 평소엔 그냥 지나쳤던 삭막한 풍경이 생생하게 다가올 때도 있었다. 겨울이면 속새 풀잎에 맺힌 살얼음이 햇빛을 받아 다이아몬드처럼 반짝였고, 눈은 평범한 나무들을 추상 예술품으로 바꿔놓았다. 봄이 되면 수천 마리의 작은 거미들이 겨울에 짓눌린 초목 돗자리 아래로 걸음을 재촉했다. 여름엔 새와 곤충 소리로 늪지가 활기를 되찾고, 붉은 날개 찌르레기들의 세력권이 어느 정도나 되는지 알게 된다. 그리고 가을로 접어들면 악취 나는 웅덩이 옆, 외로운 단풍나무가 붉게 타올라 '빛을 품은 나무'가 된다. 나는 새롭게 보이는 광경을 모두 기록해두기 위해 사진을 찍었다.

애니 딜라드가 자연으로 들어가는 이유는 관찰하기 위해서만이 아니다. 무슨 뜻이 담겨 있는지 좀처럼 헤아리기 어려운 자연이라는 텍스트에서 의미를 뽑아내고 배움을 얻고자 함이다. 신중한 안내자인 그녀는 내 손을 잡고 친숙한 길로 안내했다. 폴 브랜드, 체스터턴, 그리고 존 던(그는 자연을 '그리스도께 인도하는 꼬마 세례 요한'이라 불렀다)과 함께 이미 걸어본 길이었다. 딜라드 역시 세상을 창조주의 작품으로 받아들인 후 그 결과를 따져본다. 창조주께서 우리에게 어떤 농담을 하고 계실까? 그녀는 묻는다. 어미 문어가 백만 개의 알을 낳으면 겨우 한 마리 새끼가 살아남고, 범고래는 바다사자 떼 사이로 돌진하고, 수컷 사마귀는 교미 도중 암컷에게 머리를 먹히고도 계속해서 암컷 위에 올라탄다. 이런 사실들에서 어떤 교훈을 끌어낼 수 있을까?

문제는 늘 그렇듯 자연이 뒤섞인 신호를 준다는 데 있다. 버릇없는 아이처럼, 자연은 하나님을 드러내기도 하고 가리기도 한다. 사도 바울의 표현을 빌리면, 자연은 신음한다. 딜라드에게는 그늘에서도 하나님의 미소를 보는 체스터턴이나 내세의 새집을 갈망하는 존 던의 낙관주의가 없다. 그녀의 말을 들어보자. "나는 이 지구가 포근하고 친근한 돌 난로와 정원이 있는 집으로 여겨지다가도 어느 순간, 주민 모두가 임시 거주자 신세인 거친 유배지처럼 느껴진다." 하나님은 한 손이 뒤로 묶인 채 일하는 쪽을 선호하시나 보다, 이것이 그녀의 결론이다.

《자연의 지혜》를 쓰는 동안 딜라드의 제부가 백혈병으로 세상을 떠났다. 결혼식 하루 전날 검사 결과가 양성으로 나오고 나서 3년 만의 일이었다. 그런 상황에서 딜라드는 말한다.

"나는 이 작은 자연책을 유쾌하게 쓸 수 없었고 자연에서 신의 존재를 논증하는 식으로 쓸 수 없었어요. 나는 죽어가거나 슬퍼하는 이들을 위해 써야 했어요. 모두가 해당되는 거죠. 이 책을 쓰는 동안 동생과 제부의 모습이 뇌리에서 떠나질 않았어요. 하나님을 믿지도 않는 여동생에게 어떻게 하나님에 대해서 말할 수 있겠어요?"

《자연의 지혜》의 즐거운 장면들 곳곳에 때로는 분위기를 압도할 정도로 폭력적인 장면이 섞여 있는 것도 그 때문이다. 그녀가 수면에 떠 있는 작은 녹색 개구리를 보고 있는데 갑자기 눈앞에서 그놈의 모양이 달라진다. "걷어차인 텐트인 양" 머리가 안으로 쑥 들어가고, 몸이 "바람 빠진 축구공처럼 눈앞에서 짜부라든다". 자세히 보니 원흉은 커다란 물방개였다. 그놈이 개구리의 몸에 구멍을 뚫어 독을 넣고 속을 모조리 빨아먹은 것이다. 애니가 팅커 시냇가의 익숙한 길을 따라 걷는 동안에도 백혈병으로 야위어가는 제부에 대한 생각은 떨쳐지지 않았다.

《자연의 지혜》 다음에 나온 작품이 《일상의 거룩함》이다. 딜라드는 시애틀 근방 퓨젓사운드 안에 있는 섬에 들어가 "커다란 창문과 고양이와 거미와 사람이 하나씩" 있는 방에서 일하듯 그 작품을 썼다. 《자연의 지혜》의 막대한 성공에 뒤따른 압박감이 그 독방을 짓눌렀다. 그녀의 회상을 들어보자.

"잘 써야 한다는 부담이 너무 컸어요. 꼬박 열여섯 달 동안 하루 여덟 시간씩 일했죠. 원고 뭉치에 다가갈 엄두가 안 날 때면 마지막에 쓴 두어 장을 읽어보았는데, 무슨 말인지 하나도 모르겠는 거 있죠. 그걸 한 8백 번 정도 읽으면 겨우 이해가 되어서 몇 마디 더 짜낼 수 있었어요. 막바지까지 겨우 45쪽을 썼죠. 나는 베케트처럼 되어갔어요. 말은 적어지고 침묵은 길어지고."

《일상의 거룩함》에는 가르치고, 묵상하고, 성찬용 포도주를 사러 상점에 가는 딜라드의 일상과 형이상학적 사색이 섞여 있다. 원래는 3일을 정했고 그동안 자신에게 벌어지는 모든 일에 대해 다 써보기로 했다. 하루에는 어떤 종류의 거룩함이 담겨 있을까? 시간과 영원, 하나님과 일상사의 관계는 무엇일까? 그러나 둘째 날, 여객기가 추락했다. 그로 인해 애니 딜라드는 《자연의 지혜》에서 취급한 주제를 다시 한 번 다루지 않을 수 없었다. "여객기가 추락했을 때 이런 생각이 들더군요. 안 돼, 하나님이 이 망할 고통의 문제에 대해 다시 쓰게 만드시는구나. 나는 너무 어렸고 답을 알지 못했고, 고통에 대해 쓰고 싶은 마음도 없었어요. 그러나 나는 다시 해야 했어요."

전기가 들어오지 않는 임대 오두막에서 그날 아침 직접 패둔 오리나무 장작으로 몸을 녹이며 그녀는 고통, 그리스도의 성육신, 존재의 성례전적 성격, 우주의 궁극적 신비에 대해 써내려갔다. 어린이가 비행기 추락으로 끔찍하게 타 죽는 일을 허용하시는 하나님을 과연 어떻게, 감히 어떻게 사랑할 수 있을까? 딜라드는 《자연의 지혜》에서 이렇게 쓴 바 있다. "코란에서 알라는 이렇게 묻는다. '너는 내가 하늘과 땅과 그 가운데 모든 것을 장난으로 만들었다고 생각하느냐?' 좋은 질문이다."

그녀와 이 문제들에 대해 대화를 나누면서, 우리는 신학과 자연의 관계를 바라본 C. S. 루이스의 생각에 대해 토의했다. 그는 신학을 세우기 위해 자연으로 달려가서는 안 된다고 보았다. 자연은 우리의 기대를 저버리고 마는 까닭이다. 그는 오히려 우리의 신학을 가지고 자연으로 들어가면 경외, 영광, 아름다움, 두려움 등과 같은 용어의 의미를 채울 수 있다고 말했다. "그 말이 맘에 들어요." 애니가 말했다. "하지만 말이죠, 나는 문학 평론가로 훈련받았고, 혼란스러운 자연 전체를 하나님의 책으로 여기고 접근해요. 내 독자들의 상당수는 그 외의 다른 하나님의 책은 읽지 않을걸요. 나는 거기서 출발해야 해요."

내가 처음 딜라드의 글에서 매력을 느낀 이유는 자연과 초자연이 분리된 현대에서 그녀는 어떻게든 그 둘을 꿰매어 합치려 시도했기 때문이었다. 대부분의 교회는 자연을 물리학자와 지질학자와 생물학자의 몫으로 넘겨버렸다. 신앙 저술가들은 하나님의 피조 세계를 조심조심 피해 다니고 그저 물질로만 치부해버리며 정신과 영혼만큼 관심을 기울일 가치가 없다고 판단한다. 그러나 그럼으로써 그들은 하나님의 주요 텍스트 하나를 놓치고 만다. "물질로 뛰어들라." 테야르 드 샤르댕은 이렇게 말했다. "신성은 예외 없이 모든 피조물을 통해 우리에게 엄습하고 우리 안에 스며들며 우리를 만들어간다. 우리는 그 신성을 멀리 떨어진 무엇, 다가갈 수 없는 대상으로 상상하지만, 사실 우리는 층층이 쌓여 불타는 신성에 잠겨 살아간다."

딜라드는 자연을 영혼의 원고로 여기고 다시 펼친다. 그녀는 하나님의 작품으로 자연을 말하면서도, 하나님을 갈해주는 자연의 힌트가 혼란스럽다는 사실을 인정한다. "나는 신비의 가장자리, 언어와 논리가 힘을 잃는 곳으로 노를 저어간다." 딜라드의 접근 방식은 욥기에 등장하는 하나님의 접근 방식을 떠올리게 한다. 절박한 실존적 질문들로 괴로워하는 욥에게, 하나님은 자연계에 대한 아연한 강의로 대답을 대신하셨다. 하나님은 욥에게 이렇게 말씀하셨다. "타조, 새끼를 낳는 야생 염소, 들소와 야생마, 그리고 창공을 나는 독수리를 생각해보라. 베헤못(하마, 코끼리, 악어, 또는 거대한 바다 짐승 등으로 여겨지지만 분명하지는 않다. 개역성경에는 '하마'로 번역되어 있다—옮긴이), 리워야단(고대 근동 신화에 나오는 바다 괴물(시 74:14; 104:26;

사 27:1 참조). 개역성경에는 '악어', '큰 악어'로 번역되어 있다—옮긴이]을 살펴보라. 그것들이 너에게 무엇을 말해주느냐?" 언외言外의 의미를 풀어보자면, 믿음이 있어야 한다, 볼 수 있는 눈과 들을 수 있는 귀가 있어야 한다는 뜻이다. 하나님은 자연의 메시지를 몇 가지로 간추리지 않으셨다. 다만 그분 이력의 한 항목으로 자연을 가리키셨을 뿐이다.

어떻게 하나님을 기억할 수 있는가

애니 딜라드는 세계에 대한 나쁜 소식에서 출발한다. 그렇게 하면 끝에 가서 좋은 소식을 제시할 때 훨씬 설득력이 있기 때문이라는 것이 그녀의 설명이다. 독자는 작가가 현실의 냉혹함을 분명히 안다는 것과 그러면서도 믿음을 지킨다는 점을 신뢰할 필요가 있다. 딜라드의 최신작 《당분간For the Time Being》도 이 같은 접근법을 취하고 있다. 그녀는 매일 얼마나 많은 자살이 일어나는지, 정신 지체자의 인구 비율이 얼마나 되는지 기록한다. 선천적 기형을 꼼꼼하게 묘사하고, 유사 이래 독재자들이 자행한 학살 기법들을 상세히 다룬다. 우주에는 한 사람당 아홉 개의 은하계가 있다는 사실도 적어 넣는다. 그녀는 먼지와 파도의 비밀에서 가톨릭 신학자이자 고생물학자인 테야르 드 샤르댕의 생애에 이르기까지 모든 일에 똑같은 주의를 기울인다.

회의와 신앙 사이의 미지의 지대를 누비는 딜라드는 거듭해서 자연의 일상으로 되돌아간다. 관찰자가 피조 세계에 숨겨진 '거룩한 불꽃'을 찾아냄으로 피조 세계를 '거룩하게 구별'하는 하시딤(유대교 계통의 신비적 경건주의-옮긴이)의 관행을 살핀다. 예술가인 딜라드는 우리 눈에 보이는 것보다 훨씬 많은 것이 담겨 있는 세계, 신성한 세계를 다시 그려낸다. 신학자들은 기적과 초자연계에 대해 논쟁을 벌이지만, 그녀는 평범한 것에서 드러나는 광채를 표현해낸다.

딜라드는 이렇게 말한다.

"나는 기적을 받아들이는 데는 문제가 없어요. 불가지론과도 거리가 멀고, 한때 내게 어떤 것들이 문제가 되었는지 기억도 안 나요. 내가 고민하는 건 그게 아니에요. 나에게 진짜 문제는 어떻게 하나님을 기억할 수 있는가, 바로 그거죠. 난 성경에서 선한 왕과 악한 왕을 구분해서 열거하는 부분을 좋아해요. 그런데 요시야 왕이 갑자기 등장해서는 성전을 깨끗이 하도록 명령하고 그 와중에 뜻밖에도 율법책을 발견하게 되지요. 하나님을 뒤따라 출애굽을 경험한 이스라엘 백성이 여러 왕들의 통치를 거친 다음에 벌어진 일이었어요. 어떻게 된 일인지 그들은 그 모든 일을 깡그리 잊어버렸던 거예요. 나라 전체가 그냥 하나님을 잊은 거예요. '오늘 하루를 살다 보면 저는 당신을 잊어버릴 것이오나 당신은 저를 잊지 마소서'라는 유명한 기도는 때때로 그리스도인 사이에서 가벼운 농담 정도로 여겨지는데, 나는 그렇게 가볍게 생각하지 않아요. 그것은 무척 무게 있는 요구인 것 같아요."

포스트모던한 학계에 몸담고 있는 그녀는 하시딤의 세계관과는 한없이 멀어진 지금의 문명 전체가 하나님을 잊어버릴 위험에 처해 있다는 걸 깨닫는다.

딜라드의 또 다른 매력은 진지한 그리스도인들의 신앙에 유익을 끼치면서도, 종교를 멸시하는 식자층의 신뢰를 얻는다는 점이다. 미국의 그리스도인들은 세상 사람들과 별도로 모여 그들만의 책을 읽고, 그들의 음악을 듣고, 그들이 세운 학교에서 자녀들을 가르치려 하는 경향이 있다. 기독교 문화와 그보다 더 큰 세속 문화 사이에는 교류가 거의 없다. 완강한 회의와 그 못지않은 완강한 믿음을 가진 딜라드는 문단과 보수적 기독교인, 이 두 세계를 잇는 가교 역할을 하고 있다.

기독교 서적을 읽다 보면 가끔 산을 뚫어 만든 긴 터널 속을 지나는 일이 연상된다. 터널 안에서는 전조등이 매우 중요하다. 그게 없으면 터널 벽에 부딪칠 수도 있다. 그러나 출구가 가까워지면 밝은 햇빛이 비쳐들면서 이내 전조등 불빛이 무색해진다. 터널에서 나오면 계기판의 전조등 확인 표시가 전조등을 끄라고 일러준다. 햇빛에 비하면 전조등 불빛은 너무나 희미해서 눈에 잘 들어오지도 않는다. 기독교 서적은 보통 터널 바깥의 관점에서 쓰인다. 빛에 둘러싸인 저자는 많은 독자들이 마주하고 있는, 터널 내부의 새까만 암흑을 잊어버린다. 그러나 애니 딜라드는 그것을 기억하고 전조등 불빛을 정확하게 겨눈다.

딜라드는 불가지론자들을 염두에 두고, 그들이 "기독교인들이 다 어리석은 건 아니구나"라고 생각하길 바라며 글을 쓴다. 또한 "그리스도인들과 인본주의자들—특히 복음주의 그리스도인들과, 기독교인이라면 흰색 복면을 쓰고 총을 든 미치광이로 생각하는 학계와 예술계의 동료들—사이에서 중재를 꾀하는 일"을 자신의 임무로 여긴다. 학계와 예술계에서 그녀처럼 복음주의자들과 근본주의자들을 존중하고 친절하게 대하는 사람은 거의 없다. 딜라드는 버지니아 주 홀린스 대학교에서의 교직 생활 초창기 시절, 세넌도어 성경대학에서 시각 장애인들에게 책을 읽어주는 자원 봉사를 했는데, 그곳에서 근본주의의 보다 자비로운 면을 알게 되었다고 했다. 지금은 무료 급식소에서 자원 봉사를 한다.

"나는 하나님을 잘 모르지만 나 정도만 알아도 기회만 나면 어떻게든 그분을 예배하고 싶어진다."

딜라드는 《일상의 거룩함》에서 그렇게 썼다. 그녀는 언제나 자신이 그리스도인임을 공개적으로 밝힌다. 그러나 지금은 전보다 하나님의 임재에 대한 신앙적 체험이 잦지 않음을 시인한다. 몇 년 전, 그녀는 공개적으로 로마 가톨릭으로 개종했다. 그녀는 자신의 결단에 대해 〈뉴욕 타임스〉에 이렇게 설명했다. "나는 가톨릭 교회의 인적 구성이 뒤죽박죽이란 점이 마음에 들어요. 감리교나 성공회 교회에 가보면 사람들이 다 똑같거든요. 가톨릭 성당에는 온갖 피부색의 사람들, 다양한 연령대의 사람들이 모여 있고 아기들은 큰 소리로 울어요. 나는 이 사람들 편이 된 거예요. 이렇게 말하는 거죠. '제가 여기 있나이다. 하나님을 사랑하는 사람들 중에 있나이다.'"

자연이 하나님을 드러내면서 가리듯이 교회도 그렇다. 딜라드는 그녀가 속한 신앙의 공동체에 대해 점점 더 자주, 직접적으로 표현한다. 그녀는 크리스천 예술가 모임에서 이렇게 말했다. "나는 교회 예배를 묘사하라는 사명을 띠고 이 땅에 태어난 것 같아요. 예배 안에는 본질적으로 우스운 뭔가가 있어요. 나는 교회에서 큰소리로 웃음이 나오는 걸 간신히 참느라 죽을 뻔한 적이 많아요. 그 얘기를 "극지방 탐험An Expedition to the Pole"에서 썼죠. 뭐가 그리 우습냐고요? 우리가 하는 일과 하려고 애쓰는 일이 너무 다르잖아요. 우리의 현재 모습과 기도로 추구하는 모습이 완전히 따로 노니까요. 손발이 제각기 노는 곰의 춤을 보는 것 같아요."

딜라드가 말한 에세이에는 이런 한탄이 실려 있다.

> 내가 가톨릭 미사에 참여한 지는 1년밖에 안 된다. 그전까지는 가까운 회중교회에 다녔다. … 매주 나는 감동한다. 어떤 꽃으로도 분위기를 바꿔놓을 수 없을 만큼 휑한 리놀륨 바닥 성물실의 처량함에, 내 마음에 꼭 드는 서툰 찬양 소리에, 맥 빠진 성경 봉독과 느릿느릿 이어지는 공허하고 빈약한 기도문에, 소름이 끼칠 만큼 내용이 없는 설교에, 그 시간들 내내 안개처럼 스며드는 따분한 무감각에. 그리고 그런 예배 순서 전체와 죽 공존했고 아마도 그 결과로 생겨났을 놀라운 사실, 즉 우리가 그 자리로 돌아오고, 예배에 참석하고, 예배 순서를 매주 겪어낸다는 사실에 감동한다.
>
> _《돌에게 말하는 법 가르치기》에서

퓨젓사운드에서 그녀는 작은 성당에 다녔는데, 60세 이하의 교인이 그녀 혼자일 때가 많았다. 그럴 때면 마치 소비에트 러시아의 고고학 답사단에 속한 것 같은 느낌이었다. 그러나 그 가톨릭 교회는 그보다 더 혁신적이었다. 한번은 교인들이 피아노로 연주되는 영화

〈사운드 오브 뮤직Sound of Music〉 삽입곡들에 맞추어 진행되는 거룩한 미사에 참여했다. 딜라드는 한숨을 내쉬며 이렇게 말한다. "교회에서 포크송 연주회를 보느니 그 유명한 영혼의 어두운 밤을 맞는 편이 낫겠다." 그리고 덧붙인다. "2천 년 동안 우리는 예배의 이상과 현실의 괴리를 해결하지 못했다. 하지만 그런 괴리 상황을 적극적으로 칭송한다. 그 속에서 매주 벌어지는 기적을 목도하는 까닭이다. 그런 예배를 보시면서도 웃음을 참으시는 하나님의 전능하심이 바로 그것이다."

교회를 향한 그녀의 쓴소리는 그것이 우리 시대에 부적절하다는, 수많은 현대 작가들의 진부한 불평과 정반대의 입장에 서 있다. 오히려 그녀는 이렇게 묻는다. 기독교가 진리라면, 우리는 도대체 왜 그에 합당하게 행동하지 않는가? "우리가 어떤 종류의 힘에다 그토록 경솔하게 호소하는지 희미하게나마 아는 사람이 있을까?" 딜라드가 보기엔 베네딕투스 수도원의 수도사들이 정답에 가장 근접해 있다. 그곳을 방문한 그녀는 전례에 참여하고 하루 일곱 번씩 성무일도(매일 정해진 시간에 하나님을 찬미하는 가톨릭 교회의 공적이고 공통적인 기도—옮긴이)를 낭송하면서 사이사이 수사들이 시도 때도 없이 웃는 것을 본다. 그들은 아무 일에나 웃는가. 말은 많이 하지 않지만 정말 많이 웃는다.

근본주의자들과 노래를

어떤 그리스도인들은 애니 딜라드를 어떻게 생각해야 할지 혼란스러워한다. 그녀는 신학서적이 아닌 예술작품 작가이고 주로 완곡하고 간접적인 표현을 많이 쓴다. 그녀의 말을 들어보자. "내가 신학적 성명서나 내 입장을 밝히는 성명을 내고 싶었다면 하늘에 글자를 써주는 비행사를 고용했을 거예요. 그러나 나는 전력을 다해 예술작품을 쓰려고 노력해요. 대단히 잘 써서가 아니라 예술은 본질상 몇 가지 논리로 축소되지 않거든요. 그건 논리적 체계로 다 담아낼 수가 없어요. 사람들이 '이 문제를 어떻게 생각하세요?'라고 물으면 나는 이렇게 말해요. '모르겠네요. 여기 271쪽짜리 책이 있으니까 읽어보세요.'"

키르케고르는 스스로를 스파이, 즉 자신을 포함해 수상한 사람들을 감시하는 무서운 사람으로 묘사했다. 경찰은 뭐든지 냄새를 맡고, 단서를 추적하고, 진상을 밝히는 영리한 사람들을 잘 활용한다는 말도 했다. 어떤 의미에서 모든 작가는 첩보 활동을 하면서 메모를 하고, 모두가 흘려버리는 상세한 내용까지 관찰하고, 의미의 단서를 찾아 세상을 뒤진다. 신앙을 가진 작가가 세속 문화권을 대상으로 글을 쓴다면 글쓰기는 훨씬 복잡한 일이 된다. 기독교 서점에만 진열되는 책이라면 그리 교묘하지 않아도 된다. 그러나 하나님에 대한 지각 기관이 퇴화한 독자층을 대상으로 신앙 서적을 쓰려면 대단히 영리해야 한다.

애니 딜라드는 자신의 정체성을 절대 부인하지 않지만 그렇다고 모든 얘기를 다 하지도 않는다. 그녀는 독자들과 자기 자신을 잘 안다. 얼마 전 나는 1985년 〈예일 리뷰Yale Review〉에 실렸던 그녀의 글을 접하고 키르케고르의 스파이 비유를 떠올렸다. "근본주의자들과 노래를Singing with the Fundamentalists"이라는 제목의 그 글에서 딜라드는 워싱턴 주 벨링엄의 대학에서 가르치던 때를 회상하고 있다. 어느 이른 아침, 그녀는 창밖에서 들려오는 노랫소리에 밖을 내다보았다. 분수 주변에 한 무리의 학생들이 모여 있었다.

나는 노래하는 학생들이 누군지 안다. 근본주의자들이다. 이 캠퍼스에는 근본주의자들이 많다. 그들은 아침다다 광장에서 노래를 부른다. 그것이 그들의 유일한 대외활동이다. 그들은 무슨 노래를 부르는가? 어떤 노래건 나는 그들과 함께하고 싶다. 노래를 좋아하기 때문이다. 어떤 노래건 나는 그들 편에 서고 싶다. 그들의 무모함, 다른 사람들의 생각에 상관하지 않는 그 순진한 무관심에 마음이 끌리기 때문이다. 이곳의 내 동료들과 학생들, 그리고 친구들은 모두 기독교 근본주의자들을 싫어하고 무서워한다. 그들을 직접 보진 못했어도 그들이 하는 짓에 대해선 들어봤을 것이다. 돈을 있는 대로 모으고, 선거 때 표를 몰아주고, 우익 미치광이를 당선시키고, 책을 검열하고, 권총을 갖고 다니고, 식수에 불소를 넣는 걸 반대하고, 학교에선 진화론에 반대하는 자들. 처벌을 피할 수 있다면 살인도 불사할 자들. 그러나 나는 근본주의자에 대한 그런 생각들이 과연 옳은지 의심스럽다. 나는 펜을 내려놓고 일어나 광장에서 노래하는 학생들과 합류한다.

그 글의 나머지 부분에서 딜라드는 봄철 내내 매일 아침 8시 45분에서 9시까지 근본주의자들과 함께 노래하면서 배운 바를 이야기한다. 그녀는 그 학생들이 읽는 잡지들—〈크리스채너티 투데이〉, 〈캠퍼스 라이프〉, 〈이터너티Eternity〉—을 살펴보고 그들에 관해 그녀가 새롭게 알게 된 사실들을 묘사한다. 그들은 무식쟁이가 아니라 총명한 젊은이들이고, 성경뿐 아니라 문학 이론서들도 읽고 있었다. 그 중에는 온건한 민주당을 지지하는 이들도 있고, 온건한 공화당 지지자들도 있었다.

그 글의 다른 부분에서 딜라드는 그들과 함께 불렀던 노래들의 가사를 소개했다. 여기에 그 일부를 인용해본다.

왕께 찬양 드리세
할렐루야 찬양하세
그분은 만왕의 왕…

그리고

주는 평화
막힌 담을 모두 허셨네…
염려 다 맡기라
주가 돌보시니…

그리고

나의 삶이 주께 영광
주께 영광.

그리고

주의 풍성한 집에서 먹겠네.
주의 의의 강가에서 꿈꾸리.
당신은 나의 왕.
감사함으로
그 문에 들어가며
찬양하며 그 궁전에 들어가라.

그분은 왕 중의 왕

당신은 주님.

딜라드는 봄철 내내 근본주의자들과 함께 노래한 이유를 이렇게 설명한다. "…그들이 아침마다 나오는 이유는 나와 똑같다. 그들 한 사람 한 사람이 '주님'과 개인적 관계를 맺고 있었고 주님을 위해서라면 많은 비웃음도 감내할 각오가 되어 있었다."

여덟 곡의 찬양 가사를 예일 대학교에서 출판되는 수준 높은 저널에 싣는 일은 스파이에게도 상당한 곡예가 아닐 수 없다. 딜라드는 나중에 내게 이렇게 말했다. "원고를 넘겨주고 나선 그만 아찔하더라고요." 그녀의 말이 이어졌다. "사실 나는 해가 갈수록 크리스천임을 좀 더 자주 밝히고 있어요."

나는 이상을 가리킬 뿐이다

독자들의 편지나 파티와 책 사인회에서 오가는 말로 추측건대, 사람들은 작가의 생활에 대해 낭만적인 환상을 갖고 있는 듯하다. 그들은 작가가 단어 하나를 찾기 위해 15분 동안 동의어 사전을 뒤지는 모습을 본 적이 없다. 작가들은 직업상 외톨이가 된다. 정신 집중을 방해하는 요소들을 배제한 채 혼자 일하고, 자기만의 현실을 창조하고, 그 현실을 누비면서 거기에 익숙해진다. 그러다 보면 출판사가 다른 사람들을 끌어들여와 합류시킨다. 물론 그때쯤이면 우리는 또 다른 가짜 현실을 신 나게 만들고 있다. 대부분의 경우, 우리가 실제로 살아가는 무미건조한 현실보다 우리가 창조하는 세계가 훨씬 더 흥미롭다.

가끔은 작가로서의 삶이 내 실생활을 점령했다는 느낌이 든다. 글을 쓰지 않는 내가 과연 나라고 할 수 있을까? 의아해진다. 내가 노트북을 열고 쓰지 않으면 내 생각과 느낌을 어떻게 알 수 있을까? 단편소설을 쓰던 어느 이른 아침이 기억난다. 세 시간 동안 입체적 인물들을 만들어내고 그들의 대화에서 상투어를 모두 빼내려고 머리를 쥐어짰다. 처음 소설을 쓰면서 그렇게 애를 쓰다 보니 머리가 깨질 듯 아파왔다. 그래서 두통을 핑계 삼아 길 건너 커피숍으로 갔다. 그런데 커피숍에 있는 사람 모두가 평면적 인물들이었고 예외 없이 상투어로 얘기하고 있었다. 그때 내가 얼마나 놀랐을지 상상해보라! 그들 중 내 소설에 등장하는 인물들만큼이나 흥미로운 사람은 아무도 없었다. 나는 지하 사무실에서 나를(나만) 기다리는 안전한 가짜 현실로 후다닥 돌아갔다.

애니 딜라드는 이런 증상을 잘 안다. 그녀는 창이 없는 콘크리트 블록 사무실에서 일하는 걸 좋아한다. "어찌나 따분한지 가끔 재미 삼아 펜 색깔을 바꾼다니까요." 그녀의 말이다.

> 작가의 생활이 감각이 다 마비될 정도로 밋밋하다 해도 놀랄 것은 없다. 많은 작가들은 작은 방에 앉아 현실 세계를 회상하는 일 외에는 거의 아무 일도 하지 않는다. 그러니 태반의 책이 저자의 어린 시절을 묘사하고 있는 이유를 알 만하다. 작가의 어린 시절은 그에게 거의 유일한 직접 체험이기 때문이다. 작가들은 다른 사람의 전기를 읽고 다른 작가들에 둘러싸여 살면서, 이생에서 살아가는 합리적인 방법은 종이뭉치와 함께 오래오래 작은 방 안에 앉아 있는 것이라는 우스꽝스러운 생각을 스스로에게 주입하고 강화한다.
>
> _《창조적 글쓰기 *The Writing Life*》에서

딜라드는 삶에 대해 글을 쓰는 우리 작가들이 실제로는 살아갈 힘이 거의 없다는 사실을 이해한다. 사실, 대부분의 작가들은 살아갈 준비도 잘 갖추지 못하고, 종이뭉치와 함께 작은 방에 앉아 있는 것을 실제로 더 좋아한다. 그러나 그녀는 젊은 나이에 갑자기 방에서

튀어나온 셈이었다. 입만 열면 사람들이 녹음기를 들이대고, 전 세계의 독자들이 그녀의 조언을 구하는 편지를 보내왔다. 퓰리처상 수상이 하룻밤 새 딜라드의 모든 것을 바꿔놓았다.

"난 겨우 20대였는데 퓰리처상을 탄 거예요. 기대하지도 않았던 일이에요. 그건 사고였어요. 갑자기 머리 위로 뭐가 툭 떨어졌다고나 할까요. 난 너무 당황스러운 나머지 가능하면 숨어 다녔어요."

그녀는 순례자가 되려 했지만, 세상은 계속해서 그녀를 성인聖人으로 바꿔놓으려 했다.

처음엔 세상의 관심이 극도로 혼란스러울 뿐이었다. 책이나 상품을 추천해달라, 할리우드 영화 대본을 집필해달라, 무용극과 노래 가사를 써달라는 제의가 쏟아졌다. 강연과 강의를 요청하는 편지가 우편함을 가득 채웠다. 그래서 그녀는 한동안 혼란을 피해 달아나 버지니아 주에서 미 대륙을 건너 퓨젓사운드의 단칸집으로 숨어들었다. 공개 강독회를 연 2회만 하겠다고 맹세했고, 지금도 그 맹세를 지키고 있다. "예수님이 텔레비전에 출연하셨을까요?" 딜라드는 그렇게 물었다. 그녀는 〈투데이 쇼〉 출연을 거절했지만 신문, 잡지 기자에게는 선별적으로 인터뷰를 허용하기로 결정했다.

인터뷰는 딜라드를 크게 괴롭혔다. 사생활을 캐묻는 인터뷰의 경우 특히 그랬다. 〈뉴욕 타임스〉 기자가 코네티컷에서 주말을 보내며 인터뷰를 하고 간 뒤, 딜라드는 기자가 그녀의 신앙에 대해 던진 질문 때문에 마음이 상해 한밤중까지 눈물을 흘리며 잠을 이루지 못했다. 그래도 그녀는 그런 일을 정서적 순교로 여기고 인터뷰에 협조한다.

각광을 받는 세월 덕에 딜라드가 피해를 입은 것은 분명하다. 그녀는 세 번 결혼했다. 목소리에는 수십 년 함께해온 흡연의 흔적이 남아 있다. 직접 보면 이상하리만치 가녀린 느낌을 준다. 가는 눈썹, 성긴 머리카락, 창백한 피부 모두 유약한 이미지를 만드는 데 일조하고 있다. 작가 생활을 하면서 딜라드는 명성, 저술 생활의 힘겨움, 회의, 신앙과의 씨름을 숨기지 않았다. 유명 인사를 가차 없이 우려먹는 미국 사회의 풍토에 맞선 진지한 작가에게는 선택의 여지가 그리 많지 않다. 트루먼 커포티, 노먼 메일러, 그리고 고어 비달처럼 결국 굴복할 수도 있고, J. D. 샐린저와 토마스 핀천처럼 그냥 사라져버릴 수도 있다. 딜라드의 선택은 그 중간쯤에 해당한다. 딜라드의 첫 번째 책 제목에 등장하는 '순례자$_{pilgrim}$'라는 단어는 그녀의 자아상에 대한 단서를 제공한다.

최근에 나는 캔사스의 한 컨퍼런스에서 애니 딜라드를 만났다. 그녀는 기독교 문학에 기여한 공로로 밀턴센터상$_{Milton\ Center\ Prize}$과 함께 1만 달러의 상금을 받았다. 애니는 농담을 하면서 청중의 질문에 재치 있게 답했고 코미디언처럼 그들을 웃겼다. 대부분 작가지망생들인 그녀의 팬들은 그녀의 말을 열심히 들었다. 그동안 성숙한 작품들을 상당수 써낸 딜라드는 이제 50대 중반이 되어 한때 자신을 눈부신 신인 작가로 환영했던 문단의 중견 작가로 자리 잡았다. 어떤 면에서 딜라드는 기대를 저버리지 않았지만, 다른 면에서 아쉬움을 표하는 비평가들도 있다. 첫 번째 책이 세계적인 갈채를 받았을 때, 후속 작품은 어떤 것이라야 기대를 채울 수 있을까?

수천 명의 독자들이 딜라드에게 편지를 보낸다. 《자연의 지혜》는 영성이라곤 찾아볼 수 없었던 당시 문학계에 영혼의 오아시스처럼 희미한 빛을 비추어주었다. 판타지 문학이 많은 사람들에게 다른 세상을 꿈꾸게 해주듯,《자연의 지혜》는 또 다른 사람들에게 저 세상을 설득력 있게 보여주었다. 애니 딜라드는 정말이지 본의 아니게 현대의 성인聖人, 영성의 상징이 되었다.

한 대학생은 이런 편지를 보내왔다. '초월성이란 무엇입니까? 내 글에서 초월성이 더 많아지려면 어떻게 해야 합니까?' 어떤 성직자가 보낸 봉투를 들어 불빛에 비춰보니 십자가 모양의 윤곽이 보였다. "봉투를 열자 십자가 대신, 고통받는 작은 예수 상이 손바닥에 떨어졌어요. 난 깜짝 놀랐죠. 배달 도중에 십자가에서 떨어졌나 봐요." 수녀들은 종교 메달과 성포(聖布, 그리스도의 얼굴이 찍힌 천) 조각을 보내왔다. 손자의 임종을 지키던 한 여성은 딜라드에게 한 가지를 질문하며 답을 요청했다. '히로시마에 핵폭탄을 투하한 미국의 행동은 옳았는가?' 유명한 한 예술가는 이렇게 물었다. "귀찮게 해드리고 싶은 마음은 없습니다만, 한 가지만 대답해주실 수 있겠는지요. 하나님은 피조물을 바라보며 누가 살고 죽는지를 결정하시는 겁니까, 아니면 아예 계시지 않은 겁니까?"

그 예술가의 아들이 1인승 요트를 타다가 익사한 후 보낸 편지였다.

딜라드가 5천 킬로미터나 떨어진 곳으로 이사를 간 게 당연하지 않을까? 전혀 연고가 없는 워싱턴으로 이사를 갔는데, 아무래도 그녀와는 어울리지 않는 곳이었다.

"그곳의 여성들은 나와 전혀 달랐어요. 전기톱을 쓰고, 통조림을 만들고, 아기에게 모유를 먹였지요. 그곳에 가기 전까지는 내가 히피라고 생각했는데, 그곳에서 나는 갑자기 인텔리 여류 작가가 되었어요."

딜라드는 자신이 쓰는 글 때문에 상당히 죄책감을 느꼈다. 자신의 글은 "정치, 사회, 경제적 문제들과 완전히 동떨어져" 있기 때문이다. 특히 신앙에 대해 글을 쓸 때는 일이 복잡해진다. 글을 쓰는 작업에는 모든 순례자가 추구하는 몰아의 경지를 망치는 자의식이 필요하기 때문이다. 영성에 대한 글을 쓰는 작가라면 토머스 머튼이 염려하는 바에 공감할 수 있을 것이다. 작가 자신은 불안과 의심, 두려움에 끊임없이 시달리면서도 책에는 신앙생활에 대한 확신과 자신감을 털어놓는 일이 위선이 아닌가, 하는 염려이다. 과연 순례자가 설 자리가 있을까? 전문가나 성인이 아니라 순례자를 위한 자리가?

《일상의 거룩함》에서 딜라드는 자신을 부인하는 구절을 넣기까지 한다. "나는 잘살고 있지 못하다. 그저 이상을 가리킬 뿐이다." 그녀는 내게 이렇게 설명한 적이 있다. "거룩한 분들이 내게 수도회에서의 강연을 요청해오면 나는 이런 답장을 보내요. '아닙니다, 여러분의 이상을 지키세요.' 《오즈의 마법사》에는 커다란 기계장치가 나오는데, 커튼 뒤에서 자그마한 사람이 그것을 조종하고 단추를 누르죠. 강아지가 커튼을 걷어 그 사람이 드러나자, 기계가 이렇게 말해요. '커튼 뒤의 저 사람을 보지 마라! 불꽃쇼를 보아라.' 그래서 나는 수사님들에게 능력과 거룩과 순결이라는 그들의 이상을 지키라고 말합니다. 우리 모두 이상을 추구하지만, 사실 이상에 충실하게 살아간 사람은 없어요."

대략 20년 전, 나는 딜라드에게 일주일에 한 번씩 그녀를 위해 기도하겠다고 말했다. 그녀가 앞으로 얼마나 큰 압박을 느끼게 될지 상상이 되었기 때문이다.

"날 위해 기도하고 있다고 말한 사람은 아무도 없었어요." 그녀가 최근에 내게 말했다. "결과적으로 나는 당신의 기도에 부끄럽지 않은 크리스천 작가로 남아야겠다, 그것도 최대한 잘해야겠다는 의무감이 들었어요."

뜻밖의 성공을 거둔 한 작가가 고심하며 딜라드에게 조언을 구하는 편지를 보낸 일이 있다. 그에게 딜라드는 이런 답장을 보냈다. "꼭 해주고 싶은 말은요, 누구나 자신이 사기꾼 같은 느낌이 든다는 거예요. … 당신과 당신의 작품을 분리하세요. 당신이 만든 의자나 수프가 당신 자신이 아니듯, 당신이 쓴 책도 당신이 아니거든요. 일단 쓰고 나면 별개의 물건일 뿐이에요. 또 다른 책을 쓰고 싶다면, 그것을 또 하나의 출사표 정도로, 과부의 두 렙돈이자 부서진 헌물이라 생각하세요. 우리 인간이 할 수 있는 최선은 그 정도란 걸 하나님은 오래전부터 알고 계시니까요. 우리는 사전에 이미 용서받은 자들이랍니다."

딜라드의 작품은 그녀의 충고를 뒷받침한다. 언어의 연금술을 통한 한 신실한 순례자의 노력이 다른 사람들을 위로하는 원천이 되었고, 그녀의 의심이 다른 사람들의 믿음을 강하게 해주었다. 그 신비한 연금술은 자기 본모습의 약점을 너무도 잘 아는 작가인 내게 소망을 준다. "시인은 어떤 존재인가?"라고 키르케고르가 물었다. "시인은 숨겨진 고통으로 마음이 찢어지는 불행한 존재이지만, 이상하게 만들어진 그의 입술에서 한숨과 부르짖음이 나올 때면, 그 소리가 마치 아름다운 음악처럼 울린다…."

애니 딜라드와의 더 깊은 만남을 위하여

SOUL SURVIVOR

딜라드의 초기 저작인 《자연의 지혜》는 지금도 그녀의 문체와 사상에 대한 최고의 입문서이다. 작가로서 그녀는 모든 글을 시도해본다. 《창조적 글쓰기》와 《소설처럼 살기 Living by Fiction》는 글쓰기 기술에 관심을 가진 독자들에게 풍부한 자료를 제공한다. 《애니의 유년 시절》은 그녀를 알고 싶어 하는 독자들의 욕구를 만족시켜준다. 장편소설 《생활 The Living》도 출간했는데, 반응은 다소 엇갈렸다. 시집도 몇 권 냈다. 《애니 딜라드 선집 Annie Dillard Reader》은 다양한 작품들에서 저자 자신이 추려낸 발췌문을 모아놓은 책이다. 그녀의 작품을 직접 읽어보고 싶어 하는 독자들에게 맨 먼저 권하고 싶다.

SOUL SURVIVOR 11

무대 옆에서 들려오는 속삭임

프레드릭 뷰크너
FREDERICK BUECHNER

FREDERICK
BUECHNER

프레드릭 뷰크너의 책을 처음 집어든 날이 생각난다. 그 책은 친구가 선물로 보내준 책 꾸러미 안에 들어 있었는데, 내가 그 책을 고른 주된 이유는 얇았기 때문이다(1백 쪽도 채 안 되는 분량이었다). 그 책은 뷰크너가 예일 대학의 '비처 강연Beecher Lectures'에서 전했던 실제 설교를 다듬은 설교집이었다. 그러나 그의 설교와 다른 일반적 설교의 차이는 셰익스피어의 희곡과 평범한 교회의 성탄절 성극에 비할 수 있을 정도였다.

앞자리에서 노부인들이 보청기 볼륨을 높이고, 젊은 엄마는 여섯 살배기 아이에게 커다란 막대사탕과 매직펜을 몰래 들려준다. 방학이라 집에 와 있는 2년차 대학생은 부모에게 억지로 끌려온 탓에 한 손에 턱을 괴고 구부정하게 앉아 있다. 주중에 두 번이나 심각하게 자살을 고려했던 은행의 부행장이 자리 앞 선반에다 찬송가를 놓는다. 어린 임산부는 마음의 동요를 느낀다. 동성 성욕을 20년 동안 자신에게조차 속여온 고등학교 수학교사는 엄지손톱으로 주보를 반으로 접어 깔고 앉는다. … 설교자는 짧은 줄을 잡아당겨 설교단 위의 불을 켜고 설교 수첩에 적힌 내용을 도박꾼 패 돌리듯 나눠준다. 물론 판돈은 그보다 훨씬 낮다.

그 책은 설교라기보다는 소설처럼 읽혔다. 그도 그럴 것이, 나중에 알게 된 일이지만, 뷰크너는 설교자가 되기 훨씬 전부터 소설가였기 때문이다. 무엇을 쓰건, 그는 실감나는 세부 묘사와 흥미로운 줄거리, 손에 땀을 쥐게 하는 긴장감 등의 소설 기법을 사용한다. 그러나 처음 그의 작품을 대했을 때 나는 창작 기법에는 거의 관심을 기울이지 않았고, 전혀 새로운 방식으로 그가 들려주는 오래된 이야기의 극적 효과에 푹 빠져들었다. 그 얇은 책 《진리 말하기 Telling the Truth》에는 '비극, 희극, 동화로 보는 복음'이라는 부제가 붙어 있다. 세 부분으로 나누어진 그 책에서 뷰크너는 기독교의 핵심을 요약한다. 그는 이사야나 마태복음 못지않게 《리어 왕》과 《오즈의 마법사》를 자주 인용하고, 어떤 이유에선지 그 때문에 복음이 더욱 믿음직하게 다가온다.

워커 퍼시의 말에 따르면, 좋은 소설은 우리가 알고 있으면서도 그 사실을 미처 깨닫지 못한 것들을 말해준다. 좋은 신학도 마찬가지다. 프레드릭 뷰크너는 복음이 삶에 억지로 꿰어 맞추는 체계가 아니라 삶에 대한 모든 진리의 요약이라는 사실을 기억나게 했다. 삶은 리어 왕과 예수님의 마지막 나날들만큼 비극적이고, 아르마딜로나 유대 민족의 선조 사라의 황혼 임신 못지않게 희극적이다. 예수님의 이야기 속에 일말의 약속이 담겨 있다면, 우리의 삶 역시 상상 속의 이야기처럼, 현실감이 느껴지지 않을 만큼 결말이 너무나 좋을 것이다. 그것은 "세상의 벽을 뛰어넘고 슬픔보다 더욱 사무치는 기쁨" 한 줄기이다.

나는 뷰크너를 스승으로 삼아 내게 너무 친숙해져버린 복음을 재발견할 수 있었다. 나와 달리, 그는 교회에서 배운 내용을 잊어야 할 필요가 없었다. 교회에서 배운 바가 그리 많지 않았기 때문이다. 그는 성인이 된 후 자진해서 순례의 길에 올랐다. 그것은 예정된 일정에 따른 단체 여행이 아니라, 위험과 어려움이 잔뜩 도사리고 있는 여정이었다. 그 결과, 그는 복음의 기본 내용들을 마치 서남아시아의 도자기 안에서 방금 꺼내든 듯 신선하게 만든다. 기독교 신앙이 그에게 복음으로 다가왔던 이유는 그가 체험한 세상의 진리를 대변해주고 지상에서 살아가면서 느꼈던 가장 심오한 진리들을 말로 표현해낸 것이었기 때문이다.

즉위식의 호탕한 웃음

뷰크너는 목사에게 두 가지 이야깃거리가 있다고 말한다. 예수님의 이야기와 목사 자신의 이야기. 뷰크너의 경우, 목사 자신의 이야기가 예수님을 이야기하는 방식을 결정했다. 뷰크너의 생애에 일어난 몇 가지 결정적 사건들이 그가 지금까지 쓴 모든 글의 배경이 되고 있다. 열 살 때, 프레드와 그의 동생 제이미는 이층 침실 창문을 통해 맨발과 잠옷 바람의 어머니와 할머니가 꿈쩍도 않는 시신을 소생시키려 애쓰는 광경을 내다보았다. 회색 운동복과 밤색 스웨터 차림의 그 시신은 차도에 누워 있었다. 꽉 막힌 차고 안에서 자동차 엔진을 가동시켜 일산화탄소 중독으로 죽은 프레드의 아버지였다. 몇 년 후 아버지의 동생, 프레드의 삼촌도 스스로 목숨을 끊었다.

본인의 말에 따르면, 프레드는 "책벌레에다 비를 좋아하는 내성적인 아이"였다. 아버지와 삼촌의 죽음으로 프레드의 마음속엔 '나도 언젠가 죽겠구나'라는 생각이 자리 잡았고 결코 떨쳐지지 않았다. 한동안 가문에 뭔가 치명적인 자살 유전자가 있는 게 아닌가 하는 생각까지 했다. 그는 우리 대부분을 만들어가는 주된 요소로 매일 밤 텔레비전에 등장하는 거창한 사건들이 아닌 가족, 친구, 그리고 그들과의 비밀 공유 같은 친밀한 요소들을 꼽았다. 그가 성장 과정에서 겪은 가족사의 비극은 그런 확신에 무시할 수 없는 영향을 끼쳤다. 훌륭한 소설가들이 다 그렇듯, 프레드는 인간의 행동이 설명도, 예측도 불가능하고 다만 묘사할 수 있을 뿐임을 배웠다.

스물일곱이 되었을 때, 그는 전혀 다른 종류의 혼란을 겪었다. 그때까지 쓴 두 권의 소설 중 하나인 《긴 하루의 죽음 *A Long Day's Dying*》이 비평가들의 극찬을 받자 거기에 자신감을 얻은 뷰크너는 전업 작가로서의 운을 시험해보기 위해 뉴욕으로 이사를 갔다. 그러나 창작의 벽에 부딪쳐 아무것도 쓸 수 없었고, 우울증에 빠져들었으며, 광고업계나 미 중앙정보국CIA 같은 다른 일자리를 고려하기 시작했다. 그러던 중 아파트에서 한 블록 떨어진 교회 건물이 너무 멋지다는 시시한 이유만으로 매디슨 애비뉴 장로교회에 다니기 시작했다. 그곳은 유명한 설교자 조지 버트릭 목사가 시무하는 교회였다. 영국 여왕 엘리자베스 2세의 대관식이 있던 1953년, 그곳에서 들은 설교는 뷰크너의 인생을 바꿔놓았다. 버트릭 목사는 엘리자베스 여왕의 대관식과 신자의 마음에서 예수님이 왕좌에 오르시는 사건을 대조해서 설명했다. 그는 예수님의 즉위식이 죄의 고백과 눈물 가운데 이루어져야 한다고 말했다.

그러고 나서 그는 안경알이 번뜩이도록 고개를 끄덕이며 늙은 간호사처럼 묘하고 거친 목소리로 말했다. 예수님의 즉위식에 따라와야 할 것은 죄의 고백과 눈물, 그리고—하나님이 이 일의 변함없는 증인이 되시는데—큰 웃음이라고. 예수님은 신자의 고백과 눈물과 큰 웃음 가운데 그 마음에 즉위하신다는 말씀이었다. 그런데 큰 웃음이라는 구절을 듣자, 갑자기 중국의 거대한 장벽이 허물어졌고, 아틀란티스가 바다에서 솟아올랐고, 매디슨 애비뉴 73번가에서 얼굴을 얻어맞은 것처럼 내 눈에서 눈물이 솟구쳤다. 도대체 왜 그랬는지 그후로도 명쾌하게 이해할 순 없었다.

_《은혜의 알파벳 *The Alphabet of Grace*》에서

일주일 후 젊은 소설가는 버트릭 목사에게 어떤 신학교에 가야 할지 조언을 구했다. 버트릭 목사는 그를 유니온 신학교로 태워다주었다. 그해 가을, 뷰크너는 그 학교에 입학해 라인홀드 니부어, 제임스 밀렌버그, 그리고 폴 틸리히 등의 교수들에게서 배웠고 결국 장로교 목사로 안수받기를 원하게 된다. 가족과 친지들은 전도유망한 작가

의 길을 내팽개친 그를 딱하게 여겼다.

"프레디, 그 결정은 혼자서 내린 거니? 누구에게서 엉뚱한 소리를 들은 건 아니니?" 한 칵테일파티에서 이렇게 묻는 아주머니도 있었다.

뷰크너는 때로 자신의 회심 체험을 프로이트 식의 '잃어버린 아버지에 대한 추구'나, 경력상의 실패로 인한 불안을 '믿음의 도약'으로 이기려는 실존주의식 시도 정도로 해석하고픈 유혹을 느꼈다. 그러나 그는 그 유혹에 지지 않고 자신의 회심을 "냉혹한 현실 밑바닥의 금과 균열 사이로" 때때로 솟아오르는 "너무나 놀랍고도 거룩한 은혜"의 본보기로 여긴다.

많은 현대 작가들이 신이 없는 것처럼 보이는 이 세계의 절망을 깊이 있게 다룬다. 신의 존재가 의미하는 바를 현실적으로 고민하는 극소수의 작가들도 있다. 뷰크너는 그리스도께서 호탕하게 웃으시며 그의 마음속에 즉위하셨음을 한시도 잊지 않았다. 그는 마법의 왕국, 피곤한 인생 여행의 종착지이자 사는 날 동안 우리를 떠나지 않는 아련한 향수를 마침내 털어내줄 본향에 대해 쓴다. 그는 설교자이자 작가로 사람들 속의 동심을 다시 일깨워주려 한다. 순진한 믿음, 적어도 직접 가서 마법의 장소가 있는지 찾아보는 소박한 마음, 정답을 알고 있어야 한다는 부담이 없으므로 정답을 알지 못해도 부끄러워할 필요가 없는 아이의 마음 말이다. 우울증에 시달리고 고통의 문제에 집착하며 정서적으로 불안한 어린 시절을 보낸 내게 그것은 정말이지 생기를 불어넣어주는 메시지였다.

"나는 심연 깊숙한 곳까지 샅샅이 들여다보는 일은 면했다." 뷰크너가 말한다. "하나님은 참으로 그분의 가장 깊은 침묵을 성도들의 몫으로 아껴두시는 듯하다. 만약 그렇다면 그분의 침묵은 내 잘못의 대가가 아니라는 말이 된다. 물론 나는 지적 의심이 있다. 그러나 존 업다이크의 말처럼 '하나님이 없다면 우주는 엉터리 쇼'일 텐데, 내가 경험한 우주는 엉터리 쇼가 아니다. 나는 나쁜 환상도 행복한 환상도 보지 못했지만, 무대 옆에서 들려오는 분명한 속삭임을 들었다."

믿음의 여지

내가 뷰크너를 처음 만난 것은 1980년대 초반이었는데, 그때 그는 자신의 서신과 초고를 휘튼 대학에 기증하기로 결정했다. 그것들은 C. S. 루이스, 체스터턴, 찰스 윌리엄스, 톨킨, 도로시 세이어즈의 작품들과 나란히 휘튼 대학의 웨이드 컬렉션에 소장될 것이었다. 뷰크너는 휘튼 대학에 대해 아는 바가 거의 없었지만—전화로 그는 계속 그곳을 '휘틀랜드 대학'이라고 불렀다—그의 기증 의사에 모교인 프린스턴 대학이 시큰둥한 반응을 보였던 반면 웨이드 컬렉션 담당자들의 관심은 열렬하고 매우 적극적이었다. 뷰크너가 휘튼 대학 캠퍼스를 둘러보고 나자, 나는 그에게 기증 결정에 대해 어떻게 생각하느냐고 물었다. 그는 이렇게 대답했다. "글쎄요, 내 작품이 썩어 가기엔 좋은 장소 같군요. 안전한 장소 같아요. 적어도 아주 유명한 친구들과 함께 있게 되겠지요."

뷰크너는 몇 년 후 방문 교수 자격으로 휘튼 대학 캠퍼스를 다시 찾았다. 처음으로 그는 복음주의 기독교인들과 지속적으로 접촉하게 되었는데, 그들은 그때까지 그가 만나본 적이 없는 부류의 사람들이었다. 뷰크너는 내게 복음주의자들 중 일부는 상대방의 언어를 모르면서 언성만 높이는 유럽의 미국인 여행객을 연상케 한다고 말했다. 그들은 뷰크너가 신비에 가려진 것으로 여기는 문제들에 대해 확신 있게 말하곤 했는데, 그런 확신은 그를 매혹하는 동시에 경계심을 품게 했다. "나는 학생들이 날씨와 영화에 대해 잡담을 나누다가 자연스럽게 하나님이 그들의 삶에서 하시는 일에 대한 얘기로 넘어가는 것을 보고 깜짝 놀랐어요. 그들은 '기도 일기' 이야기를 꺼냈고 '하나님이 내게 이렇게 말씀하셨어요…' 같은 표현들을 썼지요. 내가 사는 곳에서 누가 그런 말을 한다면 금세 천장이 내려앉고, 집에 불이 나고, 사람들의 눈이 휘둥그레질 겁니다."

뷰크너는 이를 하버드 대학 신학부에 초청 강사로 갔을 때의 상황과 비교한다. "그곳에선 전투적 동성애자나 오만한 무신론자들을 만날 수 있고, 예배당 밖에서 집회를 여는 마녀들도 볼 수 있어요. 한번은 내가 설교에 대한 강의를 짤막한 기도로 시작했더니 학생들이 충격을 받고 나자빠지더군요. 하버드 대학 신학부에서는 아무도 기도하지 않는 것이 분명해요."

뷰크너는 복음주의자들의 열정을 이해하게 되었지만, 보다 조용한 목소리로 자신의 신앙을 이야기한다. 그는 하나님이 살아 계시고 이 세상에 실존하심을 분명히 믿지만, "그토록 깊이 있고, 능력 있고, 아름다운 신비를 흘끗 곁눈질로만 보게" 하신다는 사실에 전혀 놀라지 않는다. "그 신비를 곁눈질이 아니라 어떤 식으로건 똑바로 들여다본다면 우리는 절멸하고 말 것이다."

하나님이 역사에 개입하시는 방식에 대해선 두 가지 모형이 있다. 전통적 모형이 보여주는 하나님은 하늘 위에 계시다가 가끔 번개처럼 역사에 개입하신다. 불타는 수풀에서 모세를 부르신 일과 애굽에 내리신 열 가지 재앙, 선지자들, 예수님의 탄생이 그렇다. 성경에 그러한 하나님의 개입이 기록되어 있는 것은 분명하지만, 대개는 그에 앞서 오랜 기다림과 의심의 세월이 있었다. 또 다른 모형은 역사의 배후에서 끊임없이 역사를 지탱하시고, 가끔 누가 봐도 명백한 사건을 일으키셔서 빙산의 일각처럼 수면 위로 떠오르시는 하나님을 그리고 있다.

극적인 사건들은 누구나 알아챌 수 있지만—애굽의 바로는 열 가지 재앙을 모를 수가 없었을 것이다—믿음생활에는 수면 아래에 대한 모색과 초월성의 소문에 신경을 곤두세우는 귀 기울임이 따른다.

뷰크너는 세상 속에 숨어 있는 하나님의 은혜를 추구한다고 말했다. 그가 얘기하는 경험담을 몇 가지 살펴보자. 공항에서 불안에 떨던(그는 비행 공포증이 있다) 그에게 카운터에 놓인 넥타이핀이 갑자기 눈에 들어왔는데, 희한하게도 그 넥타이핀에는 그의 이름의 머리글자 "C. F. B."가 찍혀 있었다. 자다가 죽은 친한 친구가 꿈에 나타나 모직으로 된 운동셔츠의 파란 실 한 가닥을 남기고 갔는데, 다음 날 아침 뷰크너가 깨어나 보니 카펫 위에 그것이 놓여 있었다. 개인적으로 어려운 시기에 도로 옆에 차를 잠깐 세워놓았는데 도로를 질주해가는 차의 번호판에 "믿으라$_{T\text{-}R\text{-}U\text{-}S\text{-}T}$"는 짤막한 메시지가 적혀 있었다.

뷰크너는 그 모두가 환원주의적 해석이 가능함을 시인한다. 어쩌면 고양이가 실 한 가닥을 끌고 왔거나, 승객이 카운터에 넥타이핀을 두고 갔거나, 은행의 신탁 전담 직원trust officer이 고속도로를 질주한 것일 수도 있다. 그러나 뷰크너는 그것을 사건들 속에 숨어 있는 섭리의 힌트로 보는 쪽을 선호한다. 예를 들어보자. 차들이 지나가고 있고, "수많은 어휘 중 내게 가장 필요했던 건 바로 믿으라는 단어였다. 그것은 우연한 일이었지만, 하나님이 내게 '네 자녀들을 믿으라, 너 자신을 믿으라, 하나님을 믿으라, 삶을 믿으라. 그저 믿으라'고 말씀하시는 계시의 순간이기도 했다."

하나님은 그처럼 애매하고, 파악하기 어렵고, 다른 해석의 여지가 있는 방식으로 우리 삶에 비집고 들어오신다. 뷰크너에게 그런 임의의 사건들은 '파스칼의 내기'(만약 신이 존재하지 않는다면, 신을 믿건 믿지 않건 특별히 잃을 게 없다. 그러나 신이 존재한다면, 신을 믿을 경우 모든 것을 얻지만 믿지 않을 경우 모든 것을 잃고 만다—옮긴이)에 응할 기회가 된다. '삶에 신비와 의미를 주시는 하나님을 인정할 것인가, 아니면 무슨 일이 벌어지건 그 안엔 별다른 의미가 없다는 결론을 내릴 것인가.' 어느 쪽이건 증거는 단편적이고 잠정적이며, 따라서 믿음이 필요하다. 의심의 여지가 없다면, 믿음의 여지도 없을 것이다.

믿음은 향수이다. 믿음은 복받치는 감동이다. 믿음은 고정된 명사가 아니라 지향점이 있는 동사이며, 확실한 무엇이 아니라 직감이다. 믿음은 기다림이다. 믿음은 시공간을 오가는 여정이다.

누군가 찾아와 내 믿음에 대해 말해달라고 요청한다면(그런 일은 자주 있다), 나는 시공간을 오가는 그 여정을 이야기할 것이다. 세월의 부침浮沈, 꿈, 묘한 순간, 직관. 나는 삶에 대해 문득문득 떠오르는 느낌에 대해서도 말해야 할 것이다. 삶이란 초구에 맞은 당구공들이 온갖 방향으로 튀어나가듯 제멋대로 꼬리를 물고 이어지는 사건들의 연속이 아니고, 소설에 줄거리가 있는 것처럼 삶에도 줄거리가 있어 어떤 식으로건 사건들이 지향하는 바가 있을 거라는 느낌 말이다.

_《믿음으로 살아가기 Going on Faith》에서

나는 뷰크너의 글에 공감하지 않을 수 없다. 믿음은 나에게도 '파스칼의 내기'이기 때문이다. 나는 하나님을 추구하면서 살아가지만, 하나님이 바로 다음 길모퉁이 너머, 숲 속 바로 다음 나무 뒤에 계실 것 같은 답답함이 느껴질 때가 적지 않다. 그러나 지금까지 걸어온 인생여정이 참으로 마음에 들고, 하나님 없는 다른 길들이 더욱 문제투성이로 보이고, 인생을 관통하는 줄거리의 결말을 보고 싶은 마음이 간절하기 때문에 하나님을 추구하는 삶을 계속 이어간다. 나는 삶의 비극도 약간은 안다. 그 희극성도 맛보았다. 나는 너무도 아름답고 선한 세계를 창조하실 만큼 강하고 지혜로운 하나님이 신실하게 그 세계를 원래의 설계대로 회복시키실 거라는 동화 같은 사실을 믿기 때문에 믿음의 길을 계속 걸어간다. 뷰크너와 더불어, 나는 결국 모든 것이 잘될 거라는 하나님의 확고한 약속에 내 삶을 건다.

은혜의 알파벳

뷰크너는 휘튼 대학에 방문했다가 내 요청에 따라 시카고 시내에 있는 우리 교회에서 말씀을 전하기로 했다. 약속된 날이 다가올수록 나는 점점 더 불안해졌다. 우리 교회의 예배는 평신도로 구성된 예배 위원회의 기획에 따라 형식이 대단히 자유로웠고, 흑인 가스펠 그룹부터 고전적인 바이올린과 요란한 록 밴드에 이르기까지 음악도 다양했다. 한 예배에 이 세 가지 풍이 모두 등장한 적도 있다. 예배 위원회가 현대어로 손을 본 성경 말씀 봉독과 고상한 문체의 성공회 기도 문구, 노숙자들과 시카고 공립학교를 위한 간구까지 곁들인 대표기도. 노숙자들이 예배시간에 들어왔다가 몸이 녹아 의자에 몸을 뻗고 낮잠을 청하는 일도 많았다. 그런 풍경들은 뷰크너가 다니는 버몬트 주 농촌교회와 전혀 다를 듯했다.

예배 위원회는 뷰크너를 존중하여 의외로 잘해주었다. 천장에는 새로운 현수막이 걸렸고, 헐렁한 옷을 입은 뚱뚱한 여성이 성경 봉독과 기도와 찬양을 다채롭게 인도했다. 봉헌 찬양 시간에는 날씬한 아가씨가 착 달라붙는 옷차림으로 워십 댄스를 했다. 뷰크너는 설교단 뒷자리에 앉아 인도의 사원을 방문해 정교한 의식을 보는 여행객처럼 그 모든 광경을 지켜본 후, 강단에 서서 훌륭한 설교를 전했다. 그러고 나서 두 마디를 덧붙였다. 첫 번째는 예배를 인도한 여성에 대해서였다.

"어떻게 그렇게 살이 찌도록 내버려둘 수가 있어요?"

그다음은 워십 댄스에 대해서였다.

"예배에 집중하도록 돕자는 취지인 것은 압니다만 난 예배 시간 내내 그녀가 속옷을 입기는 한 건지 의아했어요."

그때부터 나는 뷰크너가 좋아졌다. 그는 다른 사람들이 생각만 하는 내용을 자유롭게 표현하는 사람이었다.

나는 뷰크너가 정치, 영화, 다른 작가, 목회자이자 저술가라는 자신의 직업 등 거의 모든 주제에 대해 생각이 분명하고 그것을 거리낌 없이 이야기한다는 것을 알게 되었다. "종교 언어에는 넌더리가 납니다." 그는 인터뷰에서 그렇게 말했다. "이제는 설교도 넌더리가 납니다." 그러나 넌더리가 나는데도 계속 설교에 응했기 때문에 그는 자신의 신앙을 전할 새로운 방편을 찾아야 했다. 뷰크너는 야곱과 바울뿐 아니라 도스토옙스키와 헨리 제임스도 인용하면서 설교를 했다. 무엇보다도, 소설을 쓸 때 배웠던 교훈을 비소설 산문을 쓸 때도 한결같이 적용했다. 그가 배운 교훈은 거짓이나 비현실성의 기미야말로 독자와 멀어지는 첩경이라는 거였다. 기독교 신앙에 대해 설교를 하거나 글을 쓰려면 더할 나위 없이 정직해야 한다.

불신 가정에서 성장한 뷰크너는 "신앙 때문이 아니라 학교에 입학하기 전에 예방 접종을 하듯 의례적으로" 세례를 받았다. 그러나 역설적이게도 세례는 그에게 기독교의 본질이 아닌 상징에 현혹되지 않도록, 스테인드글라스와 성상의 아늑한 이미지에 빠지지 않도록, 교회를 위한 교회의 덫에 빠지지 않도록, 의미를 상실한 지 오래된 진부한 단어의 반복에 안주하지 않도록 막아주었다. 마침내 자기 신앙을 갖게 되었을 때, 그는 그것을 표현할 새로운 어휘를 찾아야 했다.

그러한 신선한 스타일이 뷰크너의 글을 감칠맛 나게 만든다. 성경 인물에 대해 쓰건 추상적 신학에 대해 쓰건, 그는 진부함과 지나친 경건함을 배제하려 애쓴다. 독자가 멈춰 서서 관심을 기울이게 하려면 다음과 같이 생생한 이미지와 절묘한 단어 선택, 혹은 긴장감 넘치는 표현이 있어야 한다.

- 그리스도인은 그다지 멀리 가지는 못했더라도 제 길에 들어선 사람이요, 누구에게 감사해야 하는지 희미하고 설익은 정도로나마 알고 있는 사람이다.
- 음욕은 목말라 죽어가는 사람이 소금을 갈망하는 것과 같다.
- 하나님은 설명하지 않으신다. 그분은 터뜨리신다. 욥에게 대체 너 자신이 누구라고 생각하느냐고 물으신다. 욥이 설명을 듣기 원했던 것들을 설명하려는 시도는 조개에게 아인슈타인을 설명하려는 시도와 같다고 말씀하시는 것이다.
- 그리고 그 나라의 왕을 누가 알아볼까? 그에겐 고운 모양도 풍채도 없다. 옷은 자선 벼룩 시장에서 구한 것이고, 마지막 면도를 한 지 몇 주는 되어 보인다. 그에게선 죽음의 냄새가 난다. 그의 남루함을 너무나 오랫동안 낭만적으로 그려온 우리로서는 그런 그의 모습이 당시에 얼마나 많은 거부감을 주었을지 희미하게 추측해 볼 뿐이다. 오죽하면 세례 요한이 제자들을 보내어 "오실 그이가 당신이오니이까?"라고 물었을까. 빌라도는 잘 맞지 않는 바지를 입고 입술이 터진 그에게 "네가 유대인의 왕이냐?"라고 물었고, 사람들이 보고 웃을 수 있게 그 말을 푯말에 써 그의 머리 위에 못

박아놓았다.

소설가 뷰크너는 그의 비소설로 여러 면에서 새로운 장르를 개척했다. 주목할 만한 예외가 좀 있기는 하지만, 그리스도인들이 쓴 비소설들은 대개 몇 가지 범주에 속한다. 설교, 애가, 에세이, 합리적 변증 등 설득하는 글은 휘튼 대학의 웨이드 컬렉션에 뷰크너와 나란히 원고를 맡긴 저명한 작가들이 좋은 작품을 많이 써낸 장르이다. 다른 크리스천 작가들은 회고록과 간증집을 썼는데, 그중엔 매력적인 작품도 많지만 하나같이 '죄인이 구원받는' 예측 가능한 줄거리라는 약점이 있다. 그러나 뷰크너의 글은 그가 소설을 쓰며 익힌 기법들과 크리스천으로서의 자기성찰을 모두 담아낸다.

소설과 믿음 생활에는 공통점이 많다. 이것이 뷰크너의 결론이다. 믿음과 픽션 둘 다 추상적이고 일반적인 원리보다는 구체적이고 개별적인 사건에 근거한다. 모순되는 듯 보이는 상황을 다루고 개별 사건들과 모순들을 끊임없이 재정리해서 의미 있는 패턴을 찾아낸다. 뷰크너가 적절한 목소리를 찾기까지는 상당한 시간이 걸렸다. 목사 안수를 받고 난 후에도 그는 자신의 신앙에 대해 쓰는 걸 어려워했다. 신을 믿지 않는 가정에서 성장하고 종교의 영향력이 미약한 지역에서 사는 그에게 신앙이란 꼭꼭 숨겨둬야 할 가족 간의 비밀처럼 다른 사람들 앞에서 입에 담지 말아야 할 것으로 여겨졌고, 그것에 대해 쓰는 것이 늘 조심스럽고 당혹스러웠다. 변화는 묘한 우연의 일치를 통해 적절한 순간에 찾아왔다.

뷰크너는 어두운 시기를 보내며 신경쇠약에 걸리기 직전이었다.

사립학교의 편안한 자리를 떠나 전업 작가로 글을 쓰기 위해 가족들을 이끌고 버몬트 주의 외딴 농장으로 이사 간 직후의 일이었다. 이사 후 얼마 지나지 않아 그는 막다른 골목에 이르렀다. 매일 휑한 벽만 마주볼 뿐 제때 영감이 떠오르지 않았다. 뭔가 쓸 때마다 너무 우울해져서 작업을 계속할 수 없었다. 그때 하버드 대학에서 신학을 주제로 한 '노블 강연Noble Lectures'의 강사로 그를 초청하는 편지를 보내왔다. "강연 내용은 '신앙과 문자' 정도면 괜찮을 듯합니다." 교목은 그렇게 제안했다.

교목은 '문자'란 표현을 문학이나 배움의 의미로 썼음이 분명하다. 그러나 초청장을 보던 뷰크너에게 그 단어는 모든 언어의 기초 요소이자 알파벳의 낱자, 즉 가장 기본적이고 본질적인 의미로 다가왔다. 이에 대해 생각하면 할수록, 믿음은 하나님이 일상의 평범한 사건들을 일종의 알파벳 낱자들로 사용하셔서 제대로 귀 기울이는 자에게 하나님 자신을 전해주시는 것이라는 생각이 강해졌다. 그때부터 그의 눈은 내면을 향하기 시작했다. 그 사색의 결과로 《은혜의 알파벳》이 탄생했다. 이 작품은 뷰크너가 수염을 깎고, 옷을 입고, 거울을 들여다보고, 커피를 마시고, 아이들 옷 입히고, 글 안 쓰려고 딴짓을 하고, 친구를 만나 점심을 같이하고, 뉴스를 시청하고, 그러다 졸려서 불을 끄고 잠자리에 들기까지의 일상의 단편들을 하나씩 살펴본 '노블 강연'의 내용을 책으로 다듬은 것이다.

그렇게 해서 마침내 뷰크너는 비소설 분야의 책을 쓰기 위한 자기만의 목소리를 찾았다. 그는 유니온신학교 교수들처럼 신학자가 될 필요가 없었다. 설교자가 될 필요도 없었다. 소설을 쓸 때처럼 자신의 삶 속에서 이야기를 만들어내고 의미를 찾아내면 되었다. 그는 여러 권의 회고록과 자신만의 조용하고 미묘한 목소리로 신앙을 담아낸 '문학' 작품들(《은혜의 알파벳》,《진리를 말하기》,《기억의 방 A Room Called Remember》)을 펴내기 시작했다. 때로는 설교집이나 '신학 입문서'(《특별한 보물 Peculiar Treasures》,《희망적 사고 Wishful Thinking》,《어둠 속의 휘파람 소리 Whistling in the Dark》) 같은 다른 장르를 시도하기도 했다. 그 모든 작품에는 뷰크너의 육성과 하나님의 숨겨진 메시지를 찾아 땅을 파내는 그의 노력이 담겨 있다. 해변에 밀려오는 표류물로 생계를 꾸리는 사람처럼 그는 같은 모래사장을 계속해서 누비며 숨겨진 보물을 찾는다.

귀를 기울일 것

제임스 조이스는 이렇게 말했다. "문학은 평범한 일을 다룬다. 색다르고 특별한 일은 저널리즘의 몫이다."

그의 정의에 따르면 뷰크너의 작품은 문학의 범주에 들어맞는다. 애니 딜라드는 자연 세계를 작품 소재로 삼았고, 뷰크너는 자신의 삶을 선택했다. 그에게 글쓰기는 일종의 자기발견이고, 그의 표현을 빌리면 "기억을 떠올리는 행위"이다. 그는 이라크나 중국, 포스트모더니즘의 위기 대신, 나야Naya 할머니에 대한 희미한 기억이나 고향에 있던 낡은 방앗간, 또는 뒤뜰에 선 채 서로 맞부딪쳐 소리를 내는 사과나무 두 줄기에 대해 쓴다.

그의 접근법은 하루 종일 독방에 앉아 내면을 들여다보고 영혼 깊숙한 곳을 살피는 중세 신비가들을 연상케 한다. 그러나 그는 산책도 하고, 사람들과 대화도 나누고, 가족과 잡담도 나누고, 가끔이지만 여행도 간다. 그 경험들을 원료로 삼아 진행형 회고록을 만들어 낸다. 글이 어디로 가고 있는지 알 수가 없는 독자는 때로 저자인 뷰크너도 글의 방향을 모르고 있다는 생각이 들게 된다. 그는 자신의 관점에 맞추기 위해 소품을 조작하는 무대감독이 아니라, 세상을 내다보는 조심스러운 관찰자, 어리벙벙할 때도 있고 당황할 때도 있지만 늘 깜짝 놀라는 관찰자 역할을 맡는다.

뷰크너는 잠잠한 관찰자 스타일이 그의 소설을 이끈다고 말한다. "시편 기자는 '너희는 가만히 있어 내가 하나님 됨을 알지어다'(시 46:10)라고 충고했는데, 나는 언제나 그것을 훌륭한 문학적 충고로 받아들였어요. 톨스토이나 앤서니 트롤럽이 그랬듯, 가만히 있어 작품의 등장인물들이 스스로 말하게 하고 그들만의 방식으로 영원히 살아나도록 하는 거죠. 나 같은 작가들은 뒤죽박죽된 글감에다 형태를 부여하기보다는 어떤 형태가 거기 숨겨져 있으며 어떤 식으로 드러나는지 보려 애씁니다. 부수적 인물들이 주요 등장인물이 될 조짐이 보이면, 최소한 그렇게 될 기회를 줘봐야 합니다. 소설의 세계에서는 진정한 주인공이 누구인지 알기까지 많은 페이지가 필요할 수 있거든요. 현실에도 이 같은 경우가 있습니다. 친한 친구나 담당 정신과 의사보다는 기차역에서 처음 만나 30분간 대화를 나눈 사람 덕분에 우리의 진정한 본향이 어딘지 알게 된 경우, 그리고 그 사실을 몇 년이 지나서야 깨닫는 경우가 그렇습니다."

최근작 《본향에 대한 동경*The Longing for Home*》에서 뷰크너는 선거, 전쟁, 자연재해 등 매일 밤 보도되는 그날의 뉴스와 우리의 일상생활에서 벌어지는 뉴스를 대조한다. 일상에서 벌어지는 일들은 너무 사소해 눈에 잘 띄지도 않지만 그런 매일의 사연이 모여 우리의 사람됨을 결정한다. 그는 이렇게 말한다. "일상의 뉴스야말로 우리가 어떤 모습에서 멀어지고 어떤 사람이 되어가는지 보여주는 소식이다." 그것이야말로 가장 중요한 소식일 것이다.

같은 맥락에서, 뷰크너는 하나님이 이 세상을 향해 말씀하시는 통로가 우리 각자의 일상생활이라고 본다. 하나님을 추구하는 많은 사람들은 기적과 초자연적인 무엇을 찾는다. 그러나 우리는 평범한 것에 관심을 기울여야 한다. 자는 일, 깨는 일, 무엇보다 꿈꾸는 일, 기억하는 일, 망각하는 일, 우리를 미소짓게 하는 일, 눈물짓게 하는 일, 우리를 기쁘게 하는 일, 우울하게 하는 일. 하루 속에서 벌어지는 평범한 사건들을 통해 하나님은 말씀하시고, 뷰크너는 글쓰기를 통해 그분의 말씀을 듣는 법을 전한다.

그는 불을 끄고 잠을 청하면서 보다 친근한 생활의 뉴스를 되새겨보라고 조언한다. 그때야말로 그날의 사건들―답장 없는 편지, 전화통화, 목소리의 어조, 우체국에서의 우연한 만남, 뜻밖의 감동―이 또 다른 내면의 의미를 넌지시 내비치는 시간이다.

내가 소설가로서, 또 설교자로서 전하려 애쓴 모든 메시지의 본질을 몇 마디로 정리한다면 대략 이런 내용이 될 것이다. 자신의 삶에 귀를 기울이라. 헤아릴 수 없는 신비를 찾아 그 안을 들여다보라.

즐거움과 기쁨보다는 지루함과 고통을 더듬고 맛보고 냄새 맡아 삶 속에 숨겨진 거룩한 본질을 찾으라. 결국 매순간이 중요하고 삶 그 자체가 은혜이기 때문이다.

_《지금과 그때 Now and Then》

나는 뷰크너의 생각에 자극을 받아 미국 본토 크기의 절반가량 떨어진 곳으로 이사를 갔다. 그전까지 나는 활기차고 볼거리 많은 시카고 시내에서 13년 동안 행복하게 살았다. 음악회와 영화와 연극을 보러 다녔고, 걸어 다닐 만한 거리 내에 있는 각국 전통 요리 식당에서 맛있는 음식을 골라 먹을 수 있었다. 그런 곳이 스무 군데도 더 되었다. 나는 커피숍과 링컨공원의 벤치에서도 글을 썼다. 이웃 사람들과 상인들은 물론 거지들까지도 알게 되었다. 삶은 풍요로웠다. 그러나 그 풍요로움에 결국 내면의 목소리까지 다 잠겨버렸다. 나는 차량 경보음, 버스 경적, 그리고 시카고 커브스 Chicago Cubs의 술 취한 팬들이 내는 불협화음에 묻혀 더 이상 뷰크너가 말하는 '삶에 귀 기울이기'를 할 수 없었다. 시카고에는 쓸거리가 많았다. 집에서 몇 발짝만 나가면 자기가 '투탕카멘'(기원전 14세기의 이집트 왕—옮긴이)이라고 우기는 거지를 만날 수 있었다. 좀 더 아래쪽 길가의 상점주인은 알고 보니 제2차 세계대전 당시 악명 높았던 '도쿄의 장미'(Tokyo Rose, 일본계 미국인으로 제2차 세계대전 때 일본에서 미군 대상의 선전 방송을 내보낸 여성 방송인의 별명—옮긴이)였다. 그러나 늘 다른 사람들의 이야기일 뿐, 내 자신의 이야기는 없었다.

나는 뷰크너의 제안에 따라 내 안에 숨겨진 평범한 삶을 탐험하기 위해 콜로라도로 이사했다. 지루함과 고통 한가운데에 파내야 할 신비와 은혜가 놓여 있다. 나는 내 목소리를 찾고 싶었고, 바깥이 아닌 나의 내면을 들여다보고 싶었다. 그리고 그렇게 하기 위해선 좀 더 적합한 환경, 조용하고 고독한 장소가 필요했다.

이제 나는 평일에 사람들보다 야생동물들을 더 많이 본다. 글이 막힐 때마다 변함없이 산책을 나가지만, 이제는 요란하고 화려하기 그지없는 클라크 로路가 아니라 솔잎이 깔려 푹신해진 길과 인적이 없는 눈밭을 거닌다. 나는 뷰크너가 뉴욕 시에서 버몬트 주로 이사한 후 말한 변화가 어떤 것인지 알게 되었다. 8년이 지난 지금, 나는 귀 기울이는 법을 배우고 있다.

진창에 빠져 있을지라도 생명을 공급하는

자신의 비밀을 털어놓는 일과 다른 사람의 비밀을 알리는 일은 성질이 다른 문제이다. 뷰크너와 나는 몇 번인가 글쓰기의 직업적 위험, 특히 우리가 가까운 사람들에게 입히는 불가피한 상처들에 대해 의견을 나눴다.

바로 그 때문에 뷰크너는 중견작가가 된 이후에야 가족사의 비밀 몇 가지를 털어놓았다. 자신뿐 아니라 다른 가족들의 우울증, 그리고 거식증에 걸린 딸의 사활을 건 투병에 대해 쓰기 시작했다. 가족의 비밀을 지키기에 급급했던 어머니를 고려하여 그는 수십 년간 아버지의 자살에 대해 직접적으로 쓰지 않았다. 그러나 자살 장면들은 그의 소설 곳곳에 등장한다. 어머니는 그중 한 장면에 노발대발한 나머지 며칠 동안 그에게 말도 걸지 않았다. 그러던 중, 마침내 뷰크너는 어머니가 남편의 이야기에 대해 침묵할 권리가 있는 것처럼 자신에게는 아버지의 이야기를 할 권리가 있다는 결론을 내렸고, 회고록들을 통해 아버지의 비극을 다루기 시작했다. 그의 어머니는 그가 그토록 오랫동안 두려워하며 간신히 써내려간 그 기록들을 쳐다보지도 않았다. 그에게는 참으로 놀라운 일이었다.

재닛 맬컴은 주간지 〈뉴요커〉에 기고한 글에서 작가는 처음에는 격려하고 기운을 돋우는 어머니처럼 군다고 말한다. 작가는 사람의 가장 속 깊은 비밀까지 끌어내고, 다 이해한다는 듯 고개를 끄덕이며 더 말해보라고 부드럽게 다그친다. "나는 믿어도 되는 사람이에요. 전부 말해보세요." 그렇게 넌지시 암시한다. 그러나 일단 글쓰기 단계에 들어가면 역할을 바꾸어 독재적이고 객관적인 아버지가 된다. 작가는 판단을 내리고, 내놓을 만한 일관된 글이 나올 때까지 계속 글감을 추린다. 그 과정에서 불가피하게 왜곡이 발생하고 상처를 주게 되는 경우도 많다.

사실 나는 프레드릭 뷰크너에 대해 쓰기로 마음먹었을 때 이와 비슷한 변화를 감지했다. 우리는 20년 이상 친구로 지내면서 서신을 교환했고 때때로 전화통화를 했고 형편이 되면 직접 찾아가 만나기도 했다. 그런데 갑자기 나는 그와의 우정에서 한걸음 벗어나 작가로서 그를 평가하기 시작했고, 테마와 패턴을 찾아 그의 삶을 이리저리 간추렸다. 나는 그를 "객관적으로 보았고" 아주 당연히 그는 내 판단 중 일부에 동의하지 않았다. 그 과정 속에서도 우리의 우정은 변함없었지만 나는 작가가 휘두르는 부당한 권력에 대해 생각하게 되었다.

우리 작가들은 왜 그런 일을 하는가? "많은 책들을 짓는 것은 끝이 없고"(전 12:12)라며 전도서의 전도자는 3천 년 전에 한숨지었고, 올해에만 5만 권의 새 책이 나올 것이다. 그러나 우리는 계속해서 글을 쓰고, 점점 더 많은 말을 지어낸다. 그로 인해 사람들을 위로할 수 있겠지만 해를 끼칠 가능성도 그만큼 더 높아진다. 작가와 지구상의 다른 사람을 구별짓는 것은 살아 있는 시각이다. 그것 말고는 작가에게 내놓을 것이 없기 때문에 우리는 글을 쓴다. 우리는 우리의 이야기를 누군가에게 해야 하는 것이다.

1985년에 하늘에서 추락한 일본 여객기의 승객, 2000년에 가라앉은 러시아 잠수함의 선원, 죽음의 수용소에 있던 유대인 포로들, 소련 강제 수용소의 수감자들 등 죽어가는 사람들은 본능적으로 글을 쓴다. 후세에 자신들 삶의 일부를 기록으로 남기려는 뜻일 것이다. 글쓰기로 생계를 잇는 우리 작가들은 그 본능을 매일 계발한다. 우리는 자신만의 관점과 그것을 표현하는 신기한 글의 힘을 위탁받은 청지기들이다.

모든 작가는 쑥스러움을 극복해야 하고, 내 생각을 독자에게 주제넘게 내세우는 건 오만이 아닐까, 나의 글이 독자의 시간을 빼앗을 가치가 있다는 발상은 이기적인 게 아닐까 하는 우려를 떨쳐내야 한다. 독자가 왜 나의 말에 관심을 기울여야 할까? 무슨 권리로 그들에게 내 의견을 강요한단 말인가? 맥락은 좀 다르지만 시몬 베유가 이에 대해 답변을 제시한다.

"사람이 사람을 사랑하는 것도 때로는 실수로 여겨지는데, 하나님이 나를 사랑하셔야 하는 필연성은 아무래도 떠올릴 수가 없다. 그러나 오직 내가 있는 지점에서만 보이는 피조 세계의 광경을 사랑하시는 하나님의 모습은 쉽사리 상상할 수 있다." 그것은 모든 작가, 특히 믿음의 작가가 내놓을 수 있는 독특한 피조 세계의 광경, 내가 선 자리에서만 보이는 모습이다.

내가 쓰는 모든 글의 바탕에는 우리 가족의 문제와 남부 근본주의에서 자란 유년 시절, 위태로운 신앙의 여정이 깔려 있다. 사실, 내가 이 책에서 소개한 모든 작가는 세상을 독특한 눈으로 바라본다. 우리가 열정적으로 쓸 수 있는 소재는 다른 사람이 아니라 우리 자신의 경험뿐이다. 알고 보니 독자들은 내 경험의 구체적 내용이 아니라 그로 인해 생겨난 결과에 반응을 보였다. 저자로서 글을 쓰면서 받는 영향과 독자가 그 글을 읽으면서 받는 영향은 다르다. 나는 근본주의에 대해 쓰지만, 독자들은 엄격한 로마 가톨릭이나 플리머스 형제단Plymouth Brethren 가정에서 자란 얘기들을 편지로 보내왔다. 그들은 교회, 가족, 그리고 신앙을 향해 주춤주춤 발걸음을 내딛은 나의 사연에 공감했다. 그것이 뭔가를 불러일으킨 것이다.

나와 프레드릭 뷰크너의 성장 배경을 비교해볼 때 표면적으로는 공통점이 별로 없다. 그는 상류 계급 출신이고, 아버지가 자살로 세상을 떴고, 버뮤다에서 겨울을 보냈고, 사립학교에 다녔고, 소설가로 금세 성공을 거두었고, 뉴잉글랜드 농촌 지역의 숲이 무성한 땅으로 이사했다. 그러나 그가 자신의 생애를 묘사할 때 내 생애도 덩달아 그려진다는 데에서 그의 탁월한 작가적 역량을 볼 수 있다.

그런데 어느 순간 뷰크너는 이제 다른 글을 써야겠다고 느꼈다. 자기성찰은 할 만큼 했고, 자기처럼 결점 많고 죄에 약한 현대인에 대한 글은 충분히 썼다고 생각한 거였다. 그는 다음에 뭘 쓸지 분명한 생각이 없이, 과거 역사상의 성인, 어쩌면 참으로 거룩한 사람을 만나기를 바라는 마음에서 《펭귄성인사전*Penguin Dictionary of Saints*》을 집어들었다. 책을 폈을 때 11세기 영국의 성자 고드릭Godric이 나왔는데, 뷰크너가 처음 접하는 인물이었다. 내용을 읽다 보니 고드릭은 뷰크너의 소설에 등장하는 별나고 실제적인 인물, 리오 베브의 전생의 모습처럼 느껴졌다. 그렇다. 고드릭은 분명 거룩한 선교사요 고행자였고, 애완 뱀을 두 마리나 기르는 거친 사람이긴 해도 영국 최초의 위대한 서정 시인으로 손꼽히는 인물이 되었다. 그러나 그는 여동생을 침실로 끌어들이고 평생 음욕과 싸움을 벌인, 뷰크너의 표현을 빌리자면 "아랫도리를 주체치 못하고 깩깩대는 원숭이"이기도 했다.

뷰크너는 고드릭에 대한 책을 쓰면서 성인聖人에 대한 새로운 정의를 얻었다. 그들은 자신은 무릎까지 진창에 빠져 있을지라도 다른 사람들을 새롭게 살아나게 만드는 '생명의 공급자'요, 자신의 삶을 통해 하나님의 능력과 영광을 분명히 드러내는 평범한 사람이다. 물론, 이 정의대로라면 잠재적으로 우리 모두 성인이 될 수 있다. 정확히 말하면 바로 이 사실 때문에 뷰크너는 우리에게 평범한 것에 충실하고, 자신의 삶에 귀를 기울이고, 가장 뜻밖의 장소에서 하나님을 추구하도록 촉구한다. 그곳이야말로 하나님을 발견할 가능성이 가장 높기 때문이다.

뷰크너는 '항해사 브렌던Brendan the Navigator'으로 알려진 6세기 아일랜드 성인을 우연히 알게 되어 그에 대한 책도 썼다. "여러 면에서 나와 비슷하게 그려낸 그는 초췌하고, 어디에도 매이지 않고, 내성적이고, 달변에다 기적을 일으키는 빨간 머리의 사람이었다."

나중에 성경 인물에 대해 쓰기로 했을 때―《웃음의 아들Son of Laughter》―그는 하나님께 도전해 씨름을 하고 다음 날 아침 새 이름을 얻은 상습 협잡꾼 야곱을 선택했다. 하나님이 친히 택하신 민족을 이스라엘의 자녀들, '씨름꾼의 자녀들', 밤새도록 상대를 필사적으로 붙잡았던 자의 자손으로 부르신 것이 과연 우연일까?

뷰크너는 거룩하기로 이름 높은 성인들이 그가 창조한 소설의 등장인물들이나 살과 피를 가진 주위 사람들, 그리고 자신과도 그리 다르지 않음을 발견했다. 그가 은혜를 찾아 자신의 과거와 현재를 계속 살피는 와중에, 진행형 회고록에 해당하는 책들이 계속해서 나왔다.

누군가 기독교인이 되는 결단을 두고 일종의 영적 성형 수술처럼 단번에 일어난 일이라고 한다면, 나는 "이봐요, 이봐요, 당신은 자신을 속이고 있거나 나를 속이려드는군요"라고 말할 것이다. 매일 아침 잠자리에서 일어나면 이렇게 자문해야 한다. "나는 그 전부를 오늘도 믿을 수 있는가?" 아니, 더 좋은 방법이 있다. 그렇게 묻기 전에 먼저 〈뉴욕 타임스〉를 읽고 그날 일어난 세계의 손상과 부패의 기록을 살펴보는 것이다. 현실의 아픔은 언제나 성경과 나란히 두고 주목해야 하기 때문이다. 그다음 그 특정한 날에 예수 그리스도의 복음을 변함없이 믿을 수 있겠는지 자문해보라. 당신의 답변이 언제나 "그래"라면 당신은 믿음이 무엇인지 모르는 사람이리라. 최소한 열 번 중 다섯 번은 "아니"가 나와야 한다. "아니"는 "그래" 못지않게, 어쩌면 그보다 더 중요한 까닭이다. "아니"는 당신이 복음을 의심하기도 하는, 사람이라는 증거이다. 그러다 어느 날 아침 정말 "그래"라고 답할 수 있게 된다면, 그것은 죄의 고백과 눈물, 그리고 … 큰 웃음이 뒤범벅 된 "그래"일 것이다.

_《돌아온 앤설 깁스*The Return of Ansel Gibbs*》에서

글쓰기라는 사역

뷰크너 부부가 버몬트 주의 시골로 이사한 지 30년이 흘렀고 프레드는 글 쓰는 일상에 적응했다. 땅은 프레드 아내의 몫으로 넘어가 그녀는 그곳에다 꽃을 심고, 커다란 채소밭을 만들었다. 거기서 나는 채소로 식구들과 여러 마리의 말, 닭, "대형 냉장고만큼 자라버린" 돼지 한 마리, 염소들, 소 몇 마리와 사슴들까지 먹인다. 프레드가 집 안에 보태는 것은 주로 장서이다. 책은 "사람들과 달리 같은 얘기를 언제나 같은 방식으로 들려주고, 필요할 때 언제나 그 자리에 있고, 더 이상 필요하지 않을 때 언제라도 치워버릴 수 있다." 그는 많은 장서들을 보관할 수 있도록 헛간의 일부를 일종의 도서관으로 개조했고, 몇 년 동안 그 헛간은 그가 틀어박혀 책을 쓸 수 있는 피난처가 되어주었다.

결국 뷰크너는 집 뒤편에 서재를 덧붙여 지었다. 밝고 넓은 서재에서는 연못과 들쑥날쑥한 돌 울타리, 자작나무 한 그루, 골짜기, 3천 에이커에 달하는 활엽수 보호구역이 내다보인다. "난 이곳을 내 '마법의 왕국'이라고 불러요." 그가 그렇게 말하는 것도 당연하다. 그곳에는 뷰크너가 가장 아끼는 책들이 전시되어 있는데, 그중 상당수가 기름칠한 가죽과 금박으로 다시 제본된 상태였다. 존 던의 《설교집》과 존 폭스의 《순교자 열전 Book of Martyrs》 초판본, 디킨스의 《크리스마스 캐럴》 초고, 벤 존슨(셰익스피어에 버금가는 중요한 영국 극작가—옮긴이), 조지프 콘래드(폴란드 태생의 영국 해양 소설가—옮긴이), 스콧 피츠제럴드, 오스카 와일드의 작품들도 있다. 뷰크너가 아끼는 《오즈 Oz》 전집의 각국 언어별 초판본들을 보관하는 데만도 책장의 여러 칸이 들었다. 창가의 선반에는 재미와 즐거움을 주는 물건들이 놓여 있다. 만화경, 공중에 "달려 있는" 자석 한 쌍, 도로시의 루비 실내화, 험프티 덤프티(Humpty-Dumpty, 영국 전래 동요에 등장하는 커다란 계란 모양의 인물로 담장에서 떨어져 깨짐—옮긴이) 모형, 이무깃돌이 그것들이다.

서재의 난롯가 옆, 안락의자에 앉아 발판 위에 발을 올리고 그는 줄 없는 공책에다 펠트펜으로 글을 쓴다. 그는 이렇게 말한다.

"작가의 삶을 비디오로 제작한다면, 정말 너무 지겨울 거예요. 나는 이 의자에 앉아 공책에다 몇 자 끄적여요. 그게 눈에 보이는 전부지요. 물론 나는 내 자신 안으로, 꿈과 직관의 원천으로 빠져들고 있지요. 그곳은 성소예요. 하지만 관찰자가 보기엔 난 별로 하는 게 없어요."

뷰크너의 서재에서 다른 집은 한 채도 보이지 않는다. 그는 보이지 않는 설교단에 기대어 보이지 않는 청중에게 강연을 한다. 뷰크너의 노고의 결과물 역시 대부분 숨겨진다. 그의 책은 수천 권씩 팔리지만 극소수의 독자만이 그에게 연락을 한다. 그의 책 덕분에 자신의 믿음이 살아났다거나, 진짜로 보이는 기독교 작가는 그가 처음이라고 말한 독자도 있었다. 휘튼 대학의 대강당에서 고민에 찬 표정의 어린 학생이 일어서서는 마이크에다 대고 이렇게 말했는데, 그 자리에는 나도 있었다. "뷰크너 목사님, 목사님의 소설은 제게 그리스도의 십자가보다 더 큰 의미가 있다고 말씀드리고 싶네요." 뷰크너는 몹시 당황하고 곤혹스러워했다. 그런 말에 누가 어떤 식으로 대답할 수 있겠는가? 그 학생의 말은 아마도 뷰크너의 소설들이 그가 이전에 접한 어떤 책이나 설교들보다 더욱 예리하게 진리를 제시한다는 뜻일 것이다.

겨울 휴가 후 버몬트로 돌아온 직후, 뷰크너는 자동 응답기에 녹음된 이런 메시지를 받았다. "목사님은 절 모르시겠지만 저는 목사님의 팬입니다. 지난 6주 동안 저는 두 번이나 자살을 생각했지만 실행에 옮기지 않았습니다. 모두 목사님의 책 덕분이었단 걸 말씀드리고 싶었습니다."

뷰크너의 가족사가 있는 터라, 그 메시지는 화살처럼 그의 마음에 와 박혔다. 그는 그 메시지가 "노벨상 수상보다 더 뜻깊었다"고 말했다.

그와 같은 산발적 반응이 있기 때문에, 뷰크너는 소설의 '예술성'을 높이 평가하고 비소설엔 상대적으로 낮은 가치를 두는 식으로 자신의 목회 직분을 과소평가하지 않는다. 글쓰기는 그의 사역이다. 간접적이고, 우회적이고, 책이라는 매개를 통한 것이지만 분명한 사역이다.

"한때는 그런 편지를 접하면 부끄러워 고개를 못 들고 이렇게 말하곤 했어요. '하나님 맙소사, 내가 어떤 자인지 알면 정말 실망이 크겠군.' 그러나 이제는 오히려 이렇게 말해요. '그래, 나는 바보에다 위선자에 이상하기까지 하지만 자비하신 하나님은 나를 택하셔서 이 사람에게 당신을 소개하게 하셨지.' 우리가 이 보배를 질그릇에 가졌습니다. … 내가 하는 일은 뒤죽박죽에다 체계도 없는 사역이지만, 그래도 합당한 사역이길 소망합니다."

그래도 독자들이 보내는 몇몇 편지들을 제외하면, 뷰크너는 그가 사역의 대상으로 삼는 사람들과 대체로 분리되어 있다. 그는 근처에서 만족스러운 교회를 찾지 못했다. 그는 이렇게 말한다.

"대부분의 목회자들이 목구멍으로만 설교를 하더군요. 가슴에서 우러나온 게 아니에요. 그런 설교는 잘 들으러 가지 않아요. 가는 경우에는 나의 부정적 반응 때문에 자꾸 죄책감을 느끼거든요. 너무도 많은 교회 안에 외로움과 숨겨진 고통이 가득하고, 가부장적 인물이 좌지우지하는 역기능 가정을 떠올리게 해요. 휘튼 근처에서 다녔던 놀라운 감리교회를 제외하고 내게 정말 유익한 교회는 찾지 못했어요. '익명의 알코올 중독자들Alcoholics Anonymous' 지원 모임이 내가 원하는 교회의 모습에 가장 근접해요."

그래서 뷰크너는 대부분의 믿음의 싸움을 혼자서 감당한다. 그의 근처엔 크리스천 친구들이 모인 공동체가 없다. 캐슬린 노리스, 헨리 나우웬, 토머스 머튼 등 많은 사람들이 흠모하는 영성 작가들은 대체로 그에게 감동을 주지 못했다. 그는 존 던, 조지 허버트, 제러드 맨리 홉킨스 같은 시인들에게서 영적 양분을 얻지만, 예술적 영감의 원천으로는 대개 그레이엄 그린, 윌리엄 맥스웰, 플래너리 오코너를 활용한다. 그는 점점 더 자주 우울증에 시달리고 있다.

"일흔 번째 생일을 맞았는데, 정말 기억에 남는 첫 생일이었어요. 마흔, 쉰, 예순, 그때의 생일들은 그냥 흘러갔어요. 일흔 번째 생일을 맞자 덧없고, 슬프고, 노쇠한 느낌이 들더군요. 절친한 친구인 시인 제임스 메릴이 죽었거든요. 그와 나는 55년 동안 알고 지낸 사이였어요. 우리는 메인 주에서 여름을 함께 나며 첫 번째 책들을 썼어요. 그러나 나는 노쇠한 노인이 아니라 아직도 젊고 기쁨이 넘치는 청년으로 글을 쓰고 싶어요. 셰익스피어는 노년에 〈겨울 이야기The Winter's Tale〉와 〈템페스트The Tempest〉 등의 멋진 동화풍 희곡을 썼잖아요. 렘브란트의 마지막 자화상들은 금빛으로 뒤덮인 명작이지요.

막달라 마리아에 기초한 소설을 쓰다가 너무 우울해져서 결국 포기하고 말았어요. 그러던 어느 날 기적 같은 은혜가 찾아왔어요. 개와 물고기 한 마리, 여행을 소재로 한 히브리 동화이자 마법이 가득한 이야기인 외경 〈토비트Tobit〉를 읽고 있었는데 기쁨이 솟구치더라고요. 그날 밤, 아니 다음날 새벽 4시 45분에 잠자리에서 나와 토비트와 그 아들 토비아의 이야기를 개작하기 시작했어요. 이전엔 맛보지 못했던 큰 즐거움을 느끼며 글을 썼고, 한 달하고 이틀 만에 작품을 탈고했어요. 그 작품이 바로 《천사장과 동행한 여행On the Road with the Archangel》입니다.

아주 가끔, 책이 그렇게 은혜의 선물로 찾아올 때가 있어요. 수맥까지 닿도록 우물을 파내려 가면 지하수의 압력으로 물이 뿜어져 나오듯, 글이 그저 그 자체의 힘만으로 흘러나오도록 내버려두면 되는 거예요. 그것이 자체의 생명력으로 얼마나 강하게 밀려오는지 작가가 깜짝 놀랄 정도지요. 그런 일이 벌어지면 책이 내 손바닥에 모이는 기분이에요. 책 내용이 거기 있고, 내가 그걸 잡고 있는 거지요. 물론 제대로 된 표현과 형태를 잡기 위해서는 많이 다듬어야 하지만, 작품에 생명력을 불어넣기 위해 씨름할 필요는 전혀 없어요. 먼저 주어진 선물에 노고가 뒤따르는 거죠."

두 세계를 잇는 작가

뷰크너의 영적 여정을 담은 기록들은 애니 딜라드의 작품들처럼 미국 동부의 엘리트와 보수적 그리스도인, 극과 극의 두 독자층을 모두 끌어들이는 보기 드문 위업을 달성했다. 그의 작품은 소설과 비소설이 반반인데(각각 열다섯 권 정도), 뷰크너는 두 장르가 상반되는 두 독자층에 대략 들어맞는다고 말한다. 소설이 '종교를 경멸하는 식자층'에 다가간다면, 색채가 좀 더 분명한 그의 비소설은 대체로 기존의 기독교 신자들 몫이다.

이런 양다리 기술 덕분에 작가로서 그의 특징은 상당히 모호해졌다. "나는 일반 독자들에게는 너무 종교적이고, 크리스천 독자들에게는 너무 세속적이에요." 뷰크너는 그렇게 한탄한다. 세속 비평가들은 그가 장로교 목사라는 데 주목하여 그의 작품을 속단한다. 뷰크너는 작가 경력만을 놓고 본다면 목사 안수를 받은 일이 너무도 어리석은 조치였음을 시인한다.

"목사가 책을 썼다는 소리를 들으면 읽어보지도 않고 어떤 소설일지 다 안다고 생각하는 사람들이 많아요. 안타깝게도 그중에는 비평가들도 상당수 있어요. 등장인물이 나오고 대화가 등장하지만 본질적으론 예화로 표현된 설교일 것이다, 편협하고, 단순하고, 유치한 인생관을 갖고 도덕적 관점에서 모든 일에 점수를 매기는 데만 급급할 것이다, 그렇게 보는 거죠. 분명히 말하지만, 어쨌건 내 경우에는 절대 그렇지 않거든요."

반면, 보수적 크리스천 독자들은 뷰크너 소설에는 기독교 메시지가 왜 그렇게 감질나게 담겨 있는지, 그는 왜 한사코 등장인물들을 그토록 인간적으로—왕성한 성생활에다 거북할 만큼 죄에 끌리는 성향을 가진 사람들로—그리는지 의아해한다. "내가 결점 많은 사람들에 대해 쓰는 이유는 아직 다른 부류의 사람들을 만나보지 못했기 때문이에요." 뷰크너는 그렇게 답한다.

농부와 어부처럼 작가도 자기 작품의 실망스러운 부분에 골몰하기 쉽다. 뷰크너는 아직 스캇 펙(정신과의사, 《아직도 가야 할 길 Road Less Travelled》의 저자—옮긴이)이나 토머스 무어 수준의 획기적 판매고를 올리지 못했다. 그는 '초대형 서점'에 들렀다가 30권 남짓한 그의 책이 한 권도 보이지 않는 것을 보고 금세 우울해진다. 뷰크너는 〈뉴욕 타임스〉에서 그를 "선동가로 단정하고 그의 작품을 읽지 않는 잘못을 범했던" 비평가의 글을 읽고 움찔한다. 그리고 《고드릭》에

근친상간 장면을 넣는 것이 필요하다고 생각한 이유와 그 소설의 주인공인 영웅적 전도자 베브를 노출증 환자로 설정한 이유를 묻는 신학생들의 편지에 답하는 데 지쳤다. 더욱이 뷰크너는 자신에게 종종 따라다니는 '기독교 소설가'라는 딱지를 거부하며 물리학자가 소설을 쓰는 경우를 반례로 제시한다. 물론 저자의 물리학자로서의 관점이 소설에 가득 차 있을 것이고, 그 내용이 물리학의 한 부분을 다루고 있을 수도 있지만, 그렇다고 해서 그 책이 '물리학 소설'이 되는 건 아닐 것이다. 여성이 쓴 소설이 반드시 '여성 소설'이 되진 않는 것과도 같다.

그러나 뷰크너는 본인이 생각했던 것보다 더 많은 부분에서 두 세계를 잇는 데 성공을 거두었다. 그는 고故 제임스 메릴 시인과 절친한 우정을 이어갔고, 그의 제자 격인 존 어빙은 《오언 미니를 위한 기도 *A Prayer for Owen Meany*》의 서문에서 뷰크너에게 힘입은 바가 크다고 털어놓았다. 그는 뉴욕 시립도서관에서 낭독회를 갖는다. 소설 《고드릭》은 풀리처상 후보에 올랐다. 한편, 프레드릭 뷰크너와 보수적 기독교인들은 서로를 더 잘 알게 되었다. 기독교 대학들은 그의 소설을 희곡으로 각색했고 그를 초청해 캠퍼스에서 낭독회를 가졌다. 목사들은 강단에서 그를 인용하고, 작가 지망생들은 그의 문체를 연구한다. 사실 내가 체감하는 바로는 뷰크너가 영향력 있는 그리스도인들 사이에서 가장 빈번히 인용되는 생존 작가인 듯하다. 그의 작품에 대한 이해는 계속해서 높아지고 있다. 〈뉴욕 타임스〉 서평란뿐 아니라 〈크리스채너티 투데이〉와 〈크리스천 센추리〉에서 똑같이 찬사 어린 논평을 받는 작가가 그 말고 누가 또 있을까?

뷰크너는 그와 같은 분야에서 일하며 종이 위에서 단어를 이리저리 뒤섞는 일로 생계를 꾸려가는 작가들에게 믿음을 표현하는 글쓰기의 생생한 모델을 제공한다. 내 서가에는 그리스도인들이 쓴 책이 많이 놓여 있다. 그러나 안타깝게도 그 대부분은 그들이 지지하는 신앙을 아직 받아들이지 않은 사람들에게는 호소력을 거의 발휘하지 못할 듯하다. 신앙인들은 자연과 성경, 섭리가 담긴 일상사, 그 모두에서 하나님을 만난다. 하나님에 대한 증거는 충분해 보인다. 그러나 믿지 않는 사람들에겐 그런 증거가 보이지 않고, 미궁과도 같은 갖가지 상이한 주장 사이에서 어떻게 신을 찾을 수 있는지 의아해한다. 우리가 그들의 관점을 참으로 이해해서 그들이 이해할 수 있는 용어로 말하지 않는다면, 우리의 말은 외국어처럼 기묘하고 쓸모없게 들릴 것이다.

나는 말을 아끼는 것이 더 낫다는 걸 뷰크너를 통해 배웠다. 그는 《마음의 눈 The Eyes of the Heart》에서 이렇게 썼다. "나는 내 마음의 눈으로 그분이 우리를 부르신 큰 소망을 보지만, 한편으로는 소심함과 망설임 때문에 거기에 대해 거의 말하지 않았다. 그 부분에 대해 책을 쓸 때도 대부분 주저하면서, 완곡하고, 모호한 표현을 써왔다. 그런 소망을 그저 희망적인 생각 정도로 치부해버리는 독자들이 눈을 돌리거나 마음을 닫아버릴까 봐서이다. 비소설을 쓸 때는 특히 말을 너무 많이 하지 않도록 조심하게 된다. 그것이 내가 가장 다가가고 싶은 사람들, 하루 종일 신앙에 대해 한 번도 생각하지 않을 그들에게 다가가기에 적합한 전략적 방법 같기 때문이다."

기독교 문학은 합리화의 냄새를 풍길 때가 많다. 저자는 흔들리지 않는 확신에서 출발해 어떻게든 그가 원하는 결론이 나오도록 논리적으로 글을 써나간다. 나는 우울증, 의심, 자살, 고통, 동성애에 대한 글을 많이 읽어봤다. 그중 상당수는 기독교적 결론에서 출발했을 뿐 우울증, 의심, 자살, 고통이나 동성 성욕에 시달리는 사람이 겪는 괴로운 행보를 체험하지 못한 사람들의 작품임이 분명했다. 어떤 해결책을 내놓건, 실제로 그 여정을 이겨낸 사람이라면 남의 일처럼 그렇게 담담하게 써내려갈 수가 없지 않은가.

나는 내 믿음에 대해 드러내어 쓰기 시작하면서 내가 내놓을 것은 하나뿐이라는 결론을 내렸다. 그것은 정직이었다. 성장 과정에서 교회의 선전을 이골이 나도록 들은 나였다. 나는 선전자가 아니라 순례자의 입장을 견지하기로, 또 하나님과 누리는 삶을 이상적인 모습이 아니라 현실 그대로 그려내기로 다짐했다. 그런 생각에 모두가 동의하는 것은 아니다. 출판사에서는 《하나님, 당신께 실망했습니다Disappointment with God》라는 책 제목을 좀더 유쾌한 것으로, 예를 들면 '하나님, 이제 당신께 실망하지 않습니다Overcoming Disappointment with God' 정도로 바꾸라고 요청한 적이 있었다. 나는 그 말을 곰곰이 생각해보고 원제목을 유지하기로 했다. 내가 정말 다가가고 싶은 사람들은 하나님께 실망한 사람들이었기 때문이다.

뷰크너를 알기 전, 나는 믿음에 대한 글의 효용성에 거의 절망하고 있었다. 당시 내 눈에 비친 그리스도인들은 주로 고개를 끄덕이며 "그래, 그게 옳아"라고 말하기 위해 책을 읽는 것처럼 보였다. 그러나 위대한 문학 작품은 우리가 멈춰 서서 "전에는 그런 식으로 생각해본 적이 없어"라고 따져보게 만든다. 뷰크너에게 믿음은 공중에서 떨어지는 '정통 신학 꾸러미'가 아니라 발견의 행위였다. 그는 내가 속도를 늦추고 처음에는 글에, 그다음엔 그 배후의 사상에 주의를 기울이도록 만들었다. 그는 이야기를 자기주장의 예화로 삼지 않았다. 다만 자신이 그려낸 이야기를 가리킬 뿐이었다. 같은 맥락에서, 윌리엄 제임스는 그의 저서 《종교적 경험의 다양성 The Varieties of Religious Experience》에서 이렇게 말했다. "형이상학과 종교 영역에서 명확하게 제시되는 논리들은 우리가 현실을 대할 때 받는 막연한 느낌이 같은 결론을 뒷받침해줄 때만 설득력을 발휘한다."

현실에 대한 독자의 막연한 느낌에 호소력 있는 글을 쓰는 것은 작가에게 가장 어려운 과제이다. 우리 작가들은 기묘한 삶을 산다. 오감의 입력이 거의 없는 작은 방에 앉아, 바로 그 순간 떠오르는 글을 놓고 심사숙고한다. 실제로 우리는 구체적 시간과 대상에서 떨어진 채로 글을 통해 그 비슷한 것을 만들어낸다. 글쓰기만 한 대리 행위는 없다. 스키를 안 타면서 스키 타기에 대해 쓰고, 먹지 않으면서 먹는 것에 대해 쓰고, 사랑을 하지 않으면서 사랑에 대해 쓰고, 예배에 참석도 않고 예배에 대해 쓴다.

내가 처음 읽은 뷰크너의 책 《진리 말하기》에서 나는 글쓰기라는 대리 행위를 통해서도 진리를 전할 수 있다는 희망을 발견했다. 종이 위에다 단어를 배열하고 재배열하는 지루한 과정이 화학 반응에서의 촉매처럼 작용해 독자가 깜짝 놀랄 만한 새로운 현실을 창조할 수 있다. 호세아와 고멜의 옛날이야기는 뷰크너의 펜을 통해 아내의 외도와 남편의 어리석음을 보여주는 흥미로운 이야기가 되고, 이윽고 하나님의 은혜에 대한 잊을 수 없는 비유가 된다. '리오 베브'라는 이름의 기괴하고 개성 있는 등장인물은 하나님이 배신자와 변절자를 통해서도 역사하실 수 있고, 어떤 의미에선 배신자와 변절자를 통해서만 일하신다는 사실을 기억하게 한다. 뷰크너는 너무도 지루한 작가의 삶을 깊이 살펴, 그 지루함이 헤아릴 수 없는 신비를 숨기는 가면과 같음을 드러내준다. 뷰크너의 삶을 경청함으로써 나는 내 삶에 주의를 기울이게 되니, 그 또한 의미 있는 대리 행위로 봐야겠다.

프레드릭 뷰크너와의
더 깊은 만남을 위하여

SOUL SURVIVOR

저서가 30권이나 되기 때문에, 뷰크너를 처음 접하는 독자에게는 지도가 필요할지도 모른다. 나는 지금도 《진리를 말하기》를 그의 사상과 문체에 대한 간략한 입문서로 즐겨 추천한다. 《삶에 귀 기울이기 Listening to Your Life》는 그의 작품들 일부에서 발췌문을 뽑아 만든 일일 묵상집이다. 뷰크너는 《하나님을 향한 여정 The Sacred Journey》, 《지금과 그때》, 《비밀 털어놓기 Telling Secrets》, 《마음의 눈》 등 일련의 회고록에서 그의 생애를 아주 자세히 털어놓고 있다. 소설 분야에서는 리오 베브가 등장하는 소설 시리즈가 가장 유명하다. 그 시리즈는 《베브의 책 The Book of Bebb》이라는 단권으로 편리하게 묶여 나와 있다. 그러나 뷰크너의 문장력이 최고로 발휘된 《고드릭》과 《브렌던 Brendan》, 그리고 셰익스피어의 《템페스트》를 떠올리게 하는 최신작 《폭풍 The Storm》도 놓치지 마시라.

SOUL SURVIVOR 12

배교자를 위한 자리

엔도 슈사쿠
遠藤周作

遠藤周作

 지난 30년 사이에 태어난 사람들은 냉전의 절정기에 청소년기를 보낸 우리가 어떤 두려움을 안고 살아야 했는지 상상도 할 수 없을 것이다. 우리는 학교에서 낸 과학 숙제로 방공호를 만들었는데, 뒤뜰에다 깊은 구덩이를 파서 좋아하는 만화들과 간식거리들을 저장해놓았다. 핵전쟁의 결과에 대한 교육용 영화를 보았고, 방사성 낙진에 노출되는 걸 최대한 줄이기 위해 활기찬 음악에 맞추어 책상 밑으로 기어들어가는 "숙이고 숨어!" 기술을 배웠다. 내가 살던 조지아 주 애틀랜타는 쿠바의 사정 거리 내에 있었고 '쿠바 미사일 위기'(1962년 10월, 소련의 쿠바 핵미사일 배치 시도를 둘러싸고 미·소 양국이 전쟁으로 치달을 뻔한 사태—옮긴이)가 있던 기간 내내 학급자치 활동 수업은 매번 "숙이고 숨어" 연습과 더불어 시작되었다.
 형과 나는 공산주의자들이 적들에게 저지른 만행을 다룬 끔찍한 이야기들을 서로에게 큰 소리로 읽어주었다. 손톱과 발톱을 뽑거나 손발톱 사이에 대나무 조각들을 쑤셔넣었다. 꼼짝 못하게 묶어놓고 머리에 물방울을 천천히 떨어뜨려 미치게 만들었다. 발가벗겨놓고는 거미와 쥐와 독뱀을 풀어놓았다. 손가락을 하나씩 잘랐다. 생매장했다. 공산주의자들은 도시를 점령하면 모든 주민을 일렬로 세워놓고 손을 검사했다. 손에 굳은살이 박인 사람은 노동자 계급에 속했다는 뜻이므로 살려주고, 러시아어나, 상황에 따라 중국어를 할 수 있는 사람도 보내주지만, 나머지 사람들은 며칠 동안 고문한 다음 죽였다.

어떻게든 살아남고 싶었던 우리 형제는 대응책을 강구했다. 우리는 적들이 찾지 못할 은신처를 찾아 근처 숲을 뒤졌다. 남북전쟁 당시 일부 남부 지방 사람들은 몇 달씩 그런 곳에 숨어서 셔먼 장군의 공격을 피했다지 않던가? 우리는 손에 물집과 굳은살이 생기게 하려고 맨손으로 열심히 낙엽을 긁어모았다. 그래도 안심이 안 되어 공산주의자의 언어를 배우기로 했다. 형은 러시아어 강좌를 신청했고 나는 중국어 수업을 들었다. 어느 쪽에서 공격해 오더라도 최소한 말이라도 붙여 목숨을 구할 기회를 얻기 위해서였다(나의 중국어 선생님은 마오 주석의 공포 정치 기간 동안 미국으로 건너온 상류 계급 출신 망명자였는데, 그분이 들려준 이야기들도 내 두려움을 진정시키는 데 도움이 될 내용은 아니었다).

교회는 스탈린과 마오쩌둥이 그리스도인들에게 저지른 만행이 담긴 섬뜩한 이야기들을 보태 우리의 두려움에 그야말로 기름을 끼얹었다. 군인들이 교회 예배 시간에 탁차고 들어와 모든 교인들을 일렬로 세워놓고 그리스도를 부인하라고 요구할 것인데, 그러겠다고 시인하는 사람들은 선물과 음식을 받고 풀려날 것이다. 거부하는 신자들은 겁먹은 교인들 앞에서 서서히 잔인하게 죽음을 당할 것이었다.

"여러분은 뭐라고 대답하겠습니까?" 목사님은 그렇게 다그쳤다. "여러분의 신앙을 굳건히 지키렵니까, 아니면 여러분을 위해 돌아가신 그분을 배반하렵니까?" 그건 누가 봐도 끔찍한 질문이었지만, 자신의 신앙에 대한 의문에 시달리던 열네 살 소년에게는 더했다. 나는 목숨을 걸고 한자 쓰기를 연습했고 나뭇잎을 긁어모았다. 거기에 내 목숨이 달렸다고 진심으로 믿었기 때문이다(오늘날, 목사들은 컬럼바인 고등학교의 순교자 카시 버널을 용감한 신앙인의 본으로 제시하며 10대들에게 동일한 질문을 던진다. 적의 위협은 최근에 와서야 해외에서 미국 내로 옮겨졌다).

나라면 그것을 밟았을까?

그로부터 한참 후, 장성해서 중국어를 전부 잊어버리고 핵전쟁의 위협도 누그러든 후, 나는 수 세기 전에 있었던 유사한 박해에 관한 역사 기록을 접하게 되었다. 옛날, 일본이 아시아에서 가장 결실이 풍성한 선교지로 촉망받던 때가 있었다. 일곱 명의 예수회 창설 회원 중 한 사람인 프란시스코 사비에르는 1549년 일본에 도착해 2년 동안 교회를 개척했다. 그리고 채 한 세대도 지나기 전에 기독교인의 수는 30만 명으로 불어났다. 사비에르는 일본을 "내 마음의 기쁨… 동양에서 기독교에 가장 적합한 나라"로 불렀다.

그러나 그 세기가 끝나고, 외국인에 대한 쇼군들의 의심의 골이 기독교인들 간의 분열로 더욱 깊어지면서(예수회와 프란체스코 수도회가 경쟁 관계에 있었고 스페인과 포르투갈이 구역상의 이해관계를 놓고 싸우고 있었다―옮긴이) 정책의 변화가 일어났다. 쇼군들은 예수회 수도사들을 추방했고 모든 기독교인들에게 신앙을 부인하고 불교 신자로 등록하도록 명령을 내렸다. 곧이어 스물여섯 건의 십자가 처형이 집행되었고 일본 기독교 순교의 시대가 시작되었다.

후미에踏繪판―작은 나무 액자에 들어 있는 동판으로 예수 초상이나 아기 예수를 안은 성모 초상이 새겨짐―이 궁극적 신앙의 시금석이 되었다. 후미에를 밟고 지나가는 일본인들은 배교한 기독교인으로 선언되어 풀려났다. 쇼군들은 그것을 거부하는 이들을 잡아 죽였는데, 교회사를 통틀어 가장 성공적인 박해였다. 바다에 세워진 기둥에 묶인 채 두려움에 떨다 밀물이 들면서 서서히 익사한 이들도 있었고, 몸이 꽁꽁 묶인 채 바다로 던져진 이들도 있었다. 펄펄 끓는 온천에서 데어 죽은 이들이 있는가 하면, 시체와 배설물이 가득한 구덩이 위에 거꾸로 매달린 이들도 있었다. 나는 순교자의 피가 복음을 더욱 꽃피우게 한 감격적인 이야기를 듣고 자라났다. 테르툴리아누스는 "그리스도인의 피는 교회의 씨앗이다"라고 말했다. 그러나 일본에서만큼은 사정이 달랐으니, 순교자들의 피로 교회가 거의 괴멸되다시피 했다.

그러나 완전히 괴멸된 것은 아니었다. 19세기, 일본 정부가 마침내 외국인 방문객의 편의를 위해 나가사키에 가톨릭 성당 한 곳을 허용했을 때, 성직자들은 언덕에서 속속 내려오는 일본 기독교인들

을 보고 깜짝 놀랐다. 그들은 240년 동안 비밀리에 모여왔던 '가쿠레隱れ 기리시탄切支丹', 즉 숨어 사는 그리스도인들이었다. 그러나 성경이나 전례서의 도움 없이 예배가 이어져온 결과, 그들의 신앙은 로마 가톨릭, 불교, 애니미즘, 신도神道의 기괴한 혼합물이었다. 세월이 지나면서 라틴어 미사문은 일종의 혼합어로 변질되었다. '아베 마리아 그라티아 플레나 도미누스 테쿰 베네딕타'(*Ave Maria gratia plena dominus tecum benedicta*, 은총이 가득하신 마리아여, 기뻐하소서! 주께서 함께 계시니 복되시며. 성모송의 일부—옮긴이)가 '아메 마리아 카라사 비노 도미스 테리코빈츠'가 되었고, 그 말이 무슨 뜻인지는 아무도 몰랐다. 가쿠레 신자들은 천으로 감싼 기독교 성물과 성상, 즉 '벽장신'을 불당으로 위장한 벽장 안에다 숨겨두고 섬겼다. (오늘날에도 3만 명 정도의 가쿠레 기리시탄들이 있고 80군데의 가정 교회가 '벽장신'의 전통을 이어간다. 로마 가톨릭은 그들을 포용해 전통 신앙으로 복귀시키려 노력을 기울여왔지만, 가쿠레 신자들의 생각은 다르다. "우리는 그의 교회에 합류하는 데 관심이 없습니다." 교황 바오로 2세의 방문을 받은 후, 그들의 지도자 중 한 사람이 말했다. "우리만이 진정한 그리스도인입니다.")

두 번째 원자폭탄이 일본 최대의 기독교 공동체 바로 위에 떨어져 나가사키의 성당이 파괴된 것은 역사의 끔찍한 아이러니였다. 예정된 도시가 구름에 가려 잘 보이지 않았기 때문에 원자탄을 실은 비행기 조종사는 두 번째 목표물로 향할 수밖에 없었다. 그때 이후로 재건되어 일본의 기독교 역사를 보여주는 나가사키 박물관에는 일본 기독교 순교 시대의 유물이 전시되어 있다.

내가 핵전쟁의 대학살을 두려워하며 자란 1950년대에, 엔도 슈사쿠라는 젊은 작가가 핵폭발의 참화를 겪은 나가사키의 그 박물관을 방문하곤 했다. 순교자들의 이야기에 끌려서 그는 특별한 유리 진열상자 하나를 빤히 쳐다보고 서 있곤 했다. 그 안에는 17세기의 실제 후미에가 전시되어 있었다. 검은 자국들로 손상된 그 동판이 얼마나 닳았던지 아기 예수를 안은 마리아의 모습을 알아보기조차 어려웠다. 후미에를 밟고 지나간 수천 명 기독교인들의 발길이 쌓이고 쌓인 결과였다.

그 후미에는 엔도의 마음을 사로잡았다. 나라면 그것을 밟았을까? 그는 그렇게 자문해보았다. 사람들은 배교할 때 어떤 생각을 했을까? 그들은 어떤 사람들이었을까? 가톨릭 교회사에는 용감하고 명예로운 순교자들만 기록되어 있다. 신앙을 부인한 겁쟁이들은 찾아볼 수 없다. 그들은 고문당할 때 하나님이 침묵하심으로 한 번, 이후 역사가 그들에 대해 침묵함으로써 또 한 번, 그렇게 두 번 정죄를 당했다. 엔도는 배교자들의 이야기를 하기로 맹세했고, 《침묵沈默》과 《위대한 몰락侍》 등의 소설을 통해 그 약속을 지켰다.

나는 처음 엔도 슈사쿠를 접하고 즉각적으로 연대감을 느꼈다. 그 역시 젊은 시절 나를 그토록 괴롭혔던 두려움과 자신감 상실에 시달렸던 까닭이다. 엔도는 많은 일본 기독교인들이 순교당한 자리인 '지옥의 골짜기'(지고쿠다니, 地獄谷)에 서서 자신 또한 고통을 이기지 못하고 신앙을 부인했을 거라는 결론을 내렸다.

맞지 않는 양복

생각을 거듭한 엔도는 자신이 박물관의 진열 상자에 그토록 강하게 끌렸던 이유를 깨달았다. 20세기에 놓인 그의 생애는 17세기 일본 기독교인들의 이야기와 불안할 만큼 닮아 있었다. 쇼군이 주도하는 박해에 시달린 적은 없었지만, 그는 유년 시절부터 자신의 신앙을 놓고 계속해서 팽팽한 긴장감을 느꼈다. 외견상으로는 그리스도인이었지만 속으로는 무엇이었을까?

열 살 때 엔도는 이혼한 어머니와 함께 만주에서 일본으로 돌아왔다. 당시 일본에서 이혼은 드문 일이었다. 이혼의 고통과 그로 인한 사회적 냉대에 시달리던 그의 어머니는 여동생의 독실한 신앙에서 위안을 얻고 가톨릭으로 개종했다. 그녀는 매일 아침 빠짐없이 미사에 참석했다. 슈사쿠도 어머니를 기쁘게 할 요량으로 세례를 받았다. 그것은 진심이 아니었을까? 실제로는 가쿠레 기리시탄과 정반대로, 형식은 모두 따르면서도 속으로는 그리스도를 배반하는 그리스도인이었을까?

"가톨릭 신자가 된 건 내 뜻이 아니었다." 나중에 그는 그런 판단을 내렸고, 자신의 신앙은 어머니가 골라준 신붓감과 강제로 결합한 중매결혼 같은 거라고 보았다. 그는 가톨릭 신앙이라는 아내와 헤어지기 위해 마르크스주의와 무신론을 추종하고 한동안 자살도 고려했지만 파혼 시도는 언제나 실패로 돌아갔다. 그는 중매로 만난 아내와 같이 살 수도 없었고 그녀 없이 살 수도 없었다. 그런데 아내는 계속 그를 사랑했고, 놀랍게도 결국 그도 아내를 사랑하게 되었다.

신앙을 더듬어 찾아가는 엔도의 여정은 나와는 상황이 전혀 달랐지만 나의 신앙 여정과 묘하게 닮아 있었다. 고등학교 시절, 나는 거의 광신적 수준의 근본주의 교회에 다녔다. 나는 교회에서 시키는 대로 기도를 하고, 목사님의 제단 초청에 앞으로 나가고, 신앙 간증도 했지만 속으로는 아무리 해도 의심이 그치지 않았다. 나는 정말 믿었을까, 아니면 그저 주위 사람들의 행동을 흉내 내고 있었을까? 나는 그런 행동들을 잘 하는 법을 배웠다. 그러나 그로 인해 내게 돌아온 것은 냉대와 수치뿐이었다.

지금도 그때의 창피한 기억들이 불쑥불쑥 떠오른다. 고등학교 스피치 수업 중 급우들 앞에 나가 로렌스 올리비에 주연의 영화 〈오셀로〉 단체 관람에 따라갈 수 없는 이유(너무 '세속적'이라는 이유였다)를 설명하려 애쓰던 일. 종교적 이유(역시 너무 세속적이라는 이유였다)로 스퀘어 댄스 수업에 빠지기 위해 체육 교사의 허락을 구하던 일. 누군가 내 신앙에 대해 물어 오길 바라며 교과서 맨 위에다 두꺼운 빨간 성경책을 올려놓고 끼고 다니던 일. 피아노가 실려 있고, 커다란 글씨로 '예수사랑청소년 성경클럽'이라고 적힌 빨갛고 하얀 요란한 버스에 앉아 천천히 주차장을 돌며 주위 사람들의 비웃음을 견뎌내야 했던 일. 생물 교사가 내 20쪽짜리 기말 과제물이 592쪽에 달하는 찰스 다윈의 《종의 기원 $Origin\ of\ the\ Species$》을 뒤엎지 못한 이유를 비아냥거리며 설명하는 것을 들어야 했던 시간. 수치심, 소외감 그리고 열등감이 내 청소년기의 특징이었다. 엔도처럼, 나도 실패자라고 느끼며 자랐다.

나중에, 그 교회가 진리뿐 아니라 거짓도 가르쳤음을 깨달았을 때, 나는 집 없는 아이처럼 길을 잃고 어찌할 바를 몰랐다. 나는 무엇 때문에 자존심을 희생하고 순교까지 각오했던가? 인종차별주의자와 반지성주의자, 사회 부적응자의 종교를 위해? 엔도는 그의 신앙의 순례길을 양복을 걸치고 어색해 하는 어린 소년에 비유한다. 소년은 몸에 잘 맞는 다른 양복, 혹은 기모노를 찾아보지만 소용이 없다. 그는 "어머니가 내게 입혀주신 양복을 내 손으로 수선하고 내 체격에 맞는 일본 옷으로 바꾸는" 작업을 하고 있다고 말했다. 나 역시 다른 여러 양복들을 입어봤지만, 어릴 때 입던 기독교라는 양복을 대신할 옷을 찾을 수는 없었다.

엔도의 생애는 그의 소설 중 하나와 줄거리가 흡사하다. 만주에서의 어린 시절, 그는 원주민들의 경멸의 대상인 일본 점령군의 일원으로 이방인의 삶을 살았다. 기독교인의 수가 전체 인구의 1퍼센트에도 못 미치는 일본으로 돌아온 후에도 다시 한 번 이방인의 괴로움을 맛봐야 했다. 급우들은 서양 종교를 신봉한다며 그를 괴롭혔다. 제2차 세계대전의 발발로 소외감은 더욱 커졌다. 엔도는 늘 서방 세계를 영적 본향으로 여겼는데 그들이 일본의 도시들을 잿더미로 만들고 있었던 것이다.

전쟁이 끝나자, 그는 프랑수아 모리아크와 조르주 베르나노스를 공부하기 위해 프랑스로 유학을 갔다. 그러나 프랑스에서도 환영받는 느낌은 없었다. 최초의 일본 해외 교환 학생 중 한 명이자 리옹 대학교에서 유일한 일본인 학생이었던 그는 이번에는 종교가 아니라 인종 때문에 경멸을 받았다. 전시에 연합군이 꾸준히 반일본 선전을 해왔던 터라, 엔도는 동료 그리스도인들에게까지 인종차별을 받았다. "눈이 비뚤어진 동양인." 그를 그렇게 부르는 이들도 있었다. 그도 나처럼 그리스도인들이 자신의 신앙을 저버리는 방법에는 여러 가지가 있음을 알게 되었다. 공개적으로 신앙을 부인하는 이들이 있는가 하면 보다 미묘하게, 자신의 신앙과 정반대로 살아가는 사람들도 있다.

프랑스에 머무는 3년 동안 엔도는 우울증에 시달렸다. 게다가 폐결핵에 걸려 폐 하나를 제거해야 했고 여러 달 동안 병원 신세를 졌다. 그는 사실상 기독교가 자신을 병들게 했다고 결론을 내렸다. 조국에서 배척당하고, 영적 조국에서도 배척당한 엔도는 심각한 신앙의 위기를 겪었다.

예수 충격

유럽에서 공부를 마치고 일본으로 돌아가기 전, 엔도는 예수의 생애를 연구하기 위해 팔레스타인 지역을 방문했다. 그리고 그곳에 머무는 동안 "예수도 배척을 당했다"는 놀라운 사실을 발견했다. 예수의 생애는 한술 더 떠 배척 그 자체였다. 이웃들은 그를 마을에서 쫓아냈고, 가족은 그의 정신 상태를 의심했고, 절친한 친구들은 그를 배신했고, 동포들은 범죄자의 몸값으로 그의 신병을 확보했다. 사역기간 내내 예수는 일부러 가난한 자들과 배척당한 자들 사이로 다니셨다. 그는 나병환자들을 만지셨고, 불결한 자들과 저녁을 같이 드셨고, 도둑과 간부姦婦와 창녀들을 용서하셨다.

이러한 깨달음은 엔도에게 계시와도 같은 충격으로 다가왔다. 머나먼 일본에서 그는 기독교를 승리의 종교, 제국의 종교로 보았다. 신성로마제국과 번쩍이는 십자군을 연구했고, 유럽의 대성당들을 흠모했고, 그리스도인이 되어도 치욕을 당하지 않는 나라에서 사는 걸 꿈꿨던 그였다. 그랬던 그가 영혼의 고향에서 성경을 연구하며 예수가 '치욕'을 피하지 않으셨음을 보았다. 서양 문화가 묘사한 예수의 모습은 상당 부분 로마 제국의 영광과 권력의 이미지를 투사한 것이었다. 예수는 선지자 이사야가 묘사한 '고난받는 종'으로 오셨다. "멸시받고 배척당한 그는 고통의 사람, 병고에 익숙한 이였다. 남들이 그를 보고 얼굴을 가릴 만큼 그는 멸시만 받았으며…." 엔도가 당했던 배척을 이해할 사람이 있다면 그가 바로 이 예수였다.

나 역시 처음 이 예수를 만났을 때 이루 말할 수 없는 충격을 받았다. 복음서를 연구하면서 나는 수학 공식으로 만들 수 있을 만큼 일관된 패턴을 발견했다. 불경하고 온전치 못하고 바람직하지 못한 사람일수록 예수에게 매력을 느꼈다는 사실이다. 의롭고, 자신감이 넘치고, 바람직한 사람일수록 예수에게 위협을 느꼈다. 그러나 대부분의 사람들은 정반대로 생각한다! 복음주의 그리스도인들은 가정의 가치를 존중하고 '올바른 사람들'과 어울리는, 균형 잡히고 견실한 시민이라는 이상을 내세운다. 예수가 어떤 사람들과 어울렸는지 생각해보라. 창녀, 한센병에 걸린 불결한 사람, 도덕적 파산자, 로마군 백부장, 다섯 번 이혼한 혼혈 여성 등이었다. 그러나 바리새인들—성경을 연구하고 율법을 꼼꼼하게 지킨 강직한 시민—과 지배층, 사회의 중진들은 모두 예수를 위협적 존재로 보았다.

내가 엔도를 통해 '반전反轉의 예수'를 발견한 시점은 미국에서 복음주의자들이 전국적인 관심과 정치적 세력을 얻고 있던 때였다. 당시 나는 그리스도인들을 묘사하기에는 '도덕적 다수파Moral Majority'란 말보다 '회개하는 다수파'나 '용서받은 다수파' 등의 표현이 훨씬 적절할 거라는 생각이 들었다. 그런 명칭은 그들에게 있는 작은 선행 하나까지 하나님의 공로로 돌려 바울의 표현대로 "아무도 자랑치 못하게" 해줄 것이다. 그러나 우리는 '도덕적 다수파'라는 이름에 담긴 위선으로 예수께서 "수고하고 무거운 짐 진 자들아 다 내게로 오라 내가 너희를 쉬게 하리라"는 말씀으로 친히 부르셨던 이들을 내쫓고 있다. 나는 예수님의 그 초청에서 성공이나 우월성을 향한 촉구를 찾아볼 수 없다. 은혜는 물처럼 가장 낮은 곳으로 흐른다.

기독교를 믿는 서방 세계에서 배척당한 일본인이 내게 이 예수님을 소개해주다니 얼마나 역설적인가, 나는 그렇게 생각했다. 나는 지금까지 살았던 누구 못지않게 배척당하는 일의 고통을 잘 알고 있던 '고난받는 종'을 찾아 엔도 슈사쿠의 작품들을 읽기 시작했다. 나는 근본주의 교회에 다니는 젊은이였기에 세속 문화로부터 배척과 모욕을 받았다. 의심에 시달리는 그리스도인이었기에 교회로부터도 배척을 당했다. 교회는 내게 잔말 말고 순응하라 했고, 묻지 말고 믿으라 했다. 그런데 이제 예수님 안에서 나는 배척당한 자들에게 말씀하시는 분을 만났다.

예수님은 잃어버린 양과 탕자, 가난한 자들과 병자들만 참석하는 기괴한 잔치의 비유를 드셨다. 정말이지 미국 흑인 노예들이 찬양한 바와 같이 "아무도 나의 괴롬 모르네 예수만이 아시네"(찬송가에는 '그 누가 나의 괴롬 알며 또 나의 슬픔 알까'로 번역되어 있다—옮긴이)였다. 예수님은 마지못해 그분을 따라가는 자들, 심지어 배반자들, 나 같은 인간조차 환영하신다는 사실이 믿어지기 시작했다. 내 책 《내가 알지 못했던 예수 The Jesus I Never Knew》와 《놀라운 하나님의 은혜 What's So Amazing About Grace?》는 이 같은 예수님의 새로운 면모와 하나님의 참으로 놀라운 은혜를 숙고하는 가운데 쓴 것들이다.

팔레스타인에서 조사를 마친 후, 엔도는 온전한 신앙을 가지고 고국으로 돌아왔다. 그러나 그것을 고쳐 몸에 맞도록 수선해야 할 필요를 느꼈다. "기독교가 일본에서 효율적으로 전해지기 위해서는 변해야 한다"는 것이 그의 판단이었다. 엔도는 이러한 문제들을 글로 풀어내기 위해 소설가가 되었다. 여위고 허약하며 두꺼운 안경을 쓰고 사회의 변두리에 있던 그는 책과 더불어 사는 작가 생활에 쉽사리 젖어들었다. 그는 왕성한 집필 활동을 시작했고 1년에 소설 한 편씩을 내놓았다. 그 속도는 1996년 그가 죽을 때까지 거의 늦춰지지 않았다.

내가 일본을 처음 방문한 것은 1997년이었다. 그래서 엔도 슈사쿠를 인터뷰할 기회는 놓치고 말았다. 일본의 기독교계는 대체로 그를 교계의 일원으로 인정하지 않는다. 그가 주요 교리들을 의심했기 때문이다. 다른 그리스도인들은 그를 의심하지 않을 수 없었다. 내가 강연에서 그를 언급하고 나면 강연이 끝난 후 꼭 일본인 크리스천이 다가와 엔도는 신앙인의 본으로 삼기에 적당한 인물이 아닐 거라고 준엄하게 충고하곤 했다.

평생에 걸친 배척과 소외에 대한 엔도의 집착이 그에게 문화계 전반에서의 성공과 갈채를 가져다준 것은 또 하나의 역설이었다. 그는 생존 작가 중 일본에서 가장 유명해졌고 그의 책은 스물다섯 개 언어로 번역되었으며, 그의 이름은 노벨 문학상 최종 후보에 몇 번씩이나 올랐다. 그레이엄 그린은 엔도를 "가장 훌륭한 생존 소설가 중 한 사람"으로 꼽았고, 존 업다이크와 애니 딜라드 같은 유명 작가들도 한목소리로 찬사를 보냈다. 말년의 엔도는 일본 문화계의 우상으로 신문과 잡지에 모습을 드러냈고 한동안 텔레비전 토크쇼를 진행하기도 했다. 그리스도인이 여전히 인구의 1퍼센트를 넘지 못하는 나라에서 엔도의 주요 저작들이 모두 베스트셀러 목록에 들었다는 것은 놀라운 일이다. 주요 현대 소설가 중에 그토록 공공연하게 기독교 테마로만 글을 쓴 사람은 없었기 때문이다.

평범한 일본인의 내면에는 무난하고 올바른 처신을 존중하는 문화에서 감수해야 하는 수치심과 모멸감이 자리 잡고 있다. 그리고 엔도의 글은 언제나 예의바르고 공손한 일본인의 겉모습 아래 숨어 있는 그 내면을 향해 다가간다. 아무 일본인이나 붙들고 혼네本音와 다테마에建前의 차이에 대해 물으면 그들은 다 안다는 뜻으로 고개를 끄덕일 것이다. '혼네'는 본심에서 우러나온 말, '다테마에'는 속마음과는 달리 상대가 듣기 좋게 하는 말이다. 미국인이나 유럽인, 아프리카인이라고 해서 그런 구분을 모르겠는가. 엔도는 지구상의 모든 사람이 안고 살면서도 때로 숨기려 드는, 실패와 배반의 깊은 골을 탐구한다. 그리고 그 과정에서 기독교 신앙에 새로운 빛을 던져준다. 그것은 오랫동안 숨겨졌던 구석을 훤히 드러내는 가차 없는 불빛인 동시에 그늘을 지우고 누그러뜨리는 빛이다.

밟아라!

처음부터 엔도는 동서양의 세계관 차이를 탐구하려 애썼다. 그가 전공한 서양 가톨릭 문학에서는 신과 피조 세계의 구분을 당연시한다. 그러나 대부분의 일본인들은 그런 신을 믿지 않는다. 그 결과 많은 서양 문학 작품들의 근저에 놓인 신, 죄, 죄책감, 도덕적 위기 등의 심오한 주제들이 일반 일본인 독자들에게는 무의미하게 다가온다.

초기 소설들에서 엔도는 일본을 기독교를 포함한 외국의 모든 문화를 집어삼키는 일종의 늪지대(때로는 말 그대로 늪)로 그린다. 가장 초창기 작품에 속하는 《황색인黃色い人》은 일본인 여성과 결혼하기 위해 성직을 포기하고, 나중에 자살을 선택하는 프랑스 선교사를 보여 준다. 그는 자신의 하나님이 "이 젖은 토양에, 황색인종의 대지에 뿌리내릴 수 있을지" 모르겠다고 의심을 털어놓는다. 몇 년 후에 쓴 《화산火山》에는 배교한 외국인 성직자가 등장하는데 그는 유혹자로 바뀌어 신앙을 부인하도록 다른 사람들을 꾄다. 이런 인물들 배후에 나가사키 박물관의 진열 상자 앞에 서 있는 외로운 젊은이의 윤곽이 어렴풋이 보인다.

그러나 시간이 지나면서 소설가 엔도는 늪지대에서 빠져나오는 길을 찾은 듯 보인다. 일본 작가들은 진지한 작품들 사이사이에 보다 가볍고 재미있는 작품들을 쓰는 관행이 있다. 잡지에 연재한 이러한 '읽을거리'들에서 엔도의 새로운 인물이 등장했다. 도스토옙스키의 소설 《백치》의 주인공이 일본식으로 희화화됐다고 함 직한 선량한 바보였다. 엔도의 《오바카상》에는 프랑스인이지만 "못생긴 미국인" 경연 대회에서 우승할 법한 무능한 말상의 선교사, 정확히 말하면 유명한 황제의 자손 가스통 보나파르트가 등장한다. 가스통은 집주인의 마음을 상하게 하고, 거의 5분에 한 번씩 문화적 차이로 인한 실수를 저지르며 길 잃은 잡종 개와 늙은 은둔자, 살인자 등 온갖 엉뚱한 것들에 매력을 느낀다. 그럼에도 불구하고 실수로 얼룩진 그의 사랑의 행동들이 주위 모든 사람에게 활력을 준다. 소설의 마지막 장면에서는 가스통의 사랑이 살인자—이름이 엔도!—를 감동시켜 회개에 이르게 하는데, 바로 그 일이 늪에서 벌어진다.

《위대한 몰락》과 《침묵》에서 동서양 문화의 충돌은 희극이 아니라 비극으로 나타난다. 두 소설 모두 쇼군들이 일본에서 기독교 공동체에 대한 박해를 강화하던 1600년대 초의 실제 사건들과 인물들에 근거하고 있다. 《위대한 몰락》의 시대적 배경은 쇼군들이 서양과의 자유 교역 정책을 재고하던 시기이다. 한 사제가 네 명의 무사로 구성된 무역 사절단을 이끌고 멕시코와 유럽으로 떠나고, 무사들은 사절단의 임무 수행에 도움이 되기를 바라며 이름뿐인 기독교인이 된다. 그러나 그들이 항해를 하는 동안 일본은 국경을 폐쇄하고, 그들이 일본으로 돌아온 직후 반역자로 처형한다(명목뿐인 세례, 해외 여행, 제대로 믿지도 않는 신앙 때문에 받는 배척 등 엔도 자신의 생애가 연상된다).

그러나 적어도 무사 중 한 명은 순교자의 죽음이 갖는 진정한 의미를 파악할지도 모른다. 하인 요조가 그에게 예수에 대해 말한다. 그것은 승리를 거둔 부활한 그리스도가 아니라 엔도 자신이 팔레스타인 지방을 방문하면서 알게 되었던 배척당한 예수였다.

인간의 마음 어딘가에는 평생 함께 있어주는 존재, 배반하지 않는 존재, 떠나지 않는 존재에 대한 염원이 있다. 설령 그것이 기력이 쇠진한 개라도 상관없다. 그 남자는 인류에게 그와 같은 가련한 개가 되어주었다.

무사는 귀에 울려오는 요조의 다음 말을 들으며 죽는다.
"여기부터는 그분이 동행하십니다. 여기부터는 그분이 나리를 모실 겁니다."

비평가들은 바로 그 시대를 역사적 배경으로 하는 또 다른 소설 《침묵》을 엔도의 걸작으로 본다. 문체는 간결하고 깔끔하고, 줄거리는 비극적 결말을 향해 힘차게 나아가고, 등장인물들은 엔도의 소설에서도 보기 드물게 깊이가 있고, 전체 분위기가 신화의 힘으로 가득 차 있다. 《침묵》은 위험한 사명을 띠고 일본으로 향하는 포르투갈 사제 로드리고를 따라간다. 일본에서 가장 유명한 선교사 페레이라 신부가 배교했다는 소식이 예수회 본부에 전해졌던 것이다. 신학생 시절 페레이라 신부 밑에서 공부했던 로드리고는 그 위대한 사람, 자신의 스승이 20년 동안 용감한 선교 활동 후에 신앙을 부인했다는 사실을 믿을 수 없었다. 그는 자신이 살아 돌아오지 못하게 될 것을 알면서 페레이라 신부를 찾아 항해에 나선다(이 모두는 1635년의 역사적 인물들과 사건에 기초한 이야기이다).

고된 여행 후 일본에 도착한 로드리고는 몇 년 동안 사제를 보지 못한 비밀 기독교인들—지하 가쿠레 교회의 교인들—의 고해를 듣는다. 그런데 그중 한 명인 비열하고 교활한 어부가 보상금을 노리고 로드리고를 쇼군에게 넘긴다. 로드리고는 고문을 당하면서도, 견딜 수 없는 도덕적 상황에 직면해서도 자신의 신앙을 굳게 지킨다. 일군의 기독교인들이 그 앞을 지나간다. 그는 자신이 후미에를 밟으면 그들이 풀려날 거라는 말을 듣는다. 그는 거부하고 그들은 끌려가서 그의 눈앞에서 살해된다. "그는 다른 사람들을 위해 목숨을 내놓으려 이 나라로 왔으나 거꾸로 일본인들이 그 때문에 하나하나 목숨을 내놓고 있었다." 그러나 쇼군이 아무리 야만적인 방법을 사용해도 로드리고는 자신의 신앙을 부인하지 않으리라 다짐한다.

제목이 암시하듯, 침묵의 테마가 소설 곳곳에 스며 있다. 로드리고는 자신을 따라다니는 예수의 얼굴, 그가 사랑하고 섬기던 얼굴을 백 번도 넘게 보지만 그 얼굴은 말이 없다. 로드리고 신부가 나무에 사슬로 묶여 그리스도인들이 죽어가는 광경을 볼 때도 침묵하고, 그들의 방면을 위해 후미에를 밟아야 할지 인도를 구할 때에도 침묵하고, 밤에 독방에서 기도할 때도 침묵한다.

처음에는 《침묵》이 수 세기 동안 교회를 성장시킨 원동력, 영웅적 순교자들의 용맹한 신앙에 경의를 표할 것처럼 보인다. 순수한 성직자 로드리고는 목숨을 건 사명을 기꺼이 떠맡았다. 그러나 《침묵》에서 로드리고의 사랑과 신앙은 순교를 넘어 배교의 지점에까지 이른다.

어느 날 밤 로드리고는 코 고는 소리와 비슷한 소리를 듣는다. 사실 그 소리는 귀 뒤에 작은 구멍이 뚫린 채 구덩이 위에 거꾸로 매달린 기독교인들이 내는 고통의 신음이었다. 그들은 조금씩 피를 흘리면서 천천히 고통스러운 죽음을 당하게 될 것이었다. 로드리고가 신앙을 부인하기만 한다면 그들 또한 풀려날 수 있다. 로드리고는 그의 독방을 찾아왔던 페레이라 신부로부터 그 고문에 대해 경고를 받은 바 있었다. 그날 그는 위대한 선교사 페레이라가 고작 구덩이에 다섯 시간 매달리고 나서 배교했다는 사실을 알고 경악했다. 페레이라는 후미에를 밟으라고 로드리고를 설득한다. 그건 그냥 상징, 외적 행위일 뿐이다. 진심으로 그렇게 할 필요는 없다. 그 일로 수많은 사람들의 목숨을 구하게 될 것이다. … 그리고 결국 로드리고 신부는 다른 사람들에 대한 사랑 때문에 자신의 신앙을 부인한다.

나중에 엔도는 《침묵》이 그 제목 때문에 오해를 샀다고 불평했다. "사람들은 하나님이 침묵하셨다고 생각한다." 그러나 소설에서 하나님은 분명히 말씀하신다. 여기 침묵이 깨어지는 결정적 장면이 있다. 로드리고가 후미에를 찬찬히 바라보는 바로 그 순간이다.

"그냥 형식일 뿐입니다. 형식이 뭐가 그리 중요합니까?" 통역자가 신이 나서 그를 재촉한다. "그냥 밟는 형식으로만 치르세요."
　신부는 발을 치켜든다. 묵직하고 모진 아픔이 느껴진다. 이건 그저 형식이 아니다. 지금까지 내 온 생애를 통해 가장 아름답다고 생각해온 것, 가장 맑고 깨끗하다고 믿었던 것, 인간의 이상과 꿈이 담긴 대상을 밟는 것이다. 이 발의 아픔! 그때, 동판에 새겨진 그리스도가 신부에게 말한다. "밟아라! 밟아라! 네 발의 아픔을 누구보다 내가 잘 안다. 밟아라! 나는 너희들에게 밟히기 위해 이 세상에 태어났다. 너희들의 아픔을 나누기 위해 십자가를 짊어졌다."
 신부는 후미에에 발을 올려놓았다. 동이 텄다. 멀리서 닭이 울었다.

1966년 《침묵》의 초판이 나왔을 때, 많은 일본의 가톨릭 신자들이 분개했다. 그들은 순교한 선조들을 옹호하며 페레이라와 로드리고 같은 배교자들에 대한 '낭만적 묘사'를 비판했다. 우리는 교회의 설립자들이 스승을 배반한 제자들이라는 사실을 얼마나 쉬 잊어버리는지 모른다. 종교·정치 당국이 예수님을 정죄하고 죽였을 때, 아무도 그분의 편에 서지 않았다. 그분에게 가장 도움이 필요한 순간에 제자들은 어둠 속으로 달아났다. 그중에서 가장 용감하다는 베드로는 닭이 울기 전 세 번이나 그분을 저주하고 부인했다. 예수님이 죽으신 것은 배신자들을 위함이었다.

엔도는 《침묵》의 주제가 등장인물들의 변화가 아니라 예수님의 얼굴이 변한 데 있다는 설명으로 자신을 변호했다. "그 소설에서 내게 가장 의미 있는 일은 영웅으로 그려진 그리스도 상을 바꿔놓은 것입니다." 처음에 로드리고는 위엄과 능력의 예수님을 믿었다. 백 번도 넘게 그에게 나타났던 예수님의 이미지는 순수하고 평온하고 거룩한 모습이었다. 그러나 로드리고의 사명이 실패하고 그 때문에 오히려 많은 일본인들이 죽어감에 따라 예수님의 얼굴은 점차 인간의 고통에 상한 얼굴로 변하기 시작한다. 예수님은 그분이 친히 세상에 풀어놓으실 믿음 때문에 역사를 통해 얼마나 많은 박해와 순교가 있을지 아셨을 텐데, 그것을 아시고 과연 어떤 기분이셨을까?

"형제가 형제를, 아버지가 자식을 죽는 데에 내주며 … 너희가 내 이름으로 말미암아 모든 사람에게 미움을 받을 것이나…"(막 13:12-13).

쫓기다 지쳐 거의 절망한 로드리고는 빗물 웅덩이에 비친 자신의 모습을 보는데, 그것이 그리스도의 현현顯現이 된다.

> 물에 비친 것은 지치고 야윈 얼굴이었다. 이유는 모르겠지만 바로 그 순간 또 다른 사람의 얼굴이 떠올랐다. … 진흙투성이에 수염이 덥수룩한 … 십자가에 못 박힌 사람의 얼굴. 홀쭉하고 더러웠다. 그것은 불안과 피로에 시달리는, 쫓기는 사람의 얼굴이었다.

그 시점부터 소설은 '고통', '여윈', '지친', '흉한' 같은 단어를 써서 예수님의 얼굴을 묘사한다. 그리고 로드리고가 후미에를 밟으려는 순간, 침묵이 마침내 깨어지는 그 순간, 그 얼굴은 후미에의 한복판에서 말한다. "밟아라!" 그것은 이미 "끊임없이 짓밟혀 닳아빠지고 힘없는" 얼굴에서 나온 말이었다.

예수의 생애

변화된 예수 상에 대한 엔도의 철학은 그의 논픽션 작품 《예수의 생애 イエスの生涯》에서 밝혀진다. 그 책은 30만 부가 팔렸고 많은 일본인들에게 기독교 신앙을 소개한 주요 통로로 남아 있다. 엔도 슈사

쿠는 기독교가 일본에 많은 영향을 끼치지 못한 이유가 일본인들이 이야기의 절반을 듣지 못했기 때문이라고 믿는다. 그들은 미와 위엄에 대해서는 들었다. 일본인 관광객들은 샤르트르 대성당과 웨스트민스터 대성당을 방문하고 디지털 카메라에 그 화려한 장관을 담는다. 일본 합창단과 관현악단은 헨델과 바흐의 종교 걸작들을 연주한다. 그러나 어찌된 일인지 일본인들은 "자기를 비워 종의 형체를 가지"신(빌 2:7) 하나님과 예루살렘으로 가시면서 무력한 자처럼 우셨던 하나님의 아들에 대해서는 듣지 못했다.

엔도는 그와 일본인들과의 접촉점이 무엇보다 실패와 수치의 경험에 있다고 설명한다. 일본 문화에서는 이러한 경험들이 사람의 인생에 무엇보다 오래 영향을 끼치기 때문이다. 반면, 불교 문화권에서 자란 사람들은 고통을 함께 겪고 약점을 용납해주는 사람과 가장 큰 일체감을 느낀다고 그는 말한다. 엔도에게 예수님이 남겨주신 유산 중 가장 가슴에 사무치는 것은 그분을 배반한 사람들까지도 품는—특별히 그들을 향한—한없는 사랑이다. 유다가 무리를 이끌고 동산에 이르렀을 때 예수님은 그를 '친구'라고 부르셨다. 그분은 같은 민족의 요구로 처형당하셨다. 더할 바 없이 치욕스러운 자세로, 벌거벗고 양팔을 벌려 매달린 채, 예수님은 남은 힘을 짜내어 "아버지 저희를 사하여 주옵소서"(눅 23:34)라고 되치셨다. 소설의 등장인물 페레이라와 로드리고의 명백한 배교에 분개하는 이들에게 엔도는 기독 교회를 세우는 데 공헌한 위대한 두 지도자를 가리킨다. 베드로는 그리스도를 세 번이나 부인했고, 바울은 그리스도인들을 탄압하는 첫 번째 박해를 주도한 사람이었다. 은혜가 그 두 사람을 품지 않았다면 교회는 궤도에 오르지 못했을 것이다.

　야구, 맥도날드, 록 음악을 재빨리 받아들인 일본에서 유독 기독교만 뿌리를 내리지 못한 이유는 뭘까? 엔도는 그 원인을 하나님의 부성父性만 강조한 서구 기독교의 편향성에서 찾는다. 심리학자 에리히 프롬은 균형 잡힌 가정에서 자란 아이는 두 가지 종류의 사랑을 받는다고 말한다. 어머니의 사랑은 무조건적이고 아이가 어떤 행동을 하든지 상관없이 그 아이를 받아들여주는 경향이 있다. 이에 비해 아버지의 사랑은 좀 더 조건적이고, 아이가 일정한 행동 기준에 부합할 때만 인정해주는 경향이 있다. 프롬은 아이가 두 가지 사랑 모두를 받고 내면화하는 것이 이상적이라고 말한다. 엔도는 권위적인 아버지들의 나라 일본이 하나님의 부성애는 이해했지만 그분의 모성애는 이해하지 못했다고 말한다.

　일본의 어떤 속담에 따르면, 세상에서 가장 무서운 네 가지는 "불, 지진, 벼락, 그리고 아버지"이다. 나는 여러 차례 일본을 방문하면서, 많은 사람들을 통해 권위주의적 아버지의 이야기를 들었다. 그들은 절대 사과하지 않고, 좀처럼 마음을 주지 않으며, 사랑이나 호의는 눈곱만큼도 베풀 줄 모르고, 격려는커녕 나무라기만 하는 아버지였다. 한 여성은 아버지에게 성폭행을 당한 후 열세 살 때 아버지를 죽일 계획을 세웠다는 이야기를 들려주었다. 극형이 두려워 계획을 실행에 옮기지 못한 그녀는 그 대신 미국으로 유학을 떠났다. 어머니가 돌아가시자 아버지는 그녀에게 일본으로 돌아와 자신을 보살필 것을 요구했고, 일본 관습에 따라 그녀는 의무감을 느꼈다. "지난 달, 아버지는 난생처음으로 내가 한 어떤 일에 고맙다고 했어요." 그녀가 내게 말했다. "내가 진짜 이긴 거예요."

    기독교가 일본인들에게 일말의 호소력을 가지려면 하나님의 모성애, 잘못을 용서하고 상처를 눈감아주고 사람들을 강제로 끌어당기지 않고 품어주는 그분의 사랑을 강조해야 한다. 이것이 엔도의 결론이다.〔"예루살렘아 예루살렘아 선지자들을 죽이고 네게 파송된 자들을 돌로 치는 자여 암탉이 그 새끼를 날개 아래 모음같이 내가 네 자녀를 모으려 한 일이 몇 번이더냐 그러나 너희가 원치 아니하였도다"(마 23:37)〕. "'모성의 기독교' 안에서 그리스도는 창녀, 무가치한 사람들, 일그러진 사람들에게 다가가 그들을 용서한다." 엔도의 말이다. 엔도에 따르면, 예수는 모성적 사랑의 메시지를 가져와 부성적 사랑에 치우쳐 있던 구약 성경과 균형을 맞추었다. 어머니의 사랑은 범죄를 저지르는 아이라도 버리지 않고, 모든 약점을 용서한다. 제자들에게 가장 큰 감명을 주었던 것은 그들이 그리스도를 배신하고 난 뒤에도 그분이 여전히 그들을 사랑하신다는 깨달음이었다고 엔도는 보았다. 잘못이 드러나는 것은 새로울 게 없다. 잘못이 드러났는데도 여전히 사랑받는 것, 그것이 새롭다.

    《예수의 생애》는 모성애를 가진 예수의 초상을 그리고 있다.

    그는 야위었고 몸집이 크지 않았다. 그러나 그에게 있는 한 가지, 다른 사람들이 어려움에 처했을 때 절대 버리는 법이 없었다. 여자들이 눈물을 흘릴 때 그는 그 옆에 머물렀다. 나이 든 사람들이 외로워할 때, 그는 조용히 그 옆에 앉았다. 기적적인 일은 아니지만, 움푹 들어간 눈에는 기적보다 더욱 심오한 사랑이 넘쳐났다. 그리

고 그를 버리고 배반한 사람들에게 한마디 원망의 말도 하지 않았
다. 아무리 억울한 일을 당해도 고통을 감내할 뿐 보복하지 않고,
오로지 그들의 구원을 위해 기도했다.

예수의 전 생애가 그러하다. 그것은 빈 종이 위에 붓으로 쓴 한자
漢字처럼 분명하고 꾸밈없이 드러난다.

전통적 그리스도인들은 엔도가 그리는 예수의 모습을 불완전하게
여길 것이다. 그는 예수의 기적들에 대해 한 마디도 하지 않는다. 솔
직히 그것들은 그의 목적에 부적절해 보인다. 그는 예수의 권위와
능력을 보여주는 장면들을 무시하고 일본인들이 이해하고 수용할
수 있는 예수의 모습을 제시하는데, 모든 능력의 증거들은 오히려
그들이 예수를 위압적이고 받아들이기 어려운 존재로 느끼게 한다.
부활에 대한 엔도의 묘사 역시 어설프다. 그는 부활이 일본인들의
신앙에 장애만 된다고 생각하기 때문이다. 그의 신학을 매섭게 비판
하는 사람들에게 그는 이렇게 대답한다.

"내가 예수를 그런 식으로 묘사하는 이유는 내가 일본인 소설가
이기 때문이다. 나는 기독교 전통이 전혀 없고 예수에 대해 거의 아
는 바가 없는 일본인 독자들을 위해 이 책을 썼다."

그러나 예수님에 대해 들으면서 자라난 우리들도 엔도에게 배울
바가 많다. 나는 진보적인 민주당 지지층과 힘 있는 유대계 인사들
이 포함된 많은 사람들 앞에서 '문화 전쟁'이라는 주제로 강연한 적
이 있다. 그날의 강사진은 디즈니 채널Disney Channel과 워너 브라더스
Warner Brothers 사장, 웰슬리 대학Welesley College 학장, 그리고 클래런스

토머스(1991년 유일한 흑인 미연방 대법관이지만 보수적 성향으로 유명하다-옮긴이) 판사에게 성희롱을 당했다는 주장으로 그의 연방 대법관 임명에 가장 큰 장애물이 되었던 애니타 힐의 개인 변호사 등이었다. 나는 구색 맞추기용으로 부른 복음주의 기독교인이었다. 그때 나는 과녁이 그려진 티셔츠를 입고 있는 듯한 기분이 들었다. 강사진 모두가 기독교인들의 강력한 로비와 싸웠던 경력이 있었기 때문이다.

남침례교인들은 디즈니 시청 거부 운동을 벌였고, 복음주의자들은 웰슬리 대학에서 있었던 신성 모독적인 예술 전시회 때문에 분노를 터뜨렸다. 애니타 힐은 의회 청문회에 출두하고 수년이 지난 지금까지도 보수적 기독교인들의 성난 편지들을 받고 있었다. 린든 존슨 대통령의 손녀이자 척 로브 상원의원의 딸인 최연소 강사 루신다 로브는 상원의원으로 출마한 올리버 노스(의회 몰래 이란에 불법무기를 판 자금으로 니카라과의 콘트라 반군을 지원한 '이란-콘트라' 사건의 주역. 현재 라디오 방송 진행자, 저자로도 유명하다-옮긴이)의 당선을 막기 위해 치열한 낙선운동을 벌이던 때의 얘기를 해주었다. 유세장마다 우파 기독교인들이 그녀의 출입을 막았다. 루신다는 이렇게 말했다. "나는 스스로를 그리스도인이라고 생각했어요. 내가 어릴 때 빌리 그레이엄 목사님이 자주 찾아오셨고, 나는 교회 활동도 늘 열심히 했지요. 나의 신앙은 진짜예요. 하지만 그 시위자들은 나를 지옥에서 올라온 악마처럼 취급했어요."

강연 순서가 되었을 때, 나는 이렇게 입을 열었다.

"나는 문화 전쟁이라는 문제를 놓고 1세기의 한 유대인의 생애에서 안내를 받으려 합니다. 그 또한 문화 전쟁의 한가운데 서 있었습니다. 완고한 기득권층은 그가 지상에서 보낸 시간 내내 그를 박해했습니다. 그의 혁명적 메시지가 정부 당국을 뒤엎을까 봐 우려했기 때문입니다. 그리고 당시 그 나라를 다스리던 이교 제국, 로마에는 그를 분노케 할 만한 일들이 많았습니다. 현대 국가라면 용인하지 않을 노예제, 집단 처형, 유아 살해, 공공 검투사 시합 등이 그것입니다. 예수가 문화 전쟁을 '치르기' 위해 썼던 무기는 단 하나, 희생적 사랑이었습니다. 그는 죽음을 앞두고 이런 말을 했습니다. '아버지 저희들을 사하여주옵소서. 자기들이 하는 것을 알지 못함이니이다(눅 23:34).'"

강연이 끝난 후, 이름을 대면 다 알 만한 매스컴의 유명 인사가 내게 다가와 이렇게 말했다.

"드릴 말씀이 있습니다. 당신이 인용한 그 말씀이 내 마음을 찔렀습니다. 나는 당신을 미워하려고 했어요. 나는 모든 우파 기독교인을 싫어하고 당신도 그들과 크게 다르지 않다고 생각했기 때문이에요. 나는 예수의 추종자가 아닙니다. 유대인이에요. 하지만 당신이 원수를 용서하는 예수에 대해 말했을 때, 내가 그런 마음과 얼마나 거리가 먼지 깨달았습니다. 나는 원수들, 특히 우파들과 싸웁니다. 그들을 용서하지 않지요. 나는 예수의 정신에서 배울 바가 아주 많습니다."

예수님의 희생적 사랑의 능력은 또다시 역사하고 있었다.

배반자의 소설가

말년에 엔도는 좀 더 개인적이고 자전적인 테마로 방향을 돌렸다. 1988년, 그의 소설《스캔들醜聞》이 출간되었다. 주인공이 도쿄의 홍등가를 자주 드나든다는 비난을 받는 일본의 유명 가톨릭 작가라는 점에서 다소 충격적인 소설이다. 독자는 엔도와 너무도 닮은 소설 속 작가가 그를 비난하는 사람들의 모함에 걸려든 건지, 실제로 있던 그의 어두운 면이 폭로된 건지, 아니면 그의 도플갱어가 나타나기라도 한 것인지 확신할 수 없게 된다. 엔도는 신뢰할 수 없는 자기 영혼의 맨살을 드러낸다. "나를 과대평가하지 말라." 그는 독자들에게 그렇게 말하고 있다. "나는 내 문제 감당하기도 벅찬 사람이다. 당신들의 삶까지 책임질 여력이 없다."

작가로서 내가 볼 때《스캔들》이 엔도의 소설 중 가장 용기 있고, 여러 면에서 가장 감동적인 작품이다. 신앙 작가들은 등장인물들을 흠이 없고 뭔가 광채가 나는 존재로 설정하는 경향이 있다. 그러한 경향은 성경이 제시하는 본과 정면으로 배치된다. 성경은 아브라함, 모세, 다윗, 베드로, 바울 등 위대한 등장인물들을 잔인하리만큼 있는 그대로 그려 보이는 까닭이다. 이런 의미에서 엔도는 현대 소설가들 중 성경에 가장 충실한 사람이라 할 수 있다. 배반의 테마는 그의 주요 저서 모두에서 드러나기 때문이다.《스캔들》에서는 엔도 자신이 배반자로 등장한다.

그는 이렇게 말한다.

"소설가는 거룩한 것에 대해 쓸 수 없다. 거룩한 그리스도에 대해서도 묘사할 수 없다. 그러나 후미에를 밟고 지나간 사람들이나 그리스도를 배반한 제자들, 그 외 다른 사람들의 눈에 비친 예수에 대해선 쓸 수 있다."

소설가는 소설가 자신의 눈에 비친 예수님에 대해서만 쓸 수 있다는 말을 덧붙일 수도 있었겠다. 결국 그는 과거의 모습에서 그리 멀리 벗어나지 않았기 때문이다. 저명한 연로 작가의 내면에는 아직도 일본인 고유의 체형에 맞게 양복을 수선하려 애쓰는 어린 소년이 있다.

엔도의 단편 소설 〈어머니〉에는 자신에 대한 어떤 진실을 찾아, 외딴 섬에 모여 사는 가쿠레 기독교인들을 방문하는 한 사람이 등장한다. 과거의 실패를 자책하면서 마리아를 섬기며 숨어 사는 가쿠레 기독교인들에게 방문객의 마음이 끌린다. 그는 그들에게서 그도 어릴 때 느꼈으나 어머니에게 제대로 설명하지 못했던 느낌, 어떤 갈망을 감지한다. "세상을 속이고 자신의 진짜 생각을 누구에게도 드러내지 않으며 이중생활을 해야 했던 가쿠레 사람들 속에서 때로 내 자신의 모습이 어렴풋이 보인다."

작중 화자는 한 가지 꿈을 되풀이해서 꾼다. 꿈속에서 그는 약에 잔뜩 취한 채 병원에 누워 있다. 의식이 오락가락하는 상태에서 그는 사랑의 끈을 집요하게 붙들며 참을성 있게 옆에 앉아 있는 어머니의 모습을 본다. 그러다 정신이 맑아지면 어머니의 강한 신앙과 자신의 고집스러움을 숙고한다.

"물에 빠진 아이가 물의 압력에 저항하듯, 어머니가 내게 신앙을 강요할수록 나는 숨 막히는 그 힘에 저항했어."

화자가 생명 유지 장치의 윙윙대는 소리에 귀를 기울인 채 이런 생각을 하며 몽롱하게 현재와 과거를 오가며 짐작도 안 가는 미래를 준비하는 동안, 그의 어머니는 말없이 그 옆에 앉아 기다린다.

엔도 슈사쿠와의
더 깊은 만남을 위하여

SOUL SURVIVOR

엔도의 공인된 고전, 《침묵》으로 시작하라. 나는 《스캔들》도 아주 높이 평가한다. 말년에 쓴 소설 《깊은 강深い河》은 해외 여행, 깨어진 신앙, 실수투성이 바보 등 그전 소설들에서 다룬 많은 테마들이 다시 등장하지만, 인도를 방문한 일본인 여행객의 눈으로 비교 종교라는 새로운 영역을 탐험한다. 많은 영어권 독자들이 엔도의 소설을 식상해하거나 공감하기 어려워하는 이유는 아마도 문화적 차이 때문일 것이다. 그런 독자라면 《최후의 순교자들》에 수록된 단편소설들이 더 마음에 들지도 모른다. 《예수의 생애》는 그의 소설 작품에 표현된 관점을 이해하는 데 도움이 된다.

SOUL SURVIVOR

상처받은 치유자

13

헨리 나우웬
HENRY NOUWEN

HENRY
NOUWEN

1983년, 성직자이자 대학 교수인 헨리 나우웬은 문 뒤에 꽂힌 포스터 안에서 렘브란트의 그림 〈돌아온 탕자〉를 처음 접했다. 중미의 사회 정의 문제들을 주제로 한 빠듯한 강연 여행을 막 마치고 돌아와 녹초가 된 탓이었는지, 그림은 그에게 이전에 맛본 적이 없는 감동을 주었다. 순간 그는 아버지 앞에 무릎을 꿇은 누더기 차림의 아들을 대신해 황금빛에 둘러싸여, 어깨를 부드럽게 감싸는 아버지의 손을 느껴보고 싶었다. 그 외엔 아무 생각도 나지 않았다. 집에 가고 싶을 뿐이었다. 그곳이 어디건 상관없었다.

네덜란드에서 태어난 나우웬은 동포들의 그림, 특히 렘브란트와 반 고흐가 그린 그림들을 좋아했다. 3년 후, 러시아를 방문할 기회를 제의받았을 때 그는 선뜻 동의했는데, 렘브란트의 그림을 직접 볼 수 있다는 것도 한 가지 이유로 작용했다. 그는 매주 두 번씩 상트페테르부르크의 에르미타주 미술관에 들어가 렘브란트가 실물보다 크게 그린 거대한 그림, 〈돌아온 탕자〉 앞에서 몇 시간이고 앉아 있었다. 그 명화에 압도된 나우웬은 햇빛의 각도에 따라 그림이 시시각각 바뀌는 모습을 지켜보았고, 그림 속 등장인물들의 세세한 부분까지 음미했다.

그러고 나서 얼마 후, 나우웬은 교수직을 사임하고 그때까지와는 전혀 다른 진로를 택했다. 그리고 《탕자의 귀향 *The Return of the Prodigal Son: A Story of Homecoming*》이라는 얇은 책을 썼다. 그때 그는 캐나다 토론토에 있는 신체 및 정신 지체 장애인 공동체로 들어가면서 그곳이 자신의 진정한 집이길 바랐다. 명화 〈돌아온 탕자〉는 계속 그를 매혹했고, 나우웬은 예수님의 탕자 비유 안에서 자신의 삶을 바라보기 시작했다. 생활의 터전을 옮기고 10년 후, 그의 삶은 일종의 시적 합일을 이루며 끝났다. 1996년, 〈돌아온 탕자〉에 대한 텔레비전 특집 프로 제작에 참여하여, 네덜란드 카메라맨과 함께 에르미타주 미술관을 방문할 준비를 하는 도중에 심장 발작을 일으켜 결국 세상을 떠났던 것이다.

나우웬은 평생에 걸쳐 탕자의 비유를 묵상할 때마다 매우 자연스럽게 책임감 있고 순종적인 형과 자신을 동일시했다. 다섯 살 때부터 그는 성직자가 되고 싶어 했고 장난감 제단, 성합聖盒, 제의祭衣로 성직자 놀이를 했다. 나우웬은 네덜란드에서 심리학자와 신학자로 훈련받은 후 사제 서품을 받고 야심만만한 경력을 쌓아갔다. 메닝어 클리닉 Menninger Clinic에서 연구했고, 노트르담 대학과 예일 대학에서 가르쳤고, 집회 강사로 각지를 다녔다. 그는 좌파 가톨릭 해방신학자들과 열정적인 은사주의 복음주의자들을 대상으로 같은 날 강연을 할 만큼 포용력이 있었다(인기 있는 텔레비전 목회자, 로버트 슐러는

3회분의 텔레비전 프로그램을 위해 자신이 시무하는 수정 교회 강단을 나우웬에게 내어주었다). 그는 성찬의 대상을 가톨릭 신자들만으로 제한하는 교황청의 규정을 무시하고 어디를 가건 친구들, 학생들, 그리고 처음 만나는 사람들과 매일 성찬을 나누었다.

일류 대학들에서 가르치고 열여섯 권의 책을 쓴 후, 나우웬은 남부럽지 않은 이력을 갖추게 되었는데, 바로 그게 문제였다. 빠듯한 일정과 혹독한 경쟁이 그의 영성을 숨 막히게 하고 있었다. 그는 뉴욕 주 북부의 수도원으로 두어 번 6개월간의 피정을 떠났고, 그 후 남미로 들어가 개발 도상국에서 선교사로 일하는 게 자신에게 적합한지 확인하려 애썼다. 페루에서 그는 리마 북부의 빈민가에서 살았는데, 돌봐야 할 교구민이 10만 명이었다. 그가 머물렀던 집의 가족은 가진 건 별로 없었지만 사랑스러운 아이들이 있었다. 아이들은 나우웬 주위를 항상 기웃대며 키득거렸고, 어색해하면서도 아이처럼 말이 서툰 낯선 성직자와 함께 놀았다. 나우웬은 아이들을 통해 그 가족의 사랑을 느꼈다. 나중에 그는 그 아이들이 말 그대로 포옹으로 그에게 활력을 되돌려주었다고 말하곤 했다. 그는 가난하고 억눌린 사람들이 물질적으로 풍요로운 삶을 사는 서구인들보다 하나님의 사랑을 더욱 깊이 느낀다는 역설을 발견했다.

"우리는 신체 접촉의 위력을 정말 모른다." 나우웬은 페루에 머무는 동안 그렇게 썼다. 다음은 한 고아원에 다녀와서 쓴 글인데, 그곳 아이들은 애정에 굶주린 나머지 그를 서로 차지하려고 다툼을 벌였다.

"이 아이들이 원하는 것은 한 가지뿐이다. 만져주고, 안아주고,

다독거리고, 쓰다듬어주는 것이다. 대부분의 어른들도 같은 욕구를 가지고 있지만 자의식이 강하고 세상에 찌들어 그것을 표현하지 못할 뿐이다. 때로는 온 인류가 애정과 상냥함, 보살핌, 사랑, 용납, 용서와 친절에 굶주린 이들의 바다로 보인다. 모두가 '날 사랑해주세요'라고 부르짖는 듯 보인다."

가난한 사람들의 집에 머물면서 나우웬은 우리가 어려운 처지의 사람들을 보살피는 것은 그들에게 예수님을 전하기 위해서일 뿐 아니라 그들 안에 계신 예수님을 발견하기 위해서란 걸 배웠다. 예수님은 "가난한 자는 복이 있나니"라고 하셨지 "가난한 자를 돌보는 자들에게 복이 있다"고 하지 않으셨다. 그들 가운데 머물면서 나우웬은 그들만의 예수님을 발견하는 복을 받았고 스트레스로 인한 상처에서 회복되기 시작했다. 그렇지만 남미에서의 기간은 그의 소명이 그곳에 있지 않다는 확신을 주었다. 6개월 후 그는 하버드 대학에서 제시한 새로운 자리를 받아들였다.

큰아들의 갈망

페루에 머무는 동안 나우웬은 네덜란드에서 형수가 다운증후군이 있는 딸을 출산했다는 소식을 들었다. 그는 가족들에게 다음과 같은 편지를 썼는데, 그것이 몇 년 후 예언자적 통찰로 받아들여질 줄은 몰랐다.

로라는 우리 가족 모두에게 중요한 존재가 될 겁니다. 우리 가족 중에는 '약한' 사람이 없었습니다. 우리 모두는 열심히 일하고 야심만만하고 성공적인 사람들로, 무력함을 겪을 일이 거의 없었습니다. 그러나 이제 로라가 태어났고 전혀 새로운 의존 상태에 대해 우리에게 알려줍니다. 언제나 어린아이로 남아 있을 로라는 다른 누구에게서도 배울 수 없는 그리스도의 길을 우리에게 가르쳐줄 겁니다.

_《주님 감사합니다 Gracias!》에서

유명세에다 하버드에서의 버거운 강의 일정과 점점 무게를 더해가는 개인적 문제들이 더해져 나우웬은 3년 만에 거의 무너질 지경에 이르렀다. 마침내 그는 장애가 심한 사람들과 함께 일하는 공동체, 라르슈(L'Arche, 방주)의 품에 안겼다. 라르슈 설립자는 라르슈 공동체의 지부장 장 리세를 나우웬에게 보냈다. 장은 며칠 동안 나우웬과 함께 있으면서 음식을 만들어주는 등 아주 실제적인 도움을 주었다. 나우웬은 강연을 해달라거나, 글을 써달라거나, 피정을 인도해달라는 요구가 언제 나오나 기다렸다. 그러나 그런 요구는 없었다. 라르슈는 나우웬에게 아무 조건 없이 순수하고 담백한 은혜를 전해주었다.

장의 방문에 깊은 감명을 받은 나우웬은 담당 주교에게 프랑스 라르슈 공동체에 합류하게 해달라고 허락을 구했다. 난생처음으로 그는 어떤 일에 대한 하나님의 부르심을 느꼈다. 그는 "신학교와 신학이 내게 가르쳐주지 못한 것, 하나님을 사랑하는 법과 내 마음에 임재하시는 하나님을 발견하는 법"을 배우고 싶었다. 그는 프랑스의 라르슈 공동체에서 얻은 자양분에 힘입어 토론토에 있는 라르슈의 지부 '데이브레이크Daybreak' 공동체의 상주 성직자가 되었다.

나우웬이 대학 강단에서 정신 지체 장애인 공동체로 자리를 옮긴 일은 외부에서 보면 매우 고상하고 지극히 말형다운 미덕으로 보인다. 그러나 나우웬이 그의 여러 글에서 분명히 밝힌 바와 같이, 그 결정은 나우웬의 실패, 영적 암흑 상태와 깊은 상처에서 나온 것이었다. 그는 주기 위해서가 아니라 얻기 위해서, 남아서가 아니라 부족해서 그곳으로 갔다. 살아남기 위해서 그곳으로 갔다. 언제나 책임감 강한 형의 역할을 맡았던 그는 예수님의 비유에 나오는 탕자의 형처럼, 같은 유혹에 희생되었던 것이다.

"앙심을 품은 '성자聖者'의 상실감은 치료하기가 매우 어렵다. 그것이 선하고 덕스럽고자 하는 갈망과 깊이 연결되어 있기 때문이다." 그는 그렇게 결론을 내렸다.

나는 내가 착하고, 마음에 들고, 호감을 주는 사람, 다른 이들의 본이 되는 사람이 되려고 얼마나 애썼는지 안다. 죄의 함정을 피하려는 의식적 노력과 함께 유혹에 지면 어쩌나 하는 두려움이 언제나 나를 따라다녔다. 그러나 그 모든 것들과 더불어 찾아오는 심각함, 도덕주의적 성향, 심지어는 일종의 광신주의 때문에 나는 하나님의 집에서 편안하게 지내기가 점점 더 어려워졌다. 시간이 갈수록 자유롭지 못했고, 자발성도 떨어졌으며, 재미가 없어졌다.

… 내 안에 있는 큰아들의 모습을 숙고할수록 나의 상실감이 얼마나 뿌리 깊은지, 거기서 돌이켜 집으로 향하기가 얼마나 어려운

지 더욱 분명하게 깨닫게 된다. 방탕한 탈선을 마치고 집으로 돌아가는 일이, 내 존재의 심연에 뿌리내린 차디찬 분노를 풀고 집으로 들어가는 것보다 훨씬 더 쉬워 보인다.

_《탕자의 귀향》에서

렘브란트의 그림에서 형은 멀찍이 물러선 채 아버지가 불량한 동생을 껴안는 모습을 차가운 시선으로 지켜보고 있다. 그 모습을 바라본 나우웬은 렘브란트가 그림의 제목을 〈돌아온 탕자들〉이라고 했어야 하는 게 아닌가 하는 의구심을 느낀다. 형은 여러 면에서 탕자보다 훨씬 불쌍한 존재이기 때문이다. 자존심과 분노를 이길 수 없었던 그는 동생의 귀가를 축하하는 잔치에 들어가지 못한다.

"나는 예수님을 사랑하지만…." 나우웬은 '데이브레이크'행을 결정하기까지의 과정을 적은 일기에서 그렇게 썼다. "나는 예수님을 사랑하지만 내 독립을 지키고 싶다. 그 독립이 진정한 자유를 가져다주지 않는 줄 알면서도. 나는 예수님을 사랑하지만 내 동료들의 존경을 잃고 싶지 않다. 그 존경이 나를 영적으로 성장시켜주는 것이 아니건만. 나는 예수님을 사랑하지만 저술과 여행과 강연들을 포기하고 싶지 않다. 그것들로 인해 하나님이 아니라 내게 영광을 돌릴 때가 더 많은 줄 알면서도."

그러나 결국 나우웬은 독립과 존경과 분주함의 속박을 벗고 일류 대학을 떠나 사람들이 듣도 보도 못한 기관으로 자리를 옮겼고, 지도자들 대신 사회의 소외된 자들과 함께 일하기로 결정했다. 부분적으로 그의 결정은 예수님의 탕자 비유에서 놓치기 쉬운 사실을 깨달음으로서 이루어졌다. 그것은 아버지가 두 아들 모두에게 손을 내민다는 사실이다. 아버지는 돌아온 탕자를 환영할 뿐 아니라, 밖에서 풍악과 춤추는 소리를 듣고 있는 책임감 강한 맏아들을 만나기 위해 집 밖으로 나간다. 아버지는 탕자를 포옹한 그 손으로 분개한 큰아들을 따뜻하게 포옹하고자 기다린다. 나우웬은 그 포옹을 갈망했다.

지금 앞에 있는 사람이 가장 중요하다는 듯

내가 헨리 나우웬을 처음 알게 된 것은 그가 형의 이미지에 갇혀 있을 때였다. 저술 활동 초창기에 고통에 대해 조사하면서 그의 얇은 고전 《상처 입은 치유자 The Wounded Healer》를 우연히 접했고 그 통찰력에 놀랐다. 여러 해가 지나고 그를 직접 만나기 전까지 나는 그의 작품들을 많이 읽었다. 나우웬은 머릿속의 생각을 모조리 글로 써낸다는 비난도 있었고, 실제로 그의 생각 중 일부는 여러 책으로, 또는 책처럼 보이는 팸플릿 형태로 출간되었다. 그렇지만 그는 내가 따라가고픈 열망이 들 만큼 빈틈없이 생각을 풀어나가는 지혜로운 형이자 선구자였다.

"어쨌든 나는 글쓰기를 통해, 금세 지나가는 내 덧없는 삶에서 영구한 가치를 지닌 어떤 것을 건져올릴 수 있다고 믿었다." 나우웬은 이렇게 쓴 적이 있는데, 사실 그것은 모든 작가가 느끼는 바이다. 글쓰기는 독자들뿐 아니라 그에게도 발견의 행위였다.

대부분의 학생들은 글쓰기가 생각이나 통찰, 상상한 바를 적는 거라고 생각한다. 그들은 뭔가 말할 거리가 있어야 종이에 적을 수 있다고 생각한다. 그들에게 글쓰기는 이미 존재하는 생각을 기록하는 것에 지나지 않는다. 그러나 이런 접근 방식으로는 진정한 글쓰기는 할 수 없다. 글쓰기는 우리 안에 있는 무언가를 발견하는 과정이다. 글쓰기 자체가 그것을 드러내준다. … 글쓰기가 주는 가장 큰 만족은 글을 쓰기 전에는 그 존재를 알지 못했던, 우리 안의 새로운 공간을 열어준다는 데 있다. 글쓰기는 최종 목적지를 모르는 상태로 떠나는 여행이다.

_ "신학 교육에 대한 묵상 Reflections on Theological Education"에서

나는 글쓰기 과정에서 드러나는 전형적인 내향성을 잘 안다. 대부분의 작가들은 내향적이고 내성적이며, 즐거운 저녁 시간을 위해 초청할 만한 사람들은 아니다. 그들 대부분은 살아 있는 사람보다 워드프로세서를 더 편하게 여긴다. 그러나 나우웬은 달랐다. 1년에 한 권 이상의 책을 펴내면서도 그는 국제적 강사, 교수, 성직자로서 정신없이 바쁜 행보를 유지했고, 자신의 여정에 다른 사람들을 열심히 불러들였다.

몇몇 작가들과 저녁을 함께하고 있을 때였다. 화제가 독자의 편지로 옮겨 갔다. 리처드 포스터와 유진 피터슨은 두 사람 모두에게 영적 지도를 구한 진지한 젊은이 얘기를 꺼냈다. 그들은 젊은이가 편지로 보낸 질문에 친절하게 답장을 하고 영성에 관한 책들을 추천해 주었다. 포스터는 그 탐구자가 헨리 나우웬에게도 편지를 보냈다는

걸 알게 되었다. "나우웬이 어떻게 했는지 못 믿을걸요." 그가 말했다. "그는 생판 모르는 그 젊은이를 직접 영적으로 지도하기 위해 한 달 동안 자기 공동체에서 살도록 초청했어요."

작가가 되어봐야지만 나우웬의 행동이 얼마나 대단한 것인지 제대로 헤아릴 수 있을 것이다. 우리 작가들은 자신의 일정과 사생활을 지키기에 급급하다. 몇 년 전 나는 미친 듯이 돌아가는 세상과 거리를 두기 위해 시카고 시내에서 콜로라도 주의 시골로 이사했다. 물론 우리도 강연 요청을 받아들이고, 편지에 답장을 보내고, 호기심 많은 독자들의 전화에 응대한다. 그러나 다른 사람은 들어올 수 없는 자기만의 영역을 언제나 확보해둔다. 그런데 헨리 나우웬은 우리 같은 전문직 종사자의 장벽을 허물어버렸다. 그는 5백여 명의 사람들과 서신 교환을 했고 그중 많은 사람들에게 직접 찾아올 것을 권했다.

내가 아는 사람들 중에는 나우웬을 멀리 떨어져 사는 영적 지도자로 여기는 이들이 있다. 나우웬은 그들의 질문에 길게 답변을 하고, 그들이 자신의 생활을 방해하거나 더 중요한 일들을 못하게 막는다는 인상을 주지 않는다. 그중 한 명인 보브 버포드는 이렇게 회상한다. "그분은 누구를 만나건 그랬지만, 나와 만날 때면 나처럼 관심이 가는 사람은 없는 듯 대해주셨어요." 나우웬에겐 누구와 함께 있건 그에게 온 관심과 자신의 전부를 기울이는 은사가 있었다.

다른 사람들이 나우웬에 대해 회상하는 야기를 듣노라면 양심의 가책이 느껴진다. 전화를 받았는데 통화가 너무 길어지면 나는 컴퓨터 앞으로 가서 마우스 클릭 소리가 들리지 않도록 수화기를 막고 마이크로소프트 아웃룩 일정 관리 프로그램에 있는 내용들을 이리저리 옮기기 시작한다. 아내가 저녁 식탁에서 이야기를 하면 그녀가 2분 전에 했던 내용을 다시 물어봐서 부드러운 핀잔을 듣곤 한다. 나에겐 작가생활의 대부분이 이루어지는 내면에서 빠져나와 다른 사람들의 세계로 옮겨 가는 일이 얼마나 어려운지 모른다. 그에 반해 나우웬은 다른 사람들의 세계에 너무 오래 머물러서 문제다. 그의 저술 활동엔 어려움이 있었겠지만, 그 결과로 많은 사람들이 유익을 얻었다.

나우웬은 영적 지도자의 임무를 이렇게 정의한 바 있다.

"너비 15센티미터 정도 되는 평균대가 놓인 방에 우리가 있다고 상상해보자. 평균대의 높이는 카펫이 깔린 바닥에서 30센티미터 정도에 불과하다. 우리는 눈을 가리고 그 평균대 위를 걸어간다. 우리는 떨어질까 봐 무서워한다. 영적 지도자는 우리를 그 평균대에서 밀어 떨어뜨리고는 이렇게 말할 수 있는 사람이다. '봐! 괜찮잖아. 하나님은 여전히 너를 사랑하셔.'"

여러 면에서 나우웬은 내게 그와 같은 영적 지도자의 역할을 해주었다. 내가 글을 쓰면서 모험을 시작한 것도 그가 먼저 자신의 신경증과 실패를 온 세상 앞에 드러내었기 때문이다. 나는 사람들을 내 일의 방해거리가 아니라 그 일의 이유로 보기 시작했다. 나우웬과 더불어 내 자신을 빈손으로 온 하객들에게 분개하며 잔치장 바깥에 서 있는 형으로 볼 수 있었다. 나우웬의 격려 덕분에 나도 나를 향해 내민 아버지의 손을 보았다.

인생의 후반부에 나우웬은 네덜란드의 가족들에게로 돌아가는 일이 얼마나 힘들었는지에 대해 썼다. 그가 자라날 때만 해도 가족들은 경건한 가톨릭 신자들이었고 성직자가 되겠다는 그의 결정에 다들 기뻐했다. 그러나 시간이 흐른 뒤 가족 대부분은 모든 영적 관심을 잃어버렸다. 가족을 방문했다가 조카나 조카딸에게 세례를 줄 때면, 어른들은 "네가 좋다면 상관없다만, 우리는 물론 그런 거 믿지 않는다"라는 투로 선심 쓰듯 그를 대했다. 그는 아무도 보지 않는 공연을 올리는 배우가 된 것 같았다.

그런 기록들을 읽고서 나는 나우웬이 여러 가지 정책들로 그를 짜증스럽게 만든 교회에 대해 거의 불평하지 않은 이유를 알 것 같았다. 그에게 교회는 아무리 결점이 많아도 여전히 소망과 위로를 주는 피난처였다. 그는 물질적으로는 풍요로웠지만 영적으로 공허한 자신의 가족들에게서 불신앙의 결과를 보았고, 일류 대학의 학생들이 삶의 의미를 묻는 온갖 질문들의 답을 찾지 못하고 허우적대는 모습을 보았다. 나우웬은 교회를 위한 선전가는 아니었지만 하나님과 직접 교제하는 길을 가리켜 보인 사람이다. 신앙은 그의 생명줄이었고, 요동하는 세상의 유일한 부동점不動點이었다.

나우웬이 죽고 나서야 사람들은 그의 내면에서 벌어졌던 혼란을 알게 되었다. 그의 글에는 많은 실마리가 담겨 있고, 그것이 불신자들과 가톨릭 신자들, 개신교 신자들 모두에게 그토록 많은 공감을 불러일으킨 비결이었을 것이다. 그는 아무것도 숨기지 않고 있는 그대로 마음을 열어 보였다. 자신의 혼란을 다루면서 다른 사람들의 믿음을 북돋워주었다. 그의 솔직함이 만들어낸 결과였다.

나우웬은 고든 올포트(미국 심리학자-옮긴이)의 말을 인용해서

'발견적 믿음', 즉 확인될 때까지 임시로 붙드는 믿음을 묘사한 적이 있다. 나우웬은 내게 발견적 신앙의 본을 보여주었다. 그는 상황이 믿음을 반박하는 듯 보이는 순간에도 자신이 믿는 바를 붙들었다. 인생이 어두워지고 하나님의 손이 보이지 않을 때에도 하나님의 성품을 신뢰했다. 내면을 들여다보고 자신이 탕자임을 알았을 때에도 그는 책임감 있는 형 노릇을 계속했다.

그래서 나는 기도할 바를 알지 못할 때도 기도한다. 불안을 느낄 때도 안식을 누리고, 유혹을 받을 때도 평화를 누리고, 초조해하면서도 안전하고, 암흑 속에 있으면서도 빛의 구름에 둘러싸이고, 의심하면서도 사랑에 빠진다.

_《데이브레이크로 가는 길 The Road to Daybreak》에서

목마름

데이브레이크 공동체의 전前 회원이 이렇게 말했다.

"헨리를 생각하면 두 가지 '책'이 떠오릅니다. 한 가지 책은 헨리가 마흔 번도 넘게 썼지만 그 내용대로 살 수 없었습니다. 다른 책은 그가 65년 가까이 그 내용대로 살면서도 쓸 수 없었습니다. 두 번째 책은 헨리가 죽고 그의 삶과 지혜에 담긴 의미가 드러나는 지금, 누군가가 써야 할 것입니다."

나우웬은 이렇게 한탄한 바 있다. "책을 읽는 사람들은 그 글이 저

자의 삶을 반영한다고 흔히 생각한다."

　나우웬의 전기 작가 마이클 포드는 나우웬과 친분이 있었던 사람 1백 명 이상을 인터뷰했다. 그 인터뷰의 상당수는 그의 삶의 불일치라는 테마로 마무리되었다. 특히 그가 책에 쓰고 연단에서 말했던 내용과 실제 행동 간의 불일치가 두드러졌다. 그는 영성에 대한 감동적인 강연을 마치고는 바로 짜증스러운 겁쟁이가 되곤 했다. 공동체 생활에서 얻는 힘에 대해 강연하고 나서는 새벽 2시에 친구 집으로 차를 몰고 가 그를 깨우고 흐느끼면서 안아달라고 말했다. 그의 전화 요금은 대개 집세보다 많았다. 대화를 나눌 친구가 절실했던 나머지, 시간대를 가리지 않고 전 세계로 전화를 해댔기 때문이다. 친구가 그에 대한 칭찬을 잊거나, 편지의 답장을 너무 늦게 보내거나, 강의 후 커피를 사지 않거나 하면, 금방 마음이 상해 며칠 동안 부루퉁해 있었다. 한마디로 그는 자신이 결코 실현할 수 없었던 내적 평안과 용납의 메시지를 전해야 했던 것이다.

　포드는 나우웬이 "무한한 아량과 매력과 목회적 이상을 가진 다재다능한 사람이었지만, 고뇌와 고통과 갈망에 시달리는 대단히 불안정한 사람이기도 했다"고 결론을 내린다. 그의 전기에는 나우웬이 생전에 극소수의 사람에게만 알렸던 비밀이 드러나 있다. 그가 독신 동성애자였다는 사실이다. 그는 친밀한 관계를 원하면서도 그로 인해 생겨날 결과가 두려워 애써 피했다. 포드는 말한다. "나는 오랫동안 억눌렀던 동성 성욕이 그의 주요한 갈등 요소였다는 사실과, 그것이야말로 외로움, 친밀함, 주변성, 사랑과 소속에 대한 왕성한 글쓰기를 이끈 자극제였음을 깨닫게 되었다."

나는 성직자들 가운데 자신이 동성애자임을 알고도 그 욕구를 표현하기는커녕 그 사실을 시인하기 위한 방법조차 찾지 못한 채 성 정체성 문제로 고민하는 몇 사람을 알고 있다. 고결한 사람에게 그보다 더한 어려움은 없다. 나우웬의 글들을 다시 읽어보니 거절과 치유되지 않는 외로움의 상처와 만족을 주지 못하는 우정에 대한 문장 아래로 표현되지 않은 깊은 고뇌가 느껴진다.

나우웬은 동성애자들을 돌보는 기관에서 상담을 받았고 동성애자들이 제안하는 몇 가지 선택 방안에 귀를 기울였다. 그는 독신 성직자로 남은 채 게이임을 '커밍아웃'할 수도 있었다. 그렇게 되면 괴로운 비밀을 털게 되어 어쨌든 속은 후련할 것이다. 자신이 동성애자임을 밝히고, 성직을 떠나 같은 성향의 반려자를 찾을 수도 있었을 것이다. 아니면 성직을 유지하면서 은밀하게 동성애 관계를 이어나가는 방법도 있었다. 그러나 나우웬은 각 방안을 신중히 검토한 끝에 모두 거부했다. 우선은 자신의 성 정체성을 밝힐 경우 사역에 치명타를 입게 될 상황을 두려워했고, 나머지 두 가지 방안은 독신 서원을 하고 성도덕에 대해 성경과 교황청의 가르침을 따르기로 한 사람에게는 불가능한 일이었다. 그는 그 상처를 계속 안고 살아가리라 결심했다. 거듭거듭 다짐했다.

성직자나 목회자는 자신을 정답 제공자와 영적 권위자로, 은혜의 수혜자가 아니라 공급자로 여기고 싶은 유혹을 끊임없이 느낀다. 나우웬은 그러한 유혹, 형의 유혹을 이기기 위해 자신의 실패와 부족함에 집중하며 글을 썼다. 그는 자신의 상처를 성욕이 아닌 불안, 외로움, 소외감 등으로 표현했다. 그리고 정결 서원이 아니었다면 끝간 데까지 갔을 친구들에 대한 애착을 기토했다. 뒷말이 나올 위험을 감수한 처사였다. 또 그는 가족과 집, 고국을 떠나 미국과 남미, 캐나다로 거처로 옮겼을 때 느꼈던 소외감을 토로했다. 신앙을 잃어버린 네덜란드의 가족들과 어울릴 수 없었던 그는 끊임없이 진정한 집을 찾았다.

나우웬은 외로움의 상처를 그랜드캐니언에 빗대어 묘사한 적이 있다. 존재의 표면에 깊게 팬 상처가 다함이 없는 미美와 자기이해의 원천이 되었다는 것이다. 이러한 생각은 사역에 접근하는 그의 방식을 잘 보여준다. 그는 자신을 포함한 누구에게도 외로움에서 벗어나는 길을 약속하지 않는다. 대신, 그는 외로움을 통한 구원을 약속한다. 그의 상처는 아마도 독자들과 청중들에게 미와 이해의 원천이 되었을 것이다. 그러나 나우웬 자신에게 그것은 고통을 뜻할 뿐이었다.

나우웬은 자신의 불안을 해결할 수 없었지만 사람들이 신체의 만성적 통증을 다루는 법을 배우듯 불안을 다스리는 법을 배웠다. "…그것을 피해 달아나지 않고 그것을 철저히 느끼고 그 안에 서서 그것을 똑바로 쳐다본다." 그렇다면 고통 한가운데에서도 숨겨진 선물, 소망의 원천을 찾을 수 있을지 모른다. 나우웬은 가장 아픈 곳에 그의 생애에 부어진 진정한 선물들이 숨겨져 있을 때가 많았다고 고백했다. 고통은 그를 하나님께로 몰아갔다. 그러나 나우웬은 "나를 붙들어주시는 분, 내가 태어나기 오래전부터 나를 사랑하신 분, 내가 죽고 한참이 지난 후에도 나를 사랑하실 분" 안에서 힘의 원천을 거듭 발견했다.

《데이브레이크로 가는 길》은 나우웬이 위로와 위안과 진정한 집을 찾아 데이브레이크 공동체로 향하게 된 과정을 기록하고 있다. 평론가 해럴드 피켓은 불충분한 우정, 짝사랑, 사소한 냉대에 상한 감정 등 10년 전 《제네시 일기 *The Genesee Diary*》에서 묘사된 문제들이 계속해서 나우웬을 괴롭히는 것을 보고 실망했다고 썼다.

"그것이 실망스러운 이유는 우리 자신의 한결같은 모습이 실망스러운 것과 똑같다. 똑같은 사람이 똑같은 문제를 가지고 신앙의 기본 교훈을 계속해서 배우고 또 배워야 한다는 사실 말이다. 나우웬은 그에게나 우리에게나 똑같이 당혹스러운 이 영원한 진실을 조금도 숨기지 않는다."

피켓이 분명하게 짚어준 나우웬의 독특한 특징은 그가 독자와 자신 모두에게 당혹스러운 진실을 감추지 않았다는 것이다. 그렇게 밝혀진 진실 때문에 자신의 모습이 아무리 흉하게 일그러져도 개의치 않았다. 나우웬은 많은 고통의 근원이 인간 안에 깊숙이 감춰진 기억들이라고 말했다. 거기에서 방출되는 독소가 존재의 중심을 공격한다는 것이다. 우리는 좋은 기억들을 트로피, 졸업장, 스크랩북으로 전시하지만, 아픈 기억들은 보이지 않는 곳에 숨겨버린다. 그렇게 숨겨진 아픈 기억들은 치유되지 못한 채 계속 우리에게 해를 입힌다.

아픈 기억들을 대할 때 우리는 본능적으로 아무 일도 없는 듯 처신하고 그에 대한 이야기를 꺼내지 않으면서 다른 즐거운 일들만 생각하려 한다. 그러나 애써 기억하지 않으려 하기 때문에 그 억압된 기억들이 오히려 힘을 얻고 우리가 제대로 살아가지 못하도록 방해

한다. 나우웬은 용감하게도 그 깊은 곳에 빛을 비춰 자기 안의 아픈 기억들을 드러냈다. "진정한 치유자는 상처 입은 치유자뿐이다." 그가 남긴 유명한 구절이다.

나는 나우웬이 샌프란시스코의 에이즈 클리닉에서 한 주 동안 봉사하고 돌아온 직후, 그와 장시간 대화를 나눈 적이 있다. 당시 나는 나우웬의 동성애 문제를 전혀 몰랐다. 그는 카스트로 구역(전 세계에서 가장 규모가 큰 동성애자들의 거리-옮긴이)에서 보고 온 내용을 말해주었다. 원래 즐거움을 뜻하는 '게이'라는 단어는 에이즈 위기가 절정에 달한 그곳과 정말 어울리지 않았다고 했다. 젊은이들이 매일 죽어갔고, 수천 명의 사람들이 자신에게 에이즈 바이러스가 있을지 모른다는 두려움에 떨며 거리를 배회했다. 상점들에는 야한 티셔츠를 비롯해 재미 삼아 하는 것부터 음란한 데 이르기까지 온갖 성인용품들이 전시되어 있었지만 두려움이 안개처럼 거리에 드리워 있었다. 나우웬은 그곳에 두려움과 죄책감, 분노, 모멸감이 있었다고 말했다.

클리닉에서 나우웬은 사람들의 사연에 귀를 기울였다. "난 성직자입니다. 그게 내 직업이에요. 나는 사람들의 이야기에 귀를 기울입니다. 그들은 내게 털어놓아요." 그는 가족들에게 쫓겨나 할 수 없이 거리에서 생활하는 젊은이들 얘기를 했다. 그들 중에는 목욕탕에서 만난, 이름도 모르는 수백 명의 파트너들과 관계를 가지고 그중 누군가로부터 에이즈에 감염되어 죽어가는 이들도 있었다. 나를 뚫어지듯 바라보는 나우웬의 눈에는 연민과 고통이 가득했다. "필립, 그들은 말 그대로 사랑에 목말라 죽어가고 있어요." 그는 계속해서 그곳에서 들은 사연들을 이야기했다. 그 이야기들에는 모두 그곳 사람들이 안전한 곳, 안전한 관계, 집, 용납과 무조건적 사랑, 용서를 추구했다는 공통점이 있었다. 이제 보니 그것은 나우웬이 추구한 바이기도 했다.

목마름에 대한 나우웬의 말은 내 마음속에 자리 잡았고, 시간이 지나면서 내 영혼을 변화시켰다. 복음주의 잡지 〈크리스채너티 투데이〉와 함께 일하는 작가였던 나는 종교적 우파를 이끄는 사람들과 정기적으로 만났다. 한번은 "기독교인들은 왜 나를 미워합니까?"라는 빌 클린턴의 질문에 답하기 위해 열두 명의 복음주의자들과 함께 백악관으로 초청을 받아 간 적이 있었다. 내 친구들 중에는 스스로를 거대한 문화 전쟁의 십자군으로 여기는 이들이 있다. 그들은 '부도덕'하고 '불경건한' 사람들이 만들어내는 위협을 생생하게 묘사했다.

그러나 나는 나우웬의 눈을 통해 그런 사람들을 새롭게 바라볼 수 있었다. 부도덕하고 불경건한 사람들이 아니라 사랑을 간절히 찾는, 목마른 사람들로 보는 법을 배웠다. 우물가의 사마리아 여인처럼 그들은 갈증을 해소해주지 못하는 물만 실컷 마셨던 것이다. 그들에게는 '생수'가 필요했다. 나우웬과의 그 대화 이후, 나는 행동거지가 비위에 거슬리거나 역겨운 사람을 만날 때마다 이렇게 기도하곤 했다. "하나님, 제가 이 사람을 불쾌한 존재가 아니라 목마른 존재로 볼 수 있도록 도우소서."

그 기도를 하면서 내게 거부감을 주었던 사람과 내 자신을 같은 편으로 보기 시작했다. 나 역시 하나님 앞에 내놓을 거라곤 목마름

뿐이다. 도덕적 우월감을 과시하며 팔짱을 낀 채 연회장 바깥에 서 있는 한, 탕자 비유 속의 형처럼 하나님의 씻어주시는 은혜의 물결을 체험할 수 없고 가족의 잔치에도 들어갈 수 없다. 하나님의 은혜는 거저 주시는 선물이고, 빈손을 내미는 자만이 그 선물을 받을 수 있다.

결국 나는 성직자이자 저술가로서 헨리 나우웬이 기여한 바로부터 배웠다. 그는 인격에 대해 그만의 통찰을 제시한 적이 없고 다른 곳에서는 얻을 수 없는 지혜를 내놓은 적도 없다. 대신 그는 탕자의 겸손한 자세를 내놓는다. 그의 깊은 상처가 형으로 살려 했던 그의 위선을 드러내주었다. 외로움, 유혹, 거절로 인한 모멸감, 소외감, 이 모두가 더해져 부인할 수 없는 목마름이 그의 내면에 생겨났다. 그는 집요하게 본향을 찾아가는 탕자를 자신의 모습으로 받아들여야 했다.

믿음은 집이 언제나 그곳에 있었고 앞으로도 그곳에 있을 거라는 철저한 신뢰이다. 아버지의 다소 뻣뻣한 손은 탕자의 어깨에 얹혀 있고 거기에 영원한 하나님의 축복이 있다.

"너는 내가 사랑하는 자요 내가 너를 기뻐하노라."

그러나 나는 거듭거듭 집을 나왔다. 사랑을 찾아 축복의 손을 떠났고 머나먼 곳으로 달아났다! 이것이 나와 내가 만난 수많은 이들의 크나큰 비극이다. 어찌된 일인지 나는 '사랑하는 자'로 나를 부르시는 그 음성을 듣지 못했고 그 음성을 들을 수 있는 유일한 장소를 떠났다. 그리고 집에서 찾을 수 없었던 것을 다른 곳에서 찾게 되길 간절히 바라며 헤매고 돌아다녔다.

_《탕자의 귀향》에서

한 사람을 돌보는 일

유년 시절 이래로 나는 도덕적 우월감을 드러내는 순회 전도자와 설교자, 그리고 신앙 저술가들에게 지나칠 정도로 거부감을 느꼈다. 그들은 나를 잘못된 방향으로 수없이 이끌었고, 내가 존경하던 자리에서 수없이 타락했다. 그러나 스스로를 죄인에게 말하는 죄인으로 소개하는 사람에게는 귀를 기울인다. 목마름과 본향에 대한 향수를 털어놓고 시작하는 사람에게는 귀를 기울인다.

《모든 것을 새롭게 만들고 Making All Things New》에서 헨리 나우웬은 그의 무덤에 비명碑銘으로 새길 만한 글을 썼다.

> 우리는 가난, 고통, 갈등, 고뇌, 아픔, 그리고 내면의 어둠까지도 계속 겪어야 할지 모른다. 그것들이 우리를 깨끗하게 하시는 하나님의 방법일 수도 있다. 그러나 삶은 더 이상 지루하거나 씁쓸하거나 우울하거나 외롭지 않다. 우리에게 벌어지는 모든 일이 아버지 집으로 가는 길의 일부임을 알게 되었기 때문이다.

수많은 강연과 40권 이상의 저서를 통해, 그리고 무엇보다 그의 일상생활을 통해 나우웬은 결점과 신실함이 서로를 밀어내는 것이 아니라 공존함을 보여주었다. 우리 모두에겐 상처가 있다. 그의 상처는 성 정체성에 대한 불안과 거부당하는 데 대한 과민함에서 생겨났다. 나의 상처는 주로 가정과 교회에서 온 것이다. 만성 질병이나 극심한 고통에 시달리는 이들도 있다. 우리는 피해자로 살면서 자신의 불행을 하나님이나 다른 사람의 탓으로 돌릴 수도 있고, 나우웬을 따라 상처를 안고 하나님께 한걸음 더 나아갈 수도 있다. 뉴욕 주의 수도원에서 트라피스트 수도사들과 함께 반년을 보낸 후, 나우웬은 하나님께만 집중한 그 시간으로 자신의 문제가 해결되었는지, 전과 다른 보다 영적인 사람이 되었는지 자문해보았다. 대답은 '아니'였다. 그는 수도원이 문제 해결을 위해서가 아니라 문제 한가운데서 하나님을 찬양하기 위해 세워진 곳임을 깨달았다.

프랑스 라르슈 공동체의 사제로 섬기면서 나우웬은 '화해의 전례'에서 삶의 비밀을 털어놓는 사람들의 고해를 하루 종일 들어준 적이 있다. 그는 죄책감과 수치심이 담긴 그들의 이야기를 들으며 그 엄청난 고독감 앞에 그만 질려버렸다. 그는 고해를 한 사람들을 모두 불러 모아 서로에게 자신의 이야기를 들려주라고 권하고 싶었다. 그러면 그들이 얼마나 공통점이 많은지 알게 될 것이었다. 그들은 자신만이 특별한 고통과 의심에 시달린다고 생각했지만, 사실은 다들 공통적인 인간성을 털어놓은 것뿐이었다.

성직자 나우웬은 내면의 비밀들을 함께 나눌 평생의 반려자가 없었기에 그 비밀 대부분을 사람들에게 드러내는 모험을 감수했다. 그는 고통을 숨기면 치유의 능력도 숨겨진다는 걸 알게 되었다. "누구건 어느 한 사람이 나의 모든 필요를 채워줄 수는 없다." 그는 성적 긴장이 가장 강했던 시절에 쓴 일기에서 스스로에게 그렇게 상기시켰다. "나의 필요를 채워줄 수 있을 것 같은 사람들을 향해 밖으로 부르짖는 자리에서 서서히 내면을 향해 부르짖는 자리로 옮겨 가 하나님이 나를 지지하시고 친히 나를 이끄시게 해야 한다. 그분은 나를 사랑하는 이들이 있는 공동체 가운데 다가오셨다."

나우웬에겐 마지막 10년을 보낸 데이브레이크 공동체가 바로 그런 공동체였다. 처음에는 그곳 생활이 어색했다. 그를 흠모하는 수많은 청중 앞에서 강연하는 데 익숙했던 나우웬은 거창한 단어를 이해하지 못하고, 설교 시간에 툴툴거리고, 침을 질질 흘리고, 몸을 움찔거리는 사람들에게 말씀을 전하는 일이 상당히 거슬렸다. 거주자 중 빌이라는 사람은 성직자의 설교가 마음에 들지 않으면 미사 중간에 그 사실을 밝혔다. 나우웬은 자신의 아름다운 말과 논증이 공동체 거주자들이 겪고 있는 상황에 전혀 도움이 안 된다는 것을 알게 되었다. 몸과 정신에 손상을 입은 이들에게 그의 유명한 이력서는 무의미했다. 그들은 그의 책을 읽을 수도 없었다. 중요한 것은 그가 그들을 사랑하느냐, 그게 전부였다.

나우웬은 요리, 다림질, 육아 등 집안일에 대해서는 아무것도 모르는 성직자였다. 장애인 거주자들을 보살펴야 했을 때 그는 어찌할 바를 몰랐다. 그러나 시간이 지나면서 그는 진심으로 그들을 사랑하게 되었다. 몸이 온전치 못한 그들에게 연민을 느끼면서, 하나님이 어떻게 자기처럼 온전치 못한 인간을 사랑하실 수 있는지 마침내 깨닫기 시작했다.

나는 이 예측할 수 없는 환경에서 안심하기까지 오랜 시간이 걸렸다. 그러나 지금도 내가 모든 걸 거머쥐고 모두를 향해 입 다물고 줄을 서서 내 말을 듣고 내 말을 믿으라고 말하고 싶을 때가 있다. 하지만 나는 지도력이라는 게 상당 부분 지도를 받는 것을 뜻한다는 신비도 접하고 있다. 나는 여러 가지 새로운 것들을 배우고 있는데, 상처 입은 사람들의 고통과 갈등뿐 아니라 그들이 주는 특별한 선물과 은혜도 배우고 있다. 그들은 내게 기쁨과 평안, 사랑, 보살핌, 그리고 기도에 대해 가르쳐준다. 어떤 학교에서도 배울 수 없었던 교훈이다. 그들은 슬픔과 폭력, 두려움과 무관심에 대해 어느 누구도 가르칠 수 없었던 내용을 가르쳐준다. 무엇보다 그들은 때로 우울해하고 낙담하는 내게 하나님의 첫사랑을 엿보게 해준다.

_《예수님의 이름으로 In the Name of Jesus》에서

나우웬은 공동체 사람들에게 진한 애착을 느꼈고 그들에게 깊이 의존하게 되었다. 그래서 급기야는 강연 여행에 그들을 데리고 다니기 시작했다. 다른 유명 강사들은 5천 달러에서 1만 달러 정도의 사례를 요구하는 반면, 나우웬은 사례금 5백 달러(그 돈은 데이브레이크 공동체에 양도하곤 했다)와 자신과 동행 한 명의 비행기 티켓을 요구하곤 했다. 〈월스트리트 저널〉 기자가 노스캐롤라이나에서 열린 그의 강연에 참석한 적이 있다. 나우웬이 그의 친구 빌―미사를 방해했던 바로 그 사람―을 마이크 앞으로 불러냈을 때, 그 기자는 속으로 사람들은 빌이 아니라 헨리 나우웬의 말을 듣기 위해 먼 길을 온 거라고 중얼거렸다.

나우웬은 빌을 격려하기 위해 그 옆에 서 있었다. 빌은 청중을 둘러보다가 갑자기 말문이 막히고 말았다. 많은 사람들 앞에서 너무 긴장한 탓이었다. 그는 나우웬의 어깨에 머리를 대고 울기만 했다. 나우웬이 했던 말 대부분은 그날 노스캐롤라이나 강연을 들었던 기자의 머리에서 지워졌지만, 나우웬의 어깨에 머리를 기댄 빌의 모습은 사라지지 않았다. 예수님은 "내가 진실로 너희에게 이르노니 누구든지 하나님의 나라를 어린아이와 같이 받들지 않는 자는 결단코 그곳에 들어가지 못하리라"고 말씀하셨다. 그리고 "그 어린아이들을 안고 그들 위에 안수하시고 축복하"셨다(막 10:15-16).

데이브레이크 공동체는 나우웬에게 한 사람을 돌보라는 임무를 맡겼다. 그는 애덤이었다(두 사람의 관계는 1997년 나우웬 사후에 출간된 《아담 Adam: God's Beloved》에 기록되어 있다). 애덤은 공동체 내에서도 가장 약하고 장애가 심한 사람이었다. 20대였지만 말을 하지 못했고, 혼자서는 옷을 입고 벗을 수도 없었고, 걷지도 먹지도 못했다. 나우웬은 명문 대학생들을 상담하고 바쁜 일정을 꾸려나가는 대신, 애덤을 먹이고 옷을 갈아입히고 씻기는 법, 애덤이 물 마실 때 컵을 붙잡아주는 법, 구멍투성이 도로 위로 그의 휠체어를 밀고 가는 법 등 전혀 새로운 기술을 배워야 했다. 그는 지도자들과 지성인들이 아니라, 많은 사람들이 식물인간이라 부르고 태어나지 말았어야 할 쓸모없는 존재로 취급하는 젊은이를 보살폈다. 그러나 나우웬은 이 이상하고 어울리지 않는 관계에서 은혜를 입는 쪽은 애덤이 아니라 오히려 자신임을 서서히 배워갔다.

나우웬은 애덤과 시간을 보내며 진정한 마음의 평안을 얻었다. 그 일에 비하면 다른 좀 더 고상한 임무들은 지루하고 피상적으로 여겨졌다. 그 말없는 아이어른 옆에 머물며 나우웬은 성공을 향한 이전의 노력들이 얼마나 강박적이었고 승부욕과 경쟁의식에 매인 것이었는지 깨달았다. 그는 애덤에게서 "우리를 인간으로 만드는 것은 머리가 아니라 가슴이고, 생각하는 능력이 아니라 사랑하는 능력"임을 배웠다. "애덤을 식물인간이나 동물 같은 존재로 말하는 사람은 거룩한 신비 한 가지를 놓치고 있다. 그가 사랑을 온전히 주고받을 수 있는 존재라는 사실이다."

헨리 나우웬은 애덤에게서 다음의 교훈을 배웠다.

> 돌을 떡으로 바꾸고, 높은 곳에서 뛰어내리고, 세상의 큰 능력으로 다스리길 거부하는 분에게서 눈을 떼지 말라. '가난한 자, 온유한 자, 애통하는 자, 의에 주리고 목마른 자는 복이 있나니. 긍휼히 여기는 자, 화평케 하는 자, 의를 위하여 핍박받는 자는 복이 있나니'라고 말씀하신 분에게서 눈을 떼지 말라. … 가난한 자들과 함께 가난하고, 약한 자들과 함께 약하고, 배척당한 자들과 함께 배척당하는 분에게서 눈을 떼지 말라. 그분이 모든 평안의 원천이시다.
>
> _ 월드비전World Vision 소식지에서

내향 이동

나우웬은 러시아 상트페테르부르크의 에르미타주 미술관에 앉아 렘브란트의 명화를 묵상하면서 어렵지 않게 탕자의 형과 자신을 동일시할 수 있었다. 어릴 때부터 덕스러운 성직자가 되도록 훈련받은 그에게는 그것이 자연스러운 생활 자세였기 때문이다. 탕자와 자신을 동일시하는 것도 어렵지 않았다. 내면의 갈등으로 인해 자신의 진정한 자아, 정말로 궁핍한 자아를 직시하게 되었고 아버지의 궁휼 앞에 자신을 내던졌기 때문이다. 그러나 아버지의 역할에 자신을 투사했을 때 그는 뒷걸음치고 말았다. 그에게 아버지는 언제나 힘 있고 거리감 있는 인물, 두려움을 자아내는 존재였다.

그러나 렘브란트의 그림에서는 그렇지 않았다. 탕자의 어깨 위에 놓인 아버지의 오른손은 부드럽고 매끄러운 여성스러운 손이다. 아버지의 고개는 한쪽으로 기울어 있고, 몸을 앞으로 굽혀 아들과의 거리를 좁히고 있다. 그 과정에서 따뜻한 그의 붉은색 망토는 새끼를 보호하는 어미 새의 날개처럼 부풀어 있다. 나우웬은 이사야가 그린 여성적 이미지의 하나님을 생각했다. "여인이 어찌 그 젖 먹는 자식을 잊겠으며 자기 태에서 난 아들을 궁휼히 여기지 않겠느냐 그들은 혹시 잊을지라도 나는 너를 잊지 아니할 것이라"(사 49:15). 그리고 병아리들을 날개 아래로 모으는 암탉에 대한 예수님의 모성적 외침을 떠올렸다. 그는 아버지 하나님에 대해 자신이 그리고 있는 이미지가 확실한 교정이 필요함을 깨달았다.

나우웬은 깊은 묵상을 통해 탕자 비유에 대한 새로운 깨달음을 얻었다. 그것은 예수께서 친히 우리를 위해 탕자가 되셨다는 신비였다. "그분은 하늘 아버지의 집을 떠나 낯선 나라로 오셨고, 가진 것을 모두 버리셨고, 십자가를 통해 아버지 집으로 돌아가셨다. 그분은 반항아로서가 아니라 하나님의 잃어버린 자녀들을 모두 집으로 데려가기 위해 보냄을 받은, 순종하는 아들로 그 모든 일을 하셨다. … 예수님은 아버지가 아낌없이 내맡기신 모든 것을 내버린 탕자시다. 내가 예수님처럼 되어서 그분과 함께 아버지 집으로 돌아가게 하기 위해서였다."

마침내 나우웬은 렘브란트의 그림에 나오는 아버지father와 자신을 동일시할 방법을 찾아냈다. 사람들은 언제나 그를 '신부님father'이라고 불렀다. 그가 사제복이나 성직자용 칼라를 착용할 때는 더더욱 그랬다. 그는 자신의 직함을 탕자와 그 형 모두를 집으로 손짓해 부르는 아버지의 의미로 받아들일 수 있었다. 영원히 아이로 남아 있을 순 없어, 나우웬은 그렇게 생각했다. '하나님은 내게 그분처럼 되라고 말씀하신다. 그분이 내게 긍휼을 베푸시듯 나도 다른 사람들에게 긍휼을 베풀라고 권하신다. 상하고 궁핍한 자들에게 다가가 그들을 하나님의 가족의 일원으로 환영해 들이라고 부르신다.' 그러한 깨달음에 힘입어 그는 하버드 대학을 떠나 데이브레이크 공동체로 옮기는 어려운 결정을 내리게 되었다.

내가 알기로 나우웬은 '하향 이동'이라는 표현을 처음 쓴 사람이다. 1981년 〈소저너스〉에 기고한 글에서 그는 미국 문화의 특징인 명예, 권력과 야심―다른 말로 상향 이동―을 향한 무제한적 돌진을 비판했다.

"진정하고 온전한 자유는 하향 이동을 통해서만 찾을 수 있다. 그것이 성경이 우리에게 가르쳐주는 위대한 역설이다. 하나님의 말씀이 우리에게 내려오셔서 노예처럼 우리 가운데 사셨다. 하나님의 길은 진정 아래로 향하는 길이다."

데이브레이크 공동체로 옮김으로써 나우웬은 하향 이동이라는 하나님의 길을 실천에 옮겼다. 그러나 그 자신도 인정하다시피, 그것은 모든 면에서 그의 본성을 거스르는 일이었다. 아이비리그 대학의 종신 교수직을 포기하고 정신 지체 장애인 공동체에 정착한다는 것은 현대의 어떤 성공 기준으로 보아도 터무니없었다. 나는 처음 그 소식을 접했을 때 '거룩한 바보'로 살겠다는 나우웬의 선택에 미소를 지었다. 그러나 내 생각은 완전히 오판이었다. 그것은 자기희생의 차원에서 내려진 결정이 아니었다. 나우웬 자신을 위한 선택이었다.

다른 사람들이 하향 이동으로 보았던 그 선택을 나우웬 자신은 일종의 '내향 이동'으로 보았다. 그는 자신의 내면을 들여다보기 위해, 그분을 사랑하고 그분의 사랑을 받는 법을 배우기 위해, 그래서 그 사랑으로 다른 사람들을 부르기 위해 그곳으로 물러났다. 그는 로버트 피어시그의 《선과 모터사이클 관리술 Zen and the Art of Motor-cycle Maintenance》 중 한 구절을 인용하여 자신의 의도를 표현했다.

피어시그는 두 종류의 등산객을 묘사한다. 둘 다 한 걸음씩 앞으로 내딛고, 같은 속도로 숨을 들이쉬고 내쉬며, 힘들면 멈춰서 쉬고 난 후 다시 앞으로 나간다. 그러나 '자아형 등산객'은 등산의 경험 전체를 놓쳐버린다. 그는 나무 사이로 비쳐드는 아름다운 태양빛을 놓친다. 그는 고개를 들어 방금 전 쳐다본 길, 자기 앞에 놓인 길을 바라본다. "그의 화제는 어딘가에 있을 영원한 그 무엇이다. 몸은 산에 있지만 마음은 딴 곳에 가 있다. 그가 찾고 원하는 것이 모두 주위에 있건만 그는 그것을 원하지 않는다. 그것이 모두 주위에 있기 때문이다."

_《제네시 일기》에서

나우웬은 자아형 등산객 식으로 영성을 구려왔다. 읽어야 할 책, 배워야 할 기술, 해야 할 얘기, 답장을 써야 할 편지, 그 모든 것들이 주위에 계신 하나님을 볼 수 없도록 그를 짓눌렀고, 그는 길 위에 무엇이 있는지 보기 위해 눈을 부릅뜨고 앞만 쳐다봤다. 그가 조언을 구하자 마더 테레사는 이렇게 대답했다. "하루에 한 시간씩 관상기도(觀相祈禱, 묵상 기도가 발전한 상태의 기도. 본질의 직관에서 오는 직관 기도이다—옮긴이)를 하고 고범죄故犯罪를 짓지 마세요." 나우웬은 하루에 한 시간을 확보하기가 어려웠다. 그러나 데이브레이크에서는 하루 30분의 짬을 낼 수 있었다. 기도에 대한 그의 생각은 달라지기 시작했다. 말하는 시간이 아닌 듣는 시간, 조용히 주의를 집중해 "내 안의 좋은 것들을 말해주는 음성에 귀 기울이는" 시간으로 여기게 된 것이다. 나우웬처럼 불안정하고 불쑥불쑥 의심에 시달리는 사람에게 그것은 어려운 훈련이었다.

나우웬은 데이브레이크 공동체로 옮기면서 그 선택이 빚어낼 부정적 영향에 대해 염려했다. '현실과 유리된' 삶을 살게 되는 건 아닐까? 그러나 토머스 머튼이 그랬듯, 그 역시 물러난 삶이라고 해서 고립으로 끝날 필요는 없다는 걸 알게 되었다. 은자隱者에 대해 폭넓게 책을 쓴 한 저자는 은자의 삶을 질병의 치료약을 찾아 혼자서 연구하는 과학자에 비유했다. 결국은 둘 다 많은 사람들에게 유익을 끼치게 된다는 것이다. 나우웬의 추종자들 대부분은 그가 데이브레이크에서 보낸 기간 동안 쓴 책들이 이전의 것들보다 훨씬 더 유익함을 알게 되었다.

나는 데이브레이크를 찾아가 헨리 나우웬을 만났다. 그것이 그와의 유일한 개인적 만남이었다. 먼저 우리는 그의 사무실에서 대화를 나누고, 출판사 이야기들을 교환하고, 각자 쓰려는 주제를 비교했다. 나는 약간 난처한 기분으로 얼마 전 《하나님 당신께 실망했습니다》라는 제목의 책을 끝냈다고 말했다. 그는 책 제목에 인상을 찡그리는 대신, 신이 나서 계속 손짓을 섞어가며 자신이 하나님께 실망했던 경험을 들려주었다. 그러더니 얘기 도중에 벌떡 일어나 벽으로 달려가서 반 고흐의 그림 사본 한 장을 떼어냈다. "여기, 이게 내 말의 의미입니다." 그가 말했다. "이 그림 안에 다 담겨 있어요. 가지세요. 선물로 드릴게요."

점심시간이 되자 나는 새로 얻은 그림을 겨드랑이에 끼고 그를 뒤따라 건축 폐자재가 쌓인 나무 바닥 통로 건너 그의 방으로 갔다. 방에는 일인용 침대, 책장 하나, 소박하고 실용적인 가구 몇 점이 있었다. 벽에는 또 다른 반 고흐의 그림 사본 한 장—나우웬은 얼마 전 《반 고흐와 하나님 Van Gogh and God》이라는 책에 글을 기고한 바 있었다—과 두어 가지 종교 상징물 외에는 장식물이 없었다. 직원이 시저 샐러드 한 접시, 포도주 한 병, 빵 한 덩이를 들여왔다. 팩스도 컴퓨터도 없고, 흔한 일정표 하나 보이지 않았다. 그러나 적어도 그 방에서 나우웬은 평온을 찾았다. 교회 '산업'은 아주 먼 얘기처럼 느껴졌다.

소로는 이렇게 썼다. "대부분의 사치품들 소위 '생활의 이기들'은 대부분 꼭 필요하지 않을뿐더러 오히려 삶의 질 향상에 큰 방해가 된다. 사치품들과 이기들에 대해 말하자면, 가장 지혜로운 자들이 가난한 사람들보다 더욱 소박하고 궁핍한 삶을 살았다. … 자발적 가난이라 불러야 할 그 유리한 고지에 서지 않는 한, 누구도 인간의 삶을 공평하고 지혜롭게 바라보는 관찰자가 될 수 없다." 주위를 훑어보면서 나는 머릿속으로 나우웬의 방과 기계와 책, 물건들로 가득한 내 사무실을 비교해보았다. 그러다 보니 약간 샘이 났다. 물론 그에겐 서신을 챙겨주는 비서들이 있고 식사를 챙겨주는 수녀가 있다. 청빈의 서원은 국세청 납세신고와 인세 걱정을 없애주었고, 순종의 서원은 의사결정을 단순하게 만들어주었다. 그러나 그것이 목표는 아니었을 것이다. 그는 뭔가 좀 더 고상한 일에 헌신하고자 방해물들을 내버렸다.

그렇다면 좀 더 고상한 것이란 무엇이었을까? 오전 내내 나우웬은 그의 친구 애덤 얘기를 했다. "아주 특별한 날에 오셨군요!" 그의 목소리는 들떠 있었다. "오늘이 애덤의 생일이에요!"(그의 네덜란드 억양 때문에 '버프데이'로 들렸다.) "애덤은 스물여섯이 됩니다. 그의 부모님과 형제들이 이곳에 와서 아주 특별한 성찬을 나눌 겁니다."

"거의 두 시간을 들여서 애덤을 미리 준비시켜놓았어요." 나우웬이 내게 말했다. 나는 그가 일상을 기록한 글을 읽은 적이 있었다.

> 애덤을 깨우고, 약을 먹이고, 욕실로 데려가 씻기고, 수염을 깎아주고, 이를 닦아주고, 옷을 입히고, 식당으로 데려가 아침을 먹이고,

휠체어에 태워 운동 치료실로 간다. 애덤이 하루 중 대부분의 시간을 보내는 그곳까지 데려가는 데 대략 한 시간 반 정도 걸린다. … 그는 울지도 웃지도 않는다. 가끔 눈만 맞출 뿐이다. 그의 등은 휘어 있고, 팔다리는 움직일 때마다 뒤틀린다. 그는 극심한 간질에 시달린다. 약을 다량 복용하는데도 며칠에 한 번씩 대발작을 일으킨다. 때때로 몸이 뻣뻣해질 때면 엄청난 신음 소리를 내지른다. 나는 몇 번인가 그의 볼 위로 굵은 눈물이 흘러내리는 것을 본 적이 있다.

_월드비전 소식지에서

   점심식사 후 우리는 성찬식을 위해 작은 예배당으로 자리를 옮겼다. 나우웬은 진지하게, 그러나 눈을 반짝이며 애덤의 생일을 기념하는 전례를 집전했다. 말도 못하고 지체 정도가 심한 애덤인지라 행사의 내용을 이해하는지는 알 수 없었지만, 가족들이 그 행사를 함께하기 위해 왔다는 사실은 분명히 인식하는 것 같았다. 그는 예식 내내 침을 흘렸고 몇 번인가 커다랗게 끙끙거렸다.
   이것이 과연 그 바쁜 성직자의 시간을 제대로 쓰는 걸까, 이런 의심이 뇌리를 스치고 지나갔음을 인정해야겠다. 나는 헨리 나우웬의 강연을 들었고, 그의 책을 많이 읽었다. 그래서 그가 얼마나 다재다능한 사람인지 알고 있었다. 애덤을 돌보는 정도의 허드렛일은 다른 사람이 대신할 수 있지 않을까? 그의 사무실로 돌아와 내가 그 문제를 조심스럽게 끄집어내자, 나우웬은 내가 상황을 오해하고 있다고 알려주었다. "난 뭔가를 포기하고 있는 게 아닙니다." 그는 강한 어조로 말했다. "우리 관계에서 주로 유익을 얻는 쪽은 애덤이 아니라 나예요."

남은 오후 시간 내내 나우웬은 내가 그런 질문을 한 것이 믿기 어렵다는 듯 자꾸만 그 질문으로 되돌아갔다. 그는 자신이 애덤과의 관계에서 어떤 유익을 얻었는지 여러 가지로 얘기했다. 예일이나 하버드의 장중한 대학 교정에서가 아니라, 자신을 추스르지 못하는 애덤의 머리맡에서 그는 진정 새로운 영적 평안을 누리고 있었다. 그의 말을 듣노라니 집중력을 발휘해 효율적으로 글을 쓰기 위해 빈틈없이 계획을 짜서 생활하는 내 영혼의 빈곤함이 절실히 느껴졌다.

"처음에는 어려웠어요." 나우웬은 시인했다. 몸을 맞대는 일, 애정을 주는 일, 그리고 몸이 뜻대로 움직이지 않는 사람을 돌보는 성가신 일은 좀처럼 몸에 익지 않았다. 그러나 그는 애덤을 사랑하는 법을 배웠고, 정말로 그를 사랑하게 되었다. 그리고 그 과정에서 하나님이 우리를 사랑하신다는 것이 무엇을 말하는지 알게 되었다. 우리야말로 영적으로 빈약하기 짝이 없고, 발달도 늦고, 하나님 앞에서 분명치 못한 신음 소리와 끙끙거림을 내뱉는 것이 의사 표현의 전부 아닌가. 애덤과 함께 있으면서 나우웬은 사막의 수도사들이 많은 희생을 치르고서야 얻었던 겸손과 자기를 비우는 법을 배웠다. 애덤을 보살피며 보낸 시간은 더없이 소중한 묵상의 기회가 되었다.

나우웬은 평생토록 두 가지 음성이 그의 내면에서 경쟁했다고 말했다. 하나는 성공하고 성취하라고 재촉했고, 다른 하나는 그가 하나님의 사랑을 받은 자라는 사실에서 위로를 얻으라고 말했다. 마지막 10년 동안 그는 두 번째 음성에 참으로 귀 기울일 수 있었다. 나우웬의 궁극적 결론은 이렇다. "예비 사역자를 교육하고 조직화하는 일의 목적은 그들이 만나는 모든 사람에게서 끊임없이 주님의 음성, 그분의 얼굴과 손길을 발견하게 하는 데 있다." 그 구절을 읽고 보니 그가 왜 생면부지의 구도자를 초대해 한 달간 같이 살고자 했는지, 또 매일 몇 시간씩 애덤을 보살피는 천한 일을 시간낭비로 생각하지 않았는지 알 수 있었다.

최근 나는 서재에 꽂힌 나우웬의 책들을 훑어보다가 그의 거처를 방문했을 때 받은 책 세 권을 뽑아들었다. "계속 글을 쓸 수 있는 용기를 줘서 고맙습니다!" 그중 한 권에 그렇게 적혀 있었다. 나는 스스로를 바쁜 성직자의 시간을 빼앗은 방해꾼 저널리스트로 여기고 죄책감과 부끄러움을 느끼며 데이브레이크 공동체를 떠났다. 그러나 나우웬은 하나님을 추구하는 동료, 그분의 사랑을 받는 자의 방문이라는 전혀 다른 기억을 품고 있었다. 그는 아버지처럼 나를 하나님의 공동체 속으로 환영해 들였다. 세상을 떠난 지금, 그는 내게 그 선물을 또다시 준다.

나우웬은 이렇게 말한 바 있다. "하나님은 기뻐하신다. 세상의 문제들이 해결되었기 때문도 아니요, 모든 인간 고통과 괴로움이 끝났기 때문도 아니요, 수천 명의 사람들이 회심하여 그분의 선하심을 찬양하고 있기 때문도 아니다. 그분이 기뻐하시는 이유는 잃었던 자녀 한 사람을 찾았기 때문이다."

나는 헨리 나우웬이 그립다. 어떤 사람들은 그가 남긴 유산으로 생전에 쓴 많은 책들을 꼽는다. 또 다른 사람들은 가톨릭과 개신교 신자들을 잇는 다리 역할이었다고 말한다. 또 다른 사람들은 아이비리그 대학들에서의 출중한 경력을 꼽는다. 그러나 나에겐 그를 잘 보여주는 한 가지 영상이 남아 있다. 힘이 넘치는 성직자가 머리를 헝클어트린 채 손에서 설교가 나오기라도 하는 듯 계속 손짓을 하면서, 너무나 손상이 심해 대부분의 부모가 일찌감치 포기했을 무반응의 애어른을 위해 감동적인 생일 성찬식을 집전하는 모습이다. 성육신에 대한 그보다 더 나은 상징을 나는 상상할 수 없다.

그가 남긴 유산

헨리 나우웬의 유산은 지금도 살아 있다. 그에 대한 생각들을 취합하는 과정에서 나는 서로 다른 두 가지 사연을 접했고, 그것들을 그의 생애에 대한 일종의 후기로 이 책에 포함시켰다.

첫 번째 이야기는 독일 프랑크푸르트의 국제 도서전에서 나우웬에 대한 강연을 마치고 듣게 되었다. 강연 후 한 네덜란드 출판업자가 내게 다가와 말했다.

"선생님은 이야기의 나머지 부분은 모르시는군요. 가족들과 어울릴 수 없었던 헨리의 심경과 가족들의 영적 공허감 때문에 괴로워했던 일을 말씀하셨잖습니까. 그가 죽고 난 지금, 그게 변하고 있어요. 오랫동안 네덜란드 최대 규모의 여행사 협회를 이끌었던 그의 형이 외교관들과 대사, 국회의원, 그 외 여러 명사들 앞에 섰습니다. 그는 헨리의 장례식장에 앉아서 캐나다, 미국, 프랑스, 벨기에, 네덜란드 등 세계 각국에서 온 사람들이 헨리가 그들의 삶에 끼친 영향을 회고하는 걸 들었던 모양입니다. 그는 이렇게 말했습니다. '헨리에 비할 때 저는 아무것도 가진 게 없음을 깨달았습니다. 그 자리에 앉아서 얘기를 듣다 보니 차이점이 분명해졌습니다. 헨리에게는 하나님이 있었습니다. 그것으로 모든 게 달라졌습니다.' 그는 계속해서 암으로 아내와 사별한 이야기와 헨리보다 조금 더 사신 아버지의 죽음에 대해 얘기하더군요. 그다음엔 겸손한 태도로, 죽음을 보다 잘 준비하고 헨리가 그토록 잘 알던 하나님과의 관계를 회복하기 위해 생활을 바꾸고 있다고 말했어요. 그렇게 보면 결국 헨리는 가족들과 그리 어울리지 못했던 것도 아니었어요."

두 번째 사연은 캘리포니아의 한 해변 도시에서 우연히 예배를 드렸던 교회에서 들었다. 그곳의 예배 문화는 '저교회파(低敎會派, 교회의 조직이나 예식 따위를 가볍게 보고 신앙 자체를 중요시하는 파—옮긴이)'라는 용어가 딱 들어맞았다. 헐렁한 파도타기 복장을 한(예배 후 파도타기를 할 준비였다) 인도자가 기타를 내려놓고 강단에 기대서서 물었다. "자, 오늘 함께 나눌 사연이 있는 분 안 계신가요?"

우연히도 그날 아침, 세 명의 젊은 여성들이 헨리 나우웬에 대해 이야기할 준비를 하고 예배에 참석했다. 그들은 소모임으로 모여 나우웬의 책 《이는 내 사랑하는 자요 Life of the Beloved》를 함께 읽었다고 했다.

첫 번째 연사, 엘리자베스는 준비해온 메모를 꼼꼼하게 읽어갔다. 그녀는 엄청난 일을 해내기 위해 그간 기울였던, 결의에 찬 노력들에 대해 이야기했다. 그녀는 고등학교에서 전 과목 A를 받았고, 주 테니스 대회에서 우승했고, 총학생회장이 되었고, 할 수 있는 한 많은 동아리에 들려고 애썼다. 그녀는 학교에서 수여하는 '최우수 학생'상을 받았다. 그런데 나우웬의 책을 읽고 나서 자신이 모든 걸 초과달성하는 데 몰두해 있었음을 깨달았다. 조한 나우웬처럼 언제나 하나님의 사랑에 목말라 있었고 그것을 절박하게 구했음을 깨달았다. 나우웬 덕분에 그녀는 스스로를 하나님의 사랑받은 자, 영원 전부터 하나님의 사랑을 받은 자로 여기면 족하고 존재 가치를 입증할 필요가 없다는 말의 의미를 조금은 알게 되었다.

두 번째 연사, 케이트는 강단으로 노트북 컴퓨터를 들고 나가 마우스를 움직여 원고를 찾았다. 그날 아침 프린터가 고장 나버렸던 것이다. "제겐 무슨 마가 끼었는지 항상 일이 잘못되거든요." 엘리자베스와는 달리 케이트는 초과 달성의 이력이 없었다. 오히려 그녀는 카운슬러로부터 이런 말을 들은 적이 있었다. "케이트, 난 '메시아 콤플렉스'가 있는 사람들을 알아요. 그들은 자신이 세상을 구할 수 있다고 생각하죠. 당신은 '사탄 콤플렉스'가 있어요. 혼자서 세상을 망가뜨리고 있다고 생각해요." 그녀는 자신이 저주받았고, 선한 일을 절대 할 수 없다고 굳게 믿었다. 그런데 나우웬 덕분에 처음으로 스스로를 축복받은 존재로 보게 되었다.

케이트는 소심한 말을 몇 마디 덧붙인 뒤 모두가 웃는 사이 노트북을 닫았다. 그다음엔 캐시가 일어섰다. 그녀의 입술이 떨렸고 눈가에는 눈물이 맺혔다. 좌중은 쥐죽은 듯 조용해졌다. "여기 계신 분들은 제 사연을 모르실 거예요. 저는 어릴 때 성폭행을 당했어요. 대학생 때는 데이트 상대가 제게 약을 먹이고 강간했어요. 전 계속해서 하나님께 '왜 접니까?'라고 물었어요. 전 착하게 살려고 노력했거든요. 매주 교회에 나가고 착실하게 신앙생활을 했어요. 그러나 어느 순간 그냥 모든 걸 포기해버렸어요. 고통을 잊으려고 술을 마시기 시작했어요. 그랬더니 더 괴로워졌어요. 그래서 술을 더 마셨지요. 저는 제자리를 계속 맴돌았고 제대로 성장하기도 전에 폭삭 늙어버린 기분이 들었어요. 어느 날, 그냥 내부가 어떻게 달라졌는지 궁금해서 전에 다니던 교회에 들렀어요. 그리고 텅 빈 건물 안에서 별다른 생각도 없이 기도하기 시작했어요. 그리고 아이처럼 소리쳤어요.

물론 그날 모든 게 다 해결된 건 아니에요. 고통도 사라지지 않았고요. 그날 교회에서 제가 마주했던 것은 치료가 아니라 제 상한 모습이었어요. 그런데 헨리 나우웬을 통해 저는 고통과 기쁨이 공존할 수 있다는 것과 하나님은 우리 삶의 모든 것, 심지어 사라질 줄 모르는 고통까지 쓰실 수 있다는 것을 배웠어요. 또, 제 상한 모습을 제 것으로 받아들이는 법을 배웠고요.

과거에 나쁜 일들이 생긴 게 기쁘냐고요? 그렇지는 않아요. 그러나 그런 일들 덕분에 오늘날의 제가 될 수 있었어요. 저는 다른 사람들의 진정한 친구가 될 수 있어요. 어려운 일을 겪는 사람들을 위로할 수 있어요."

캐시는 누가복음 4장의 극적인 장면, 예수님이 회당에 들어가셔서 전하신 말씀을 이렇게 정리하며 간증을 마쳤다. "주의 성령이 내게 임하셨으니 이는 마음이 상한 자에게 복음을 전하게 하시려고 내게 기름을 부으심이라."

캐시가 자리에 앉고 난 후 몇 분 동안 휴지와 손수건을 꺼내는 움직임이 있었을 뿐 누구도 자리를 뜨지 않았다. 바깥의 교통 상황, 밝은 태양, 해변에서 즐길 계획, 그 어느 것도 더 이상 중요해 보이지 않았다. 하나님이 그곳에 계셨다.

그때 간증했던 세 여성이 일어서서 성찬의 빵과 포도주를 나눠주기 시작했다. "이것은 당신을 위해 찢기신 그리스도의 몸입니다." 캐시는 그렇게 말하며 엘리자베스에게 빵을 내밀었다. "당신을 위해 흘리신 그리스도의 피입니다." 엘리자베스는 잔을 캐시에게 내밀며 말했다. 그리고 나머지 성도들은 하나님의 상한 몸과 피를 먹고 마시기 위해 예배당 중앙에 비뚤거리는 두 줄을 만들어 섰다.

헨리 나우웬과의
더 깊은 만남을 위하여

SOUL SURVIVOR

《희망의 씨앗Seeds of Hope》은 나우웬의 저작에서 뽑은 발췌문들을 모아놓은 책이다. 문맥과 떨어진 글이라도 거북하지 않은 독자라면 좋은 입문서가 될 것이다. 자기성찰의 내용이 담겨 있으면서 묘하게 위로를 주는 책,《탕자의 귀향》과《이는 내 사랑하는 자요》를 추천한다.《제네시 일기》,《데이브레이크로 가는 길》,《안식으로 가는 여정Sabbatical Journey》에는 좀 더 개인적이고 자전적인 사색이 담겨 있다. 나는 나우웬의 많은 저서 중에서도《주님 감사합니다》와《친밀함Intimacy》이 특히 맘에 든다.《나우웬에 대한 회상Nouwen Then》과《헨리 나우웬Wounded Prophet》에서는 나우웬을 알고 지내던 이들이 그에 대한 기억을 들려준다.

에필로그

작가에겐 한 번에 몇 달씩, 심지어 몇 년씩 한 가지 주제에 몰두할 수 있는 특전이 주어진다. 최근 나는 거의 하루 종일 이 책에 등장하는 열세 명과 이들이 내게 끼친 영향만 생각했다. 그 작업으로 인해 나는 큰 힘을 얻었고, 누구에게나 얼마씩 짬을 내어 그렇게 해보라고 권하고 싶다. 당신이 보다 나은 사람이 되도록 도움을 준 이들의 목록을 작성해보고 어떤 도움을 받았는지 생각해보자.

책의 전체 목록을 살펴볼 때 완벽한 사람은 없다. 오히려 결점들이 선명하게 들어온다. 이들 중 몇몇의 상태는 정신과 의사가 심리 불안으로 진단할 만하다. 이들 각자에겐 채워지지 않은 갈망과 이루지 못한 꿈이 있었다. 나는 이들을 바라보며 내 갈망을 다루는 법을 배운다. 나는 이들로 인해 아직은 멀었지만 내가 바라는 모습이 되고자, 내가 알고 싶은 하나님께 다가가고자 더욱 매진하는가? 아니면 우울해지고, 지치고, 냉소적이게 되는가? 이 스승들을 통해 나는 내 안의 갈망들이 그 자체를 뛰어넘는 무엇, 현실에서 손에 넣을 수는 없다 해도 부단히 추구할 가치가 있는 그 무엇을 암시하고 있음을 감지하게 되었고, 그보다 못한 것들에 안주하고픈 유혹과 싸울 힘을 얻었다.

키르케고르는 이렇게 말했다. "나는 발에 박힌 가시 덕분에 발이 멀쩡한 사람보다 더 높이 뛴다." 이 책에 소개된 사람들 중에는 이 말을 실제로 입증한 이들이 있다. 우리 모두에겐 어디로 뛰어야 할지 방향을 가르쳐줄 사람이 필요하다는 말을 덧붙이고 싶다. 내 경우엔 이들이 있었다.

이 책에서는 주로 내 과거를 다루었다. 책 속의 안내자들이 내 신앙의 형성기, 영혼의 순례길 중에서도 결정적 시기를 가던 때에 나를 붙들어주었기 때문이다. 현재의 내 모습은 내가 쓴 대부분의 다른 책들에 등장한다.

감사의 말

나의 대리인인 캐서린 헤머스는 이 일을 추진하는 과정에서 대리인의 일반적 업무 한계를 훌쩍 뛰어넘는 부분까지 도움을 주었다. 그가 없었더라면, 여러 면에서 이 책은 출간되기 힘들었을 것이다. 캐서린은 머릿속 생각들을 형상화하고 다듬을 수 있도록 도와주었으며, 때로는 격려하고 한편으로는 방향을 제시해가며 한 걸음 한 걸음 내디딜 때마다 지원을 아끼지 않았다. 또 문장 구조라든가 주제의 구성, 표지 선택, 표제 문구, 계약과 관련된 법적 문제들에 이르기까지 책이 출간되는 낱낱의 과정에 즐거운 마음으로 참여해주었다. 한때는 아주 사소한 일에도 노이로제 증상을 보일 정도로 체력이 떨어지는 등 잠시 건강을 잃기까지 했다.

더블데이Doubleday 출판사의 편집 담당자 에릭 메이저는 20년 전, 내가 폴 브랜드와 함께 쓴 책의 영국 판을 출간하던 당시부터 알고 지내던 사이인데, 그 역시 아무 내색 없이 도움을 주었다. 내 일을 돕고 있는 멜리사 니콜슨은 도서관에서 컴퓨터 스크린을 지켜보며 인터넷으로 자료를 검색하고 사건들을 검색하느라 오랜 시간을 보냈다.

 이 책에서는 각 장마다 내가 저널리스트로 일하면서 어느 매체에선가 이미 한 번씩 다루었던 인물들을 소개하고 있다. 한 사람 한 사람 다룰 때마다 본래의 글감을 크게 늘이거나 변화를 주었으며, 개인적 생각을 덧붙이기도 했다. 하지만 자료들을 깊게 연구해서 글을 썼으며 경우에 따라서는 기존의 글들에 쓰인 말들을 그대로 가져오기도 했다. 마틴 루터 킹, 로버트 콜스 박사, 마하트마 간디, 에버릿 쿠프 박사에 관한 글은 〈크리스채너티 투데이〉에 실렸던 글이다. 애니 딜라드, 프레드릭 뷰크너, 레프 톨스토이, 표도르 도스토옙스키, 엔도 슈샤쿠는 〈책과 문화〉에 수록되어 있다. 체스터턴에 관한 이야기는 《정통》의 서문이며, 폴 브랜드 박사 부분은 《하나님의 영원한 잔치》의 머리말로 썼던 글이다. 헨리 나우웬에 관한 글은 《나우웬에 대한 회상》이라는 책의 한 부분이고 존 던에 대한 이야기는 공저로 출간했던 《현실과 환상 Reality and the Vision》의 일부다. 또 킹, 던, 엔도, 나우웬, 톨스토이에 대한 단상들은 나의 책 《내 안에 하나님이 없다》, 《놀라운 하나님의 은혜》, 《내가 알지 못했던 예수》 등에 실린 바 있다. 새로 쓰는 글의 의도에 맞도록 한 문장 한 문장, 한 단락 한 단락 샅샅이 훑어볼 수 있도록 허락해준 이 책들의 출판 담당자들에게 감사드린다.

옮긴이의 말 1

구원할 가치가 있는 인간을 만들어내는 스승

　조그만 출판사를 운영했던 적이 있다. 뒷돈은 스폰서가 대고 이편에선 출판기술을 제공하면서 이른바 '바지사장' 노릇을 했다. 깜냥은 아랑곳하지 않고 무작정 세상에 둘도 없는 문서선교기관을 꾸려보겠다고 설치던 시절이었다. 동업이라고는 하지만 고린전 한 푼 내놓지 않는 게 미안해서 웬만큼 자리가 잡히기 전까지는 품삯을 받지 않았다. 먹고사는 데 필요한 돈은 짬짬이 번역, 취재, 기고 같은 출판 언저리의 일들을 해가며 충당했다. 이 책도 그때 풀어낸 책 가운데 하나다.

　오후 여섯 시만 되면 사장에서 아르바이트생으로 변하는 '신데렐라'과 번역자에게 필립 얀시의 글은 부담스러운 일감이었다.

　무엇보다 주제의 중량감이 헤비급 이상이었다. 글쓴이가 차리는 식탁은 늘 찬이 걸었다. 피비린내 나는 인간사와 하나님의 선의, 인간의 한계와 신의 섭리, 선과 악, 죄와 고통, 구원과 약속, 진리를 구현하는 삶처럼, 깊은 맛은 있으되 잘 씹지 않고 삼키면 탈이 나기 십상인 요리들이 상에 오르곤 했다. 나로 말할 것 같으면 사색의 깊이가 "자장을 먹을까, 짬뽕을 먹을까?" 어간을 맴도는 수준인지라 우리말로 옮기기 전부터 기가 질리기 일쑤였다.

끌어다 쓰는 인용문도 범상치 않았다. 고전과 현대물, 신앙적인 저작물과 통속소설, 인터넷 기사와 신문 사설을 가리지 않고 맞춤한 구절들을 따옴표로 묶어 왔다. 고전의 한 대목과 〈시카고 트리뷴〉 최근호에 실린 기사를 대비시켰다. 뉘신지 알 길이 없는 인물이 듣도 보도 못한 자리에서 행한 연설의 한 대목이나 이름조차 생소한 소수부족의 속담을 끌어대기도 했다. 원문이 나오게 된 맥락을 가늠할 수 없는 탓에 번역문의 톤을 결정하는 게 고역스러웠다. 필자가 "아무개 가라사대"라는 말을 꺼내는 순간부터 속절없이 정보의 바닷가 어디쯤에 박혀 있을 바늘 하나를 찾아내기 위해 눈을 부릅떠야 했다. 예고 없이 끼어드는 얀시 식 유머를 식별해내고 한국 독자들의 입맛에 맞게 조리하는 작업도 쉽지 않았다. 줄곧 '진지 모드'로 흐르던 글 속에 불쑥 "굿Good!"이란 표현이 끼어들면, 그게 정말 좋다는 뜻인지 "잘들 하는 짓이다!"의 고상한 표현인지부터 분간해야 했다. 퍼즐도 그렇게 어려운 퍼즐이 없었다.

글은 또 얼마나 잘 쓰는지! 이성과 감성 사이에 외줄을 매놓고 이쪽저쪽을 살짝살짝 오가며 능란하게 줄타기를 해냈다. 문장과 문장 사이에 내면의 갈등과 고뇌가 여실히 배어 있어서 평범한 단어들로는 그 속내까지 비쳐내기가 어려웠다. 영문으로는 그렇게 근사한 글이 풀어놓고 나면 밍밍하기 짝이 없는 경우가 수두룩해서 일을 마치고도 후련하다는 느낌이 들지 않았다. 같은 말을 반복하면서도 표현을 이리저리 변주해서 미숙한 번역자의 인내력을 시험하는 사례도 비일비재했다. 필자가 파놓은 수렁에 빠져서 허우적거릴 때는 그 덥수룩한 곱슬머리를 움켜쥐고 싶은 욕구가 불끈불끈 치솟지만 어쩌겠는가, 숱 적은 제 머리칼만 쥐어뜯을밖에.

경로와 도구에 매이지 않고 스승을 찾다

그럼에도 불구하고 필립 얀시의 글을 맡아달라는 요청을 매몰차게 뿌리치지 못하는 건 수고를 잊고도 남을 만큼 넉넉한 대가가 따르기 때문이다. 주님을 사랑하고 그 뜻대로 살려고 애쓰는 이들에게 불행이 닥치는 이유는 무엇인가? 하나님은 개개인의 삶에 관심이 있으신가? 그분의 사랑과 은혜는 무조건적인가? 그렇다면 고통과 고난은 어떤 의미를 갖는가? 그리스도를 믿는다는 것, 진리를 삶으로 체현해낸다는 건 무얼 의미하는가? 이처럼 까다로운 질문들에 대해 글쓴이가 내놓는 답안은 분주해서, 귀찮아서, 또는 능력이 달려서 시험지를 찢어버리곤 하는 수험생들의 기갈을 적잖이 풀어준다. 그이의 답안지를 슬쩍 훔쳐보는 것만으로도 시쳇말로 '힐링'이 되는 셈이다.

불신의 눈으로 진리를 바라보고 회의하기를 거듭한 끝에 조심스럽게 끄집어낸 답안이기에 신뢰도가 이만저만 높은 게 아니다. 글쓴이는 신앙의 본질을 회의하고, 은혜를 의심하고, 구원을 미심쩍어한다. 존 던처럼 죽음의 공포 앞에서 구원을 의심하는 게 아니라 아무런 위협이 없는 상태에서 자신과 세상, 우주를 성찰하며 스스로 진리라고 믿고 있는 게 과연 사실인지 되묻고 곱씹는다. 회의는 불신이고 불신은 지옥이라는 도식 따위는 아랑곳하지 않는다. 첫 장부터 마지막 장까지 실체에 접근하려는 긴장의 강도와 농도에 변함이 없다. 덕분에 번역자를 포함한 독자들은 제법 굵은 실마리들을 상대적으로 수월하게 얻을 수 있다. 스스로 마련한 답안지와 비교해보고 수정할 수도 있다. 거기다가 신앙의 끄나풀들을 한 가닥 한 가닥 해체했다가 다시 여미는 쾌감마저 얻을 수 있으니 누구라서 그 유혹을 뿌리칠 수 있겠는가!

기준선을 한껏 낮게 잡아서 가벼운 마음으로 달려들 수 있는 점도 매력이다. 미숙한 후배들을 가르치는 뛰어난 선배가 아니라 시종일관 수수께끼를 함께 풀어가는 입장에 선다. 자신의 과거도 실수와 실패의 연속이었음을 솔직하게 털어놓는다. "편견에 눈이 멀어 코앞에 펼쳐지는 하나님나라를 보지 못했다"는 고백에는 유색인종을 차별하는 교회의 구성원이었고, 율법과 은혜 사이에서 방황했으며, 바깥세상 곳곳에서 베트남 전쟁에 반대하는 시위가 벌어질 때 예정론을 마스터하는 일에 몰두했던 개인사가 고스란히 담겨 있다. 자신뿐만 아니라 동료들에게 거는 기대도 높은 편이 아니다. 크리스천을 선하고 온전한 인간이 아니라 간신히 은혜의 울타리 안에 발을 들여놓은 허물투성이로 파악한다. "구속을 받았다는 이들도 여전히 교만하고, 잘 다투고, 이기적이며, 때로는 참을성이 없다. 단 하나의 차이점은 그들의 삶에 은혜가 끼쳐졌다는 점뿐이다. 그들은 거룩해진 게 아니라 용서받았을 따름"이라는 것이다. 교회에 대한 인식도 마찬가지다. 교회가 완전한 인간들의 공동체가 아니며 교회의 이름으로 저지르는 수많은 실수들이 있음을 서슴없이 인정한다.

그러니 스승을 찾아가는 경로와 도구에 제한이 있을 리 없다. 신앙과 독선을 엄격하게 구별하고 줄기와 곁가지를 칼같이 나누며 본질에 집중할 뿐이다. 이편이 옳고 저편이 그르다거나, 이 인간은 선하고 저자는 악하다는 식의 판단을 앞세우지 않는다. 지독한 근본주의자와 진보 진영을 대표하는 인물의 주장을 나란히 꺼내놓고 편견 없이 대조한다. 체스터턴과 애니 딜라드, 헨리 나우웬의 의견을 받아들이지만 신학적 평가가 엇갈리는 톨스토이와 도스토옙스키, 심지어 마하트마 간디의 메시지도 진지하게 검토한다.

"어떻게 그럴 수가!"라며 치를 떠는 독자들에게는 조곤조곤 해명한다. "우리는 솔로몬이 쓴 잠언을 소중하게 생각하는 것이지, 그의 생활 방식을 귀하게 여기는 건 아니다. 흔히들 메시지를 전하는 사람에게 흠이 있으면, 그 메시지 자체가 무효라고 생각하는 오류를 범한다. … (마틴 루터 킹 목사에게 여러 가지 인간적 결함이 있다손 치더라도) 어떻게 그가 가지고 있는 하나님에 대해 이야기할 권리에 대해 의문을 제기할 수 있단 말인가?"

그래서 얀시의 글에서는 절박한 심정으로 부지런히 길을 묻는 구도자의 냄새가 난다. 에이즈로 죽어가는 시카고 필하모닉 오케스트라의 연주자와 소말리아의 전쟁터에서 하루하루 생사를 넘나들며 그리스도의 사랑을 온몸으로 보여주는 구호단체 직원들을 동일한 토대 위에 올려놓고 의견을 경청한다. 심지어 산책길에 만난 여우새끼들에게서까지 메시지를 얻으려 한다. 글쓴이가 플레커라는 문인의 말을 빌려 "시인의 몫은 인간의 영혼을 구원하는 게 아니라, 구원할 가치가 있는 인간을 만드는 것"이라고 역설했던 까닭을 짐작하게 하는 대목이다. 얀시의 '시인'은 '스승'의 다른 이름이다.

더 나은 지도를 손에 쥘 때까지

1962년 어느 날, 러시아에서 손꼽히는 문학잡지의 편집장 알렉산드르 트바르돕스키는 자기 집 침대에 누워 투고된 원고를 검토하고 있었다. 수북하게 쌓인 글들을 가볍게 훑어보곤 이내 쓰레기통에 집어던져버렸다. 그러기를 얼마나 되풀이했을까? 무명작가가 보낸 원고 한 편이 그의 손에 잡혔다. '이반 데니소비치의 하루'라는 제목이 붙어 있었다. 열 줄쯤 읽고 났을 즈음 자리를 박차고 일어났다. 훗날, 편집장은 친구에게 그날의 소회를 이렇게 전했다. "누워서 읽을 글이 아니라는 생각이 갑자기 들더군. 적절한 예우를 해야 될 것 같았단 말이지. 그래서 침대에서 일어나서, 최고급 검정색 정장에다 깃을 빳빳하게 세운 하얀색 와이셔츠를 꺼내 입고, 타이를 매고 구두를 신었다네. 그런 차림으로 책상에 앉아서 새롭게 출현한 고전을 읽기 시작했지."

이 책을 풀면서도 몇 번이나 비슷한 느낌을 받곤 했다. 글쓴이가 그렇게 여러 스승들을 찾아다니며 긁어모은 정보들을 아낌없이 나눠준 데 대해 고마움을 전해야 할 것 같았다. "호들갑은!"이라고 생각할지 모르겠다. 차원이 다른 품격에 갈채를 보낸다. 예수님을 알고 방향을 설정한 뒤에도 손에 쥔 지도가 워낙 포괄적이고 개략적이어서 종종 엉뚱한 길로 들어서는 처지라, 나로서는 이만한 약도에도 눈이 번쩍 뜨이는 게 사실이다. 하지만 또 어찌 알겠는가? 여기다가 스스로 찾은 스승들의 가르침을 보태가노라면 언젠가는 더 자세한 지도를 만들어낼 내공이 쌓일지도 모를 일이 아니겠는가!

최종훈

옮긴이의 말 2

도인과 호빗

장면 하나

〈아라한 장풍대작전〉이라는 한국 영화가 있다. 즐거운 무술 영화다. 허약한 경찰관 주인공이 도인들을 만나 절대무공의 소질을 발현하고 사악한 도사를 무찌른다는, 허무맹랑한 이야기다. 하지만 이 영화에서 두고두고 기억에 남는 대목이 있다. 도인의 딸인 여주인공(의진)이 주인공(상환)에게 세속에 묻혀 살아가는 도인들의 존재를 알려주는 대목이다.

의진은 초고층 빌딩에서 유리창을 닦는 사람을 가리키며 묻는다.

"저 사람들이 뭐 믿고 저렇게 올라가 있는 거 같냐?"

두둥, 효과음과 함께 카메라가 가까이 다가가면 안전 끈에 매달려 있는 물통과 공구들이 보인다.

"저게 경공이란 거야… 건설현장에서 더 자주 볼 수 있지."

그리고 철근뼈대를 높이 세우는 작업을 진행 중인 건설인부 하나가 마치 원숭이처럼 철근에 붙어서 30미터 위로 오르는 장면이 보인다.

"자기 분야에서 끊임없이 노력한 사람들은 자기도 모르게 도의 경지에 이르게 돼. 그런데 이런 도인들은 수없이 많아. … 그런 이들이 대부분 남들 모르게 도를 닦으며 악한 기운과 싸우는 사람들이라고 보면 돼."

의진이 설명하는 동안 상환은 주위를 둘러본다. 그의 눈에 일상적이지만 유심히 살펴보면 놀라운 그림들이 펼쳐진다. 무거운 짐을 이고 자유자재로 걸어 다니는 할머니, 엄청난 양의 짐을 실은 채 달리는 퀵서비스 아저씨, 몇 층씩 쟁반을 쌓아서 나르는 밥집 아줌마. 열 몇 켤레의 구두를 절묘하게 들고 가는 구두닦이 아저씨.

여러 해 전 이 책(8장-에필로그)을 처음 번역할 때 못 쓴 역자후기를 이번에 쓰리라 다짐하고 생각을 정리하다 처음 머리에 떠오른 장면이다. 그리고 이 장면을 떠올릴 때마다 거듭 생각나는 분이 있다. 장기려 박사님이다. 한국의 슈바이처라는 분. 나는 이분을 초등학교 저학년이던 우리 아이에게 읽히려고 뒤적이던 전기물에서 처음 접했다. 우와, 우리나라에 이런 분이 계셨구나! 놀랍고 뿌듯했다. 그런데 그분은 내 고향 부산에서 죽 사셨고, 어린 시절 내가 속한 고신교단과 죽 인연을 맺고 계셨다. 세상과 신앙에 좌절하며 다 그렇고 그런 거라고 생각하던 대학 시절에도, 그분은 여전히 살아 계셨다.

그런데 그분이 돌아가시고 한참 후에야, 그것도 내 아이에 대한 지극히 학부모적 욕심 덕분에 나는 그분의 존재를 알게 되었다. 믿음으로 뜨겁게, 감동적으로 살아가는 신앙의 선배가 지척에 계셨건만, 전혀 몰랐다. 기성세대는 다 똑같아, 본받을 사표가 없어, 그냥 그러고 있었다. 그분을 시작으로, 여러 분야에서 그렇게 자기 자리에서 때로는 큰 반향을 일으키며, 때로는 아무도 모르게 묵묵히 믿음으로 뜨겁게 살아가는 많은 분이 있음을 알게 되었다. 그래서 무협영화 속 여주인공은 내게 이렇게 말하고 있는 듯했다.

"믿음으로 자기 분야에서 성실히 살아가는 사람들은 자기도 모르게 거룩함의 어떤 경지에 이르게 돼. 그런데 이런 성도들은 수없이 많아. … 그런 성도들은 대부분 남들 모르게 믿음을 실천하며 안팎의 악한 세력들과 싸우는 사람들이라고 보면 돼."

장면 둘

영화 〈반지의 제왕〉을 혹시 보셨는지. 3편의 영화 전체에서도 볼 때마다 마음이 뭉클해지는 대목이 있다. 영화의 막바지, 주인공 프로도와 충실한 동행 샘이 숱한 고생을 뚫고 마침내 절대반지를 파괴할 수 있는 모르도르의 화산 기슭에 이른다. 그러나 바로 코앞까지 이른 절대반지의 기운을 느낀 암흑 제왕 사우론의 눈을 피할 길이 없다. 프로도는 꼼짝도 할 수 없고, 이대로 가면 곧 발각될 절체절명의 위기상황이다. 모든 희망이 사라진 것 같다. 그때 아라곤을 위시한 그의 친구들은 프로도에게 마지막 기회를 줄 요량으로 사우론의 시선을 끌고자 열세의 병력을 이끌고 사우론의 본거지로 쳐들어가

승산 없는 싸움을 건다.

아라곤의 계획대로 사우론의 눈이 아라곤이 이끄는 군대에게로 쏠리고, 비로소 한숨 돌리게 된 프로도와 샘은 힘겹게 산을 오르기 시작한다. 그 순간 자신을 위해 친구들이 목숨을 걸고 싸우고 있음을, 프로도는 꿈에도 모른다. 그는 다만 파괴되지 않으려고 발버둥치는 절대반지의 영향력과 싸우고 지칠 대로 지친 몸을 이끌고 험한 산을 오르느라 헐떡일 뿐이다. 결국 프로도가 쓰러져서 꼼짝도 못하게 되자, 샘이 아예 프로도를 들쳐 업고 산을 오른다. 그렇게 해서 마침내 프로도는 반지를 파괴할 수 있는 장소에 도달한다. 그러나 마지막 순간 그는 절대반지를 소유하고 싶은 욕망에 굴복하여 운명의 틈으로 반지를 던지지 못하고 손가락에 그것을 끼고 만다. 그것은 그 반지를 파괴하기 위해 그간 겪어낸 온갖 시련과 고초를 무의미하게 하는 일이요, 바로 그 순간에도 그에게 기회를 주기 위해 목숨을 걸고 싸우고 있는 친구들에 대한 지독한 배신이다.

필립 얀시는 이 책의 에필로그에서 독자에게 이런 조언을 한다. 독자의 영혼의 스승들을 한번 꼽아보라고. 그들로부터 어떤 영향을 받았는지 정리해보라고. 그래서 나는 시킨 대로 해봤다. 이면지를 꺼내놓고 한번 적어보았다.

얼마 전 돌아가신 어머니는 내게 하나님을 가장 중요하게 여기고 한길 가는 순례자의 본을 보여주셨다. 대학 SFC에서 함께했던 분들(지도교수님, 선배, 동기, 후배들)은 그때도 나를 여러모로 붙들어주었지만 지금도 각자의 자리에서 믿음의 길을 뚜벅뚜벅 걸어가고 있다. 해비타트에서 함께 일했던 분들은 행동하는 믿음의 은혜를 가르쳐 주었고, 거룩한 소원과 생각이 그저 감상과 생각에 그치지 않고 분명한 열매를 맺을 수 있음을 알려주었다. 담임목사님은 믿음이 무엇인지, 자발적으로 하나님을 섬기는 것이 무엇인지 알려주셨다. C. S. 루이스는 신앙이 비논리의 산실이고 상상력의 무덤이 아닐까 우려하던 내게 그 반대일 수 있음을 수많은 글로 보여주었다. 그리고 아내를 통해 나는 내가 율법주의, 엄격주의에 매여 살았음을 깨닫게 되었고 세상이 회색빛만이 아님을 알게 되었다. 아내를 통해 나는 사람을 사랑하고 사랑받고, 이해하고 이해받고, 알아가고 알려지는 것이 무엇인지 배웠다. 한마디로 그녀를 만나 사람이 되었다.

주로 작가들을 스승으로 꼽은 필립 얀시와 달리, 나는 내가 속했던 공동체의 사람들이 세트로 다가왔다. 한 사람이 성숙한 그리스도인으로 빚어지기까지 정말 많은 사람들이 직간접적으로 힘을 보탠다. 그중에는 살아 있는 사람들도 있고 죽은 지 오래인 사람들도 있다. 〈반지의 제왕〉의 그 장면을 보면서 나는, 나의 가는 길도 저렇게 내가 알게 모르게 많은 이들이 목숨을 걸고 벌였던, 혹은 벌이고 있는 싸움 때문에 가능한 것이겠구나 생각하게 된다. 그렇게 여기까지 이른 내가, 절대반지의 유혹에 넘어가버린 프로도처럼 행동한다면 얼마나 큰 배신이겠는가 하는 생각도 늘 가슴 서늘하게 따라온다.

끝으로, '내 영혼의 스승들'을 이야기하는 필립 얀시를 또 얼마나 많은 이들이 자기 영혼의 스승으로 여기고 있겠는가 생각하니 웃음이 나온다. 내가 내 싸움을 꾸역꾸역 해나갈 때, 그것이 다른 이들에게도 유익과 격려를 줄 수도 있겠구나, 하는 자각도 따라온다. 그렇게 된다면야 큰 영광일 것이다. 하지만 그것은 내가 그렇게 되기를 바라거나 의식한다고 해서 될 일은 아닐 터. 나는 허덕허덕 힘겹게 산을 올랐을 뿐인데, 뒤에서 올라오는 사람들에게 포기하지 않고 계속 갈 수 있는 격려가 되는 식으로 이루어지는 과정이리라.

홍종락

DISCUSSION GUIDE

독서그룹 토론가이드

1 교회가 준 상처를 싸매며

- 필립 얀시는 "인생의 대부분의 시간을 교회에서 받은 상처를 치료하는 데 보냈다"고 말한다. 그리고 편견과 율법주의에 젖어 있던 사회와 교회에서 그가 배웠던 인종차별적 견해들을 솔직하게 털어놓는다. '교회에서 배운 내용이 과연 진리일까?'를 고민해본 적이 있다면, 그 계기가 무엇이었는지 말해보라. 당신의 의문에는 어떤 감정이나 정서가 깔려 있는가?

- 교회의 가르침과 그 실천 사이의 모순을 경험한 적이 있는가?

- 당신은 어떤 교단에서 자랐나? 교회에 대한 가장 행복한 기억은 무엇이고, 가장 슬픈 기억, 가장 고통스러운 기억은 무엇인가?

- 얀시는 풍요로운 백만장자의 삶을 버리고 집을 장만할 형편이 안 되는 사람들을 위해 집을 짓는 단체를 설립한 밀러드 풀러 이야기를 한다. 믿음에 충실하게 살려는 그런 의지는 세상의 흐름을 어떻게 거스르는가? 교회는 지금의 당신이 있기까지 어떤 역할을 했나?

2 여정, 긴 밤에서 한낮을 향하여

- 필립 얀시는 흑백차별이 심했던 1950년대와 1960년대의 미국 남부에서 보낸 유년기를 이야기한다. 얀시처럼 인종차별주의를 공언하는 환경에서 자라나지 않았다 해도, 일체의 인종차별주의에서 완전히 자유로운 사람은 거의 없다. 당신은 어떤가? 유년기의 당신은 어떤 인종차별주의적 전제를 배웠나? 또, 무엇을 계기로 인종차별주의가 '옳은' 것도, '정상적인' 것도 아님을 알게 되었나?

- 마틴 루터 킹 주니어는 오늘날 개인적인 도덕적 흠결이 드러나 비판을 받고 있지만, 평등과 변화를 위한 싸움을 이끈 강력한 지도자였다. 그의 인격에 존재하는 이 두 측면을 어떻게 조화시킬 수 있을까? 한 측면 때문에 다른 측면이 무의미해지거나 그 의미가 줄어든다고 보는가?

- 주변 인물 중에 그처럼 공적 행보와 사적 행동이 모순되는 듯 보이는 사람이 있는가? 그런 이중성을 용서하거나 받아들이게 되는 경우가 있는가? 있다면 그 이유는 무엇인가?

- 지도자의 의문스러운 도덕적 행위를 받아주면 사회의 도덕적 구조가 취약해질까?

- 소극적인 자세와 비폭력은 어떻게 다를까? 현대 세계에서 비폭력이 설 자리가 있다고 보는가? 그렇다면 왜 그럴까? 아니라면 왜 아닐까?

3 해안을 따라가는 유적지 순례

- C. S. 루이스는 이렇게 적었다. "무릇 건전한 무신론자로 남아 있고자 하는 젊은이는 자기의 독서 생활에 매우 주의를 기울여야 한다." 이 말은 당신에게 어떤 의미가 있을까? 독서를 통해 그런 변화에 노출된 적이 있는가?

- 얀시의 형은 답답한 성장 환경에 대한 반항으로 "자유를 추구하는 대모험"에 나섰다. 형의 실패를 본 얀시는 "아무 대책 없이 믿음을 던져버리는 일의 파괴력"을 알게 되었다. 그런 식의 자유 탐색을 해본 적이 있는가? 믿음과 자유의 관계는 무엇일까? 어

떤 사람들은 왜 자유를 그렇게 두려워할까?

• 자연은 장엄한 아름다움과 형언할 수 없는 잔인함을 모두 갖고 있다. "자연은 우리의 어머니가 아니다. 자연은 우리의 자매이다"라는 체스터턴의 말은 어떤 의미가 있을까?

• 우리가 쾌락을 경험하는 이유는 무엇일까? 쾌락은 하나님의 창조 세계에서 어떤 역할을 할까? 왜 교회는 쾌락의 위험을 극도로 부각시킬까?

• 체스터턴은 몸무게가 136킬로그램에서 180킬로그램까지 나갔다. 식사 같은 감각적인 쾌락이 낳을 수 있는 파괴적인 결과의 단적인 예라 하겠다. 어떻게 하면 쾌락을 음미하되 도를 넘어 파괴적인 결과를 맞는 상황을 피할 수 있을까?

• 체스터턴은 대단한 재치를 발휘해 신앙을 제시했다. 오늘날의 그리스도인들이 체스터턴의 유머감각에서 어떤 유익을 얻을 수 있을까?

4 행복으로 통하는 우회로

• 필립 얀시는 폴 브랜드로부터 "현대 사회에서도 성공하되 겸손

을 잃지 않고, 희생적으로 다른 이들을 섬기면서도 기쁨과 만족을 얻을 수 있다는 사실"을 배웠다. 이런 삶이 가능하고 바람직하다고 믿는가? 명성과 부와 명망을 얻을 수 있는 사람이 이름 없고 부족한 삶을 선택하는 이유는 무엇일까? 그런 삶의 본보기가 되는 인물을 떠올릴 수 있는가? 그 사람의 이야기를 들으면 그렇게 살고 싶은 생각이 드는가?

• 얀시는 고통의 문제가 그의 글쓰기의 한 가지 테마였다고 인정한다. 당신은 고통의 문제를 어떻게 정의하겠는가? 사랑의 하나님과 세상에 존재하는 고통을 어떻게 화해시킬 수 있을까? 고통을 감사해야 할 이유가 있을까? 고통을 어떻게 선물로 볼 수 있을까?

• 하나님이 신뢰할 만한 분이라고 믿는가? 그렇다면 왜 그런가? 아니라면 왜 아닌가?

• 폴 브랜드는 "사랑은 사람이 사람에게만 전해줄 수 있다"는 사실을 부모로부터 배웠다. 많은 경우 개인보다 집단에 관심을 기울이는 일이 더 쉬워 보이는 이유가 무엇일까?

• "세상의 고통에서 자기 몫을 지는 자들은 복이 있다. 결국 그들이 고통을 피하는 이들보다 더 많은 행복을 얻게 될 것이다." 예수님의 이 말씀은 어떤 의미일까?

5 허약한 인간들, 그리고 우주의 공격

- "결국 작가가 하는 일은 대리 경험이다"라고 얀시는 말한다. 독자는 언제 작가가 제시하는 대리 경험을 믿어야 할까? 그 시점을 어떻게 알까?

- 여섯 살의 루비 브리지스는 매일 보안관들의 호위를 받으며 성난 군중을 뚫고 "비어 있는 학교에 가서 하루 종일 교실에 혼자 앉아 있었다." 자신이 루비라고 상상해보라. 그 부모라고 상상해보라. 무엇이 그런 시련을 견뎌낼 힘을 주는 것일까? 아이가 그런 일을 견뎌내게 한 부모에게 당신은 두슨 말을 하겠는가? 가치 있는 일을 위해 용기를 냈던 적이 있는가?

- 로버트 콜스는 가난한 사람들에게는 종교가 "목발이 아니라 영감의 원천"이라고 믿었다. 카를 마르크스는 "종교는 민중의 아편"이라고 말했다. 어느 견해가 더 설득력이 있는가? 그 이유는 무엇인가?

- 예수님의 탕자 비유에는 비뚤어진 아들과 성실한 아들을 똑같이 사랑하는 아버지가 등장한다. 이 비유에서 어떤 교훈을 배울 수 있을까? '착한' 자식과 '나쁜' 자식 사이에서 비슷한 상황에 처한 부모에게 당신은 어떻게 조언하겠는가? '엄한 사랑'이라는 개념은 그런 상황에서 어떻게 적용될 수 있을까?

- 사람이 부유해지면 연민의 마음이 줄어든다고 생각하는가? 우리는 상대적인 부유함을 누리면서 무엇을 얻고 무엇을 잃었을까?

6 은혜의 빛을 좇아서

- 얀시는 톨스토이와 도스토옙스키를 통해 "기독교의 이상과 현실 사이의 긴장을 이해"하게 되었다. 어떤 신념과 행동이 이런 간극을 만들어낼까? 당신은 그리스도인들이 말하는 올바른 삶을 인정하되 그들의 실제 삶을 포용하고 있는가? 그렇다면 누구의 도움을 받아 그런 자리에 이르게 되었는가?

- 신앙대로 살고 싶어 했던 톨스토이의 갈망은 가족에게 고통과 고난을 안겨주었다. 온전히 부응할 수 없는 이상을 추구하는 일의 위험과 장점에 대해 이야기해보자.

- 어떤 확신이 있어야 "내가 따라온 길이 아니라 나를 비난하라"고 말할 수 있을까? 그 둘을 어떻게 구분할 수 있을까?

- 도스토옙스키는 꼼짝없이 처형당하는 줄 알았다가 살아난 후 인생이 달라졌다. 당신을 어떤 식으로든 바꿔놓은 충격적인 사건이 있다면 말해보라.

- 얀시는 도스토옙스키를 통해 "은혜를 신학적 개념이 아니라 은혜 없는 세상에서 펼쳐지는 생생한 현실로서 이해하게" 되었다. "은혜"와 "은혜 없음"은 당신에게 어떤 의미가 있는가?

- 이 장의 첫 부분과 끝부분에서 얀시는 믿음에 대해 기본적인 질문을 던진다. "왜 믿음대로 되지 않을까?" 그의 말에 어떻게 대답하겠는가?

7 낯선 땅에 울린 메아리

- 간디는 지도자를 정의하면서 "그가 이끄는 사람들을 반영하는 존재일 뿐"이라고 말했다. 전국 단위, 지역 단위의 지도자들, 그리고 당신이 속한 공동체의 지도자들을 생각해보라. 그들은 사회의 어떤 면을 반영하는가?

- 세계화된 세상, 물질을 전부로 아는 세상에서 한 사람이 어떤 변화를 일으킬 수 있을까? 우리 대부분이 간디 같은 능력을 발휘하지 못하게 막는 것은 무엇일까?

- 미국에서 국가적인 인물이 어떤 대의명분을 위해 단식을 하겠다고 선언하면 어떤 반응이 일어날까? 예를 들면, 거물급 상원의원이 정치 자금 개혁법 제정을 촉구하며 무기한 단식을 선언

한다면? 대통령 영부인이 모든 아이들에게 적절한 교육이 보장될 때까지 무기한 단식을 선언한다면?

• 물질의 소유를 포기하거나 생활을 간소화할 때 우리의 삶은 어떻게 달라질까? 소유에 집착하는 성향은 개개인과 사회에 어떤 영향을 끼칠까?

• 어떤 사람이 성인聖人인가? 우리 가운데 성인이 나타나면 어떤 일이 벌어지는가?

• 마틴 루터 킹 주니어와 마하트마 간디 사이에는 어떤 유사성이 있을까? 또 차이점은 무엇일까? 누가 더 매력적인가? 그 이유는 무엇인가?

8 뱀처럼 지혜롭고 비둘기처럼 순결한 그리스도인

• 로널드 레이건은 쿠프가 낙태를 강력히 반대하는 사람이었기 때문에 공중 위생국 장관으로 임명했다. 하지만 쿠프는 "과학적 연구 결과는 낙태가 여성의 건강에 어떤 영향을 미치는지 결정적인 자료를 제시하지 않는다"고 발표함으로써 논란의 중심에 서게 되었다. 이러한 진술이 그가 오래전부터 지속적으로 표명해온 낙태 반대 입장과 어떻게 조화를 이룰 수 있을까? 분명한

사실이 당신의 신념이나 교회의 가르침을 지지하지 않을 때 당신은 어떻게 반응하는가?

- 보수주의자들은 환경과 기업 활동 같은 분야에서는 정부의 규제 완화를 요구하지만 낙태와 성 문제의 영역에서는 정부 통제를 옹호한다. 진보주의자들은 환경과 기업에 더 많은 정부 규제를 요구하고 낙태와 성 같은 영역에서는 정부 통제의 완화를 주장한다. 이런 정반대의 두 입장을 조화시키는 데 신앙이 어떤 역할을 할 수 있을까? 자신과 다른 입장에 과격하게 대응하는 이들을 당신은 보통 어떻게 대하는가?

- 쿠프는 부도덕한 일과 불법적인 일을 구분하는 법을 배워야 했다. 신앙인은 어떤 식으로 이 두 가지를 구분하는가?

- 죄는 미워하고 죄인은 사랑하는 일이 어떻게 가능한가? 죄는 시대에 뒤떨어진 개념이 아닌가?

9 누워서 죽음을 기다리며

- 존 던은 자신이 죽어간다고 생각했을 때 고통의 의미를 고민했다. 하나님은 왜 우리에게 고통을 허락하실까? 하나님이 인간이 되시고 십자가 처형의 고통과 굴욕을 감당하신 것에서 우리는

무엇을 배울 수 있을까? 그 고민이 《비상시의 기도문》에 잘 드러나 있다.

- 당신은 성육신이 신화라고 생각할지 모르겠다. 하지만 이 이야기가 2천 년 동안 인류의 상상력을 그토록 강력하게 사로잡은 이유는 무엇일까?

- 우리는 건강은 당연하게 여기고 고통에서는 의미를 찾는다. 그 이유가 무엇일까?

- 많은 이들이 사후의 삶에 대한 구체적인 생각을 갖고 자라난다. 당신은 내세를 생각할 때 떠오르는 그림이 있는가? 천국은 어떤 곳일까? 지옥은? 어린 시절 이후 이에 대한 당신의 견해는 어떻게 진화해왔는가?

10 평범한 것의 광채

- 필립 얀시는 엄격한 근본주의적인 환경에서 자랐고, 애니 딜라드는 훨씬 느긋한 사회적 환경에서 성장했다. 하지만 두 사람 모두 평생에 걸쳐 영적 탐구를 진행했다. 어린 시절의 경험은 성인 시절의 신앙에 어떤 영향을 끼칠까?

- 당신이 경험한 자연에 대해 말해보라. 자연에서 무엇을 배웠는가?

- 당신을 신앙의 여행길로 이끌어준 책들은 무엇인가? '세속' 서적에는 '종교' 서적에 없는 뭔가가 있는가? 반대로, 종교 서적은 세속 서적이 제공하지 못하는 어떤 것을 주는가?

- 애니 딜라드는 보수적인 기독교 예배의 몇몇 측면을 좋게 여긴다. 당신은 어떤 종류의 예배 형식에 끌리는가? 어떤 예배 형식이 불편한가? 편안한 형식의 예배와 불편한 형식의 예배에서 각각 무엇을 배울 수 있을까?

11 무대 옆에서 들려오는 속삭임

- 뷰크너는 회심 체험에 대한 합리적 설명을 거부하고 그것을 "때때로 솟아나는 너무나 놀랍고도 거룩한 은혜의 본보기"로 여겼다. 당신은 회심 체험을 어떻게 이해하는가? 뷰크너는 "하나님이 살아 계시고 이 세상에 실존하심"을 믿었다. 당신은 하나님이 역사와 상호작용하심을 어떻게 인식하는가? 역사 속에서 하나님을 찾는 일이 어떤 의미가 있을까?

- 얀시 본인은 물론이고, 이 책에서 얀시가 소개하는 많은 사람들

이 생활을 간소하게 하려는 노력을 했다. 그런 결정에는 어떤 어려움이 따를까? 그로 인해 얻는 것은 무엇이고 잃는 것은 무엇일까?

• 가족이 죽거나 직장을 잃거나 병이 걸려 쇠약해지는 등의 중요한 일 앞에서도 여전히 하나님을 신뢰하는 친구가 있다면 당신은 그에게 어떻게 반응하겠는가?

12 배교자를 위한 자리

• 냉전 시대에 느꼈던 두려움을 기억하는가? 그 시절을 겪어보지 못한 세대라면, 원자폭탄, 쿠바 미사일 위기, 공산주의자들이 인민의 적들을 고문한 이야기를 들을 때 어떤 생각이 드는가? 오늘날 우리는 무엇을 두려워하는가? 우리의 두려움은 우리가 사는 세상에 대해 무엇을 말해주는가?

• 엔도는 일본 그리스도인들의 순교 이야기에 끌렸다. 당신에게는 순교 이야기가 어떤 영향을 주었는가? 당신의 반응은 시간이 가면서 어떻게 달라졌는가?

• 사람을 '외부자'로 만드는 요인은 무엇인가? 우리는 "우리 중 하나가 아닌 사람"을 어떻게 알아보는가? 그들을 어떻게 대하

는가?

- 얀시는 서양의 많은 요소를 잘 받아들인 일본인들이 기독교만은 잘 받아들이지 못했던 이유로 부성애를 강조하는 기독교의 특성을 꼽는다. 오늘날의 일부 신학자들은 하나님에게 성性을 부여하는 표현을 반대한다. 당신의 경우, 하나님의 성별에 대한 생각에 따라 하나님을 이해하는 방식이 어떻게 달라졌는가?

- 성경에 등장하는 위대한 인물 중 상당수는 결점투성이였다. 그런데 왜 "크리스천 저자들은 작품 속 등장인물들을 성인聖人처럼 그리는 경향"이 있을까?

13 상처받은 치유자

- 나우웬은 명성과 찬사를 누리던 생활을 버리고 심각한 장애를 가진 사람을 돌보는 일을 맡았다. 나우웬 같은 사람을 어떻게 생각하는가?

- 많은 이들이 '하향 이동'이라고 부르는 일을 나우웬은 '내향 이동'으로 보았다. 공적인 자리에서 사람들을 가르치는 삶을 포기하고 작은 공동체로 들어가 눈에 잘 띄지 않는 삶을 선택하는 것이 정말 하나님이 주신 재능을 포기하는 것이 아니라 적극적

으로 받아들이는 일일까?

- 나우웬은 자신의 동성애 성향을 공적으로 인정한 적이 없다. 대부분의 교단들은 동성애자 성직 서임/목사 안수와 동성 결혼 문제로 입장이 나뉘어 있다. 성직자들에게 동성애 성향이 있을 경우 그들은 그것을 공개적으로 인정해야 할까? 당신이 다니는 교회의 교인들은 동성애자 목사를 어떻게 대할까? 동성 결혼은 어떻게 대할까?